AF859266

Office 2016

pour

LES NULS

Office 2016 pour LES NULS

Wallace Wang

BIBLIOTHEQUE DE L'UNIVERSITE
DE NICE - SOPHIA ANTIPOLIS
Section Sciences
Parc Valrose - B.P. 2053
06101 NICE CEDEX 2
Tél. 04 92 07 60 50 Fax 04 92 07 60 67

005.369
WAN

pilon - bon pour don/revente solidaire

FIRST
Interactive

MANUEL

2015 - SCIENCES - 935

Office 2016 pour les Nuls

Titre de l'édition originale : *Microsoft Office 2016 For Dummies*
Pour les Nuls est une marque déposée de Wiley Publishing, Inc
For Dummies est une marque déposée de Wiley Publishing, Inc

Collection dirigée par Jean-Pierre Cano
Mise à jour et révision : Olivier Engler
Maquette : Marie Housseau

© Éditions First, un département d'Édi8, 2015
Éditions First, un département d'Édi8
12 avenue d'Italie 75013 Paris
Tél. : 01 44 16 09 00
Fax : 01 44 16 09 01
e-mail : firstinfo@efirst.com
Internet : www.edtionsfirst.fr
ISBN : 978-2-7540-7612-8
Dépôt légal : 3e trimestre 2015
Imprimé en Espagne

Limites de responsabilité et de garantie. L'auteur et l'éditeur de cet ouvrage ont consacré tous leurs efforts à préparer ce livre. Wiley Publishing et l'auteur déclinent toute responsabilité concernant la fiabilité ou l'exhaustivité du contenu de cet ouvrage. Ils n'assument pas de responsabilités pour ses qualités d'adaptation à quelque objectif que ce soit, et ne pourront être en aucun cas tenus responsables pour quelque perte, profit ou autre dommage commercial que ce soit, notamment mais pas exclusivement particulier, accessoire, conséquent, ou autres.

Marques déposées. Toutes les informations connues ont été communiquées sur les marques déposées pour les produits, services et sociétés mentionnés dans cet ouvrage. Wiley Publishing, Inc. et les Éditions First déclinent toute responsabilité quant à l'exhaustivité et à l'interprétation des informations. Tous les autres noms de marque et de produits utilisés dans cet ouvrage sont des marques déposées ou des appellations commerciales de leur propriétaire respectif.

Sommaire

Introduction

Bienvenue dans la plus populaire suite bureautique au monde. Si vous avez antérieurement travaillé avec Microsoft Office 2010 ou Office 2013, vous prendrez rapidement en main cette nouvelle version. Quelques nouvelles fonctionnalités ne pourront pas, en revanche, être pleinement exploitées sans la lecture de ce livre. Si vous passez de 2003 (ou antérieure) à 2016, vous allez faire un véritable bond dans une dimension qui sans être la quatrième n'est pas loin de s'en rapprocher.

Comme souvent avec un programme, le plus compliqué est de localiser les commandes dont nous avons besoin au moment où nous en avons besoin. Bien que ce livre ne fera pas de vous un gourou d'Office, il vous épargnera bien des journées de stress et des nuits sans sommeil en vous communiquant les informations essentielles à l'utilisation conviviale et productive des différents logiciels de cette suite.

Dans ce livre, vous apprendrez à maîtrise le Ruban qui longe la partie supérieure de l'interface. Vous découvrirez les dizaines de nouvelles fonctions du programme ainsi que des raccourcis clavier et des astuces. Que vous utilisiez prioritairement Word, Excel, PowerPoint, Access ou Outlook, vous apprendrez l'essentiel pour maîtriser les bases d'Office.

À qui est destiné ce livre ?

Ce livre cible deux types d'utilisateurs. Tout d'abord les personnes qui connaissent Microsoft Office et qui, *de facto*, cherchent à appréhender les nouveautés de la version 2016 ou 2013. Ce livre leur servira d'outil de référence pour localiser et exécuter les dernières fonctionnalités d'une suite bureautique sans équivalent.

Le second regroupe des débutants qui découvrent Office après en avoir tant entendu parler. Pour eux, ce livre est un guide d'utilisation du logiciel de traitement de texte Microsoft Word, du tableur Microsoft Excel, de l'application de création de présentation Microsoft PowerPoint, du gestionnaire de bases de données Microsoft Access, et de l'assistant personnel et de gestion des e-mails Microsoft Outlook.

NICE BU SCIENCES

Quel que soit votre niveau de connaissance d'Office, ce livre présente et étudie les fonctions les plus fréquemment utilisées, point de départ d'un apprentissage qui renforcera votre productivité bureautique.

Que vous soyez sous Windows 8 ou êtes déjà passé à Windows 10, Microsoft Office 2016 conserve le même aspect sur un ordinateur de bureau. La version mobile comporte des allégements visuels de l'interface mais les fonctions restent identiques. Les illustrations de ce livre sont issues de Windows 8.1.

Organisation de ce livre

Pour trouver au mieux l'aide qu'il vous faut, ce livre est divisé en partie traitant des différentes applications de la suite Microsoft Office.

Première partie : Découvrir Microsoft Office

De prime abord, Microsoft Office peut sembler assez déconcertant. Cependant, dès que vous en aurez compris la logique et le fonctionnement, vous trouverez cette suite bien plus facile à utiliser que ses aînées. Cette partie vous fait découvrir l'étonnant et incroyable onglet Fichier qui révolutionne l'utilisation des programmes de la suite. Globalement, l'attention de l'utilisateur est orientée vers le Ruban de l'interface.

Deuxième partie : Travailler avec Word

Word est probablement le logiciel de la suite Microsoft Office le plus utilisé. Cette partie en explique les grands principes. Vous apprendrez à créer, à enregistrer et à modifier du texte. Ces modifications concernent le changement de couleur des caractères, l'application d'une police particulière, l'ajout d'en-têtes et de pieds de page, la vérification de l'orthographe et de la grammaire, et l'impression de vos travaux pour une présentation sur papier des plus parfaites.

Troisième partie : Jouer avec les chiffres grâce à Excel

La manipulation de données numériques est le royaume du programme Excel. Vous découvrirez ici les trois domaines principaux dans une feuille de calcul : la mise en forme des données, la création de formules et la représentation graphique de vos données chiffrées. Vous allez acquérir les fondamentaux de l'utilisation d'un tableur en apprenant à créer, à mettre en forme et à afficher des feuilles de calcul.

Quatrième partie : Bien présenter avec PowerPoint

Fini les transparents, les paperboards, les tableaux blancs, les marqueurs et j'en passe ! Si vous devez faire une présentation devant un large auditoire, employez PowerPoint. Il permet de délivrer des diaporamas dynamiques, pleins de couleurs, et dont l'aspect visuel capte l'attention grâce à du texte, des images, des sons, des vidéos, et des animations. La maîtrise de PowerPoint vous permettra de créer des présentations exceptionnelles qui captiveront votre public et qui souligneront tous les points essentiels de votre démonstration.

Cinquième partie : Soyez organisé avec Outlook

Qui n'a pas quotidiennement ce sentiment de mal organiser son temps ? Oui, vous aussi êtes envahi par cette sensation désagréable de ne pas disposer d'un emploi du temps optimisé. Sachez que les choses peuvent considérablement s'améliorer avec Outlook. Ce programme permet de lire, de trier et d'écrire des courriels (e-mails), d'assurer le suivi de vos rendez-vous, de gérer votre carnet d'adresses et de planifier vos tâches quotidiennes. Grâce à Outlook, vous transformez votre ordinateur en un véritable assistant personnel qui améliorera votre productivité.

Sixième partie : Stocker des données avec Access

Si vous devez stocker de grands volumes de données, comme pour le suivi d'un inventaire, la gestion des commandes de vos clients ou celui des prospections commerciales, Microsoft Access est votre solution. Cette partie explique comment utiliser Access pour stocker, rechercher, trier et imprimer vos données de différentes manières. Avec Access, vous maîtrisez toutes vos informations, et analysez précisément vos données pour mieux comprendre l'évolution de vos affaires et le fonctionnement de votre entreprise.

Septième partie : Les dix commandements

Les programmes informatiques permettent d'accomplir une même tâche de plusieurs manières. Office ne fait pas exception à la règle. Dès que vous serez un peu plus familiarisé avec Office, jetez un œil sur cette partie qui distille de savantes astuces pour travailler plus vite, notamment avec des raccourcis clavier. Toutes les explications que vous découvrirez ici servent à faciliter l'utilisation des applications Office.

Comment utiliser ce livre ?

Bien que vous puissiez feuilleter ce livre pour localiser les fonctionnalités dont vous avez uniquement besoin, je vous conseille de bien lire la première partie pour vous rafraîchir la mémoire sur cette interface utilisateur moderne basée sur un Ruban composé d'onglets. De la compréhension de la nouvelle philosophie d'utilisation des programmes de cette suite bureautique dépend votre productivité sous Office.

Les conventions

Pour tirer le meilleur parti de ce livre, vous devez comprendre un certain nombre de conventions :

- Le *pointeur de la souris* prend la plupart du temps l'aspect d'une flèche. Il a deux rôles : sélectionner le ou les éléments à modifier (texte, chiffres, messages électroniques, *etc.*) et indiquer au programme quelle commande utiliser pour réaliser ces modifications. Enfin, l'aspect du pointeur peut révéler la disponibilité d'options dans un contexte précis d'utilisation des programmes Office.
- Le terme *cliquer* signifie que vous amenez le pointeur de la souris sur un élément affiché sur votre écran (comme une commande ou un bouton) et que vous appuyez une fois sur le bouton gauche de la souris.
- *Double-cliquer* signifie que vous placez le pointeur de la souris sur un élément sans cliquer, c'est-à-dire que vous le pointez, et que vous cliquez deux fois dessus du bouton gauche de la souris.
- *Glisser* indique que vous maintenez enfoncé le bouton gauche de la souris sur un élément, et que vous déplacez la souris avant de relâcher à la nouvelle position. Cette action sert principalement à changer un élément d'endroit, comme un mot dans une phrase ou un paragraphe.
- Le *clic droit* consiste à placer le pointeur de la souris sur un élément et à appuyer une fois sur le bouton droit de ladite souris. Cette action ouvre un menu contextuel proposant des commandes et des options particulières à l'élément ciblé par ce clic droit.

En plus de celles réalisées avec la souris, vous devez savoir que certaines actions peuvent être réalisées par exécution d'un raccourci clavier. Lorsque vous lisez une instruction telle que « appuyez sur Ctrl + P », cela signifie que vous devez maintenir enfoncée la touche Ctrl du clavier et appuyer sur la touche P. Donc, les deux touches sont enfoncées simultanément, provoquant l'exécution d'une commande. (En l'occurrence, Ctrl + P ouvre la boîte de dialogue Imprimer.)

Enfin, la plupart des souris disposent d'une molette ou bouton roulette. On peut la faire tourner vers le haut, le bas, et même la presser. Dans Office, l'utilisation de cette molette est optimisée. Elle permet de parcourir rapidement un document, mais aussi de réaliser beaucoup d'autres choses dans les différentes fenêtres des programmes de la suite bureautique.

Signification des pictogrammes

Tout au long de ce livre, vous rencontrerez quatre pictogrammes différents dans la marge de certains paragraphes :

Cette icône met en évidence des informations qui font gagner un temps précieux ou qui facilitent l'exécution de certaines tâches.

Ce pictogramme rappelle des informations utiles, mais non cruciales pour utiliser Office.

Aïe ! Aïe ! Aïe ! Lisez le contenu de ce paragraphe sous peine de vous exposer à bien des désagréments !

Cette icône souligne un point technique particulièrement intéressant, qu'il n'est toutefois pas vital de connaître.

Prêt ? Partez !

Le meilleur moyen de maîtriser quelque chose est de s'y lancer à corps perdu. Si vous craignez de faire des bêtises, faites-vous les dents sur un document sans importance. Ainsi, vous n'aurez pas peur d'expérimenter telle ou telle commande, vos erreurs étant sans tragique conséquence.

J'en profite pour vous donner un premier petit truc. Quelle que soit l'application Office que vous utilisez, dès que vous faites une erreur, annulez-la en appuyant sur Ctrl + Z (maintenez la touche Ctrl enfoncée, et appuyez sur la touche Z). Cette puissante commande va vous sortir de bien des embarras. Ctrl + Z annule l'action que vous venez d'exécuter. Si vous la répétez plusieurs fois de suite, vous remontez dans la hiérarchie de vos actions en annulant successivement vos opérations.

Si vous ne deviez retenir qu'une seule chose de ce livre, c'est le raccourci clavier Ctrl + Z. Je vous avais bien dit que Microsoft Office était une suite bureautique très facile à maîtriser.

Quoi de neuf dans Office 2016 ?

La version précédente, la 2013, avait atteint un niveau de maturité certain. Office 2016 n'apporte que peu de nouveautés fonctionnelles, et elles concernent essentiellement Excel. En revanche, la suite profite de plusieurs nouveaux mécanismes pour simplifier encore la vie des utilisateurs.

Les nouveautés, quand elles correspondent à un niveau d'utilisateur débutant ou intermédiaire, ont été ajoutées directement dans les chapitres appropriés du livre.

Nouveautés globales

Ces améliorations concernent toutes les applications de la suite Office.

Au niveau de la gestion des documents (lecture et enregistrement), la fonction de stockage réseau OneDrive (l'ancien nom était SkyDrive) a été optimisée. La sélection d'un emplacement de stockage est devenue plus simple et les risques d'ambiguïté entre plusieurs disques réseau ont été éliminés.

Une nouvelle fonction d'assistance (Tell Me) a été ajoutée au Ruban. L'utilisateur peut dorénavant indiquer ce qu'il veut faire pour obtenir une liste de commandes directement sélectionnable.

En cours d'édition d'un document, vous pouvez exploiter la fonction de recherche intelligente InSight qui crée une liste d'adresses web en rapport avec le contexte trouvé dans le document dans les parages de la position courante.

Nouveautés Excel 2016

Excel s'est considérablement renforcé, mais la plupart des nouveautés sont des fonctions de haut vol : requêtes complexes Power Query, fonctions d'analyse de données, etc.

Pour le commun des mortels, Excel apporte :

- plusieurs nouveaux types de graphiques (cascade, histogramme, zone et valeurs, compartiments et rayons de soleil) ;
- de nouvelles fonctions de prévision de la famille PREVISION (PREVISION.ETS(), PREVISION.ETS.SAISONNIERE(), PREVISION.LINEAIRE(), PREVISION.ETS.INTERVALLE.CONFIANCE() et PREVISION.ETS.STAT().

Nouveautés Outlook 2016

Lorsque vous cherchez à joindre un fichier à un message, les plus récents fichiers utilisés sont proposés en premier, ce qui correspond souvent à votre besoin.

Vous pouvez dorénavant installer un fichier de données sur un disque réseau dans le nuage et vos destinataires pourront tous y accéder soit totalement, soit seulement en lecture, selon vos choix.

Outlook possède dorénavant une fonction de nettoyage des messages entrants (Clutter) qui apprend à détecter et stocker à part de mieux en mieux les messages à faible priorité en analysant vos actions quotidiennes.

Quand vous cherchez des courriels, Outlook détecte les noms des personnes et trouve tous les messages que la personne vous a adressés.

Enfin, le service de communication hébergé Lync change de nom et devient Skype Entreprise Online.

Première partie

Découvrir Microsoft Office 2016

«Ont-ils enfin prévu une fonction blanchiment d'argent dans cette version 2016? »

Dans cette partie…

- Démarrer un programme Office 2016.
- Utiliser les onglets de la barre d'outils.
- Modifier des images.
- Découvrir la fenêtre Aide.

Chapitre 1

Découvrir Microsoft Office 2016

Dans ce chapitre :

- Démarrer un programme Office 2016.
- Découvrir le Ruban.
- Personnaliser un programme Office 2016.
- Quitter Office 2016.

Microsoft Office 2016 est une suite bureautique de cinq logiciels : Word, Excel, PowerPoint, Access et Outlook. Chacun de ces programmes manipule des données spécifiques. Ainsi, Word manipule du texte, des phrases et des paragraphes ; Excel manipule des chiffres ; PowerPoint regroupe du texte et des images pour créer des diaporamas ; Access manipule des tables de données, telles que des listes de produits ; et Outlook gère des informations personnelles comme des adresses de courrier électronique (courriels), des tâches et un agenda.

La grande variété des données manipulées ne doit pas masquer une chose fondamentale : tous les programmes de la suite fonctionnent de la même manière. Vous commencez par entrer vos données dans un programme Office 2016 soit en les tapant au clavier, soit en les important d'un fichier externe. Ensuite, vous indiquez au programme comment modifier ces données (les mettre en forme, les recalculer, etc.) et comment en effacer certaines. Enfin, vous enregistrez vos données sous la forme d'un fichier.

Pour vous aider à maîtriser cette procédure en trois étapes, c'est-à-dire saisie (entrée), modification (édition) et enregistrement des données, Office 2016 fournit des commandes similaires dans chacun des programmes. C'est pourquoi vous pouvez très facilement passer de Word à PowerPoint et de PowerPoint à Excel, sans être obligé de réapprendre les bases du fonctionnement général de chaque application. Mieux : Office 2016 dispose les commandes génériques exactement au même endroit dans les diverses interfaces des applications en question. Quel que soit le programme Office que vous utilisez, vous êtes toujours en terrain connu.

Si vous êtes familiarisé avec l'informatique et les précédentes versions de Microsoft Office, parcourez malgré tout ce chapitre pour savoir comment Office 2016 organise les commandes partagées par tous ses programmes. Si vous débutez en informatique et/ou en bureautique, vous devez impérativement lire ce chapitre avant tout.

Démarrer un programme Office 2016

Pour démarrer un programme de la suite Office 2016 sous Windows 10, suivez cette procédure :

1. **Accédez aux vignettes de l'écran d'accueil en appuyant sur la touche Windows de votre clavier.**

   Une autre technique consiste à placer le pointeur de la souris dans la partie inférieure gauche de votre écran, puis de cliquer sur la vignette Accueil qui apparaît.

2. **Utilisez la flèche tout en bas à gauche pour accéder à la liste de tous les programmes installés puis faites défiler le contenu de cet écran vers la gauche pour accéder au groupe de vignettes de la suite Office 2016 ou le groupe Bureau, comme à la Figure 1.1.**

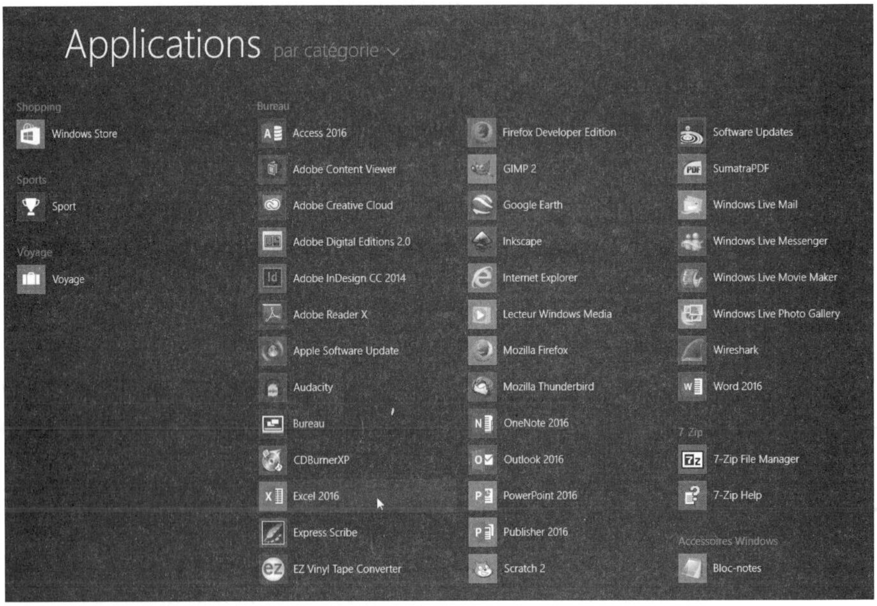

Figure 1.1 : Les vignettes des applications de la suite Microsoft Office 2016.

3. **Cliquez sur une vignette du programme de la suite Office dans lequel vous souhaitez travailler.**

Une autre méthode consiste à afficher l'écran d'accueil puis à taper directement les premières lettres du programme à utiliser. Par exemple, pour démarrer Word, tapez simplement **word**. Dès que vous saisissez le premier caractère, Windows 10 affiche l'écran Applications qui liste tous les programmes contenant les premières lettres saisies. Il ne vous reste plus qu'à cliquer sur Word. Facile non ?

Le Ruban d'Office 2016

Dans les anciennes versions de Microsoft Office, comme 2003, l'interface du programme était constituée de menus déroulants localisés dans la partie supérieure de l'application. Pour exécuter une commande, il fallait ouvrir un menu. Pour améliorer la productivité des utilisateurs, les dernières versions d'Office ont remplacé les menus par un Ruban.

Le Ruban propose les commandes les plus souvent utilisées pour travailler dans les diverses applications de la suite Office 2016. Ces commandes sont classées par catégories qui elles-mêmes sont réparties dans des onglets.

Chaque programme d'Office ayant ses spécificités, les onglets seront parfois différents d'un logiciel à l'autre. Cependant, les onglets Fichier, Accueil et Insertion se retrouvent systématiquement dans les programmes de cette suite.

L'onglet Fichier permet d'ouvrir, d'enregistrer, et d'imprimer vos documents. Il permet aussi de quitter le programme et de le personnaliser, comme le montre la Figure 1.2.

L'onglet Fichier masque la fenêtre principale pour montrer une sorte d'arrière-boutique où vous gérez votre stock de données. De là, le nom anglais de cette page : backstage (coulisses, stock). Vous revenez d'un geste à la fenêtre normale par la touche Echap.

L'onglet Accueil affiche des icônes qui identifient les commandes les plus souvent utilisées, comme celles permettant de mettre en forme du texte ou des cellules (Figure 1.3).

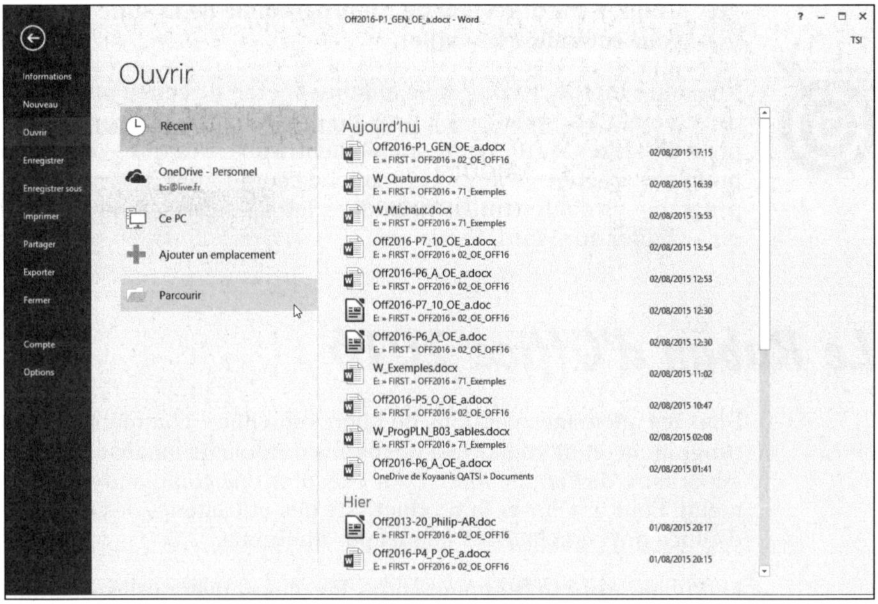

Figure 1.2 : Les commandes de l'onglet Fichier, catégorie Ouvrir.

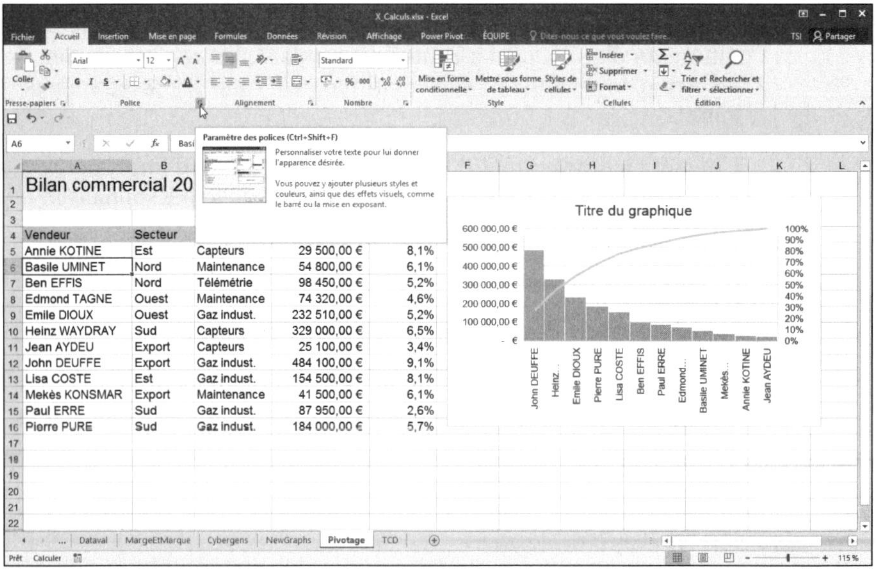

Figure 1.3 : Les commandes usuelles de l'onglet Accueil.

L'onglet Insertion contient des icônes de commandes qui permettent d'ajouter des éléments dans un document, comme des images et des tableaux (Figure 1.4).

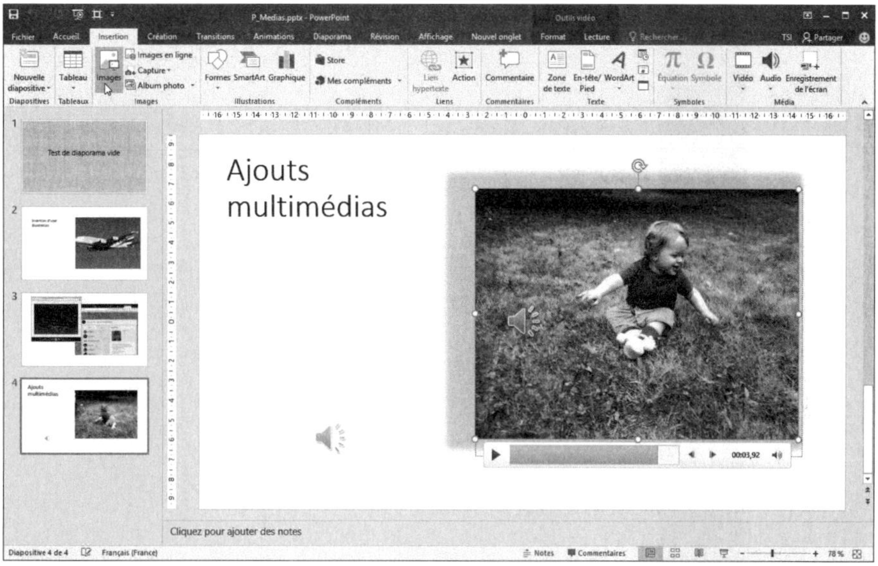

Figure 1.4 : L'onglet Insertion contient les commandes d'ajouts d'éléments divers dans un document.

L'onglet Fichier

L'onglet Fichier propose les commandes suivantes :

- **Informations :** Protège vos fichiers contre les modifications, identifie les problèmes de compatibilité avec d'anciens programmes, et gère différentes versions d'un même document. Cette commande affiche également les détails de votre fichier comme sa taille et sa date de création à l'instar de ce que vous montre la Figure 1.5.
- **Nouveau :** Pour créer un nouveau document.
- **Ouvrir :** Pour charger un fichier antérieurement créé.
- **Enregistrer :** Pour sauvegarder votre fichier. Si vous ne l'avez pas encore enregistré donc renommé, la boîte de dialogue Enregistrer sous apparaît.
- **Enregistrer sous :** Permet de sauvegarder le fichier en cours de modification sous un autre nom ou sous un autre format de document.
- **Imprimer :** Pour imprimer le fichier ouvert dans l'application.
- **Partager :** Permet d'envoyer votre fichier par e-mail ou de le publier en ligne.

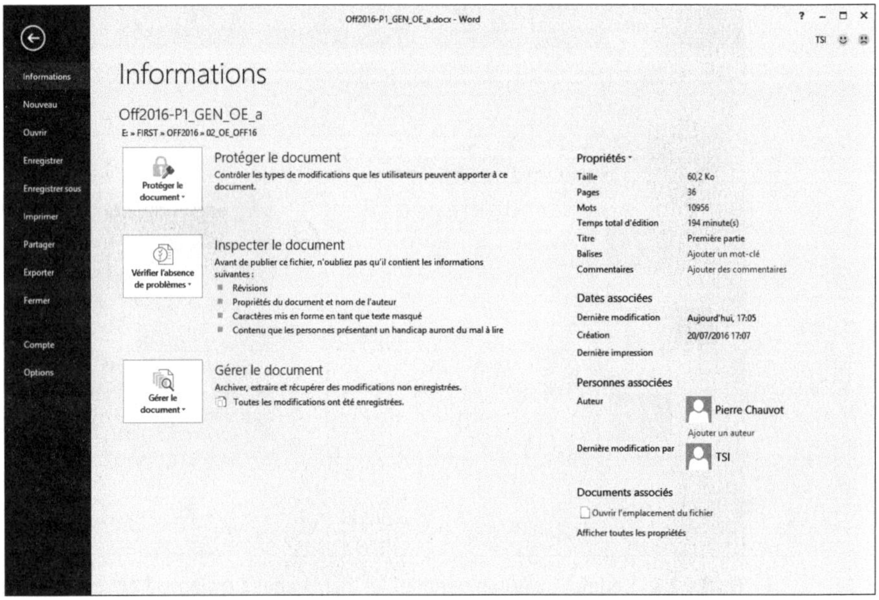

Figure 1.5 : Les détails des fichiers s'affichent.

- **Exporter :** Enregistre le fichier dans un autre format.
- **Fermer :** Ferme le fichier ouvert sans quitter le programme de la suite 2016 dans lequel vous travaillez.
- **Compte :** Affiche les informations de votre compte OneDrive.

ATTENTION !

OneDrive est le Cloud de Microsoft qui permet de stocker vos fichiers en ligne afin d'y accéder à partir de divers périphériques et quel que soit l'endroit où vous vous trouvez, dès l'instant qu'une connexion à Internet est disponible.

- **Options :** Affiche différentes options pour personnaliser le comportement des programmes d'Office 2016.

N'OUBLIEZ PAS !

Dans Word, un fichier est appelé un *document*. Dans Excel, c'est un *classeur*. Dans PowerPoint, une *présentation*. Dans Access, une *base de données*.

Créer un nouveau fichier

Chaque fois que vous souhaitez créer un nouveau fichier, vos programmes affichent un certain nombre de modèles de documents. Ils couvrent la quasi-totalité de vos besoins spécifiques comme créer un calendrier, une lettre d'information, un rapport de ventes, ou un diaporama institutionnel, comme à la Figure 1.6.

Figure 1.6 : La commande Nouveau donne accès à de nombreux modèles de documents.

Voici comment créer un nouveau fichier :

1. **Cliquez sur l'onglet Fichier.**

2. **Choisissez Nouveau.**

   Des modèles apparaissent dans le volet central, comme le montre la Figure 1.6.

3. **Double-cliquez sur le modèle à utiliser.**

   Office 2016 crée un nouveau fichier en se basant sur le modèle choisi. Certains modèles ne se chargent que si vous êtes connecté à Internet. Le programme va les chercher sur le site de Microsoft.

Ouvrir un fichier existant

Lorsque vous démarrez un programme de la suite Office, c'est probablement pour y modifier un fichier que vous avez préalablement créé. Pour cela, vous devez indiquer à Office le dossier de stockage du fichier et le nom de ce fichier.

Voici les quatre emplacements de stockage possibles :

- **Récent :** Liste les fichiers que vous avez récemment ouverts dans votre application.
- **OneDrive <utilisateur> :** Affiche une liste de fichiers stockés sur votre compte OneDrive ou celui d'une autre personne. (L'utilisation des fichiers localisés sur ce type de compte nécessite une autorisation.)
- **Ce PC :** Permet de naviguer parmi les lecteurs (disques durs par exemple) et les dossiers de votre ordinateur.
- **Ajouter un emplacement :** Permet de définir un emplacement de stockage sur le Cloud, comme le système Microsoft OneDrive.
- **Parcourir** : Permet d'accéder à la boîte de dialogue classique des anciennes versions dans laquelle vous pouvez naviguer parmi les dossiers et désigner un nom de fichier.

Voici comment ouvrir un fichier avec une application de la suite Office 2016 :

1. **Cliquez sur l'onglet Fichier.**
2. **Choisissez Ouvrir.**

   Le panneau Ouvrir apparaît, comme à la Figure 1.7.

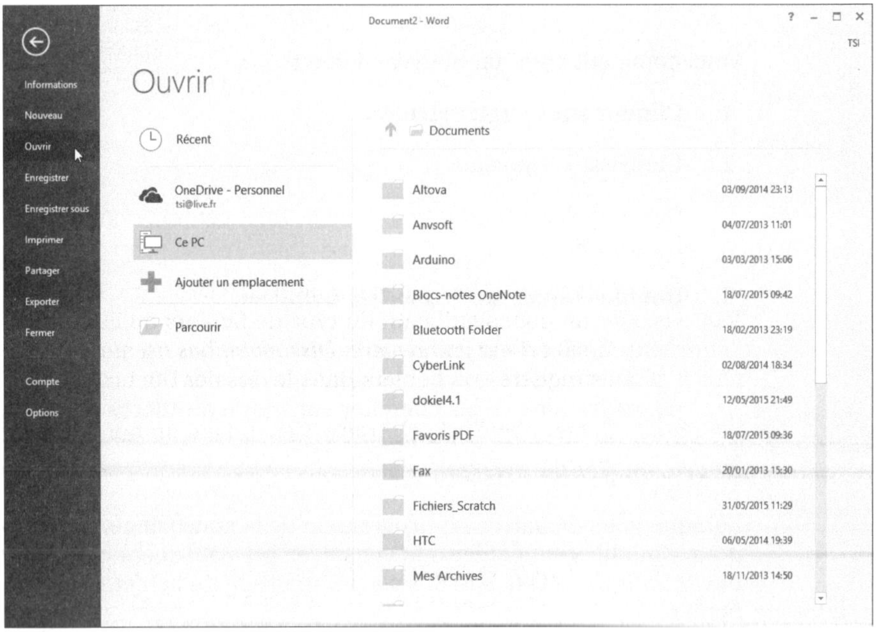

Figure 1.7 : Le panneau Ouvrir permet de sélectionner le disque dur et le dossier contenant le fichier à ouvrir.

3. **Choisissez une option comme Documents récents ou Ordinateur.**

4. **Si le disque dur ou le dossier contenant le fichier à ouvrir est absent du panneau, cliquez sur Parcourir.**

5. **Dans la boîte de dialogue Ouvrir qui apparaît, localisez éventuellement le dossier du fichier, puis sélectionnez ce fichier et cliquez sur le bouton Ouvrir.**

   Le fichier apparaît dans le programme, prêt à subir toutes les modifications nécessaires.

Si vous supprimez ou déplacez un fichier, Office 2016 continuera malgré tout à l'afficher dans la liste des documents récents. En revanche, il sera incapable de le localiser, puisque ce fichier n'est plus stocké au même emplacement.

Enregistrer des fichiers

L'enregistrement d'un fichier stocke toutes ses données sur votre disque dur ou sur un périphérique de stockage externe (comme une clé USB ou un disque dur externe). Le premier enregistrement d'un fichier impose de spécifier :

- le disque dur (le lecteur) et le dossier de stockage de votre fichier ;
- le nom du fichier ;
- le format d'enregistrement de ce fichier.

Le lecteur et le dossier de stockage du fichier sont arbitraires. Il peut s'agir d'un disque dur interne, externe, d'une clé USB, ou bien encore d'un espace de stockage en ligne comme le Cloud (OneDrive). Tout dépend de l'organisation de vos données sur vos différents disques durs ou supports amovibles. Toutefois, il est judicieux de bien sérialiser vos dossiers, et de leur assigner un nom significatif du type de fichiers qu'ils contiennent tel que *Lettres d'extorsion à ma grand-mère*, *Dissimulations fiscales*, *etc.* Par défaut, Office 2016 enregistre vos fichiers dans le dossier Documents.

Le nom du fichier aussi est arbitraire. Cependant, un nom descriptif permet d'identifier rapidement le contenu d'un fichier. Par exemple, un fichier dont le nom est *Rapport 2010 sur les OGM* est très évocateur.

Le format d'un fichier définit la manière dont Office 2016 stocke ses données. Par défaut, ce format est propre à Office 2016, 2010, ou 2007. Cela signifie que seules les personnes disposant d'une de ces suites bureautiques pourront pleinement profiter de certains effets de mise en page et de fonctions particulières à cette version du logiciel.

TRUC

Pour enregistrer rapidement un document, cliquez sur l'icône de la disquette située dans la barre d'outils Accès rapide localisée en haut à gauche de l'interface. Une technique encore plus immédiate consiste à exécuter le raccourci clavier Ctrl + S.

Enregistrer un fichier pour d'anciennes versions de Microsoft Office

Si vous devez partager des fichiers avec des utilisateurs d'anciennes versions de Microsoft Office, vous êtes obligé de choisir un format compatible comme *97-2003*.

Ce format particulier enregistre des fichiers Office 2016 qui seront lisibles et modifiables dans les suites Microsoft Office 97/2000/XP/2003.

NOTE TECHNIQUE

Quand vous enregistrez des fichiers au format 97-2003, Microsoft Office 2016 enregistre vos fichiers en leur ajoutant les trois lettres d'extension traditionnelles comme `.doc` ou `.xls` (respectivement pour Word et Excel). L'enregistrement des fichiers au format Office 2016 ajoute une extension de quatre ou cinq lettres, comme `.docx` (Word) ou `.pptx` (PowerPoint), comme l'indique le Tableau 1.1.

Tableau 1.1 : Les extensions de fichier utilisées par les différentes versions de Microsoft Office.

Programme	*Extensions de fichier Office 2016*	*Extensions de fichier Office 97-2003*
Microsoft Word	`.docx`	`.doc`
Microsoft Excel	`.xlsx`	`.xls`
Microsoft PowerPoint	`.pptx`	`.ppt`
Microsoft Access	`.accdb`	`.mdb`

Voici comment enregistrer vos fichiers Office 2016 au format 97-2003 :

1. **Cliquez sur l'onglet Fichier.**
2. **Cliquez sur Exporter.**

   Le panneau central affiche différentes options.
3. **Cliquez sur Modifier le type de fichier.**

   Une liste de formats apparaît, comme à la Figure 1.8.

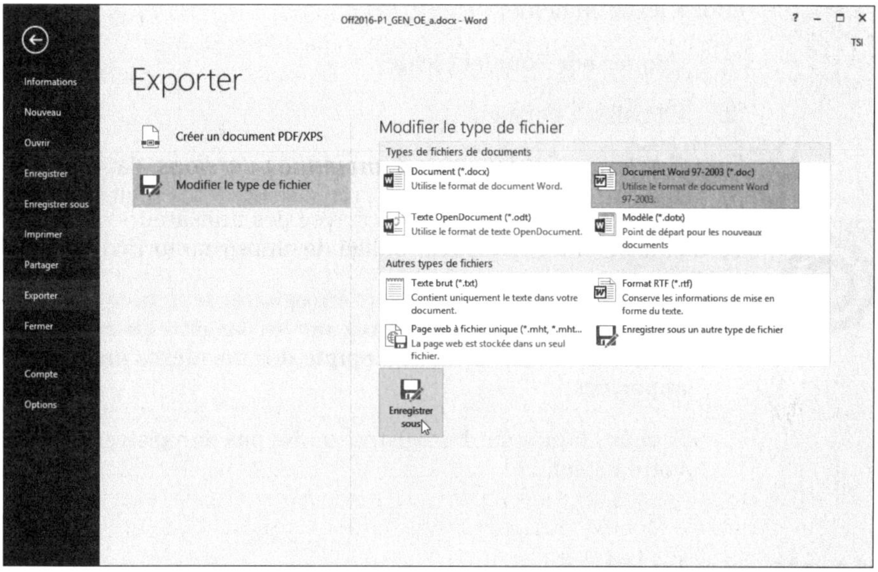

Figure 1.8 : Le panneau Exporter permet de choisir un format de fichier.

4. **Parmi les formats proposés, choisissez Document Word 97-2003 ou Classeur Excel 97-2003 (en fonction de l'application dans laquelle vous travaillez).**
5. **Cliquez sur Enregistrer sous.**
6. **La boîte de dialogue éponyme apparaît.**

   Pour partager votre fichier avec différents types de programmes, vous devez choisir un format de fichier différent comme Rich Text Format (RTF) ou Texte (TXT).

7. **(Facultatif) Cliquez dans le champ Nom de fichier, et assignez à votre document un nom significatif de son contenu.**
8. **Cliquez sur le bouton Enregistrer.**

Fermer un fichier

Quand vous avez fini de travailler sur un fichier, vous devez le fermer. Cette fermeture fait disparaître le document de votre écran, donc de l'interface du programme. Vous en déduisez que fermer un document ne ferme pas l'application dans laquelle vous l'avez créé et modifié. Si, au moment de cette fermeture, vous n'avez pas enregistré vos dernières modifications, le programme affiche un message qui vous invite à y procéder.

Pour fermer un fichier :

1. **Cliquez sur l'onglet Fichier.**
2. **Choisissez Fermer.**

   Si le fichier n'a jamais été enregistré ou si vous n'avez pas enregistré vos dernières modifications, un message vous invite à le faire.

   TRUC

   Pour fermer rapidement un fichier, appuyez sur Ctrl + F4.

3. **Cliquez sur Enregistrer pour enregistrer le fichier et/ou ses modifications. Si vous cliquez sur Ne pas enregistrer, le document s'enregistre sans prise en compte des dernières modifications apportées.**

   Si vous cliquez sur Enregistrer ou Ne pas enregistrer, Office 2016 ferme votre fichier.

Utiliser le Ruban

Le Ruban fut la grande nouveauté d'Office 2007. Vous le retrouvez dans 2016. Il regroupe les commandes dans des catégories réparties sous des onglets. Par exemple, l'onglet Mise en page contient des groupes de commandes entièrement dévolus à la structure des pages et à leur aspect. L'onglet Insertion contient des commandes relatives à l'ajout d'éléments dans les documents, comme des sauts de page ou des images.

La procédure d'utilisation du Ruban se fait en deux étapes. La première consiste à cliquer sur le nom de l'onglet contenant les commandes qui vous intéressent ; la seconde à déclencher une commande par clic sur le bouton ou l'icône qui l'identifie.

N'OUBLIEZ PAS !

Les onglets sont assimilables aux anciens menus d'Office. La grande différence est que les groupes de commandes sont immédiatement accessibles. Vous n'avez pas à les chercher dans des menus et des sous-menus.

Identifier les boutons du Ruban

Chaque onglet du Ruban contient des boutons ou des icônes organisés en groupes. Les quatre types de boutons-icônes sont les suivants :

- **Boutons-icônes directs (à un clic) :** Ces boutons exécutent une action suite à un simple clic de souris.

- **Boutons-icônes de menus :** Quand vous cliquez dessus, vous ouvrez un menu local contenant des options.
- **Boutons-icônes combo (direct et à menu) :** Ces boutons combinent une action directe et l'ouverture d'un menu grâce au triangle noir pointant vers le bas. Quand vous cliquez dessus, vous accédez au menu du bouton.
- **Listes déroulantes :** Ces listes permettent de choisir une valeur prédéfinie ou de taper la vôtre. Il suffit de cliquer sur la petite flèche (ou triangle) du bord droit pour dérouler une liste d'options.

Utiliser les boutons-icônes directs

Les **boutons-icônes** directs affichent une image ou du texte. Pour les utiliser, commencez par sélectionner la donnée que vous souhaitez manipuler, comme un paragraphe ou une image. Ensuite, cliquez sur l'icône en question. La Figure 1.9 montre les boutons-icônes directs pour couper et pour copier le texte sélectionné.

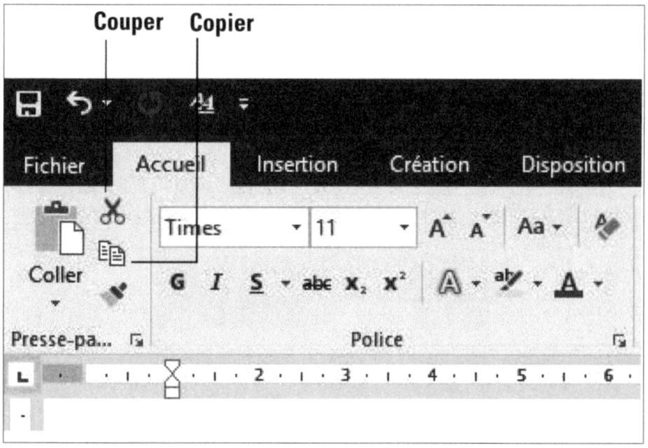

Figure 1.9 : Quelques boutons-icônes directs.

Les commandes directes les plus utilisées sont Couper et Copier. Vous les trouvez sous l'onglet Accueil des programmes Office 2016.

Utiliser les boutons de menus

Sur le Ruban, vous trouverez aussi des boutons-icônes donnant accès à un menu, comme celui de la Figure 1.10.

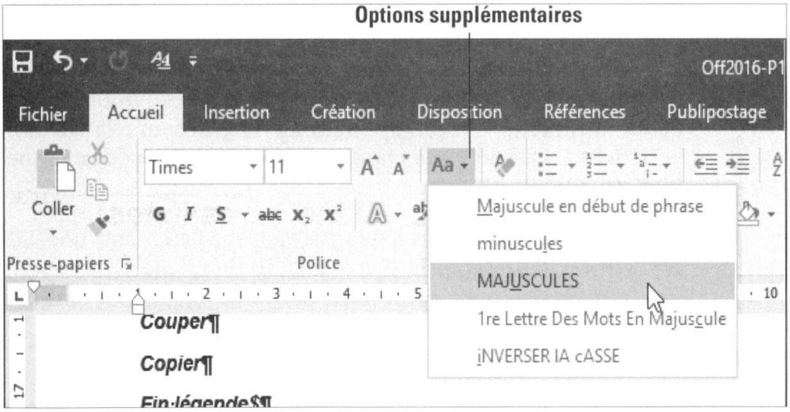

Figure 1.10 : Exemple de bouton de menu.

La sélection d'une option d'un menu déroulant permet de modifier instantanément vos données sélectionnées.

Utiliser les boutons des menus combo (à deux parties)

Ces boutons proposent deux choix :

- Si vous cliquez sur la partie située en haut ou à gauche, vous sélectionnez une valeur par défaut. Par exemple, l'icône des couleurs de police permet de sélectionner une des couleurs prédéfinies.
- Si vous cliquez sur le triangle situé dans la partie inférieure ou à droite, un menu déroulant apparaît. Il donne accès à d'autres options, comme à la Figure 1.11.

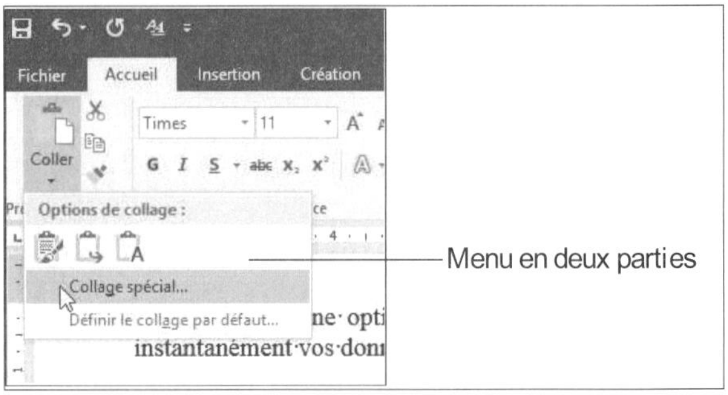

Figure 1.11 : Un bouton-menu combo.

Les boutons Coller et Couleur de police se situent dans l'onglet Accueil de Word, Excel, et PowerPoint. Ils représentent des menus typiques à deux parties.

Utiliser des listes déroulantes

Une liste déroulante s'utilise de deux manières :

- En cliquant directement dans la zone d'affichage pour saisir la nouvelle valeur.
- En cliquant sur le triangle de liste pour afficher la série des valeurs prédéfinies, comme à la Figure 1.12.

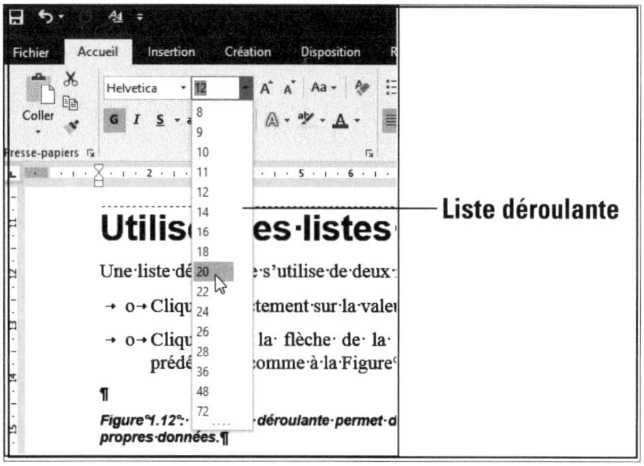

Figure 1.12 : Une liste déroulante permet de choisir une option ou de taper vos propres données.

Les listes Police et Taille de police de l'onglet Accueil de Word, Excel, et PowerPoint sont les listes déroulantes les plus utilisées.

- Si vous cliquez sur le côté gauche de la liste Taille de police, vous pouvez directement taper une valeur exprimée en points. Elle définira la nouvelle taille des caractères sélectionnés dans le document.
- Si vous cliquez sur la flèche, vous accédez à la liste des tailles de police prédéfinies. Cliquez sur la valeur à appliquer.

Identifier les boutons du Ruban

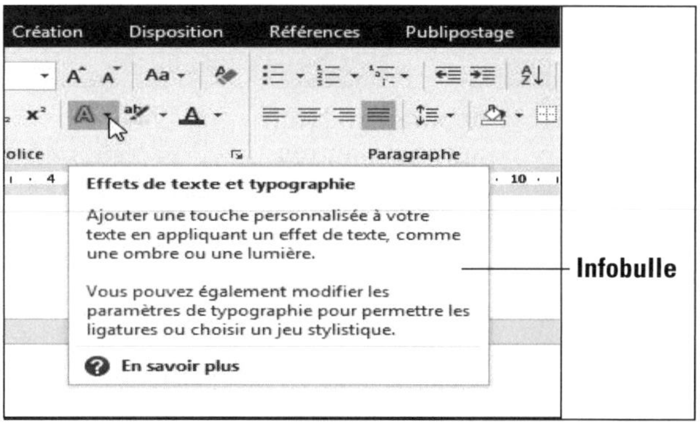

Figure 1.13 : Les infobulles décrivent chaque commande.

L'idée qui se cache derrière le concept de *ruban* est d'éviter à l'utilisateur de crouler sous les commandes. L'identification doit donc se faire au premier coup d'œil. Avouons que ce n'est pas toujours très évident, même si un effort énorme a été fait dans la dénomination des boutons ou les symboles de leur icône. Pour faciliter encore plus l'identification des commandes, des infobulles apparaissent dès que vous placez le pointeur de la souris sur un élément de l'interface, comme à la Figure 1.13. Ces informations sont :

- Le nom de la commande (Reproduire la mise en forme, sur la Figure 1.13).
- Le raccourci clavier permettant d'exécuter directement la commande sans passer par l'onglet (dans notre exemple, Ctrl + Maj + C).
- Une petite explication de sa fonction.

TRUC

Je rappelle que le raccourci clavier exécute une commande sans passer par un onglet, sans repérer le bon groupe de commandes, et enfin sans cliquer sur la commande en question. La majorité des raccourcis consistent en une combinaison de deux ou trois touches comme Ctrl + P ou Ctrl + Maj + C.

Afficher des boîtes de dialogue

Chaque onglet du Ruban affiche les commandes dans des groupes. Par exemple, l'onglet Accueil propose un groupe nommé Presse-papiers qui contient les commandes Couper, Copier, et Coller.

Bien qu'il soit plus rapide d'exécuter une commande en cliquant sur son icône, vous pouvez afficher une boîte de dialogue qui contiendra des dizaines d'autres fonctionnalités.

Pour cela, cliquez sur le tout petit bouton situé dans le coin inférieur droit du groupe dont vous désirez ouvrir la boîte de dialogue. Par exemple, la Figure 1.14 montre l'incrustation qui apparaît quand vous placez le pointeur de la souris sur ce bouton de boîte.

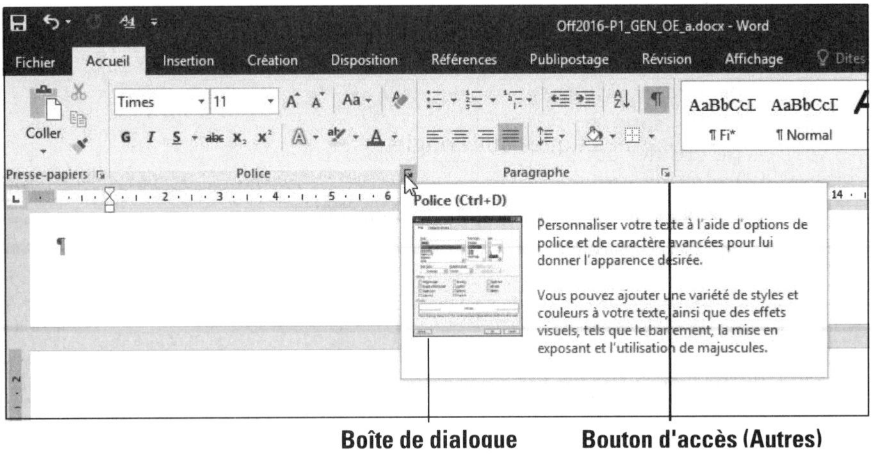

Figure 1.14 : Pour accéder à la boîte de dialogue Police, cliquez sur le bouton de boîte du groupe concerné.

Tous les groupes ne proposent pas de bouton de boîte.

Pour ouvrir une boîte de dialogue qui contient des options, suivez ces étapes :

1. **Cliquez sur l'onglet du Ruban contenant le groupe dont vous désirez ouvrir la boîte de dialogue.**

2. **Cliquez sur le bouton de boîte dans l'angle inférieur droit du groupe.**

   Par exemple, en cliquant sur le bouton de boîte du groupe Police, vous ouvrez la boîte de dialogue représentée à la Figure 1.15.

3. **Choisissez n'importe quelle option de la boîte de dialogue. Ensuite, cliquez sur OK ou sur Annuler une fois que vous avez terminé.**

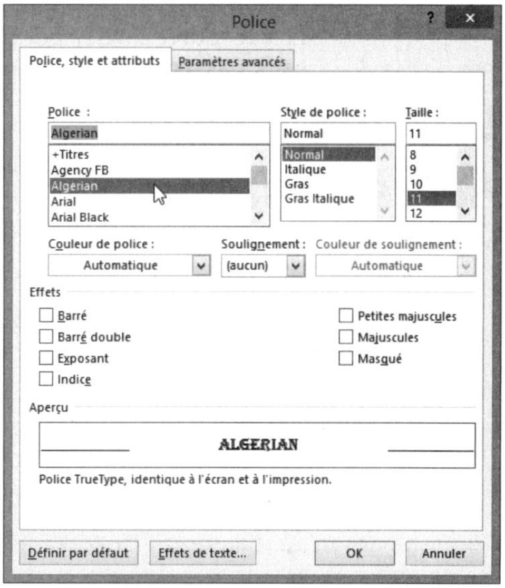

Figure 1.15 : Cliquez sur le bouton d'affichage de la boîte de dialogue pour l'ouvrir dans l'interface du programme.

Réduire le Ruban

Vous pouvez masquer temporairement le Ruban. Il n'apparaît alors que si vous cliquez sur un onglet comme Accueil ou Insertion. Voici comment procéder :

- Double-cliquez sur l'onglet.
- ou Appuyez sur Ctrl + F1.

Le bouton situé immédiatement à droite du bouton Aide (?) donne accès aux options du Ruban, comme le montre la Figure 1.16.

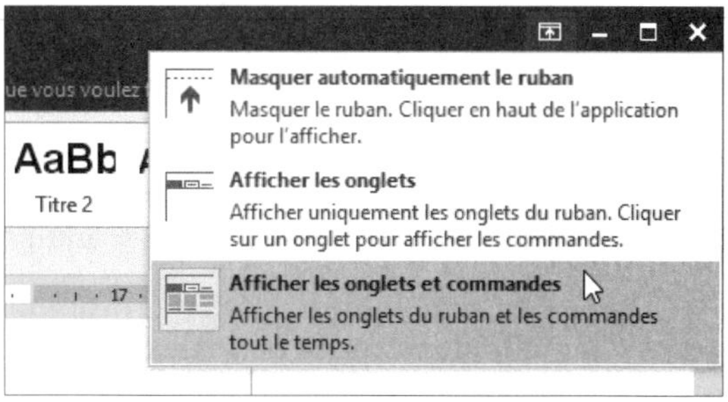

Figure 1.16 : Les options d'affichage du Ruban.

- **Masquer automatiquement le Ruban :** Masque les onglets et les icônes du Ruban.
- **Afficher les onglets :** Affiche les onglets, mais masque leurs icônes.
- **Afficher les onglets et commandes :** Affiche les onglets et les icônes.

La barre d'outils Accès rapide

La barre d'outils Accès rapide est placée tout en haut de la fenêtre à gauche, au-dessus de l'onglet Fichier. Par défaut, elle propose trois boutons de commande : Enregistrer, Annuler et Répéter, visibles sur la Figure 1.17.

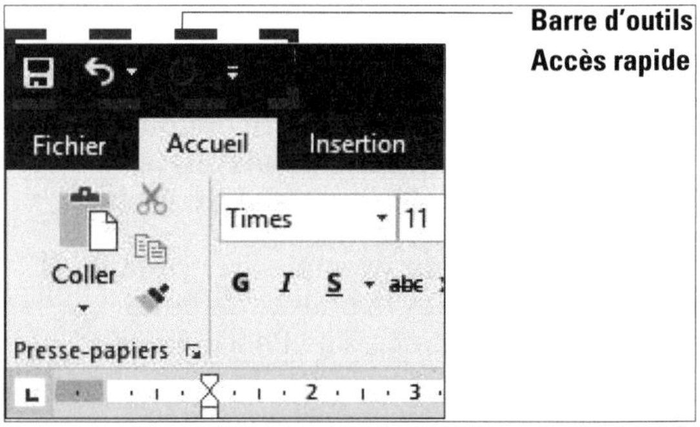

Figure 1.17 : La barre d'outils Accès rapide dispose de boutons qui exécutent une commande en un clic de souris.

Utiliser les boutons de la barre d'outils Accès rapide

Si vous cliquez sur le bouton Enregistrer de la barre d'outils Accès rapide, Office 2016 enregistre le fichier en cours de modification. S'il s'agit d'un nouveau document, la boîte de dialogue Enregistrer sous apparaît. Vous y indiquez le lecteur et le dossier de stockage du fichier, et lui attribuez un nom.

Le bouton Répéter annule les effets de la commande Annuler. Par exemple, si vous supprimez un paragraphe, Office 2016 l'efface du document. Si vous cliquez immédiatement sur le bouton Annuler, le paragraphe réapparaît. Si vous cliquez immédiatement sur le bouton Répéter, l'annulation est annulée, ce qui fait de nouveau disparaître le paragraphe.

Le bouton Annuler s'utilise de deux manières. Si vous cliquez simplement dessus, il annule votre dernière action. Si vous cliquez sur sa flèche, vous affichez une liste d'actions à annuler, comme à la Figure 1.18.

Les actions sont triées par ordre inverse de leur exécution, c'est-à-dire que la toute dernière action exécutée apparaît en haut de la liste. Voici comment annuler plusieurs actions :

1. **Cliquez sur la flèche du bouton Annuler de la barre d'outils Accès rapide.**

2. **Passez le pointeur de la souris sur les actions à annuler.**

3. **Cliquez sur le bouton gauche de la souris.**

   Office 2016 annule toutes les actions sélectionnées.

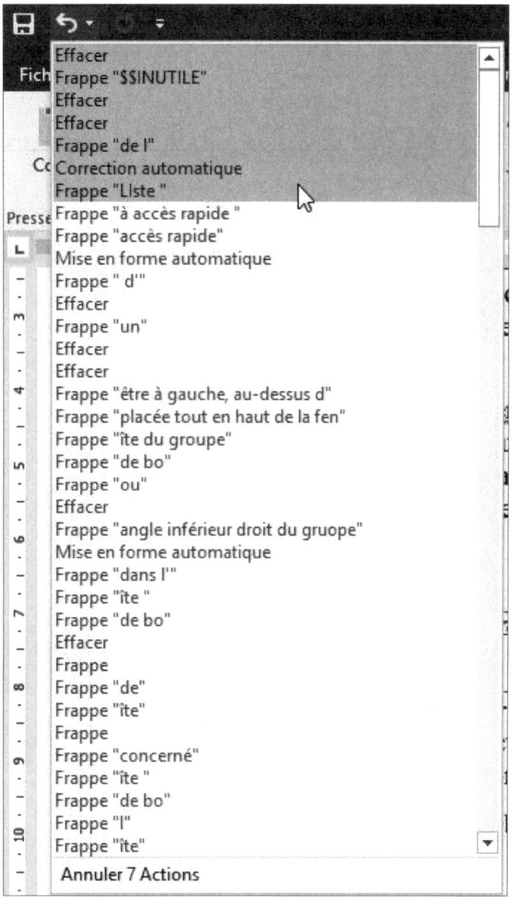

Figure 1.18 : Liste de l'icône à accès rapide Annuler.

Ajouter un bouton d'accès rapide

La barre d'outils Accès rapide est destinée à recevoir les boutons de commande les plus utilisés. Voici comment ajouter des boutons qui vous font défaut :

1. **Cliquez sur le bouton (flèche) Personnaliser la barre d'outils Accès rapide.**

   Un menu apparaît, comme le montre la Figure 1.19.

2. **Cliquez sur la commande que vous souhaitez ajouter à la barre Accès rapide sous la forme d'une icône, comme Ouvrir ou Impression rapide.**

3. **Chaque commande cochée correspond à une icône de la barre d'outils Accès rapide.**

4. **Pour ajouter d'autres commandes, poursuivez votre lecture.**

5. **Cliquez sur Autres commandes.**

La boîte de dialogue Options <nom de l'application> apparaît, comme à la Figure 1.20. Le volet de droite affiche les boutons actuellement présents dans la barre d'outils Accès rapide. Celui de gauche montre tous ceux que vous pouvez y ajouter.

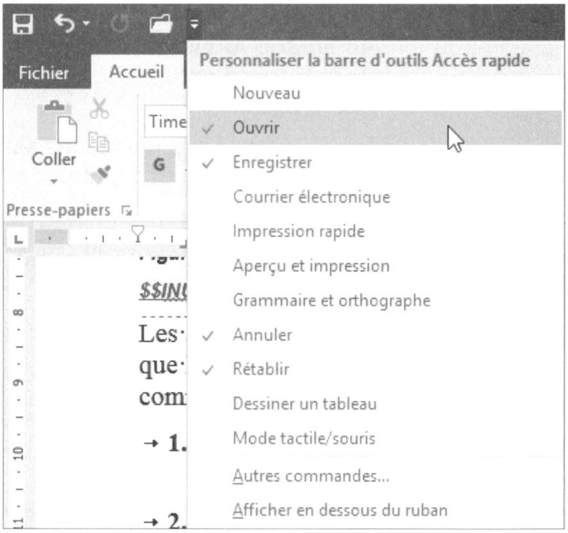

Figure 1.19 : Le menu Personnaliser la barre d'outils Accès rapide.

6. **Déroulez la liste Choisir les commandes dans les catégories suivantes. Optez pour le nom d'un type de commande comme Onglet Accueil ou encore Onglet Mise en page.**

   Le volet de gauche affiche les boutons et les commandes correspondants.

7. **Cliquez sur une icône d'un bouton, puis sur Ajouter.**

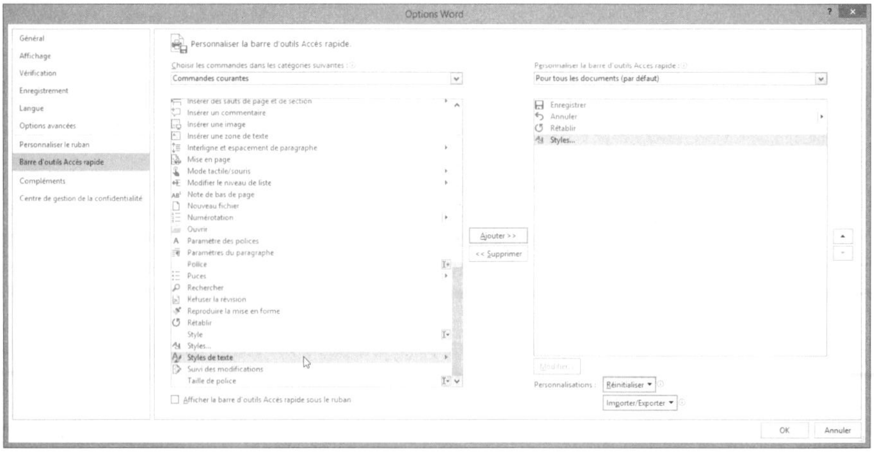

Figure 1.20 : Les Options Word permettent de choisir les boutons de commande qui s'afficheront dans la barre d'outils Accès rapide.

8. **(Facultatif) Répétez les Étapes 4 et 5 pour chaque bouton à ajouter à la barre d'outils Accès rapide.**

9. **Cliquez sur OK.**

   Les boutons des commandes ainsi sélectionnées apparaissent dans la barre d'outils Accès rapide.

Supprimer des icônes

À tout moment, il est possible de supprimer des boutons de la barre d'outils Accès rapide. Suivez ces étapes :

1. **Faites un clic droit sur un bouton de la barre d'outils Accès rapide.**

   Un menu contextuel apparaît.

2. **Choisissez Supprimer de la barre d'outils Accès rapide.**

   Office 2016 supprime le bouton sélectionné de la barre d'outils.

Déplacer la barre d'outils Accès rapide

La barre d'outils Accès rapide peut apparaître à deux endroits de l'interface :

- Au-dessus du Ruban (sa position par défaut).
- Sous le Ruban.

Voici comment changer la position de la barre d'outils Accès rapide :

1. **Cliquez sur la flèche Personnaliser la barre d'outils Accès rapide.**

2. **Optez pour Afficher en dessous du Ruban.**

   Cette commande devient alors Afficher au-dessus du Ruban. Il suffit de l'exécuter pour replacer la barre d'outils Accès rapide à sa position initiale.

Personnaliser un programme Office 2016

Si vous n'aimez pas la configuration par défaut de vos programmes Office 2016, modifiez-la de la façon suivante :

- En modifiant le format et l'emplacement d'enregistrement des fichiers.
- En personnalisant les icônes qui apparaissent sur le Ruban.

Modifier le format de fichier et l'emplacement de stockage par défaut

Vous pouvez modifier le comportement général d'une application de la suite Office 2016 en la personnalisant. Voici comment procéder :

1. **Ouvrez le programme Office 2016 à personnaliser.**
2. **Cliquez sur l'onglet Fichier.**
3. **Cliquez sur Options, situé dans le panneau de gauche.**

   Une boîte de dialogue apparaît, comme à la Figure 1.21.

4. **Cliquez sur la catégorie Enregistrement.**

   Le volet droit de la boîte de dialogue des options affiche un ensemble d'options propres à la catégorie sélectionnée.

5. **Choisissez un autre type de format de fichier et d'emplacement d'enregistrement.**
6. **Cliquez sur OK pour valider les modifications apportées.**

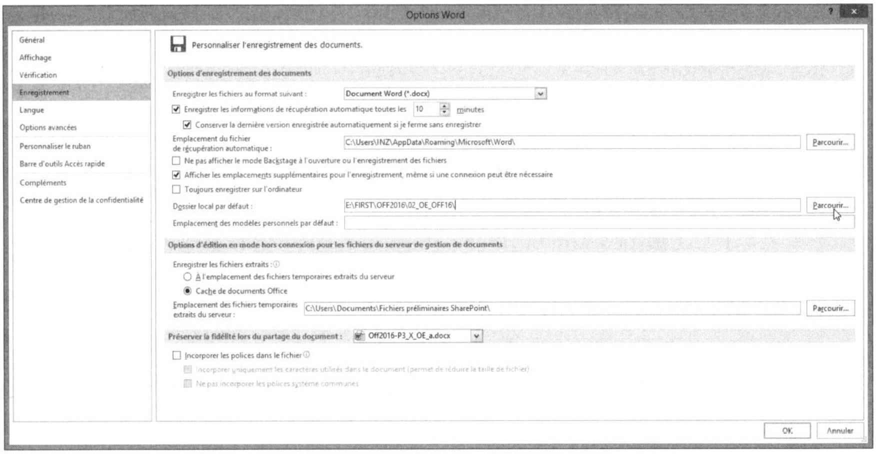

Figure 1.21 : La boîte de dialogue Options permet de modifier le comportement de chaque application de la suite Office 2016.

Personnaliser le Ruban

Vous pouvez remplacer ou supprimer des icônes du Ruban. Il contiendra alors des commandes que vous utilisez plus que d'autres. Voici comment procéder :

1. **Ouvrez un des programmes Office 2016.**
2. **Cliquez sur l'onglet Fichier.**
3. **Dans le panneau gauche, cliquez sur le bouton Options.**

   La boîte de dialogue Options s'affiche.
4. **Cliquez sur Personnaliser le Ruban.**

   La boîte de dialogue éponyme apparaît, comme à la Figure 1.22.
5. **Cliquez sur différentes icônes et sur Ajouter ou Supprimer.**
6. **Cliquez sur OK pour valider vos modifications.**

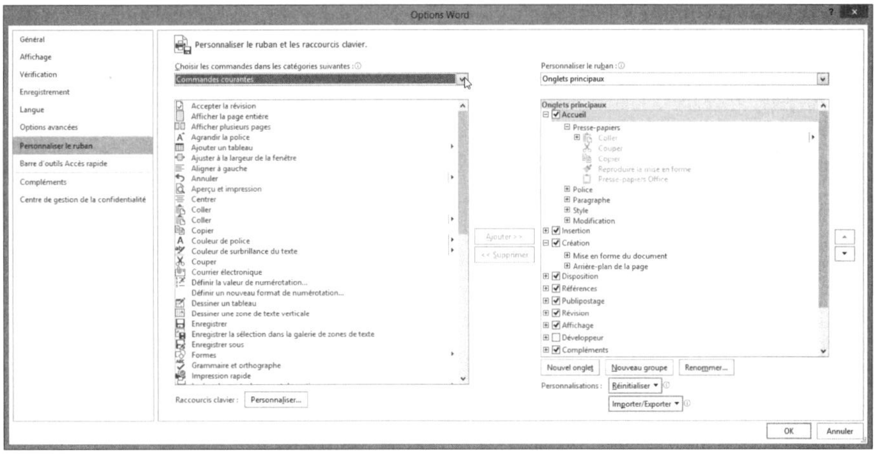

Figure 1.22 : La boîte de dialogue Options permet de personnaliser le contenu du Ruban.

Quitter une application Office 2016

Ne serait-ce que pour reposer vos yeux en allant diriger votre regard au loin, vous finirez par prendre la décision de quitter Office une fois votre session de travail terminée. (J'espère que vous savez qu'il y a une vie en dehors des applications Microsoft !) Outlook peut constituer une exception puisque vous voudrez immédiatement être informé des courriers entrants. Pour les autres application, voici comment quitter un programme Office :

- Par un clic sur le bouton de fermeture (une croix) situé dans le coin supérieur droit du programme.
- Par l'onglet Fichier, puis Quitter.
- En appuyant sur Alt + F4.

Si vous fermez un programme sans avoir préalablement enregistré vos dernières modifications, un message vous invite à le faire. Si vous répondez par la négative, tout ce que vous avez fait dans ce programme depuis son dernier enregistrement est perdu.

Chapitre 2

Sélectionner et modifier des données

Dans ce chapitre :

- Sélectionner des données.
- Utiliser la minibarre d'outils.
- Copier, couper et coller.
- Copier et couper à la souris.
- Partager des données entre les applications Office 2016.

Une fois qu'un fichier est créé, vous pouvez ensuite le modifier *ad libitum*. La *modification* ou *édition* d'un document consiste à ajouter, réorganiser ou supprimer des données (texte, chiffres ou images). La procédure d'édition est quasiment identique dans tous les programmes Office 2016.

Dès que vous entrez dans le processus de modification du contenu d'un document, prenez l'habitude de l'enregistrer périodiquement. Les deux méthodes les plus rapides consistent à cliquer sur le bouton Enregistrer de la barre d'outils Accès rapide (l'icône de disquette tout en haut à gauche) ou à appuyer sur Ctrl + S. La moins rapide consiste à cliquer sur l'onglet Fichier, puis sur Enregistrer. Faites en sorte que cette opération devienne un réflexe pour qu'en cas de panne de courant, de plantage de votre ordinateur, ou de tout autre événement entraînant une fermeture inopinée de l'application, votre travail ne soit pas perdu.

Ajouter des données en pointant

Lorsque vous entrez des données dans un fichier, elles apparaissent à l'emplacement précis du curseur. Le plus souvent, ce curseur prend la forme d'un trait vertical clignotant que l'on appelle *point d'insertion.*

Souvent, ce curseur n'apparaît pas exactement où vous désirez saisir vos données. Dans ce cas, vous devez le repositionner à la souris ou, de préférence, au clavier. Voici d'abord comment manœuvrer le curseur avec la souris :

1. **Placez le pointeur de la souris à l'endroit où vous souhaitez faire apparaître le curseur.**

2. **Cliquez sur le bouton gauche de la souris.**

Pour déplacer le curseur à l'aide du clavier, vous disposez de huit touches fondamentales :

- **les quatre touches du pavé directionnel (les quatre flèches de votre clavier).**
- **les deux touches Début et Fin. (La touche Début est celle qui indique une flèche orientée vers le nord-ouest.)**
- **les deux touches Page Suivante et Page précédente. (Ce sont les touches juste à droite des deux précédentes.)**

Utilisez les touches directionnelles pour des déplacements sur une courte distance comme une ligne ou la cellule suivante d'une feuille de calcul Excel.

TRUC

Pour déplacer le curseur plus rapidement, appuyez sur la touche Ctrl et sur la flèche pointant dans la direction du déplacement voulu. Ainsi, en appuyant simultanément sur Ctrl + Flèche haut, vous déplacez le curseur d'un paragraphe vers le haut. Si vous appuyez sur Ctrl + Flèche bas, vous déplacez le curseur d'un paragraphe vers le bas. Si vous effectuez la même opération, mais avec la flèche droite ou gauche, vous déplacez le curseur d'un mot en avant et en arrière.

La touche Début place le curseur en début de phrase (ou de ligne dans une feuille de calcul et la touche Fin le place en fin de phrase (ou de ligne dans une feuille de calcul).

Les touches Page précédente et Page suivante déplacent le curseur d'un écran vers le haut ou le bas.

L'endroit où clignote le curseur symbolise l'emplacement où s'afficheront les données saisies. Le Tableau 2.1 liste les différentes manières de déplacer le curseur dans chacun des quatre programmes principaux de la suite Office 2016.

Tableau 2.1 : Déplacer le curseur dans les programmes Office 2016.

Touche	*Word*	*Excel*	*PowerPoint*	*Access*
Début	Début de la ligne.	Colonne A de la ligne où se situe le curseur (Ctrl + Début place le curseur dans la cellule A1).	Affiche la première diapositive ; début de la ligne d'un texte sélectionné.	Premier champ de l'enregistrement en cours.
Fin	Fin de la ligne.	Dernière cellule visible (si mode Arrêt défilement activé).	Affiche la dernière diapositive ; fin de ligne d'un texte sélectionné.	Ajoute un nouveau champ à l'enregistrement en cours.
Page précédente	Une demi-page vers le haut.	Jusqu'à 23 lignes vers le haut.	Affiche la diapositive précédente.	Jusqu'à 25 enregistrements.
Page suivante	Une demi-page vers le bas.	Jusqu'à 23 lignes vers le haut.	Affiche la diapositive suivante.	Jusqu'à 25 enregistrements vers le bas.
Flèche haut/bas	Une ligne vers le haut/bas.	Une ligne vers le haut/bas.	Diapositive suivante/précédente ; une ligne vers le haut/bas d'une zone de texte.	Un enregistrement vers le haut/bas.
Flèche gauche/droite	Un caractère vers la gauche/droite.	Une colonne vers la gauche/droite.	Diapositive suivante/précédente ; un caractère vers la gauche/droite d'une zone de texte.	Un champ vers la gauche/droite.

Sélectionner des données

Pour modifier des données, vous devez préalablement les indiquer à Office 2016. Cette indication prend la forme d'une sélection du ou des éléments à altérer. Ensuite, vous exécutez la commande adéquate comme un soulignement de texte ou la suppression d'une image.

Pour sélectionner un élément dans Office 2016, vous utilisez la souris ou le clavier. La souris est souvent plus rapide. Toutefois, dès que l'on maîtrise le clavier et ses raccourcis, il devient plus logique de rester sur le clavier pour éviter un incessant va-et-vient de la main entre la souris d'un côté et le clavier de l'autre.

Sélectionner des données à la souris

La souris permet de sélectionner les données de deux manières différentes. La première consiste à opérer un pointer et un glisser du pointeur de la souris :

1. **Placez le pointeur de la souris au début ou à la fin des données à sélectionner.**

2. **Maintenez le bouton gauche de la souris enfoncé, et faites-la glisser (déplacez-la) sur toutes les données à sélectionner.**

La sélection par glisser impose de maintenir enfoncé le bouton gauche de la souris. Sinon, vous ne sélectionnez absolument rien.

Vous pouvez aussi sélectionner des données en cliquant. Par exemple, pour sélectionner une image comme un graphique Excel ou une photo insérée dans un document Word, cliquez dessus pour la sélectionner. Office 2016 affiche un rectangle de sélection muni de *poignées*, comme le montre la Figure 2.1.

Pour sélectionner du texte à la souris, cliquez dessus de trois manières différentes :

- **Clic :** Déplace le curseur.
- **Double-clic :** Sélectionne le mot double-cliqué.
- **Triple clic :** Sélectionne tout le paragraphe contenant le mot sur lequel vous avez accompli cette action.

Office 2016 considère comme *paragraphe* toute partie d'un texte commençant sur une ligne séparée des autres et se terminant par un caractère de retour chariot ou marque de fin de paragraphe (¶) que vous créez en appuyant sur la touche Entrée. Par défaut, ce caractère (qui n'est jamais imprimé) est masqué. Pour le rendre visible, utilisez dans l'onglet Accueil, groupe Paragraphe, le bouton Afficher tout (un P tourné vers la gauche).

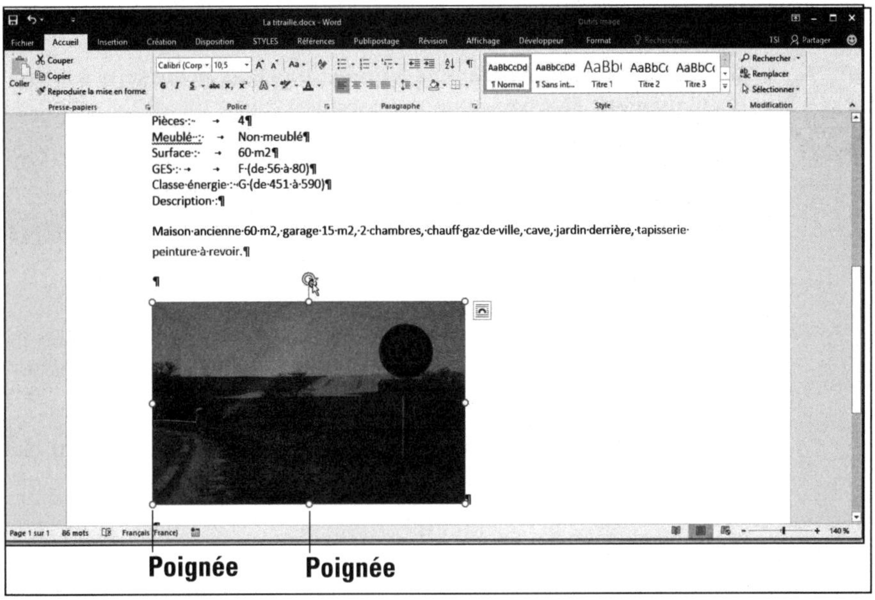

Figure 2.1 : Un cadre de transformation muni de poignées apparaît dès que vous sélectionnez une image.

Sélectionner des données au clavier

La sélection au clavier se fait en utilisant les touches suivantes :

- **Les touches de déplacement du curseur (haut/bas/gauche/droit, Début/Fin ou Page précédente/Page suivante).**
- **La touche Maj.**

TRUC

Pour sélectionner toutes les données d'un document, appuyez sur Ctrl + A.

Les touches directionnelles, c'est-à-dire les flèches du clavier de votre ordinateur, déplacent simplement le curseur. La touche Maj agit comme le bouton gauche de la souris. Elle indique à Office 2016 ce qu'il doit sélectionner. Voici comment procéder :

1. **Placez le curseur au début ou à la fin des données à sélectionner.**
2. **Maintenez la touche Maj enfoncée.**

3. **Déplacez le curseur en appuyant sur n'importe quelle touche de déplacement comme la flèche haut ou la touche Fin.**

4. **Relâchez la touche Maj.**

TRUC

Vous trouverez peut-être plus simple de placer le curseur à la souris, puis d'appuyer sur Maj tout en pressant une touche de déplacement afin de sélectionner les données avec plus de précision.

Sélectionner plusieurs groupes de données avec la souris et le clavier

Pour une plus grande souplesse dans la sélection des données, utilisez simultanément le clavier et la souris. Cela permet de sélectionner des données à différents endroits d'un document :

1. **Sélectionnez une image ou un morceau de texte soit au clavier, soit à la souris.**

2. **Maintenez la touche Ctrl enfoncée.**

3. **Sélectionnez une autre image ou section de texte avec la souris ou le clavier.**

4. **Répétez l'Étape 3 pour chaque nouvelle donnée à ajouter à cette sélection.**

5. **Relâchez la touche Ctrl quand vous avez fini votre multisélection.**

Modifier des données avec la minibarre d'outils

Dès que vous sélectionnez des données, Office 2016 affiche une minibarre d'outils qui contient les commandes d'édition les plus communément utilisées. Ces commandes prennent la forme de boutons. Cette minibarre d'outils s'affiche dans le coin supérieur droit de la donnée sélectionnée. Pour utiliser les commandes de la minibarre d'outils, vous devez y placer le pointeur de la souris, comme à la Figure 2.2. Si vous éloignez le pointeur de la minibarre d'outils, elle s'estompe.

N'OUBLIEZ PAS !

La minibarre d'outils ne s'affiche que si les données sont sélectionnées à la souris.

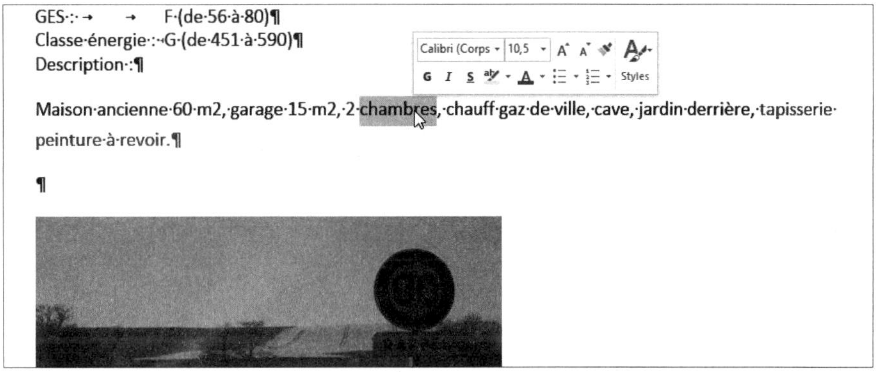

Figure 2.2 : Chaque fois que vous sélectionnez des données, Office 2016 affiche une minibarre d'outils.

Voici comment utiliser cette minibarre d'outils :

1. **Sélectionnez vos données avec la souris.**

   La sélection effectuée avec le clavier ne fait pas apparaître cette barre d'outils.

2. **Placez le pointeur de la souris dans la partie supérieure droite de la donnée sélectionnée.**

   La minibarre d'outils apparaît en fondu.

   Plus vous approchez le pointeur de la souris de la minibarre d'outils, plus son contenu devient visible.

3. **Cliquez sur un bouton de commande (icône) de la minibarre d'outils.**

Supprimer des données

L'opération de modification du contenu d'un fichier la plus simple consiste à supprimer des données existantes. Ainsi, pour effacer un caractère, utilisez une de ces deux touches :

- **Retour arrière :** Efface le caractère situé à gauche du point d'insertion. (C'est la large touche portant une flèche vers la gauche, au-dessus de la touche de validation Entrée.)
- **Suppr :** Efface le caractère situé à droite du point d'insertion.

Si vous devez effacer une grande quantité de texte :

1. **Sélectionnez avec la souris ou le clavier les données à supprimer (voir la section « Sélectionner des données »).**
2. **Appuyez sur la touche Suppr.**

   Office 2016 efface les données.

Couper et coller (déplacer) des données

Dans Office 2016, le déplacement de données est une procédure qui requiert deux étapes : couper et coller. Quand vous coupez des données, elles disparaissent du document et sont stockées dans une zone spéciale de la mémoire de votre ordinateur connue sous le nom de *Presse-papiers*. Lorsque vous *collez* les données, vous ne faites rien d'autre que copier le contenu de ce Presse-papiers dans votre document.

Voici comment déplacer des données :

1. **Sélectionnez les données à déplacer (voir ci-avant la section « Sélectionner des données »).**
2. **Utilisez l'une des techniques suivantes :**
   - Cliquez sur le bouton Couper de l'onglet Accueil.
   - Faites un clic droit et choisissez Couper dans le menu contextuel.
   - Appuyez sur Ctrl + X.
3. **Placez le curseur à l'endroit du document où vous souhaitez coller les données.**
4. **Utilisez une des techniques suivantes :**
   - Cliquez sur le bouton Coller de l'onglet Accueil.
   - Faites un clic droit et choisissez Coller dans le menu contextuel.
   - Appuycz sur Ctrl + V.

TRUC

Si vous sélectionnez des données à l'Étape 3, vous pouvez les remplacer en collant les données sélectionnées à l'Étape 1.

Copier et coller des données

Contrairement à la commande Couper, la commande Copier laisse en place les données sélectionnées. Une copie de ces données apparaît ensuite à la position du curseur, c'est-à-dire à l'emplacement où vous avez décidé de coller lesdites données. Voici comment procéder :

1. **Sélectionnez, avec la souris ou le clavier, les données à copier (voir ci-avant la section « Sélectionner des données »).**
2. **Utilisez une des techniques suivantes :**
   - Cliquez sur le bouton Copier de l'onglet Accueil.
   - Faites un clic droit et choisissez Copier dans le menu contextuel.
   - Appuyez sur Ctrl + C.
3. **Placez le curseur à l'endroit du document où vous souhaitez copier les données.**
4. **Choisissez une des techniques suivantes :**
   - Cliquez sur le bouton Coller.
   - Faites un clic droit et choisissez Coller dans le menu contextuel.
   - Appuyez sur Ctrl + V.

Utiliser les options de collage

Il est facile de couper, copier, et coller du texte d'un endroit à un autre d'un document. En revanche, certains problèmes de mise en forme peuvent se présenter. Lorsque vous collez du texte, plusieurs options sont disponibles en fonction du programme Office 2016 dans lequel vous travaillez.

- Coller le texte avec la mise en forme d'origine.
- Fusionner les données collées avec la mise en forme du texte de destination.
- Coller le texte en perdant sa mise en forme d'origine.

Chaque programme Office 2016 a des options de collage sensiblement différentes des autres.

Pour utiliser les options de collage :

1. **Sélectionnez du texte.**

   Pour cela, faites glisser le pointeur de la souris sur le texte, ou bien maintenez enfoncée la touche Maj et appuyez sur une flèche.

2. **Cliquez sur l'onglet Accueil, puis sur l'icône Couper ou Copier.**

   Si vous cliquez sur Couper, le texte sélectionné disparaît.

3. **Placez le curseur là où vous souhaitez coller le texte copié ou coupé.**

4. **Cliquez sur l'onglet Accueil, puis sur la flèche du bouton Coller.**

   Le menu local Options de collage s'affiche, comme à la Figure 2.3.

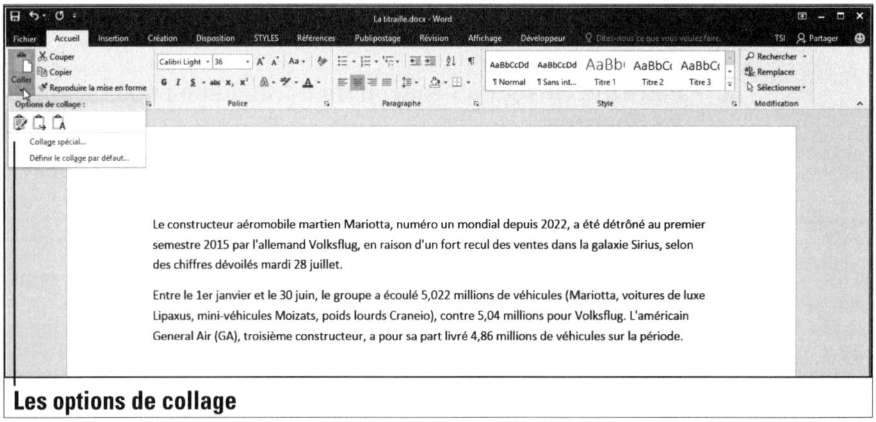

Figure 2.3 : Le menu local Options de collage.

5. **Placez le pointeur de la souris sur chaque option de collage pour voir comment votre texte serait collé dans votre document si vous cliquiez dessus.**

   Dès que vous changez d'icône de mode de collage, l'aspect du mot manquant change également (si ce que vous collez comporte des attributs visuels spécifiques).

6. **Cliquez sur l'icône que vous désirez utiliser.**

TRUC

Si vous effectuez un clic droit à l'Étape 3, un menu contextuel s'affiche. Vous y découvrez ces fameuses options de collage, comme le montre la Figure 2.4.

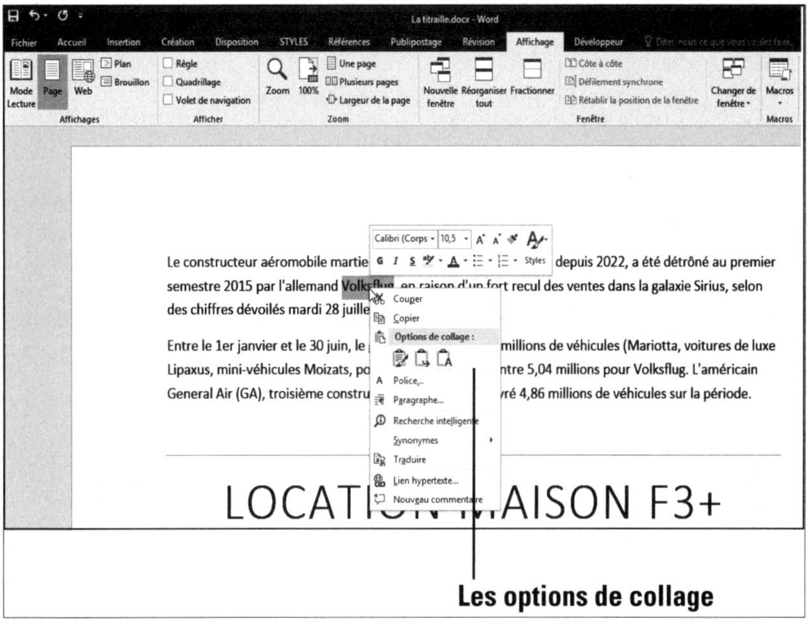

Figure 2.4 : Un clic droit dans le document affiche les options de collage dans un menu contextuel.

Couper, copier et coller avec la souris

La souris permet aussi de couper, de copier, et de coller des données. Pour déplacer des éléments avec la souris :

1. **Sélectionnez les données à déplacer (voir ci-avant la section « Sélectionner des données »).**

2. **Placez le pointeur de la souris sur les données en surbrillance.**

3. **Maintenez le bouton gauche de la souris enfoncé, et faites glisser (déplacer) la souris.**

   Le pointeur de la souris affiche une flèche ornée d'un carré à sa base. Une barre verticale épaisse permet de suivre précisément le déplacement.

   Vous pouvez utiliser la même technique pour copier des données. Il suffit d'appuyer sur la touche Ctrl pendant le déplacement de la souris. Cette fois, le signe + apparaît à la base du pointeur.

4. **Déplacez la barre verticale à l'endroit du document où vous désirez placer l'élément sélectionné à l'Étape 1.**

5. **Relâchez le bouton gauche de la souris.**

   Vos données apparaissent au nouvel emplacement.

Cette fonction est débrayable, car elle peut gêner les personnes qui utilisent de préférence les raccourcis clavier pour copier et coller. Si elle semble absente, accédez aux options (Fichier/Options), ouvrez la catégorie Options avancées. Dans le premier groupe, Options d'édition, activez l'option **Autoriser le déplacement de texte par glisser-déplacer** et validez par Ok pour revenir au travail.

Annuler et Répéter

Le travail sur ordinateur se distingue du travail traditionnel sur papier ou machine à écrire par le fait que rien n'est jamais définitif, tant que vous n'avez pas imprimé le document ou l'avez transmis à une autre personne. Vous pouvez presque toujours revenir en arrière sur une action malencontreuse grâce à la commande Annuler de Office 2016. Son principe est de mémoriser toutes les actions de telle sorte qu'il soit possible de revenir en arrière.

Vous pouvez utiliser la commande Annuler en cours de modification de votre document pour, dans un premier temps, annuler par exemple la dernière action commise. Vous disposez de deux techniques pour profiter de cette commande :

- **Cliquez sur le bouton Annuler de la barre d'outils** Accès rapide tout en haut à gauche (la flèche recourbée vers la gauche).
- **Utilisez la combinaison de touches Ctrl + Z.** Cette seconde technique est de loin préférable dans le traitement de texte puisque vous avez les mains sur le clavier.

L'annulation ne se limite pas à la dernière action réalisée. Lors de la modification d'un document, vous pouvez parfaitement vous rendre compte que les cinq ou les dix dernières modifications apportées au document ne conviennent pas. Voici comment les annuler en une seule opération :

1. **Cliquez sur la flèche du bouton Annuler de la barre d'outils Accès rapide.**

2. **Une liste des commandes exécutées apparaît.**

3. **Faites glisser le pointeur de la souris sur la série de commandes à annuler, comme le montre la Figure 2.5.**

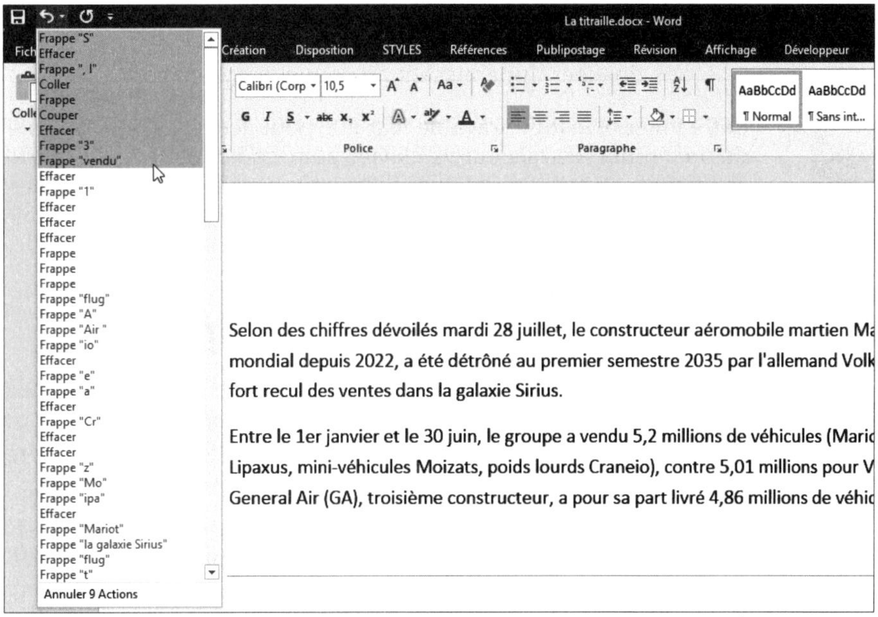

Figure 2.5 : La flèche du bouton Annuler affiche les commandes exécutées que vous pouvez annuler.

4. **Cliquez sur la plus ancienne des commandes à annuler.**

   Office 2016 annule toute la séquence d'édition correspondante.

Pour annuler l'annulation, cliquez sur le bouton Répéter de la barre d'outils Accès rapide (icône d'une flèche circulaire), ou bien exécutez le raccourci clavier Ctrl + Y.

La commande Répéter annule les effets de la commande Annuler. Par exemple, si vous exécutez quatre fois la commande Annuler, vous ne pourrez utiliser la commande Répéter que quatre fois également.

Partager des données avec d'autres programmes Office 2016

Couper, copier et coller des données est très utile pour parfaire un même document. Cependant, il faut savoir qu'Office 2016 permet d'effectuer ces opérations entre plusieurs programmes. Ainsi, il est facile de copier un graphique Excel pour le coller dans une présentation PowerPoint. C'est un des avantages d'une suite bureautique par rapport à des logiciels indépendants.

Utiliser le Presse-papiers Office

Lorsque vous coupez ou copiez des données, Windows les stocke dans une partie spéciale de la mémoire appelée *Presse-papiers*. Le Presse-papiers de Windows ne peut contenir qu'un seul élément à la fois. En revanche, le Presse-papier d'Office 2016 peut contenir jusqu'à 24 éléments.

Alors que le Presse-papiers de Windows fonctionne avec tous les programmes de ce système d'exploitation (comme Microsoft Paint ou Internet Explorer), celui d'Office n'est disponible que dans les programmes de la suite, c'est-à-dire Word, Excel, PowerPoint, Access et Outlook. Pour stocker des données dans le Presse-papiers d'Office, il suffit d'exécuter les commandes Copier ou Couper dans une application Office.

Voici les deux gros avantages du Presse-papiers Office :

- **Vous pouvez stocker jusqu'à 24 éléments.**

  Le Presse-papiers Windows ne peut en contenir qu'un seul.

- **Vous sélectionnez, dans le Presse-papiers, ce que vous désirez coller.**

  Le Presse-papiers Windows ne permet de coller que l'élément qu'il contient.

Afficher le contenu du Presse-papiers Office et coller des éléments

Au fur et à mesure que vous copiez ou coupez des éléments, le Presse-papiers Office les stocke dans son espace mémoire spécial.

Voici comment afficher son contenu afin d'y choisir l'élément à coller :

1. **Placez le curseur à l'endroit où vous désirez coller un élément du Presse-papiers Office.**

2. **Cliquez sur l'onglet Accueil.**

3. **Cliquez sur le bouton d'ouverture de boîte de dialogue du groupe Presse-papiers (le petit symbole dans le coin inférieur droit du groupe dans le Ruban).**

   Le volet Presse-papiers apparaît comme à la Figure 2.6. L'icône précédant le nom du contenu indique la provenance de l'élément. Ainsi, une icône Word permet de savoir que l'élément a été copié ou coupé dans Word.

Le Presse-papiers Office

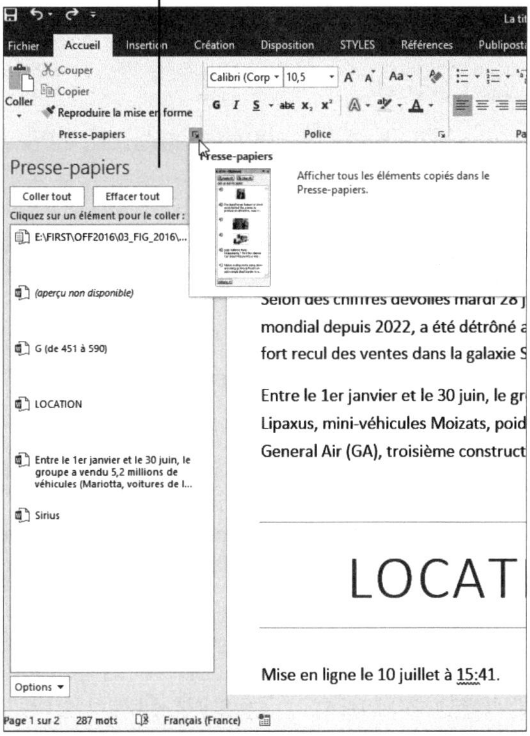

Figure 2.6 : Le volet Presse-papiers affiche le contenu des éléments copiés ou coupés dans les différentes applications Office 2016.

4. **Cliquez sur l'élément que vous désirez coller.**

   Office 2016 colle l'élément à la position du point d'insertion.

5. **Cliquez sur l'icône de fermeture du Presse-papiers (X) pour fermer son panneau.**

Si vous cliquez sur le bouton Coller tout, tous les éléments présents dans le Presse-papiers sont copiés dans votre fichier.

Supprimer des éléments du Presse-papiers Office

Le Presse-papiers Office peut contenir jusqu'à 24 éléments. Quand vous en ajoutez un vingt-cinquième, Office 2016 supprime le plus ancien pour stocker le nouvel élément.

Il est possible de supprimer manuellement un élément en suivant cette procédure :

1. **Cliquez sur l'onglet Accueil.**
2. **Cliquez sur le lanceur de boîte de dialogue du groupe Presse-papiers.**

   Le Presse-papiers apparaît.

3. **Placez le pointeur de la souris sur un élément du Presse-papiers Office.**

   Une flèche apparaît sur sa droite.

4. **Cliquez sur la flèche pour accéder au menu de la Figure 2.7.**
5. **Cliquez sur Supprimer.**

   Office 2016 efface l'élément en question.

6. **Pour quitter le volet Presse-papiers, cliquez sur son bouton de fermeture, ou sur le bouton lanceur de la boîte de dialogue du groupe Presse-papiers de l'onglet Accueil.**

Si vous cliquez sur le bouton Effacer tout, vous supprimez tous les éléments du Presse-papiers Office.

Soyez attentif avant de supprimer un élément dans le Presse-papiers, car vous ne pourrez pas le récupérer par une quelconque annulation de votre action.

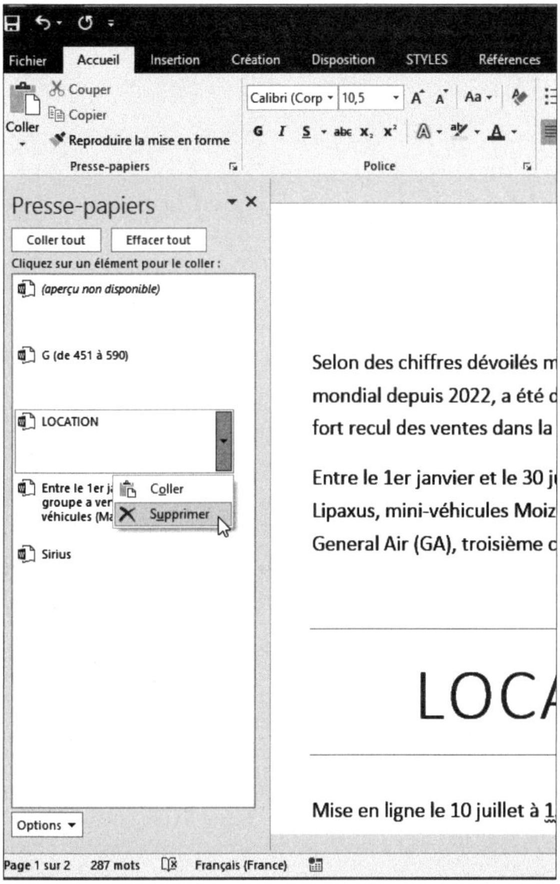

Figure 2.7 : Pour effacer un élément du Presse-papiers Office, cliquez sur sa flèche et choisissez Supprimer.

Sauvegarde du Presse-papiers ?

Lorsque vous quittez Office, il arrive que le programme vous demande si vous désirez conserver le contenu du Presse-papiers pour la prochaine séance. C'est le cas lorsque vous avez copié un grand volume de données, par exemple la totalité d'un document Word ou toute une feuille Excel.

Vous répondez selon vos besoins futurs. C'est une mesure de précaution car l'expérience montre qu'il arrive trop souvent que l'on coupe tout un bloc de données, puis que l'on oublie de le coller ailleurs avant de quitter Office. Sans la question salvatrice de Office, ces données seraient irrémédiablement perdues.

Chapitre 3

Gérer ses images

Dans ce chapitre :

- Ajouter et supprimer une image.
- Modifier une image.
- Altérer l'apparence d'une image.

Pour pimenter vos documents Word, Excel, ou PowerPoint, vous pouvez y insérer des photographies prises avec votre appareil photo numérique ou obtenues sur le web. Office permet d'apporter de sympathiques modifications à vos images, ce qui peut vous éviter de devoir recourir à un logiciel dédié à la retouche d'images.

L'un des problèmes les plus fréquemment rencontrés en photographie est la surexposition ou la sous-exposition des images. Autrefois, il fallait recourir à des logiciels sophistiqués pour corriger ces problèmes. Désormais, vous pouvez y procéder dans Office 2016.

Une fois vos images corrigées, Office 2016 vous permet de leur ajouter des cadres, des titres, ou des effets visuels. Ainsi, il est très facile de faire en sorte qu'une photo ressemble par exemple à une peinture.

Ajouter (et supprimer) une image

Voici comment insérer une image dans un document :

1. **Cliquez sur l'onglet Insertion.**

2. **Cliquez sur l'icône Image.**

3. **La boîte de dialogue Insérer une image apparaît.**

4. **Parcourez vos différents lecteurs et dossiers pour localiser l'image à insérer. Sélectionnez l'image en cliquant dessus.**

5. **Cliquez sur le bouton Insérer.**

   • Dans Word, l'image apparaît à l'emplacement du point d'insertion.

   • Dans Excel, le coin supérieur gauche de l'image apparaît dans la cellule où se trouvait le point d'insertion au moment de l'ouverture de la boîte de dialogue Insérer une image.

   • Dans PowerPoint, l'image apparaît au centre de la diapositive actuellement affichée.

Pour supprimer une image :

6. **Cliquez dessus pour la sélectionner.**

   Des poignées apparaissent autour du cadre de sélection.

7. **Appuyez sur la touche Suppr ou Retour arrière.**

Manipuler une image

Une fois que vous avez ajouté une image à votre document, vous pouvez la changer de place, ou lui donner une autre dimension.

Déplacer une image

Voici comment procéder :

1. **Sélectionnez l'image que vous désirez déplacer.**

   Comme vous pouvez le voir sur la Figure 3.1, des poignées apparaissent autour d'un cadre de sélection.

2. **Effectuez le déplacement en utilisant l'une des techniques suivantes :**

   • Placez le pointeur de la souris sur l'image. Cliquez et, sans relâcher le bouton de la souris, faites-la glisser jusqu'à l'endroit où vous désirez placer l'image. Relâchez le bouton de la souris.

   • Appuyez sur les flèches Haut, Bas, Gauche ou Droit.

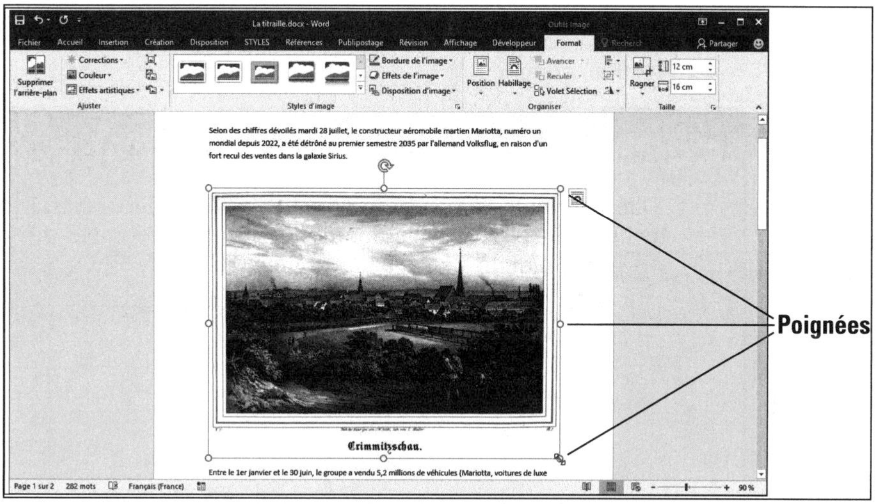

Figure 3.1 : Un cadre de sélection muni de poignées.

Redimensionner une image

Pour redimensionner une image :

1. **Sélectionnez l'image que vous désirez déplacer.**

   Des poignées apparaissent autour du cadre de sélection.

2. **Placez le pointeur de la souris sur une des poignées. Cliquez et faites glisser la poignée dans le sens du redimensionnement voulu.**

TRUC

Si vous faites glisser une poignée d'angle, vous redimensionnez l'image en hauteur et en largeur.

Si vous cliquez sur l'onglet Format, vous pouvez taper les valeurs exactes du redimensionnement que vous désirez appliquer à l'image. Il suffit d'entrer ces valeurs dans les champs Hauteur de la forme et Largeur de la forme du groupe Taille.

Faire pivoter une image

Vous pouvez créer des mises en page intéressantes en faisant pivoter les images. Voici la procédure à suivre :

1. **Sélectionnez l'image à faire pivoter.**

Des poignées apparaissent autour de l'image sélectionnée. La poignée de rotation est de couleur verte, légèrement décalée du cadre de sélection, comme à la Figure 3.2.

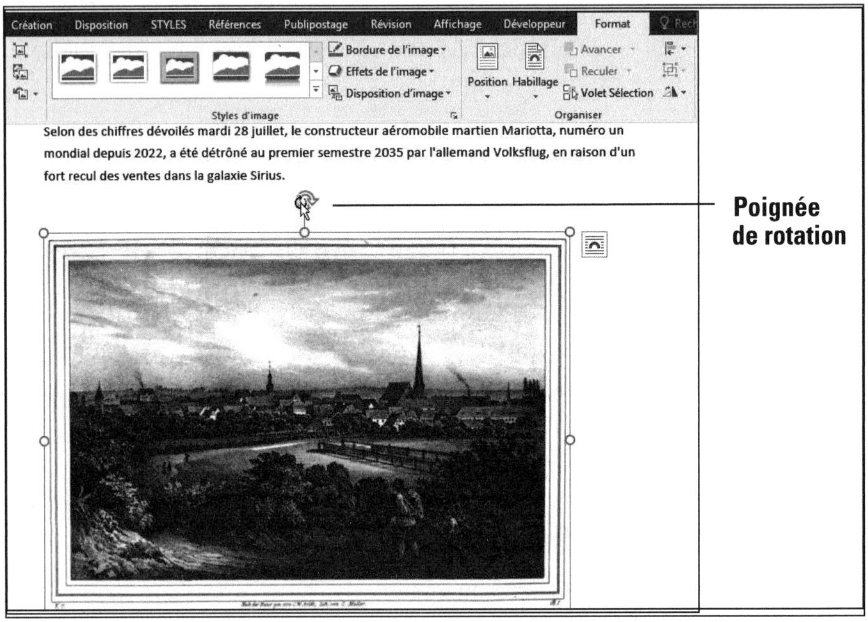

Figure 3.2 : Les poignées de redimensionnement apparaissent sur l'image.

2. **Placez la souris sur cette poignée, et faites glisser le curseur dans le sens de la rotation souhaitée.**

Améliorer une image

Parfois, une image nécessite quelques petits réglages. D'autres fois, une image est correcte, mais elle pourrait nettement s'améliorer en lui ajoutant un petit effet. Dans Office 2016, il est possible de transformer des photos en véritables œuvres d'art.

Pour que vos images paraissent encore plus belles et visuellement plus attrayantes, Office 2016 permet d'appliquer des effets de couleur, des cadres et des styles.

Appliquer des effets visuels

Office 2016 permet de modifier l'apparence d'une image de plusieurs manières :

1. **Corrections : Permet d'accentuer ou de diminuer la netteté d'une image, mais aussi de modifier son contraste et sa luminosité.**

2. **Couleur : Ajuste la teinte et la saturation des images en couleurs.**

3. **Effets artistiques : Applique un style aux images, comme des effets de mosaïque ou d'aquarelle.**

4. **Effets d'images : Ensemble d'icônes qui permettent d'appliquer des ombres, des lueurs, ou de faire pivoter l'image.**

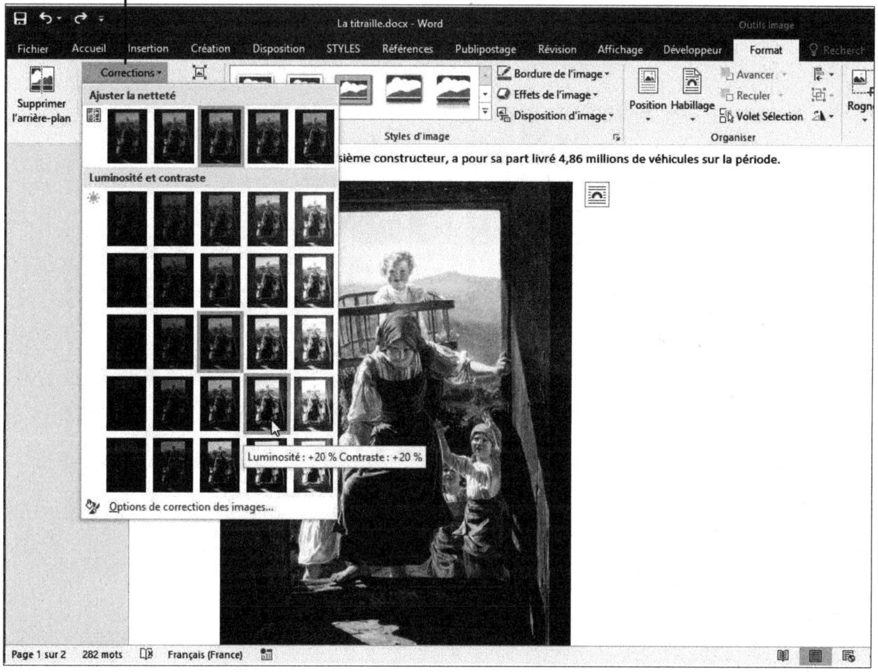

Figure 3.3 : L'icône Corrections contient différents filtres de modification des images.

Voici comment appliquer des effets visuels aux images :

5. **Sélectionnez l'image à modifier.**

6. **Dans l'onglet Format, cliquez sur l'icône Corrections.**

7. **Un menu local illustré à la Figure 3.3 s'affiche.**

8. **Sélectionnez une option de correction dans le menu local qui s'affiche.**

9. **Cliquez sur l'icône Couleur (juste sous la précédente).**

10. Un autre menu local apparaît, comme à la Figure 3.4.

Options de couleur

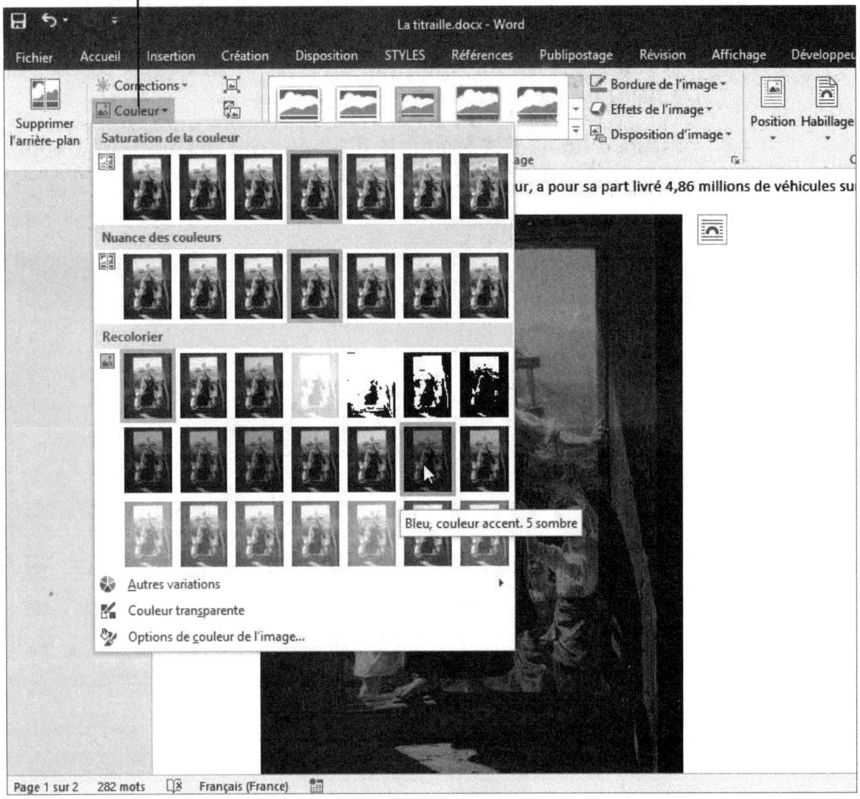

Figure 3.4 : L'icône Couleur affiche des options de correction de la couleur.

11. Cliquez sur une des options de couleur de ce menu.

12. Cliquez sur l'icône Effets artistiques.

13. Vous ouvrez le menu local illustré à la Figure 3.5.

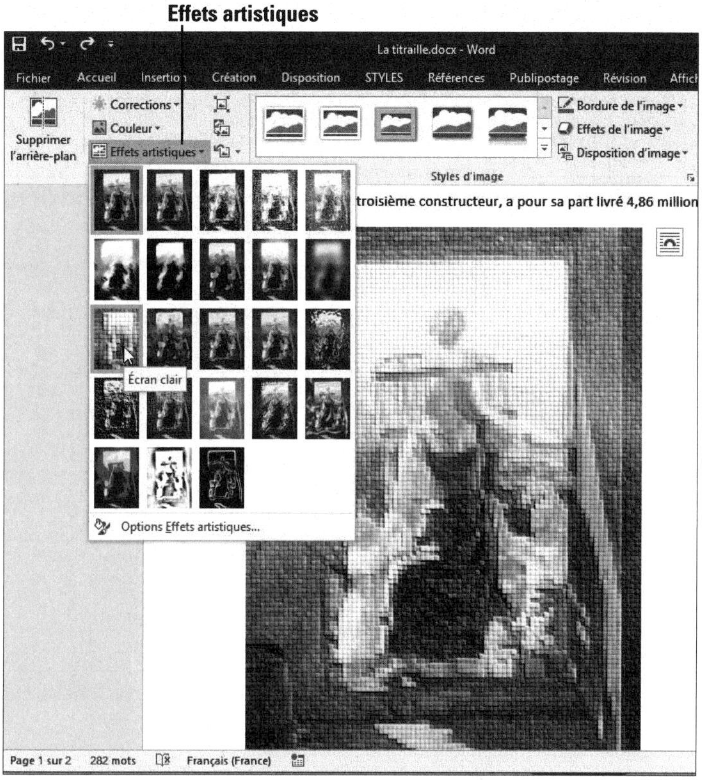

Figure 3.5 : L'icône Effets artistiques affiche des effets visuels uniques.

14. **Choisissez un effet artistique.**

15. **Cliquez sur l'icône Effets de l'image.**

    Un menu apparaît. Cliquez sur un sous-menu pour accéder aux différentes options, comme à la Figure 3.6.

16. **Cliquez sur un des sous-menus, puis sur l'option à appliquer.**

TRUC

Le tableau que l'on aperçoit en guise d'image d'exemple (Heimkehrende Mutter mit Kindern, 1863) est du peintre autrichien Ferdinand Georg Waldmüller (1793-1865). On peut l'admirer au musée Leopold de Vienne.

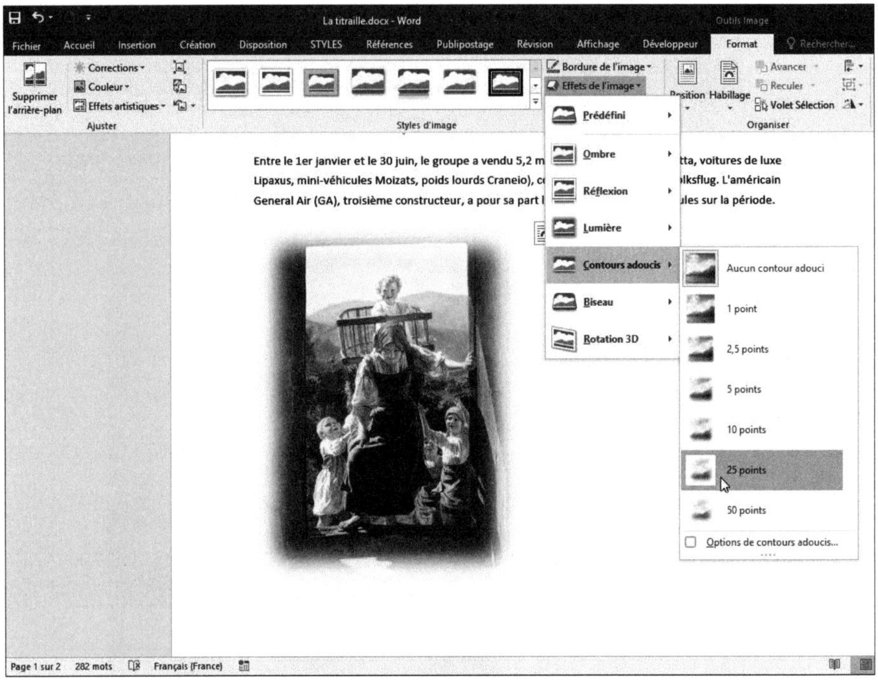

Figure 3.6 : L'icône Effets de l'image contient différentes méthodes d'amélioration des images.

Choisir un style d'image

Office 2016 propose une série de styles prédéfinis que vous pouvez appliquer à n'importe quelle image. Voici comment procéder :

1. **Sélectionnez une image que vous désirez modifier.**
2. **L'onglet Outils image/Format apparaît.**
3. **Dans le groupe Styles d'images, cliquez sur un style à appliquer.**

TRUC

Ce groupe contient plusieurs options :

- Pour afficher une rangée d'options à la fois, cliquez sur le bouton Ligne (petite flèche dirigée vers le bas) du groupe Styles d'images (Figure 3.7.)

Figure 3.7 : Les boutons Ligne et Autres du groupe Styles d'images.

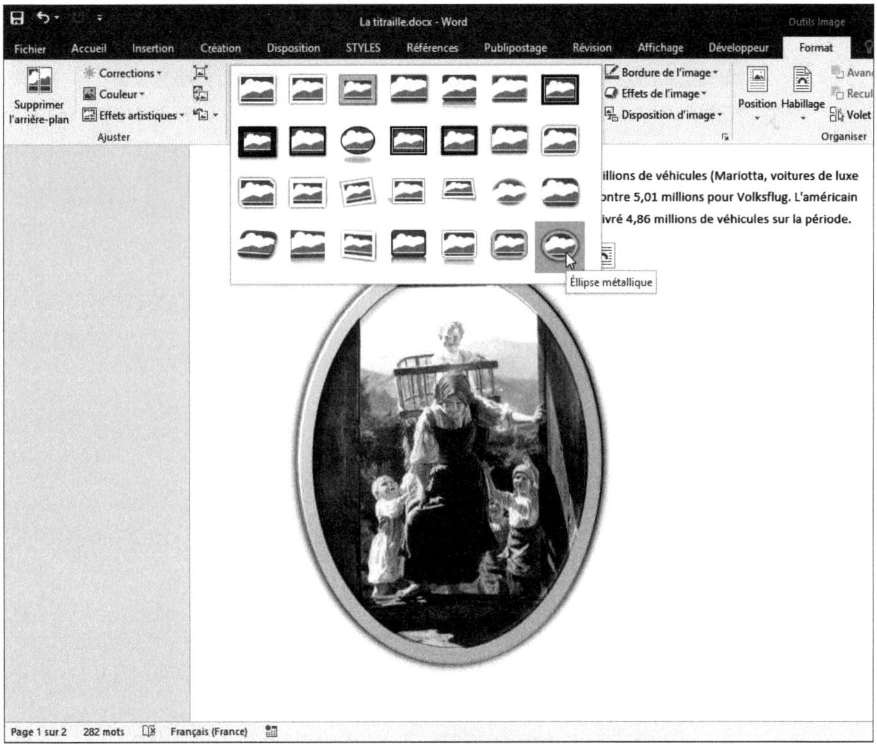

Figure 3.8 : Le bouton Autres affiche toutes les options de styles.

- Pour afficher toutes les options simultanément, cliquez sur le bouton Autres dans le coin inférieur droit du groupe. Ce bouton est une flèche dirigée vers le bas, mais surmontée d'un trait horizontal.

Ajouter une bordure à une image

Pour attirer l'attention sur une image, ajoutez-lui un cadre.

Pour ajouter ou modifier une bordure :

1. **Sélectionnez l'image à modifier.**

   L'onglet Format apparaît dans le Ruban.

2. **Cliquez sur l'icône Bordure de l'image.**

   Un menu local apparaît. Différentes couleurs et options sont proposées, comme le montre la Figure 3.9.

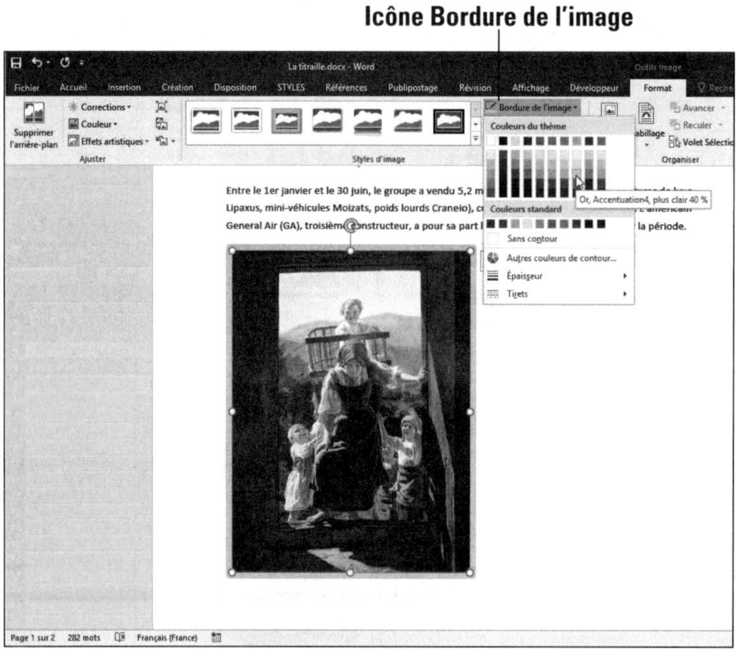

Figure 3.9 : Le menu local Bord de l'image.

3. **Choisissez une couleur à appliquer à la bordure.**

4. **Placez le pointeur de la souris sur Épaisseur, et choisissez une épaisseur de trait (contour), comme à la Figure 3.10.**

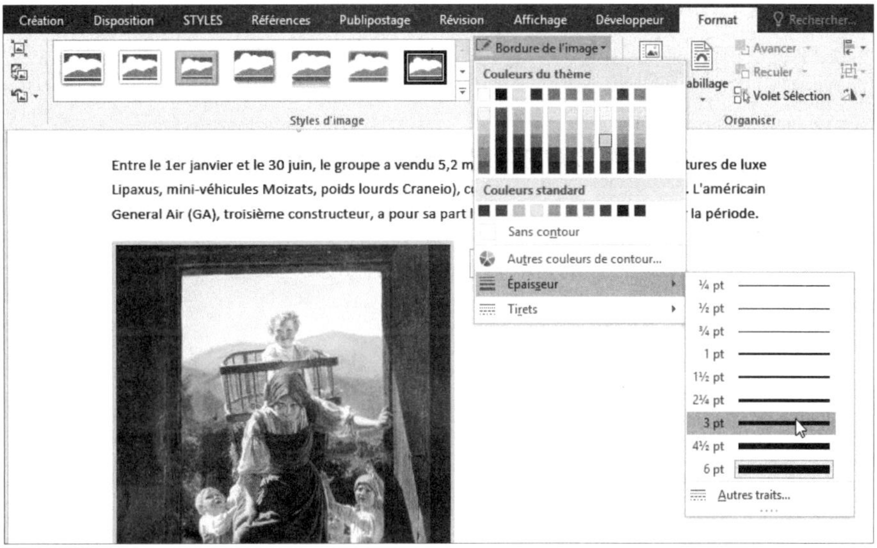

Figure 3.10 : Le sous-menu Épaisseur permet de choisir l'épaisseur du trait de la bordure.

5. **Placez le pointeur de la souris sur le sous-menu Tirets pour choisir le type de trait qui formera la bordure (Figure 3.11).**

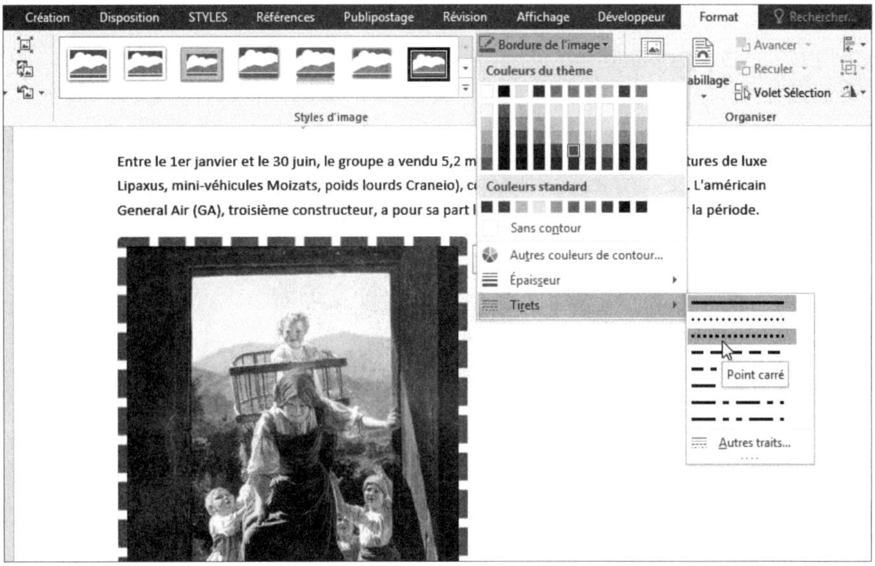

Figure 3.11 : Le sous-menu Tirets permet de définir le type de trait à appliquer à la bordure.

Chapitre 4

Aide-toi et Office 2016 t'aidera

Dans ce chapitre :

- Ouvrir et découvrir la fenêtre d'aide.
- Effectuer une recherche dans l'aide.
- Modifier l'apparence de la fenêtre d'aide.

Microsoft a voulu faire d'Office la plus simple de toutes les suites bureautiques conçues jusqu'à présent. En dépit d'une nouvelle interface qui cherche à faciliter l'utilisation des programmes de cette suite, vous aurez parfois besoin de solliciter une aide, car des fonctions rarement utilisées pourraient vous poser quelques problèmes.

Pour répondre à vos questions, Office 2016 propose un système d'aide structuré autour de rubriques que vous pouvez consulter et interroger de deux manières :

- La première méthode de consultation consiste à parcourir les divers sujets affichés jusqu'à ce que vous trouviez une réponse à votre question.
- La seconde méthode consiste à taper l'objet de votre recherche d'aide comme **Marges de page** ou **Taille de police**. Le système d'aide affiche alors tous les sujets traitant de ces éléments et fonctions. Cette méthode peut s'avérer très pratique pour trouver rapidement la réponse aux questions qui vous préoccupent. Cependant, si vous ne saisissez pas la bonne terminologie, non seulement la recherche risque de prendre du temps, mais surtout de ne donner aucun résultat satisfaisant.

N'OUBLIEZ PAS !

Pour afficher les dernières informations d'aide d'Office 2016, vous devez être connecté à Internet.

La version 2016 apporte deux nouveautés au niveau de l'aide à l'utilisateur :

6. **La fonction TellMe qui correspond à l'étrange nouvelle commande du Ruban intitulée « Dites-nous ce que vous voulez faire ».**

7. **La fonction Recherche intelligente qui permet de trouver des informations sur le web en rapport avec le mot depuis lequel vous lancez la recherche.**

   Ces deux nouveautés sont présentées en fin de chapitre.

Découvrir la fenêtre d'aide

Chaque programme Office 2016 dispose de ses propres fichiers d'aide auxquels vous accédez quand vous en avez besoin. Voici comment atteindre l'aide des applications Office :

1. **Cliquez sur le bouton point d'interrogation en haut à droite ou utilisez la touche F1 pour ouvrir la fenêtre d'aide (Figure 4.1).**

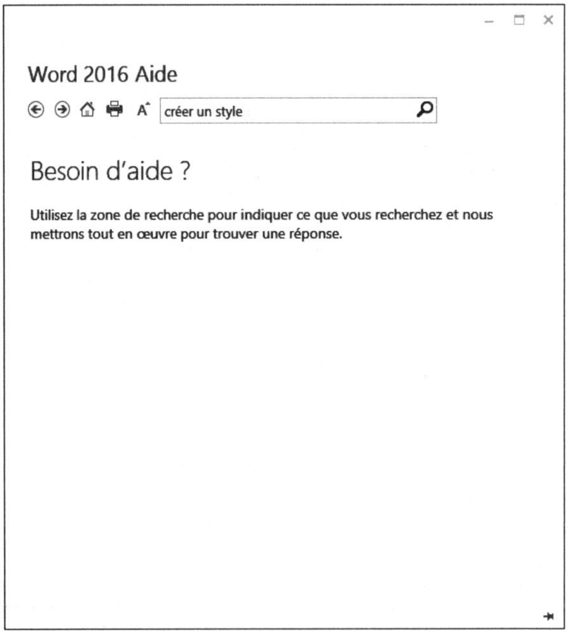

Figure 4.1 : La fenêtre Aide permet de trouver une réponse à vos questions.

2. **Cliquez dans la zone de saisie et saisissez un ou plusieurs termes significatifs de votre besoin puis validez.**

3. **Par exemple, vous pouvez saisir Imprimer ou Modifier des graphiques.**

N'OUBLIEZ PAS !

Si vous faites une faute de frappe, le système d'aide ne comprendra pas l'objet de votre demande. Faites donc très attention à votre orthographe.

TRUC

Tapez le moins de mots possible. Ainsi, préférez « Imprimer » à une longue phrase comme « Je souhaite savoir comment imprimer des documents ». Plus vous ajoutez de mots à une requête, et plus les résultats retournés par Office sont nombreux.

4. **Cliquez sur le bouton Rechercher (icône de la Loupe), ou bien appuyez sur la touche Entrée de votre clavier.**

   La fenêtre Aide affiche une liste de rubriques, comme le montre la Figure 4.3.

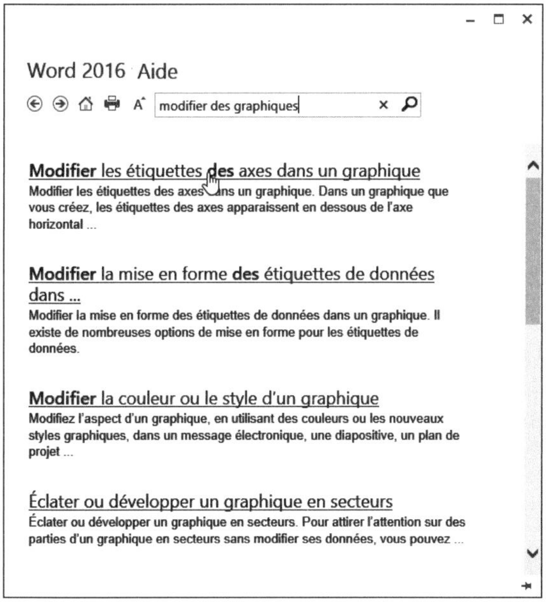

Figure 4.2 : Liste de rubriques relatives au sujet de votre recherche.

5. **Cliquez sur une des rubriques d'aide affichées.**

   Des instructions données étape par étape doivent apporter la solution à votre problème.

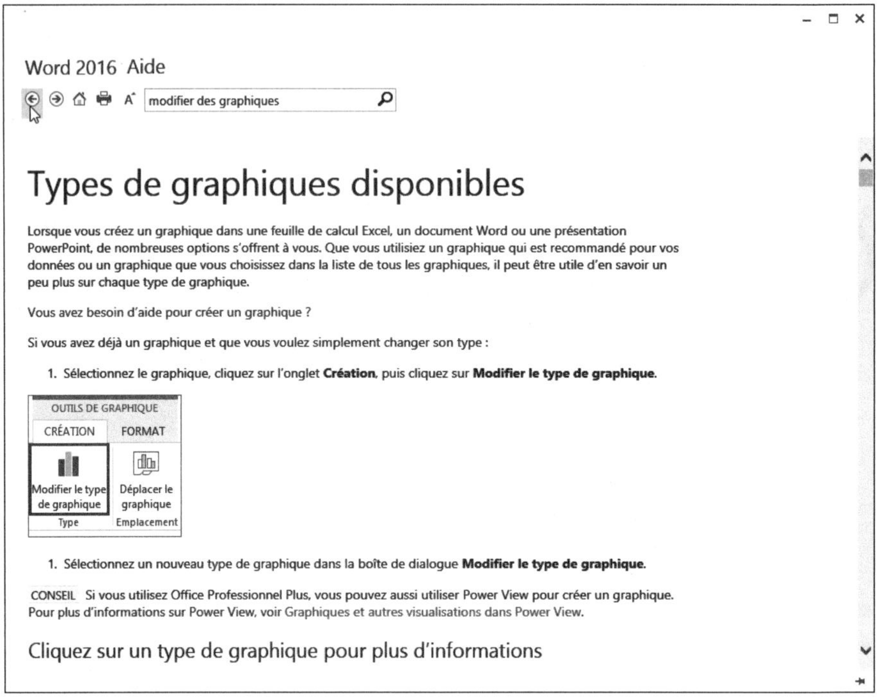

Figure 4.3 : Affichage d'une rubrique d'aide.

6. **Une fois que vous avez pris connaissance des explications, quittez la fenêtre Aide par un clic sur son bouton Fermer (X).**

Si vous cliquez sur le bouton Précédent, vous accédez à l'explication précédente. Si vous cliquez sur le bouton Avant, vous revenez à l'écran d'aide que vous venez de quitter. Si vous cliquez sur le bouton Accueil, vous affichez la liste des rubriques principales de l'aide du programme.

Faciliter la lecture de l'aide

Le plus gros problème posé par la fenêtre d'aide des applications Office est sa relative petite taille qui ne permet pas toujours de prendre correctement connaissance de son contenu. Pour pallier cette difficulté, deux choix s'offrent à vous :

- Redimensionner la fenêtre Aide.
- Augmenter la taille du texte dans la fenêtre Aide.

Redimensionner et épingler la fenêtre Aide

Vous redimensionnez la fenêtre d'aide comme n'importe quel autre type de fenêtre Windows. Il suffit de cliquer sur un des boutons situés dans son coin supérieur droit (Figure 4.4) :

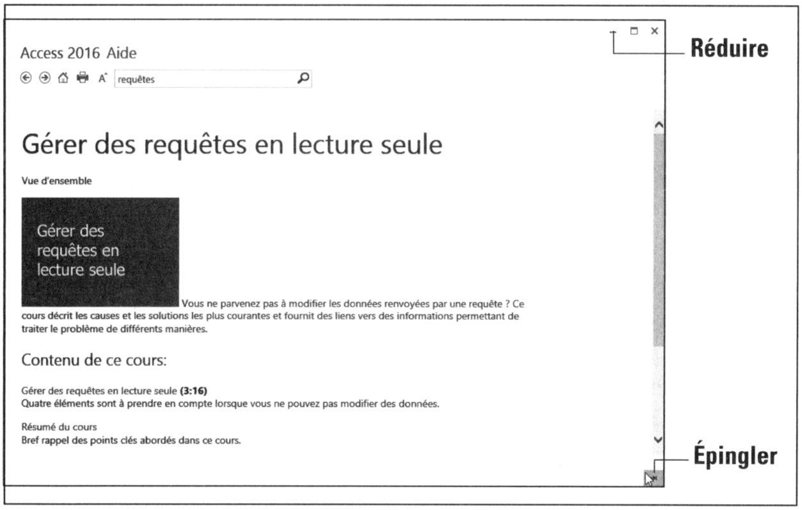

Figure 4.4 : Les icônes des boutons Réduire et Épingler.

- **Réduire :** Fait de la fenêtre un bouton de la Barre des tâches de Windows.
- **Épingler :** Permet de garder la fenêtre d'aide afin d'en lire le contenu tout en travaillant.

N'OUBLIEZ PAS!

Pour que la fenêtre d'aide disparaisse, cliquez de nouveau sur le bouton Épingler.

Vous pouvez également redimensionner une fenêtre en plaçant le pointeur de la souris sur un de ses côtés ou de ses angles. Le pointeur prend alors la forme d'une flèche à deux têtes. Cliquez et, sans relâcher le bouton de la souris, faites glisser le côté ou l'angle dans la direction du redimensionnement voulu. Une fois la dimension souhaitée atteinte, relâchez le bouton de la souris.

Agrandir le texte de la fenêtre Aide

Une alternative au redimensionnement de la fenêtre est l'agrandissement de son texte. Sachez qu'il est cependant possible de réduire la taille de ce texte. Voici comment rendre le texte plus lisible dans la fenêtre d'aide :

1. **Cliquez sur le bouton Aide ou appuyez sur F1 pour ouvrir la fenêtre d'aide.**
2. **Cliquez sur le bouton Utiliser une taille de texte plus importante (icône du A).**

   La taille du texte de la fenêtre change en conséquence. Un nouveau clic sur ce bouton rétablit le texte dans sa taille initiale.

Imprimer le texte de la fenêtre Aide

Les explications données dans la fenêtre d'aide peuvent vous paraître tellement utiles que vous souhaiterez les imprimer. Cela vous évitera de rouvrir la fenêtre d'aide et de rechercher la même explication.

Voici comment imprimer le contenu de la fenêtre d'aide :

1. **Cliquez sur le bouton Aide ou appuyez sur F1 pour ouvrir la fenêtre d'aide.**
2. **Vérifiez qu'une imprimante est connectée à votre ordinateur et qu'elle est sous tension.**
3. **Cliquez sur le bouton Imprimer (icône d'une imprimante sur la Figure 4.4).**

   La boîte de dialogue Imprimer s'ouvre.

4. **Définissez vos options d'impression (comme l'imprimante à utiliser), puis cliquez sur OK. Vous imprimez alors ce qui est affiché dans la fenêtre d'aide.**

La fonction d'aide au choix des commandes (TellMe)

Cette nouveauté introduite dans la version 2016 d'Office est une sorte d'assistant du Ruban. Il s'agit d'une zone de saisie dynamique sur la droite des noms d'onglets du Ruban. Elle analyse ce que vous tapez et présente en réponse une liste des commandes les plus susceptibles de répondre directement à votre besoin. Vous pouvez ainsi directement sélectionner la commande si elle fait partie des réponses.

En guise d'exemple, supposez que vous cherchiez à insérer une image dans le document en cours.

1. **Cliquez dans la zone de saisie « Dites-nous ce que vous voulez faire » et saisissez votre demande, par exemple insérer image.**

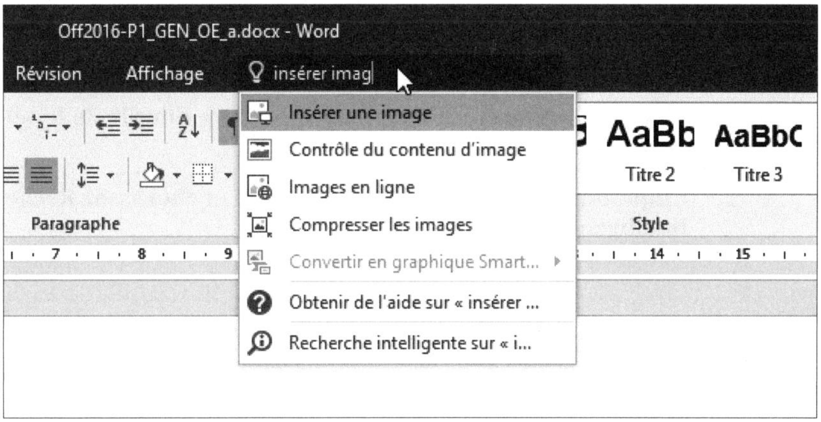

Figure 4.5 : Utilisation de la fonction de support fonctionnel.

2. **Si l'une des réponses vous convient, utilisez la flèche Bas du clavier pour la sélectionner et validez par Entrée.**

   Vous accédez directement à la boîte de dialogue appropriée ou au mode d'édition désiré.

TRUC

N.d.T. : Il est frappant de constater que cette nouvelle fonction invite l'utilisateur à apprendre à piloter son logiciel avec le clavier. Voici un quart de siècle que la généralisation de la souris a relégué au rang de dinosaures les premiers utilisateurs d'ordinateurs (qui pilotaient leurs logiciels avec des codes clavier, des raccourcis et des touches de fonction). Un juste équilibre entre l'efficacité du clavier et l'immédiateté de la souris est en train de naître. Nous nous en félicitons.

La fonction de recherche web contextuelle (Insight)

Office 2016 prend acte de l'omniprésence du web en proposant dans le menu local de la zone d'édition un accès à un mode de recherche de pages web en rapport direct avec le ou les mots sélectionnés.

Supposons que vous êtes en train de rédiger un texte. Vous avez besoin d'en savoir plus sur un auteur que vous venez de citer.

1. **Placez-vous dans le mot servant de critère (inutile de le sélectionner entièrement).**
2. **Cliquez-droit pour ouvrir le menu local et choisissez Recherche intelligente.**

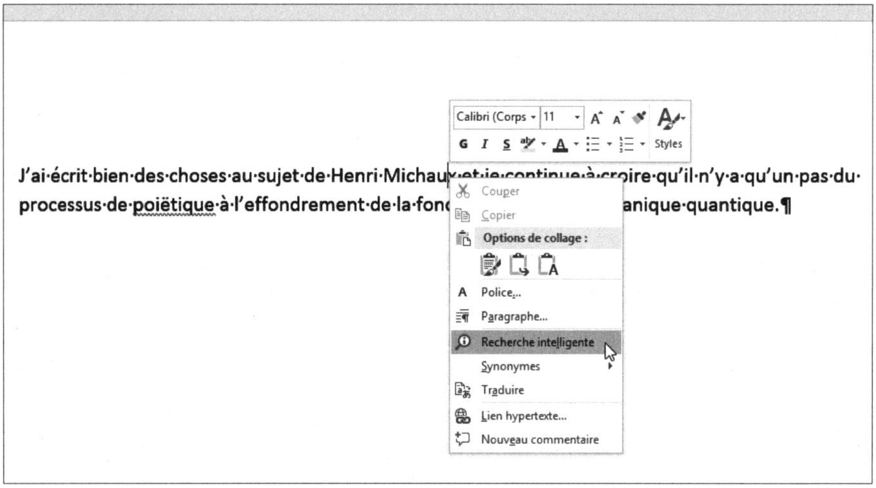

Figure 4.6 : Lancement d'une recherche intelligente Insight.

3. **Dans le volet des résultats qui apparaît à droite, naviguez parmi les réponses pour recueillir plus d'informations.**

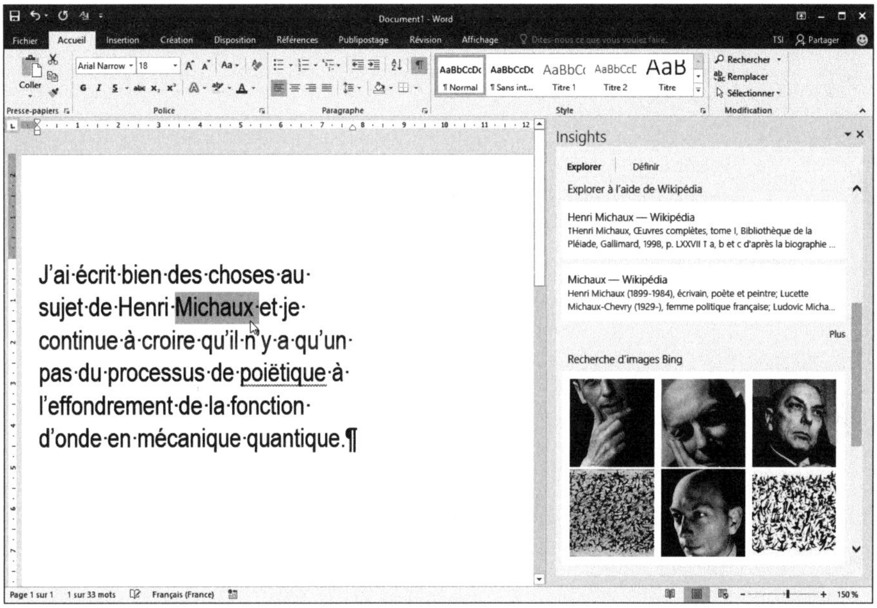

Figure 4.7 : Les résultats de la recherche intelligente.

Deuxième partie

Travailler avec Word

«Tu es sûr que ça ne craint rien, cet outil miroir de Word?»

Dans cette partie...

- Naviguer dans un document texte.
- Vérifier l'orthographe et la grammaire.
- Choisir ses polices.
- Modifier la couleur du texte.
- Organiser un texte en tableau.
- Distribuer un texte en colonnes.

Chapitre 5

Saisir du texte dans Word

Dans ce chapitre :

- Déplacer le point d'insertion avec la souris et le clavier.
- Parcourir un document.
- Vérifier l'orthographe et la grammaire.
- Afficher un document.

La nature même d'un logiciel de traitement de texte est de vous permettre de saisir du texte, c'est-à-dire de le taper ou de le dactylographier. C'est la fonction du logiciel Word. Pour bien utiliser Word, il faut d'abord apprendre à y saisir des mots qui, lus bout à bout, forment des phrases. Toutes ces phrases aboutissent à des paragraphes, qui eux-mêmes constituent un fichier appelé document Word.

Dans le document en cours, Word fait clignoter un curseur vertical. On appelle ce curseur le *point d'insertion*. Il peut être déplacé avec la souris ou les touches de votre clavier. Le fait de saisir des caractères déplace naturellement le point d'insertion en direction de la fin du document.

Déplacer le point d'insertion avec la souris

Lorsque vous bougez la souris, Word transforme le pointeur (ou curseur) en une sorte de grand *i* majuscule. Si vous amenez ce curseur (sans cliquer) sur une zone où aucun texte ne peut être saisi, il reprend la forme traditionnelle d'une flèche, c'est-à-dire l'aspect premier du pointeur de la souris. En fonction de la position du pointeur, sa flèche pointe vers la droite ou la gauche.

Pour déplacer le point d'insertion dans un document Word, il suffit de positionner le pointeur de la souris à l'endroit désiré (action de pointer), puis de cliquer du bouton gauche. Le point d'insertion clignote alors à l'emplacement du document où vous avez cliqué.

Si votre page est vierge ou si vous vous trouvez dans une zone vide située à la fin du document, vous pouvez placer le point d'insertion n'importe où en suivant cette procédure :

1. **Placez le pointeur de la souris sur une zone vierge à proximité de la fin du document.**

   Pour Word, la fin du document correspond au dernier caractère saisi (qui peut être un espace). Pour être certain de bien vous trouver à cet endroit, utilisez la combinaison de touches Ctrl + Fin.

   - *Dans un nouveau document :* La fin du document se situe dans le coin supérieur gauche… c'est-à-dire au début. (En effet, le document est entièrement vide.)
   - *Dans un document contenant du texte :* La fin d'un document est la zone située juste après le tout dernier texte.

   Le pointeur prend la forme d'une des icônes représentées à la Figure 5.1. Une série de traits indique le type de justification qui sera appliqué au texte saisi.

2. **Vérifiez que le bon type de justification s'affiche à côté du pointeur.**

   Par exemple, pour une justification centrée, assurez-vous de voir l'icône correspondante sous le pointeur de la souris (qui est devenu symbole du point d'insertion).

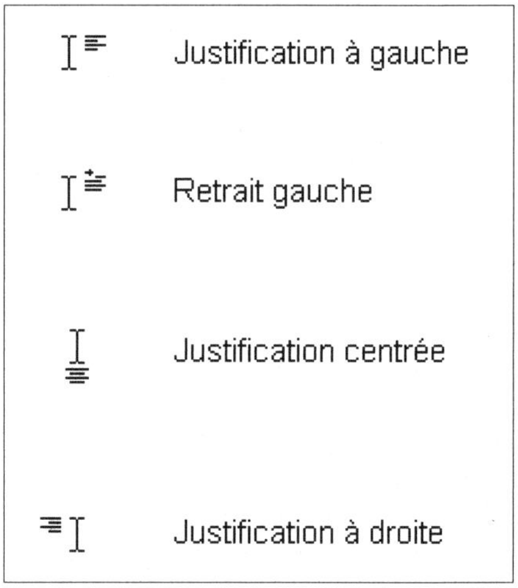

Figure 5.1 : L'icône de justification apparaît à côté du pointeur de la souris quand vous le placez à proximité de la fin d'un document contenant du texte.

N'OUBLIEZ PAS !

Il est parfois difficile d'obtenir la bonne justification. La plupart du temps, le pointeur de la souris propose la justification à gauche. Pour obtenir une justification centrée, placez le pointeur au centre de la page. Pour obtenir une justification à droite, placez-le le plus possible vers la droite de la page.

3. **Double-cliquez.**

   Word affiche le point d'insertion dans la zone cliquée. Désormais, tout texte tapé apparaîtra à partir de ce point et se justifiera selon l'icône affichée à l'Étape 2.

Déplacer le point d'insertion grâce au clavier

Vous pouvez facilement et rapidement déplacer le point d'insertion avec le clavier. Reportez-vous au contenu du Tableau 5.1 pour connaître les combinaisons de touches permettant de placer le point d'insertion là où vous le souhaitez.

La majorité des actions dans un traitement de texte consistent à insérer et supprimer des caractères grâce au clavier. Vous allez vite devenir plus efficace en apprenant les principales combinaisons de touches pour naviguer dans le document. Cela vous évite d'incessantes navettes de votre main droite entre clavier et souris.

Parcourir un document

Si vous créez un gros document de plusieurs pages, vous ne pourrez pas toutes les voir en même temps. Vous devez donc faire défiler le contenu du document avec la souris ou le clavier.

Parcourir avec la souris

Pour faire défiler le contenu d'un document avec la souris :

- Utilisez la barre de défilement verticale (l'ascenseur) située sur le bord droit de la fenêtre du document.
- Si vous disposez d'une souris à molette, faites tourner cette dernière dans le sens du défilement souhaité.

Utiliser la barre de défilement

Comme le montre la barre de défilement de la Figure 5.2, vous pouvez parcourir un document de plusieurs manières :

Tableau 5.1 : Les touches de déplacement du point d'insertion.

Touche	*Fonction*
↑	Déplace le point d'insertion d'une ligne vers le haut.
↓	Déplace le point d'insertion d'une ligne vers le bas.
→	Déplace le point d'insertion d'un caractère vers la fin du document.
←	Déplace le point d'insertion d'un caractère vers le début du document.
Ctrl + ↑	Place le point d'insertion au début du paragraphe précédent.
Ctrl + ↓	Place le point d'insertion au début du paragraphe suivant.
Ctrl + →	Déplace le point d'insertion d'un mot vers la fin.
Ctrl + ←	Déplace le point d'insertion d'un mot vers le début.
Début	Place le point d'insertion au début de la ligne.
Fin	Place le point d'insertion à la fin de la ligne.
Ctrl + Début	Place le point d'insertion au début du document.
Ctrl + Fin	Place le point d'insertion à la fin du document.
Page Précédente	Déplace le point d'insertion d'un écran vers le haut.
Page Suivante	Déplace le point d'insertion d'un écran vers le bas.
Ctrl + Page Précédente	Place le point d'insertion au début de la page précédente.
Ctrl + Page Suivante	Place le point d'insertion au début de la page suivante.

- **Bouton flèche haut (↑) :** Remonte d'une ligne à chaque pression sur la touche.
- **Bouton flèche bas (↓) :** Descend d'une ligne à chaque pression sur la touche.
- **Curseur de défilement :** En faisant glisser ce curseur, vous affichez rapidement différentes pages. Un défilement vers le haut vous rapproche de la première, alors qu'un défilement vers le bas vous rapproche de la dernière.
- **Zone de défilement (corps de barre) :** Cliquer au-dessus du curseur de défilement remonte d'un écran. Cliquer en dessous descend d'un écran.

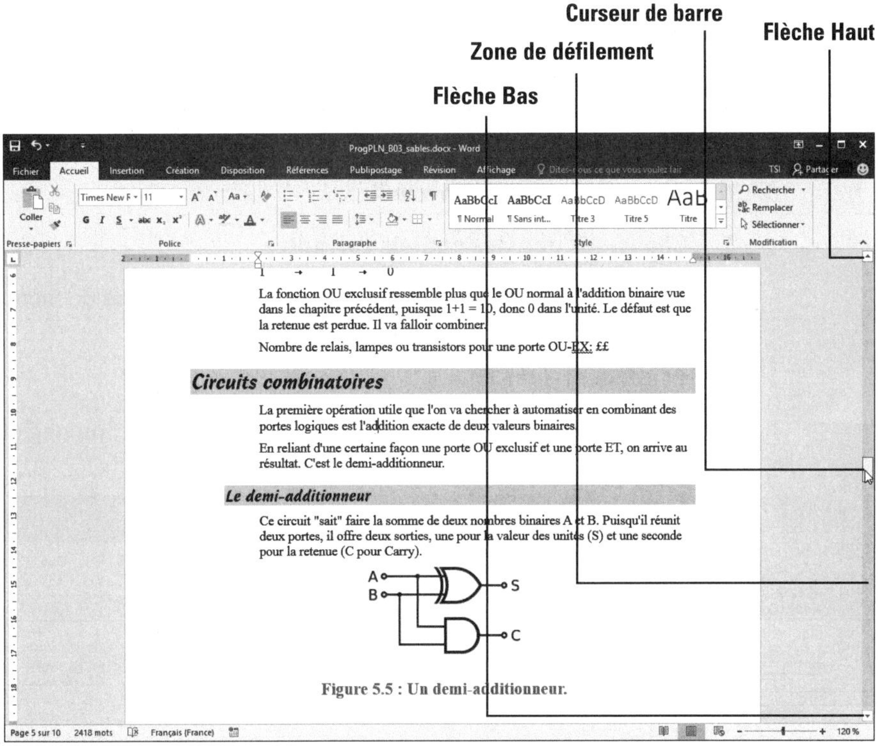

Figure 5.2 : La navigation dans un document varie selon l'endroit de la barre de défilement où vous cliquez.

Utiliser une souris à molette

Si votre souris est équipée d'une molette, utilisez-la pour parcourir votre document. Voici les deux méthodes possibles :

- Placez le pointeur de la souris sur votre document et faites tourner la molette vers le haut ou le bas.
- Placez le pointeur de la souris sur le document, et appuyez sur la molette. (En effet, l'autre fonction de la molette équivaut à un troisième bouton sur lequel vous pouvez appuyer.) Sans relâcher la molette, déplacez-la vers le haut ou le bas. La vitesse de défilement s'accélère au fur et à mesure que vous tournez la molette. Cliquez sur le bouton gauche de la souris ou sur la molette pour désactiver le mode de défilement automatique. J'attire votre attention sur le fait que la réaction et l'utilisation de la molette peuvent dépendre des réglages que vous avez effectués dans le pilote de votre périphérique de pointage (voyez dans le module Souris du Panneau de configuration).

Utiliser la commande Atteindre

Lorsque vous connaissez le numéro de la page à afficher, vous pouvez directement vous y rendre *via* la commande Atteindre. Suivez cette procédure :

1. **Cliquez sur l'onglet Accueil.**

2. **Choisissez une des options suivantes :**

   - Dans le groupe Modification, cliquez sur la flèche de menu à droite du bouton Rechercher et choisissez Atteindre.

   - Appuyez sur Ctrl + B.

La boîte de dialogue Rechercher et remplacer s'affiche. Son onglet Atteindre est actif, comme à la Figure 5.3.

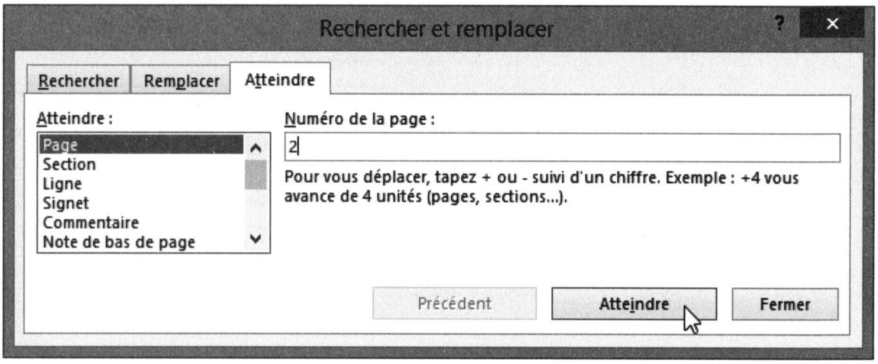

Figure 5.3 : L'onglet Atteindre et ses options de recherche.

3. **Cliquez sur Page et, dans le champ Numéro de la page, tapez le numéro de la page à atteindre.**

   Si vous tapez le signe + ou – devant le numéro de la page, vous parcourez autant de pages que le numéro spécifié. Par exemple, si vous affichez la page 5 et tapez **–2**, vous atteignez la page 3. Si vous tapez **+12**, vous atteignez la page 17.

4. **Cliquez sur le bouton Atteindre (qui remplace le bouton Suivant dès que vous avez indiqué un numéro).**

   Word affiche la page spécifiée.

5. **Cliquez sur le bouton Fermer (X) pour quitter la boîte de dialogue Rechercher et remplacer.**

Sélectionner du contenu

Un texte est constitué d'unités élémentaires discontinues : vous ne pouvez pas sélectionner la moitié d'une lettre de l'alphabet. De ce fait, la sélection avec la souris par zonage n'est pas la plus pratique dans un traitement de texte. Prenez le temps de vous habituer aux quelques techniques qui suivent. Rapidement, vous ne pourrez plus vous en passer !

Pour sélectionner un mot, une phrase ou un paragraphe, il suffit de maintenir la touche Maj enfoncée en plus de la combinaison choisie dans le tableau de la section précédente « Déplacer le point d'insertion grâce au clavier ».

Par exemple, pour sélectionner plusieurs paragraphes sans risque d'oublier une lettre ou un point final :

1. **Cliquez n'importe où dans le premier paragraphe concerné puis revenez tout au début avec la combinaison de deux touches Ctrl-Flèche haut.**
2. **De deux doigts de la main gauche, maintenez enfoncées les deux touches Maj et Ctrl de gauche et utilisez la touche Flèche bas autant de fois qu'il y a de paragraphes à sélectionner.**

Vos paragraphes sont sélectionnés !

De même, vous aurez souvent besoin de sélectionner une bribe dans un paragraphe, par exemple quelques mots seulement. Utilisez la même combinaison de trois touches sauf que vous remplacez la flèche Bas par la flèche Droite. Essayer, c'est l'adopter !

Rechercher et remplacer du texte

La fonction de recherche de Word permet de retrouver un texte particulier. Il peut s'agir d'un mot ou d'une phrase. La fonction Remplacer, quant à elle, cherche le mot spécifié et le remplace par un autre.

Utiliser la commande Rechercher

Cette commande peut rechercher un caractère, un mot ou une phrase. Pour accélérer la recherche, vous spécifiez si elle porte sur tout le document ou sur une partie spécifique. Voici comment employer cette commande :

1. **Cliquez sur l'onglet Accueil.**

2. **Dans le groupe Modification, cliquez sur Rechercher (mais pas sur sa flèche de menu à droite).**

   Le panneau Navigation apparaît sur la gauche du document comme à la Figure 5.4.

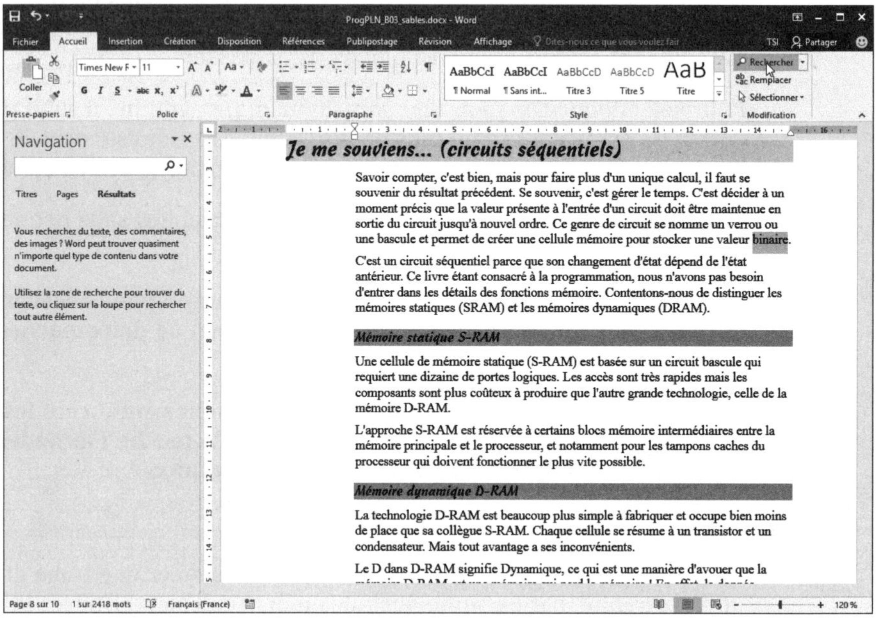

Figure 5.4 : Le panneau Navigation permet de taper le texte que vous désirez trouver.

3. **Cliquez dans le champ situé en haut du panneau. Tapez le mot ou la phrase à chercher. Appuyez sur Entrée pour lancer la recherche.**

   TRUC

   Vous constatez qu'il n'est pas indispensable d'appuyer sur la touche Entrée, car la fonction surligne instantanément les occurrences trouvées dans le texte, comme à la Figure 5.5.

4. **Si nécessaire, dans le panneau Navigation, cliquez sur l'onglet Résultats, puis sur le texte à localiser dans le document.**

5. **Word surligne toutes les occurrences du texte dans le document.**

6. **Cliquez sur l'icône X du champ de recherche.**

7. **Word efface le texte objet de la recherche.**

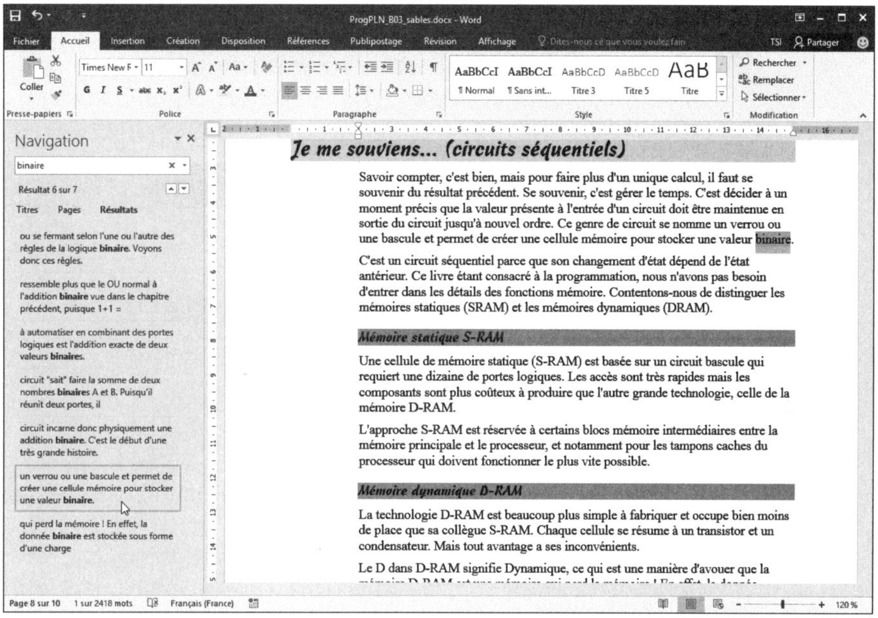

Figure 5.5 : Le texte est surligné dans le document et apparaît dans l'onglet Résultats du panneau.

Personnaliser la recherche du texte

Si vous souhaitez trouver un mot ou une phrase spécifique, il est conseillé de personnaliser la recherche effectuée par Word. Voici comment procéder :

1. **Cliquez sur l'onglet Accueil.**
2. **Cliquez sur l'icône Rechercher du groupe Modification.**
3. **Cette action ouvre le panneau Navigation.**
4. **Cliquez sur l'icône de la loupe située à droite du champ de recherche.**
5. **Un menu local apparaît comme à la Figure 5.6.**
6. **Cliquez sur Options.**
7. **La boîte de dialogue Options de recherche apparaît (Figure 5.7).**

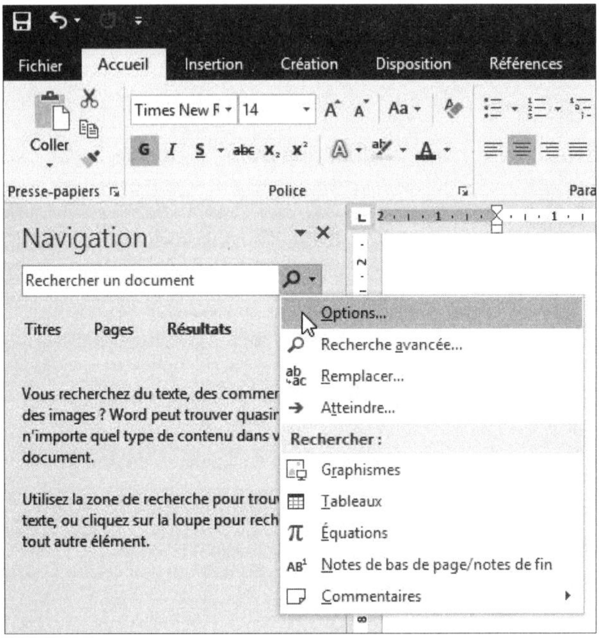

Figure 5.6 : Ouvrir le menu local par un clic sur la loupe.

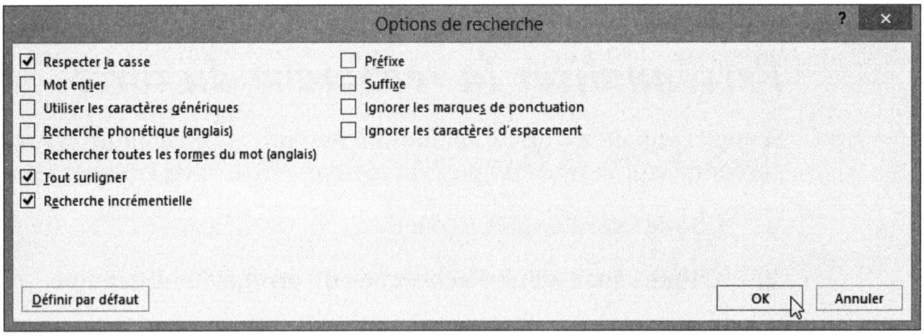

Figure 5.7 : La boîte de dialogue Options de recherche permet de préciser la recherche.

8. **Cochez une ou plusieurs options de recherche.**

   - *Respecter la casse :* Localise le texte en prenant en compte les caractères majuscules et minuscules.

   - *Mot entier :* Localise le texte en entier et pas toutes les occurrences contenant tout ou partir de ce texte. Par exemple, si vous recherchez *cette*, Word ne localisera pas *ce* et *cet*.

- *Utiliser les caractères génériques :* Permet d'employer des caractères comme? ou * en remplacement d'une ou plusieurs lettres. Si vous tapez *f?rme*, Word trouvera *forme* et *ferme*. Si vous tapez *b*te*, Word trouvera *botte*, *batte*, *boîte*, *etc*.
- *Préfixe :* Recherche le préfixe des mots. Il trouvera par exemple « interaction » en recherchant simplement « inter ».
- *Suffixe :* Recherche le suffixe des mots. Il trouvera par exemple « jardin » en recherchant simplement « in ».
- *Ignorer les marques de ponctuation :* Permet de limiter l'étendue de la recherche. Ainsi, cela va éviter de trouver des occurrences dont les mots sont séparés par des virgules par exemple.
- *Ignorer les caractères d'espacement :* Ignore les espaces dans la procédure de recherche. Par exemple, si vous cherchez la phrase « mon chat », Word trouvera « mon chat » mais aussi « monchat ».

9. **Cliquez sur OK pour fermer la boîte de dialogue Options de recherche.**
10. **Les options choisies seront appliquées lors d'une prochaine recherche.**

N'OUBLIEZ PAS !

La version 2016 propose deux options spécifiques à la langue anglaise si vous avez installé celle-ci en plus du français. Elles concernent la recherche phonétique et celle des variantes du terme sélectionné.

Rechercher par titre

Plutôt que de chercher des mots ou des phrases, vous pouvez parcourir un document en recherchant ses titres et sous-titres. Une fois le titre localisé, vous pouvez lire et/ou modifier le texte qui le suit.

Voici comment chercher des titres :

1. **Cliquez sur l'onglet Accueil.**
2. **Cliquez sur l'icône Rechercher du groupe Modification.**
3. **Cette action ouvre le panneau Navigation.**
4. **Dans le panneau Navigation, cliquez sur l'onglet Titres de votre document (le premier en partant de la gauche).**
5. **Les titres contenus dans le document s'affichent dans le volet Navigation, comme à la Figure 5.8.**

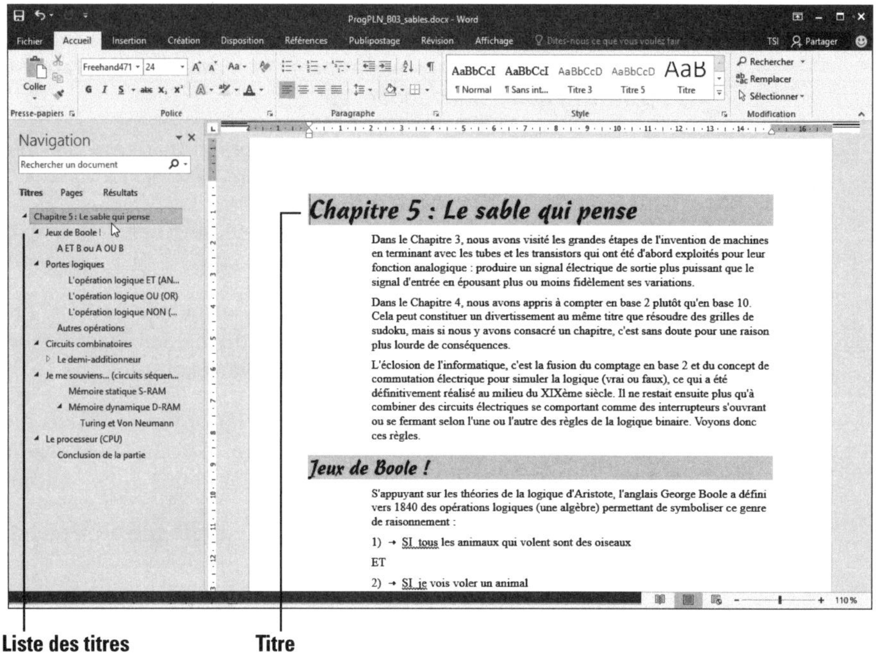

Figure 5.8 : L'onglet des titres du panneau Navigation permet de parcourir le document en fonction des titres qu'il contient.

6. **Cliquez sur un des titres.**
7. **Word affiche le titre dans le document.**

Naviguer parmi les pages

Dans un long document, vous devez très souvent faire défiler les pages pour localiser un texte précis. Pour vous faciliter cette tâche, Word peut afficher toutes les pages sous la forme de vignettes. En cliquant sur une vignette, vous accédez au contenu de la page à laquelle elle correspond.

Voici la marche à suivre :

1. **Cliquez sur l'onglet Accueil.**
2. **Cliquez sur l'icône Rechercher du groupe Modification.**
3. **Cette action ouvre le panneau Navigation.**
4. **Dans le panneau Navigation, cliquez sur l'onglet Pages (le deuxième en partant de la gauche).**

5. **Les pages du document s'affichent dans le volet Navigation sous la forme de vignettes, comme à la Figure 5.9.**

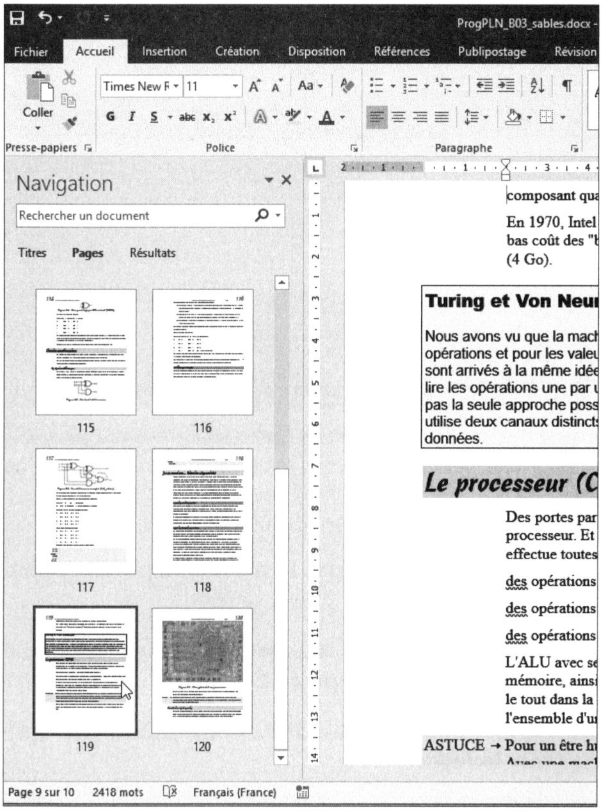

Figure 5.9 : Parcourir un document en utilisant les vignettes d'identification des pages.

6. **Cliquez sur la vignette de la page à consulter.**

7. **Word affiche la page correspondante.**

Utiliser la commande Rechercher et remplacer

Il est possible de rechercher un texte particulier pour le remplacer par un autre. Voici comment utiliser la commande Rechercher et remplacer :

1. **Cliquez sur l'onglet Accueil.**

2. **Cliquez sur le bouton Remplacer du groupe Modification. (Vous pouvez également appuyer sur Ctrl + H.)**

   La boîte de dialogue Rechercher et remplacer apparaît comme à la Figure 5.10.

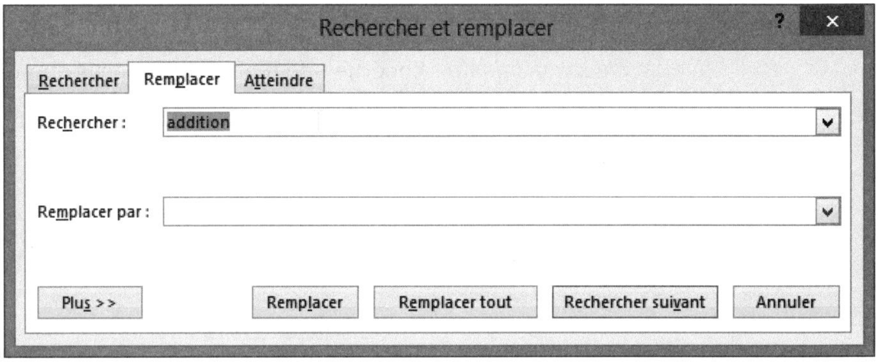

Figure 5.10 : La boîte de dialogue Rechercher et remplacer propose diverses options de remplacement d'un texte.

3. **Dans le champ Rechercher, tapez le mot ou la phrase objet de votre recherche.**

4. **Dans le champ Remplacer par, saisissez le mot ou la phrase devant remplacer ce que vous avez tapé à l'Étape 3.**

5. **(Facultatif) Cliquez sur le bouton Plus pour définir des options de recherche (voir la Figure 5.11).**

Figure 5.11 : Les options supplémentaires de la boîte de dialogue Rechercher et remplacer.

6. **Cliquez sur l'un des boutons suivants :**

   • *Remplacer tout :* Cherche et remplace toutes les occurrences du texte dans votre document.

   • *Remplacer :* Remplace uniquement le texte trouvé mis en surbrillance (sélectionné).

   • *Rechercher suivant :* Effectue une recherche à partir du point d'insertion jusqu'à la fin du document.

7. **Cliquez sur le bouton Rechercher suivant pour trouver d'autres occurrences du texte objet de la recherche.**

8. **Cliquez sur Annuler pour fermer la boîte de dialogue Rechercher et remplacer.**

Vérifier l'orthographe

Lorsque vous tapez votre texte, Word tente de corriger automatiquement votre orthographe. (Essayez ! Tapez **lui meme** et Word le remplace par **lui-même** dès que vous appuyez sur la barre d'espace ou la touche Tab.) Si vous saisissez des termes inconnus de Word, il les souligne d'une ondulation rouge.

N'OUBLIEZ PAS !

Ce n'est pas parce que Word considère un mot comme mal orthographié qu'il l'est ! En effet, vous pouvez très bien employer un vocabulaire inconnu de Word. Dans ce cas, par prudence, Word attire votre attention sur ce terme inconnu en le soulignant. Ainsi, beaucoup de noms propres sont inconnus de Word.

ATTENTION !

Si vous ne voyez pas Word détecter vos fautes, c'est que la vérification orthographique est débrayée. Accédez aux options par Fichier/Options puis à la catégorie Vérification. Assurez-vous que les deux options suivantes sont cochées : Vérifier l'orthographe au cours de la frappe et Vérifier la grammaire au cours de la frappe.

Pour corriger certains mots soulignés d'une ondulation rouge, suivez ces étapes :

1. **Faites un clic droit sur le terme en question.**

   Un menu contextuel apparaît, comme à la Figure 5.12.

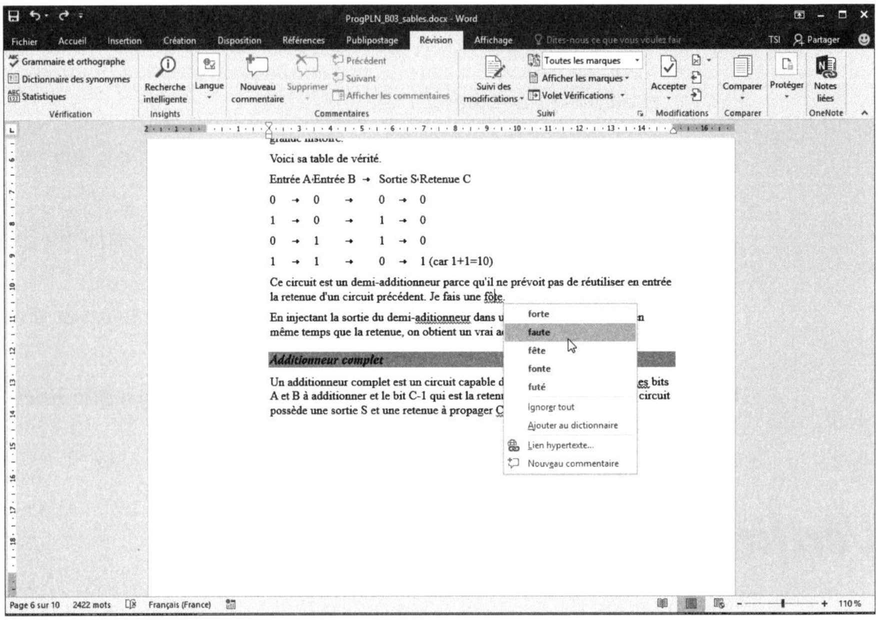

Figure 5.12 : Effectuer un clic droit sur un mot souligné d'une ondulation rouge affiche un menu contextuel proposant les corrections possibles.

2. **Choisissez une des options suivantes :**

   - *Un des mots proposés :* Cliquez sur le mot correctement orthographié proposé par Word.
   - *Ignorer tout :* Indique à Word d'ignorer ce terme, c'est-à-dire de ne plus le souligner, dans tout le reste du document.
   - *Ajouter au dictionnaire :* Word ajoute ce terme au dictionnaire. À partir de cet instant, Word reconnaîtra le mot et ne le considérera donc plus comme mal orthographié.

Vérifier la grammaire

Parfois, les erreurs sont soulignées en vert. Cela indique qu'il s'agit d'une faute grammaticale que vous pouvez corriger en suivant ces étapes :

1. **Faites un clic droit sur le texte souligné d'une ondulation verte.**

   Un menu contextuel apparaît.

2. **Cliquez sur Grammaire.**

3. **Le panneau Grammaire apparaît, comme à la Figure 5.13. Il liste une ou plusieurs corrections possibles.**

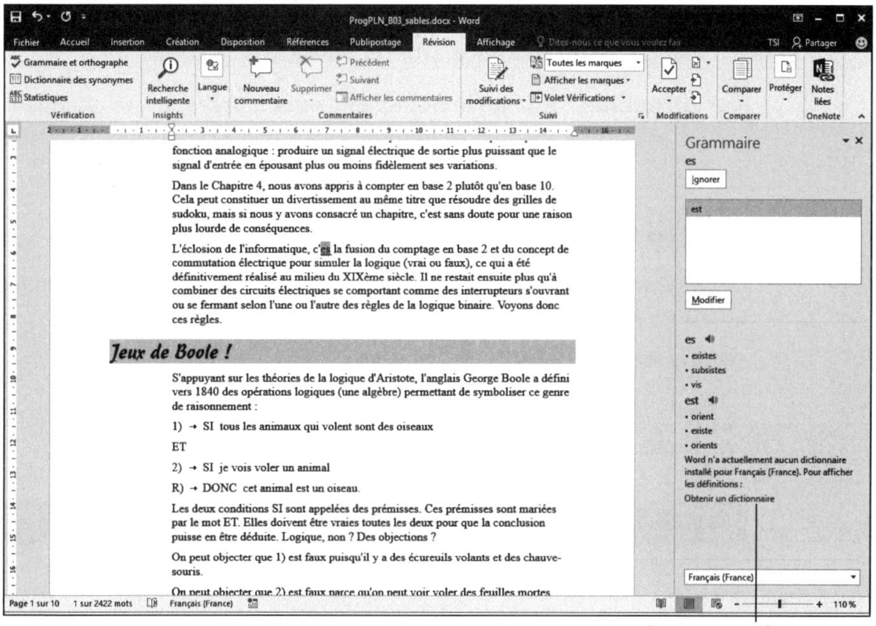

Le panneau Grammaire

Figure 5.13 : Le panneau Grammaire propose une correction.

Word ne saurait identifier toutes les erreurs contenues dans un document. Certaines règles grammaticales et orthographiques peuvent lui échapper. Utilisez cette vérification comme un simple contrôle de votre propre correction. En effet, nous ne sommes pas infaillibles, et laissons parfois dans un document quelques erreurs de frappe malgré une relecture attentive.

Afficher un document

Dans Word, un document peut s'afficher de cinq manières différentes. Ces modes d'affichage permettent de mieux appréhender la mise en page, les marges et les sauts de page du document :

- **Mode Lecture :** Affiche les pages côte à côte comme un livre que vous lisez.
- **Page :** Affiche les pages comme si vous étiez devant une machine à écrire. La page est symbolisée par un cadre noir très fin. Les pages sont séparées par un saut de page, sorte de barre horizontale identifiant clairement le passage d'une page à l'autre du document.

- **Web :** Affiche votre document tel qu'il apparaîtrait si vous l'affichiez dans un navigateur Web.
- **Plan :** Affiche votre document sous la forme d'un plan dont la structure se base sur les styles Titre et Sous-titre.
- **Brouillon :** Affiche le document sans marges. Ici, le changement de page (ou saut de page automatique) est identifié par une ligne en pointillé.

Basculer d'un affichage à un autre

Dans Word, il est très facile de passer d'un mode d'affichage du document à un autre, comme le montre la Figure 5.14 :

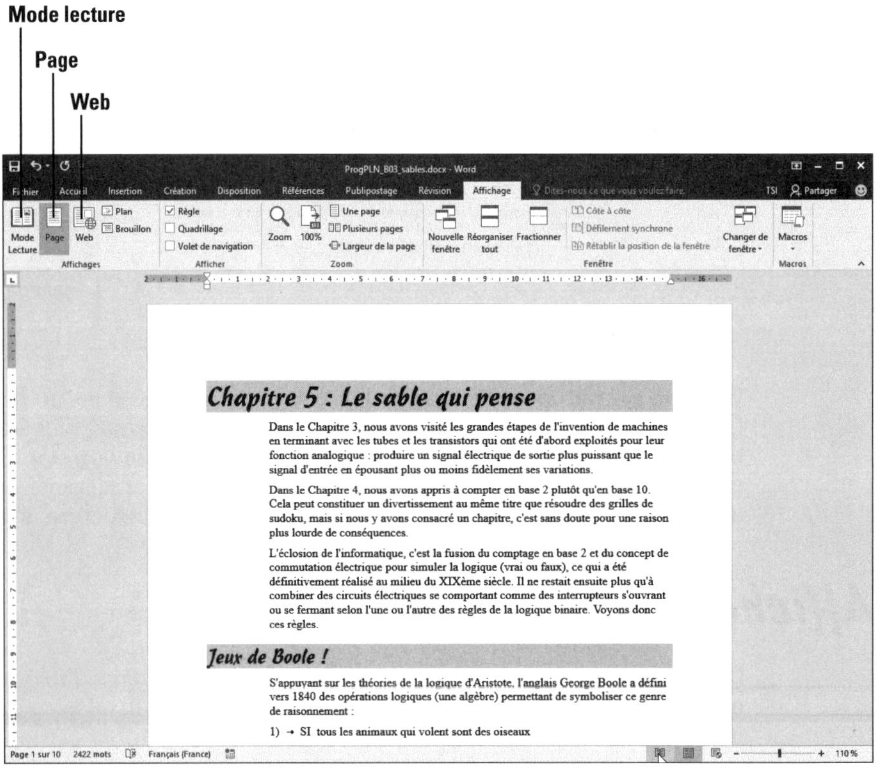

Figure 5.14 : Vous changez rapidement d'affichage par un clic sur l'une des icônes situées en bas à droite de l'interface de Word.

- Dans le coin inférieur droit du document, cliquez sur l'icône d'affichage correspondant au mode voulu.

Vous ne pouvez alors basculer l'affichage que dans les trois modes suivants : Mode lecture, Page, et Web.

- Cliquez sur l'onglet Affichage puis sur le bouton correspondant du groupe Affichages.

Les modes Page et Web se ressemblent. En revanche, le mode Brouillon affiche un document dépourvu de marges. Il facilite la saisie et la modification des données de votre document. Les deux modes les moins utiles sont Lecture plein écran et Plan.

Le mode Lecture

En Mode Lecture, Word affiche une page comme dans un livre. Pour passer d'une page à une autre, vous cliquez sur les boutons-flèches de gauche ou de droite qui apparaissent sur chaque bord du document, comme le montre la Figure 5.15.

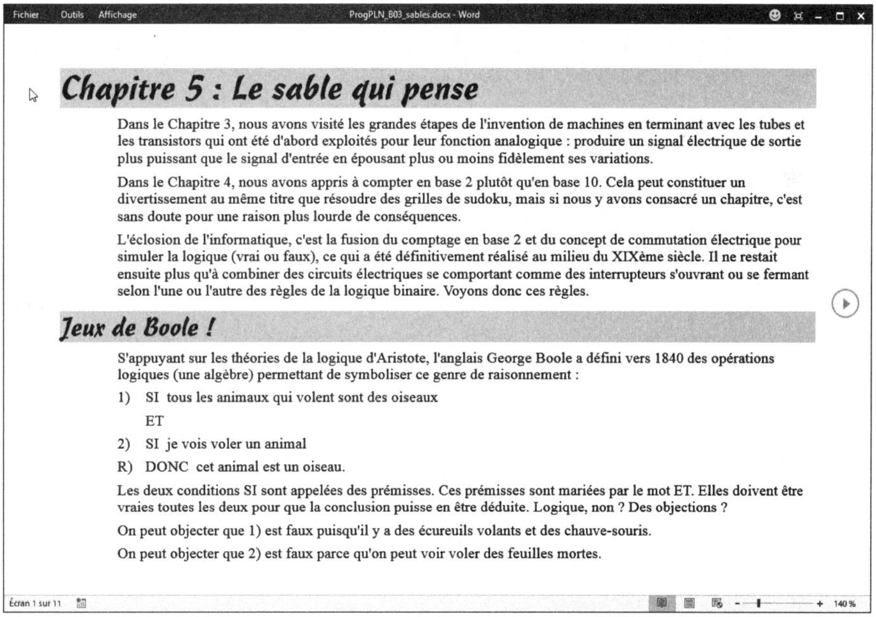

Chapitre 5 : Le sable qui pense

Dans le Chapitre 3, nous avons visité les grandes étapes de l'invention de machines en terminant avec les tubes et les transistors qui ont été d'abord exploités pour leur fonction analogique : produire un signal électrique de sortie plus puissant que le signal d'entrée en épousant plus ou moins fidèlement ses variations.

Dans le Chapitre 4, nous avons appris à compter en base 2 plutôt qu'en base 10. Cela peut constituer un divertissement au même titre que résoudre des grilles de sudoku, mais si nous y avons consacré un chapitre, c'est sans doute pour une raison plus lourde de conséquences.

L'éclosion de l'informatique, c'est la fusion du comptage en base 2 et du concept de commutation électrique pour simuler la logique (vrai ou faux), ce qui a été définitivement réalisé au milieu du XIXème siècle. Il ne restait ensuite plus qu'à combiner des circuits électriques se comportant comme des interrupteurs s'ouvrant ou se fermant selon l'une ou l'autre des règles de la logique binaire. Voyons donc ces règles.

Jeux de Boole !

S'appuyant sur les théories de la logique d'Aristote, l'anglais George Boole a défini vers 1840 des opérations logiques (une algèbre) permettant de symboliser ce genre de raisonnement :

1) SI tous les animaux qui volent sont des oiseaux

ET

2) SI je vois voler un animal

R) DONC cet animal est un oiseau.

Les deux conditions SI sont appelées des prémisses. Ces prémisses sont mariées par le mot ET. Elles doivent être vraies toutes les deux pour que la conclusion puisse en être déduite. Logique, non ? Des objections ?

On peut objecter que 1) est faux puisqu'il y a des écureuils volants et des chauve-souris.

On peut objecter que 2) est faux parce qu'on peut voir voler des feuilles mortes.

Figure 5.15 : Le mode Lecture permet de lire un document comme un livre ouvert.

Vous pouvez feuilleter le livre avec les touches Gauche et Droite du pavé directionnel de votre clavier.

Pour quitter le mode Lecture plein écran :

- Appuyez sur Echap.

- Cliquez sur les boutons Page ou Web.

Le mode Plan

L'affichage *en mode Plan* présente le document sous forme de titres et de sous-titres. En fonction du niveau hiérarchique choisi, plus ou moins de texte peut apparaître dans ce mode. Un affichage type du plan est illustré Figure 5.16.

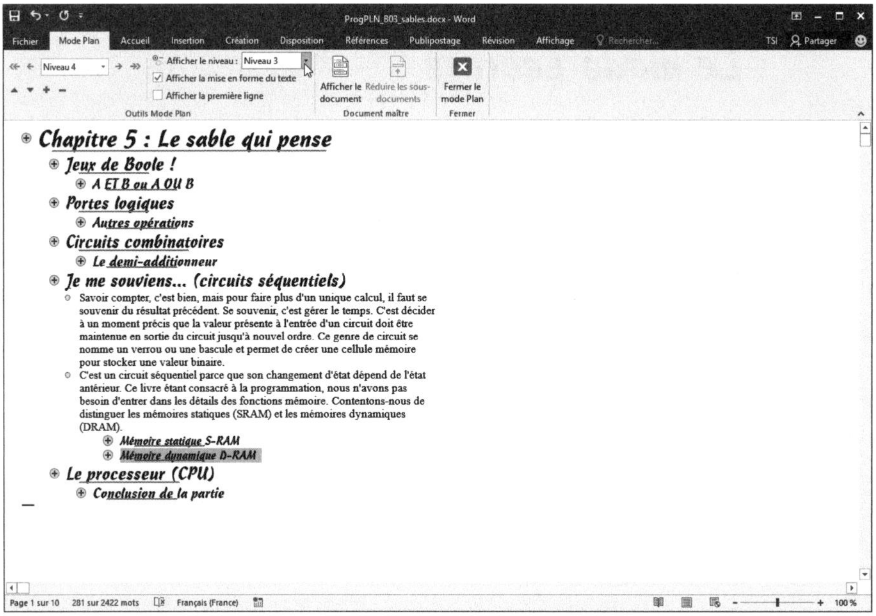

Figure 5.16 : Chaque rubrique du plan peut être développée ou non pour afficher ou masquer du texte supplémentaire.

En mode Plan, vous pouvez :

- **Réduire les titres** pour masquer temporairement des parties (sous-titres et texte) du document.
- **Réorganiser la hiérarchie des titres** pour déplacer facilement le sous-titre et son texte dans un grand document.

Lorsque vous déplacez un titre, ses sous-titres et tout le texte correspondant sont également déplacés. Le mode Plan évite la fastidieuse tâche du couper-coller. L'organisation hiérarchique du document est bien plus facile à réaliser dans ce mode.

Pour passer en mode Plan, cliquez sur l'onglet Affichage, puis sur le bouton Plan.

Définir un titre

En mode Plan, chaque ligne est soit un titre, soit un texte. Voici comment définir le niveau des lignes du document :

1. **Placez le point d'insertion sur une ligne dont vous désirez définir le niveau hiérarchique.**
2. **Dans la liste Niveau hiérarchique située dans la partie supérieure gauche de la fenêtre et qui affiche le numéro du niveau du texte concerné, choisissez le niveau à appliquer à la ligne, comme Niveau 2.**

Word affiche le Niveau 1 dans une police plus grande et en aligne le texte sur la marge gauche. Le Niveau 2 est écrit dans une police plus petite avec une légère mise en retrait par rapport au Niveau 1. Il en va ainsi de tous les niveaux qui se suivent, comme le démontre la Figure 5.17.

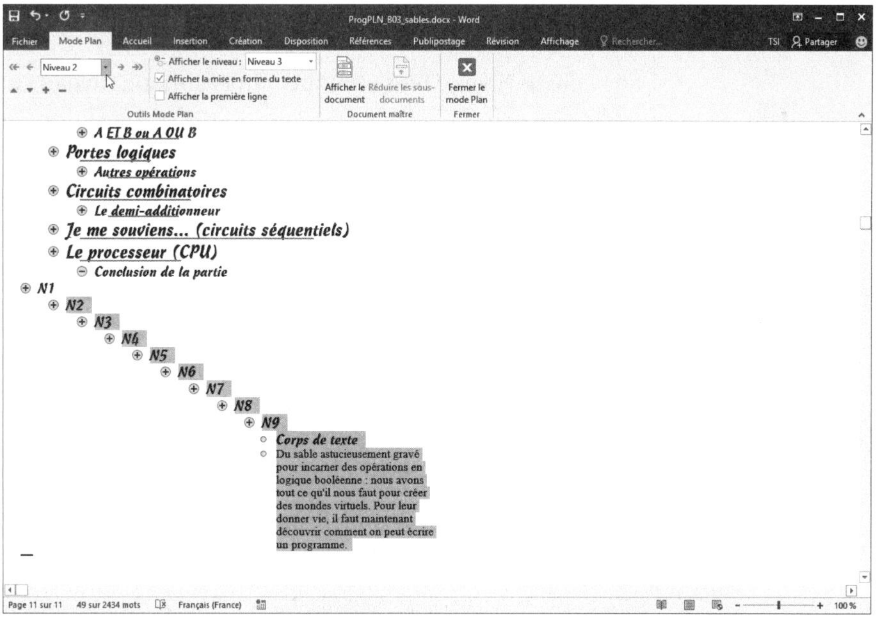

Figure 5.17 : Les neuf niveaux disponibles.

Pour créer rapidement un titre, placez le point d'insertion à la fin d'un titre existant et appuyez sur Entrée. Cette action crée exactement le même type de titre, c'est-à-dire applique le même niveau hiérarchique. Par exemple, si vous placez le point d'insertion à la fin d'un titre de Niveau 3 et que vous appuyez sur Entrée, Word crée un nouveau Niveau 3 vide.

Promouvoir et abaisser un titre

Une fois que vous avez défini le niveau d'un titre, vous pouvez le changer à tout instant. Par exemple, il est très facile de passer un Niveau 1 en Niveau 2 et réciproquement :

- Lorsque vous augmentez le niveau hiérarchique, on parle de *promotion* (ou de *promouvoir un titre*).
- Quand vous diminuez le niveau hiérarchique, on parle d'*abaisser* (par exemple, passer un Niveau 4 au Niveau 5).

Un Niveau 1 ne peut pas être promu, car il est au sommet de la hiérarchie des niveaux. De même, un Niveau 9 ne peut pas être abaissé, car il se situe au plus bas niveau hiérarchique.

Pour promouvoir ou abaisser un niveau, suivez cette procédure :

1. **Avec la souris ou le clavier, placez le point d'insertion sur le titre à promouvoir ou à abaisser.**
2. **Choisissez une de ces méthodes :**
   - Dans la liste Niveau hiérarchique, choisissez un niveau comme Niveau 2.
   - Appuyez sur la touche Tab pour abaisser et sur Maj + Tab pour promouvoir.
   - Cliquez sur les flèches Promouvoir ou Abaisser (les symboles flèches vers la gauche et la droite).
   - Placez le pointeur de la souris sur un cercle affiché à gauche du titre. Appuyez sur le bouton gauche de la souris, et faites glisser celle-ci vers la gauche ou la droite. Ensuite, relâchez le bouton de la souris.

Promouvoir ou abaisser un titre déplace n'importe quel sous-titre ou texte attaché à ce titre.

Déplacer des titres

Vous pouvez déplacer des titres vers le haut et le bas d'un document. Voici comment procéder :

1. **À la souris ou au clavier, placez le point d'insertion sur le titre à promouvoir ou à abaisser.**
2. **Choisissez une des méthodes suivantes :**

- Cliquez sur le bouton Monter ou Descendre (les symboles triangles vers le haut et le bas).
- Appuyez sur Alt + Maj + ↑ ou Alt + Maj + ↓.
- Placez le pointeur de la souris sur le cercle situé à gauche du niveau. Appuyez sur le bouton gauche de la souris et faites-la glisser vers le haut ou le bas. Enfin, relâchez le bouton de la souris.

Si vous réduisez le contenu d'un titre avant de le déplacer, vous déplacez alors ses sous-titres et/ou son corps de texte.

Créer du texte

Le *texte* consiste en une ou plusieurs phrases ou en un ou plusieurs paragraphes. Le texte est toujours en retrait par rapport au titre ou au sous-titre auquel il est attaché. Voici comment créer du texte en mode Plan :

1. **Placez le point d'insertion à la fin d'un titre ou d'un sous-titre.**

   Il s'agit du titre ou du sous-titre auquel le texte va être attaché si vous déplacez ce niveau hiérarchique.

2. **Appuyez sur Entrée.**

   Word crée une ligne vide.

3. **Cliquez sur le bouton Abaisser en corps de texte (le symbole de double flèche vers la droite).**

   Word affiche une puce en retrait du niveau choisi à l'Étape 1.

4. **Tapez votre texte.**

Réduire et développer des titres et des sous-titres

Si un titre ou un sous-titre contient d'autres sous-titres ou du texte, vous pouvez réduire le titre et le sous-titre en question. *Réduire* un titre signifie que vous masquez temporairement ses sous-titres et son texte. *Développer* un titre affiche ses sous-titres et/ou son texte masqués.

Pour réduire un titre et ses sous-titres ou son texte, double-cliquez sur l'icône affichant le signe + située à gauche du titre.

Pour réduire uniquement un sous-titre ou un texte situé sous le titre, choisissez une des deux méthodes suivantes :

- Placez le point d'insertion sur le titre à réduire, puis cliquez sur le bouton Réduire. Chaque clic réduit le contenu du titre d'un niveau.

- Appuyez sur Alt + Maj + – (signe *moins* du pavé numérique).

Pour développer un titre réduit et ainsi révéler les sous-titres et le corps du texte qu'il contient, double-cliquez sur son icône + affichée à sa gauche.

Si vous souhaitez développer uniquement le sous-titre ou le texte situé immédiatement en dessous de lui, choisissez une des techniques suivantes :

- Placez le point d'insertion sur le titre à développer, puis cliquez sur le bouton Développer.
- Appuyez sur Alt + Maj + + (du pavé numérique).

Chapitre 6

Mettre en forme du texte

Dans ce chapitre :

- Choisir la police.
- Changer la taille de la police.
- Utiliser des styles.
- Appliquer de la couleur à un texte.
- Justifier le texte.
- Créer des listes.
- Annuler une mise en forme.

Une fois que vous avez saisi du texte dans un document, que vous l'avez révisé, et que vous avez vérifié sa grammaire et son orthographe, vous pouvez en améliorer l'aspect. Cette phase de votre travail s'appelle la *mise en forme*. Elle est d'autant plus importante qu'elle conditionne la lisibilité et la présentation d'un document.

L'onglet Accueil répartit les outils de mise en forme en trois catégories :

- **Police :** Pour définir la police utilisée, sa taille, sa couleur, son surlignage et son style (gras, italique, souligné, barré, indice, exposant et casse). Ces opérations peuvent être appliquées jusqu'au niveau d'un caractère individuel.

- **Paragraphe :** Détermine la justification du bloc de texte courant (gauche, centrée ou droite), l'interlignage, la trame de fond, les bordures, les retraits, les symboles de mise en forme et les styles des listes (à puces, numérotées ou à plusieurs niveaux). Ces opérations ont un effet sur la totalité d'un paragraphe au moins, c'est-à-dire sur tous les signes situés entre la position du point d'insertion et le prochain saut de paragraphe.

NICE BU SCIENCES

- **Style :** Propose des mises en forme prédéfinies que vous pouvez appliquer à votre texte.

Vous verrez mieux où se situent les articulations entre paragraphes en activant l'option d'affichage des symboles masqués. Dans la page Accueil, catégorie Paragraphe, cliquez sur le bouton montrant un P tourné vers la gauche (Afficher tout).

Voici comment mettre en forme n'importe quel type de texte :

1. **Sélectionnez le texte à mettre en forme.**

2. **Choisissez un outil de mise en forme.**

Lorsque vous sélectionnez des commandes de mise en forme, elles restent actives (surbrillance) tant que vous ne cliquez pas de nouveau dessus.

Dès que vous sélectionnez du texte, Word affiche une minibarre d'outils qui contient les commandes de mise en forme les plus utilisées. Il suffit de cliquer sur un de ses boutons pour exécuter la commande correspondante.

Choisir une police

La méthode la plus simple pour modifier l'aspect d'un texte consiste à changer sa police de caractères. La police définit le style et l'aspect du texte, comme Baskerville, `Courier`, Old English ou Stencil.

Voici comment changer la police proposée au départ :

1. **Cliquez sur l'onglet Accueil.**

2. **Sélectionnez le texte dont vous désirez changer la police.**

3. **Cliquez sur la liste des noms de polices.**

   Les polices installées sur votre ordinateur s'affichent comme à la Figure 6.1.

4. **Amenez sans cliquer le pointeur de la souris sur chaque police.**

   Un aperçu instantané permet de voir l'aspect qu'aura le texte du document si vous optez pour la police sur laquelle se trouve le pointeur de la souris.

5. **Cliquez sur la police à utiliser.**

   Word change l'aspect du texte en lui appliquant la police en question.

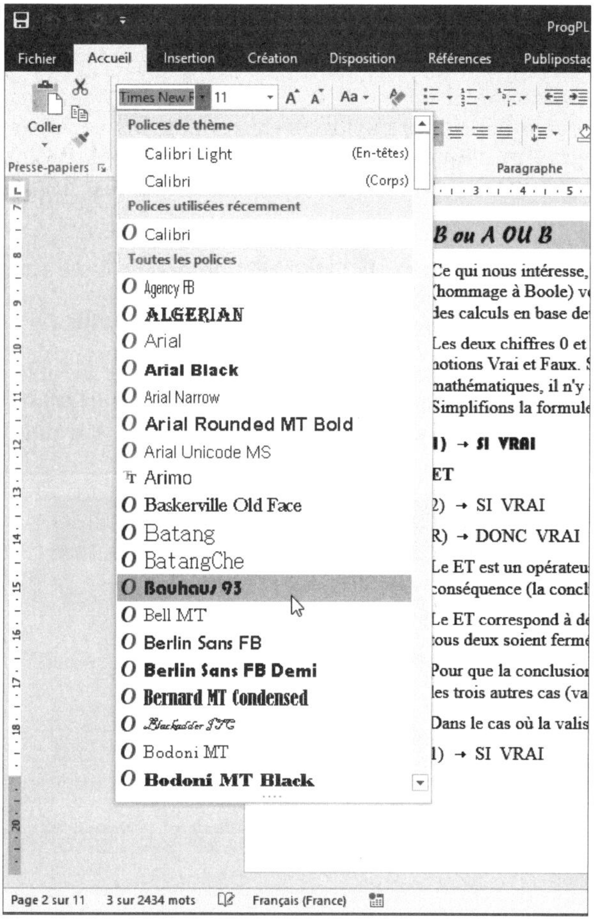

Figure 6.1 : La liste des polices montre leur apparence.

D'une manière générale, résistez à la tentation d'employer plus de trois types de polices dans un même document. En effet, l'abus de polices peut être dangereux pour la santé… non, je plaisante ; cela risque simplement de détourner l'attention du lecteur.

Comme tous les ordinateurs n'ont pas les mêmes polices, soyez très prudent quand vous écrivez un document destiné à être partagé avec d'autres personnes. Dans ce cas, je conseille d'utiliser une police très répandue comme Times New Roman ou Arial.

Modifier le corps des caractères (taille de police)

Le nom de la *police* détermine l'aspect du texte. La *taille de la police* détermine sa grosseur, c'est-à-dire le corps des caractères. Vous pouvez la modifier de deux manières :

- Choisissez une valeur dans la liste Taille de police.
- Utilisez les commandes Augmenter et Diminuer la taille de la police.

Vous pouvez combiner ces deux méthodes pour modifier la taille du texte. Par exemple, sélectionnez une valeur précise dans la liste Taille de police, puis augmentez ou réduisez sa taille *via* les commandes Augmenter et Diminuer la police.

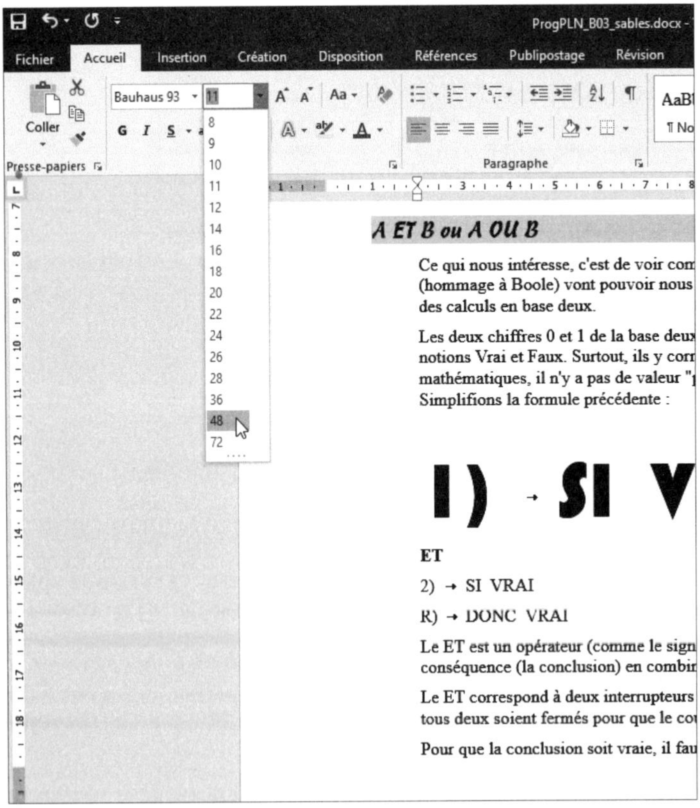

Figure 6.2 : Modifier la taille de la police agit sur la grandeur des caractères.

Voici comment changer la taille de la police :

1. **Cliquez sur l'onglet Accueil.**
2. **Sélectionnez le texte dont vous souhaitez changer la taille des caractères.**
3. **Optez pour une des méthodes suivantes :**
   - Dans la liste Taille de police, choisissez une valeur exprimée en points comme 12 ou 24 (Figure 6.2).
   - Cliquez sur le bouton Augmenter ou Diminuer la police.

Modifier le style du texte

Le *style* définit l'apparence du texte en lui appliquant un ou plusieurs des enrichissements suivants :

- **Gras** : Appuyez sur Ctrl + G.
- *Italique* : Appuyez sur Ctrl + I.
- Souligné : Appuyez sur Ctrl + U.
- ~~Barré~~ : Trace un trait sur toute la longueur du texte.
- Indice : Permet d'abaisser les caractères au niveau de la ligne de base comme le 2 de $H2_O$.
- Exposant : Permet d'élever un chiffre à la puissance comme le 2 de $E = mc^2$.

Du temps des machines à écrire, le soulignement constituait la seule technique pour attirer l'attention sur un mot ou un passage. De nos jours, vous disposez du gras et de l'italique. De plus, le soulignement est dorénavant réservé à l'indication des liens hypertextes du web.

Pour enrichir un texte :

1. **Cliquez sur l'onglet Accueil.**
2. **Sélectionnez le texte à modifier.**
3. **Cliquez sur un bouton de style de texte comme gras ou souligné.**
4. **Répétez l'Étape 3 pour chaque nouveau style à appliquer à votre texte (comme italique et souligné).**

TRUC

Si vous cliquez sur n'importe quel style sans avoir préalablement sélectionné du texte, l'enrichissement s'applique au texte que vous allez saisir.

Modifier la couleur

La couleur permet de mettre en évidence le texte. Il existe deux manières de l'utiliser :

- Modifier la couleur du texte, c'est-à-dire celle de la police.
- Surligner du texte avec une autre couleur (couleur de surbrillance du texte).

Modifier la couleur du texte

Lorsque vous changez la couleur du texte, vous affichez une couleur différente pour chaque lettre. Par défaut, Word affiche le texte en noir, mais rien ne vous empêche de lui assigner un rouge vif ou un vert foncé.

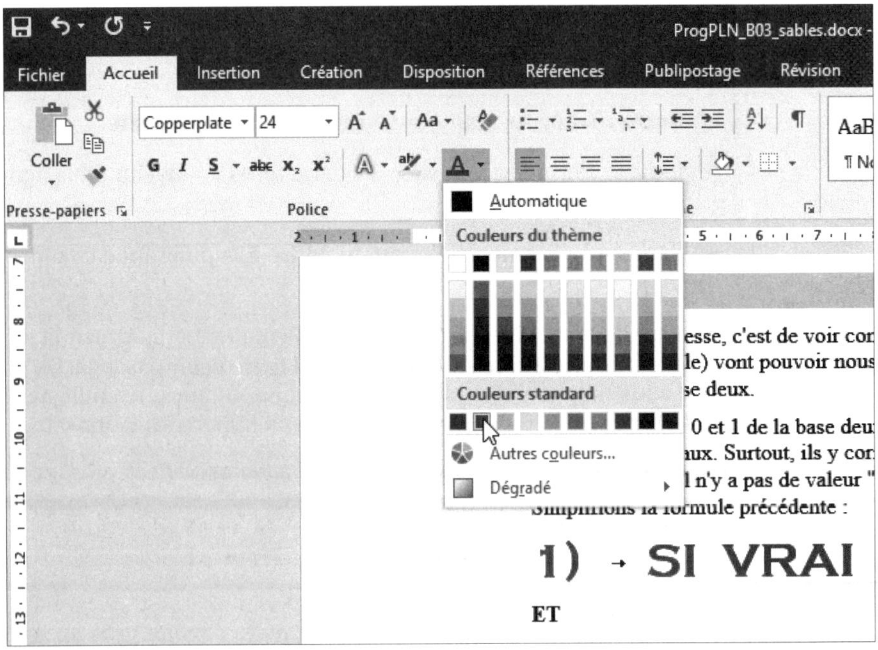

Figure 6.3 : Afficher du texte en couleur attire l'attention du lecteur sur une partie du document.

Si vous choisissez une couleur claire, elle risque d'être difficile à lire sur un fond blanc.

Pour changer la couleur du texte :

1. **Cliquez sur l'onglet Accueil.**
2. **Sélectionnez le texte dont vous désirez changer la couleur.**
3. **Cliquez sur la flèche du bouton Couleur de police.**

   Une palette apparaît, comme à la Figure 6.3.

4. **Cliquez sur une couleur.**

   Word applique la couleur au texte sélectionné.

Une fois que vous avez sélectionné une couleur, elle s'affiche sur l'icône du bouton Couleur de police. Pour appliquer cette même couleur à un autre texte, sélectionnez-le, puis cliquez directement sur ce bouton sans afficher la palette de couleurs.

Surligner du texte

Le surlignage informatique est l'équivalent numérique de celui que vous réalisez avec un surligneur appliqué sur le texte d'une feuille de papier. Il permet d'attirer l'attention sur un passage particulier d'un ouvrage. Voici comment surligner dans Word :

1. **Cliquez sur l'onglet Accueil.**
2. **Sélectionnez le texte à surligner.**
3. **Cliquez sur la flèche du bouton Couleur de surbrillance du texte.**

   Une palette apparaît, comme à la Figure 6.4.

4. **Cliquez sur une couleur.**

   Word surligne le texte sélectionné avec la couleur ainsi choisie.

5. **Appuyez sur Echap (ou cliquez sur le bouton Couleur de surbrillance du texte) pour désactiver cette commande.**

Pour effacer un surlignage, c'est-à-dire restaurer l'état initial d'un texte surligné, il suffit de le sélectionner et d'appliquer la même couleur de surlignage. Ainsi, vous annulez purement et simplement le surlignage.

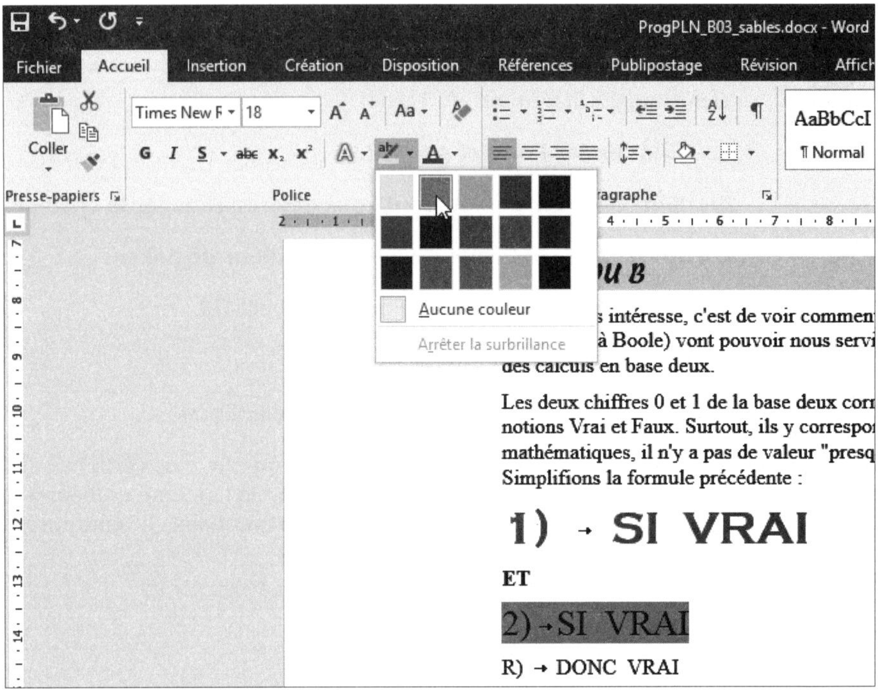

Figure 6.4 : La palette du bouton Couleur de surbrillance du texte permet de choisir votre couleur de surlignage.

Si aucun texte n'est sélectionné, vous pouvez cliquer sur le bouton Couleur de surbrillance du texte (pas sur sa flèche). Le pointeur de la souris prend la forme d'un outil de surlignage. Passez cet outil sur le texte à surligner.

Appliquer des effets de texte

Pour donner au texte un aspect de néon par exemple, il vous suffit de lui appliquer un effet de texte en suivant ces étapes :

1. **Cliquez sur l'onglet Accueil.**
2. **Sélectionnez le texte à modifier.**
3. **Cliquez sur l'icône Effets de texte.**

   Vous affichez un sélecteur d'effets illustré à la Figure 6.5.

4. **Cliquez sur un effet.**

   Word applique l'effet au texte sélectionné.

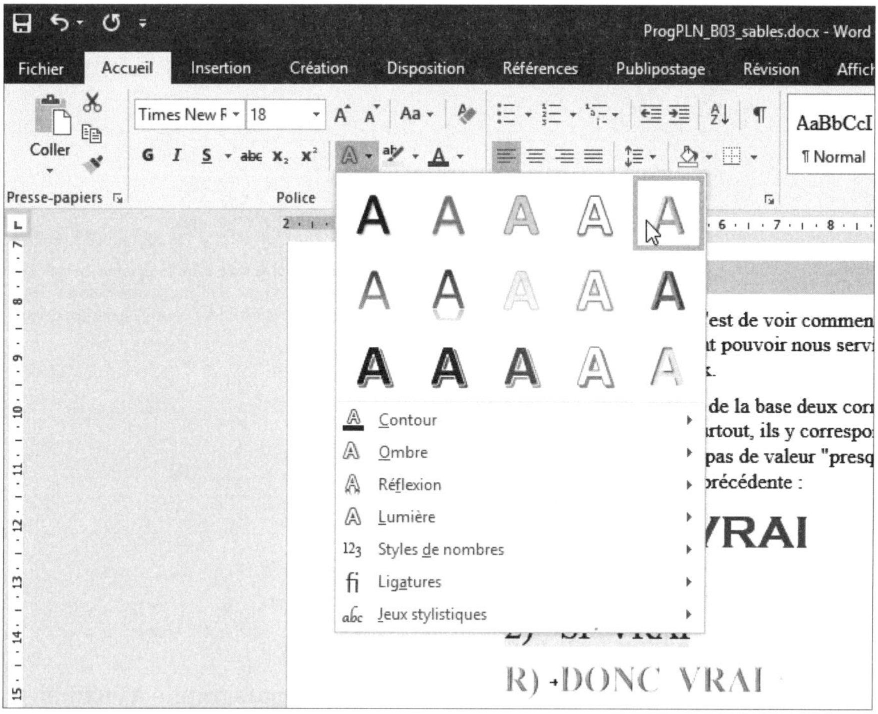

Figure 6.5 : Le menu local Effets de texte permet d'appliquer un effet en un seul clic.

NOTE TECHNIQUE

Le bouton Effets de texte n'est opérationnel que si vous avez préalablement enregistré votre document au format `.docx`. En d'autres termes, vous ne pouvez pas appliquer d'effet à un document non encore sauvegardé, ou à un document à l'ancien format `.doc`.

Justifier le texte

Word peut aligner le texte de quatre manières différentes, comme le montre la Figure 6.6 :

- **Gauche :** Le texte s'aligne sur la marge gauche et s'étend de manière inégale jusqu'à la marge droite.
- **Centré :** Chaque ligne est centrée par rapport aux marges gauche et droite.
- **Droite :** Le texte s'aligne sur la marge droite et s'étend de manière inégale jusqu'à la marge gauche.
- **Justifié :** Le texte s'aligne équitablement sur les marges gauche et droite.

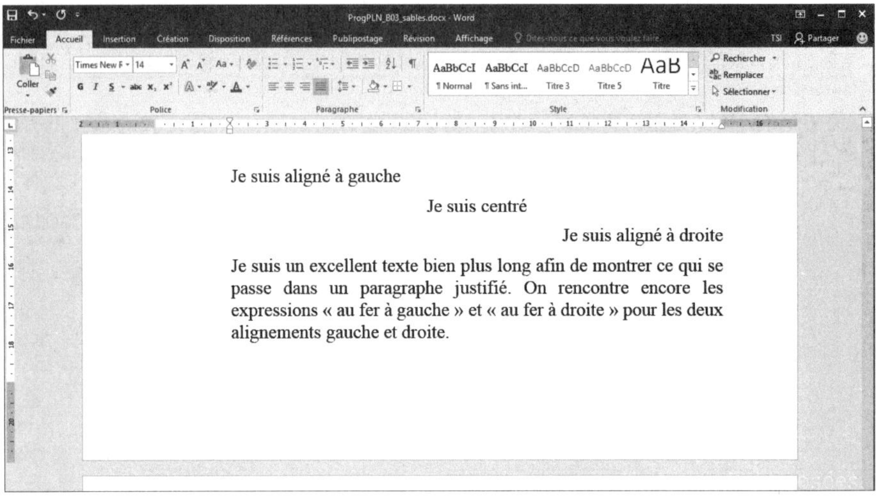

Figure 6.6 : Les quatre types d'alignement du texte.

Voici comment aligner du texte :

1. **Cliquez sur l'onglet Accueil.**
2. **Placez le point d'insertion dans le paragraphe à justifier.**
3. **Cliquez sur un des boutons d'alignement du texte comme Centré ou Justifié.**

Vous pouvez aligner un texte en utilisant un raccourci clavier : appuyez sur Ctrl + Maj+ L pour aligner à gauche; Ctrl + E pour centrer; Ctrl + Maj + D pour aligner à droite; et Ctrl + J pour justifier.

Ajuster l'interlignage

L'*interligne* définit l'espace qui sépare les lignes situées les unes au-dessous des autres. Voici comment changer l'interligne d'un paragraphe ou de tout un document :

1. **Cliquez sur l'onglet Accueil.**
2. **Sélectionnez le texte dont vous désirez modifier l'interlignage.**
3. **Cliquez sur la flèche du bouton Interligne du groupe Paragraphe.**

   Une liste apparaît, comme à la Figure 6.7.

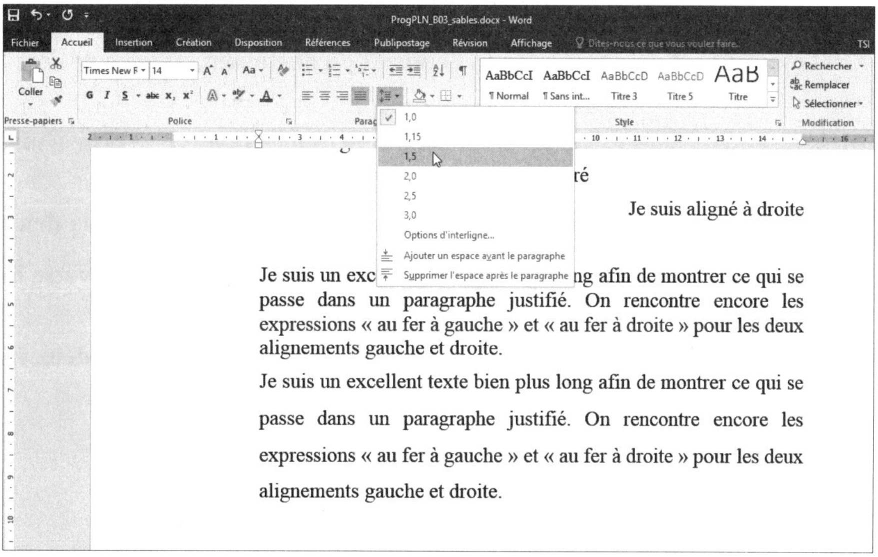

Figure 6.7 : L'interligne espace plus ou moins les lignes de vos paragraphes.

4. **Cliquez sur la valeur d'espacement à appliquer comme 1 (interligne simple) ou 3 (triple interligne).**

NOTE TECHNIQUE

Si vous cliquez sur Options d'interligne, vous pouvez définir un espacement très précis comme 2,75 ou 3,13.

Par défaut, Word ajoute automatiquement une ligne vierge entre vos paragraphes sans se soucier de votre interlignage. Pour paramétrer cet espace entre les paragraphes, ouvrez l'onglet Disposition. Cliquez dans le champ de l'icône Espacement après (la quatrième) du groupe Paragraphe, et indiquez en points l'espace qui devra séparer vos deux paragraphes. Tapez 0 pour ne pas créer d'espace. La valeur par défaut est égale à 10 points.

Créer une liste

Word peut présenter le texte sous la forme de trois types de liste différents :

- à puces (comme la présente liste);
- numérotée;
- à plusieurs niveaux.

Vous pouvez créer une liste avant d'y saisir du texte, ou bien convertir un texte existant en liste. Voici comment créer une liste :

1. **Cliquez sur l'onglet Accueil.**
2. **Placez le curseur à l'endroit du document où vous désirez faire apparaître la liste.**
3. **Cliquez sur les boutons Puces, Numérotation ou Liste à plusieurs niveaux.**
4. **Tapez votre texte et appuyez sur Entrée pour créer la deuxième puce.**
5. **Répétez l'Étape 4 pour ajouter autant de puces que votre liste en exige.**
6. **Pour quitter ce mode de saisie spécifique, appuyez deux fois de suite sur la touche Entrée.**

Si vous désirez convertir en liste un texte standard :

7. **Cliquez sur l'onglet Accueil.**
8. **Sélectionnez le texte à convertir en liste.**
9. **Cliquez sur l'un des trois boutons de création de puces.**

   Word convertit le texte standard sélectionné en une série de puces. Chaque paragraphe est introduit par une puce.

Mettre des listes en retrait

Une fois que vous avez créé une liste, vous souhaiterez peut-être placer certains éléments de la liste en léger décalage les uns par rapport aux autres. Voici comment effectuer cette mise en retrait :

1. **Placez le curseur dans le texte de l'élément de la liste que vous désirez mettre en retrait.**
2. **Cliquez sur la touche Début de votre clavier pour placer le point d'insertion au début de la ligne de cette puce.**
3. **Appuyez sur Tab pour mettre en retrait l'élément vers la droite. Pour le mettre en retrait vers la gauche, appuyez sur Maj + Tab.**

   Pour que la touche Tab mette en retrait les listes, il peut être nécessaire d'activer une option de Word. Pour cela, cliquez sur l'onglet Fichier, puis sur Options. Dans la boîte de dialogue Options de Word, cliquez sur la catégorie Vérification. Dans le volet de droite, cliquez sur le bouton Options de correction automatique. Cliquez ensuite sur l'onglet Lors de la frappe. Dans cet onglet, cochez la case *Définir les retraits à gauche et de 1re ligne à l'aide des touches TAB et RET.ARR.*

Convertir une liste en texte

Si vous avez une liste que vous désirez convertir en un texte standard, suivez ces étapes :

1. **Cliquez sur l'onglet Accueil.**
2. **Sélectionnez les éléments de la liste à convertir en texte.**
3. **Cliquez sur le bouton de création de liste correspondant à la liste que vous souhaitez convertir en texte.**

   Ainsi, pour convertir en texte une liste à puces, cliquez sur le bouton Puces.

Personnaliser une liste

Lorsque vous créez une liste à puces ou numérotée, vous disposez de plusieurs options de présentation. Voici comment choisir un format de numérotation :

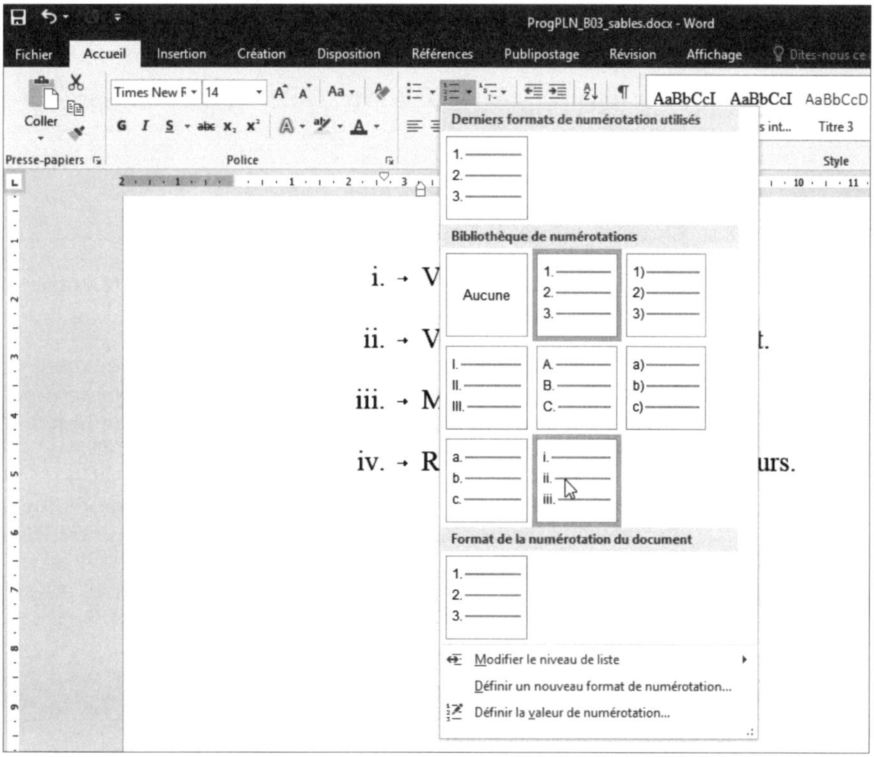

Figure 6.8 : Choisissez le format de numérotation à appliquer à votre liste.

1. **Cliquez sur la flèche du bouton Numérotation.**

   Veillez à ne pas cliquer sur le bouton lui-même.

   Une liste de formats apparaît, comme le montre la Figure 6.8.

2. **Cliquez sur le format de numéros à appliquer.**

   La prochaine fois que vous créerez une liste numérotée, le dernier format sélectionné sera appliqué.

Les modifications apportées au format de liste à puces ou numérotée ne concernent que le document actuel.

Renuméroter une liste

Les listes numérotées peuvent poser un problème lorsque vous les scindez ou les copiez. En effet, vous souhaiterez parfois que la numérotation de la première puce d'une série soit différente de 1.

Pour contrôler le numéro de départ d'une liste numérotée :

1. **Effectuez un clic droit sur l'élément de la liste dont vous désirez changer le numéro.**

   Pour renuméroter toute la liste, faites un clic droit sur le premier élément.

   Un menu contextuel apparaît, comme à la Figure 6.9.

2. **Choisissez une des options suivantes :**

   Ajuster les retraits de la liste : Détermine le retrait de votre texte et du numéro de la liste.

   Continuer la numérotation : Modifie le numéro de l'élément de telle sorte qu'il soit la suite logique du numéro de l'élément qui le précède. Par exemple, si cet élément porte le numéro 3, l'élément suivant portera le numéro 4.

   Définir la valeur de numérotation : Affiche la boîte de dialogue éponyme, illustrée à la Figure 6.10. Vous y spécifiez le numéro de l'élément de la liste comme 34 ou 89.

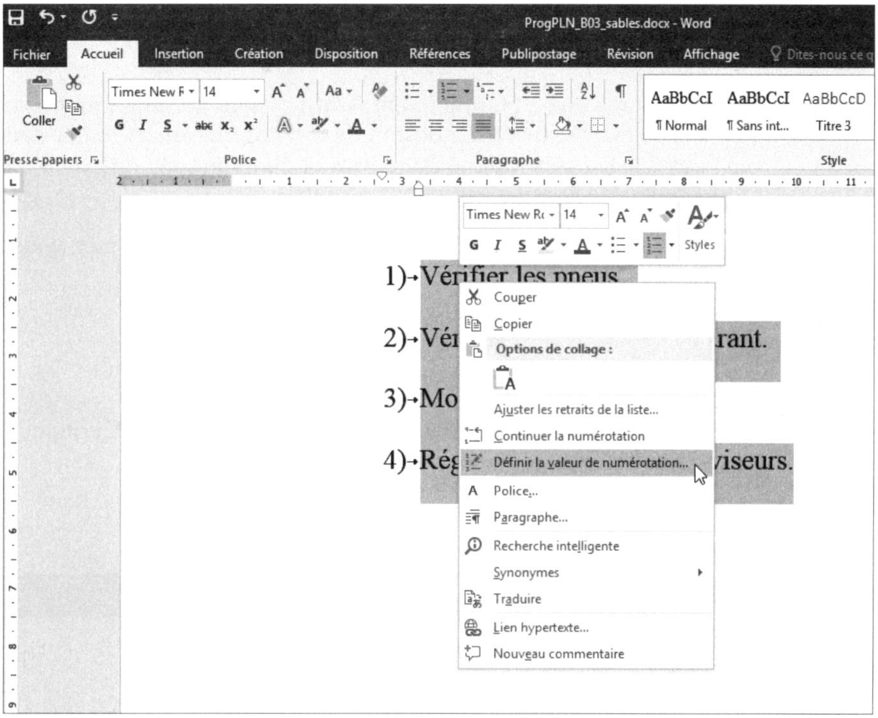

Figure 6.9 : Un clic droit sur un élément d'une liste numérotée affiche des options de renumérotation.

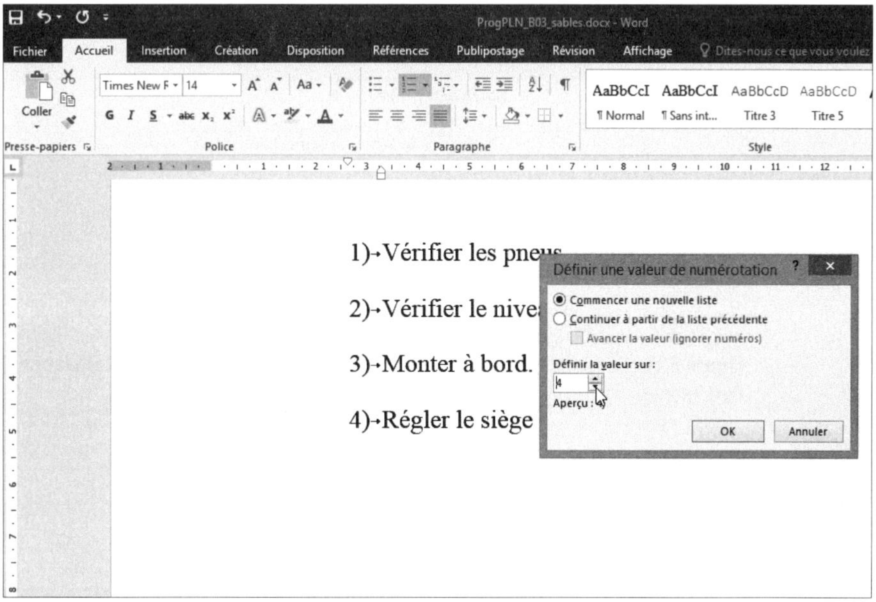

Figure 6.10 : Assigner le numéro de son choix.

Utiliser la règle

Lorsque vous créez un document, Word génère automatiquement les marges de vos pages. Si vous avez besoin de modifier ces marges par défaut, ou si vous devez insérer des tabulations et effectuer des mises en retrait, l'utilisation de la règle est incontournable.

Par défaut, Word masque la règle. Pour l'afficher, conformez-vous aux étapes suivantes :

1. **Cliquez sur l'onglet Affichage.**
2. **Cochez la case Règle du groupe Afficher.**

   La règle apparaît en haut et à gauche du document, comme à la Figure 6.11.

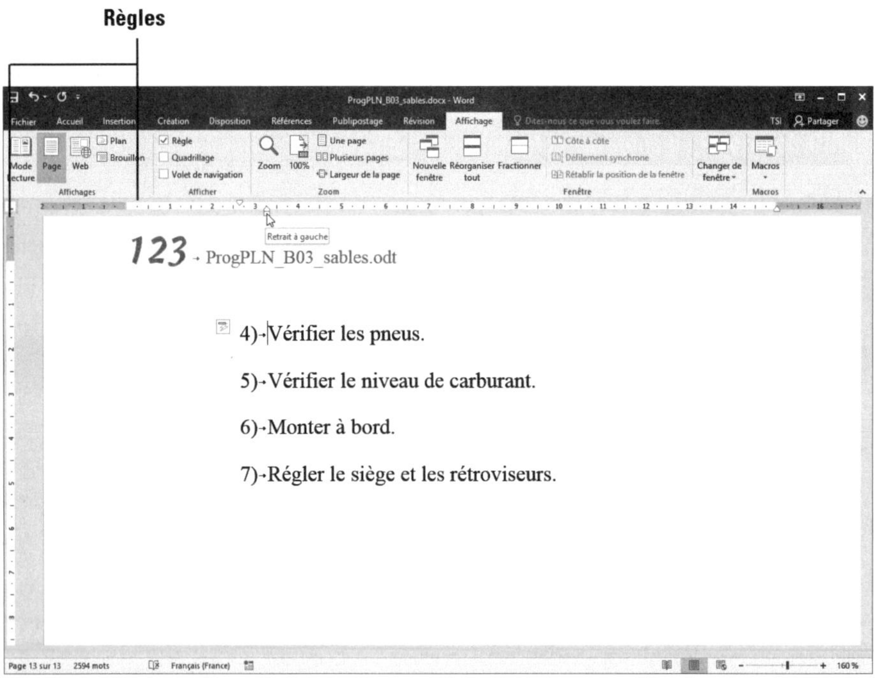

Figure 6.11 : La règle permet de définir les marges et les taquets de tabulation de vos documents.

N'OUBLIEZ PAS !

Pour masquer la règle, cliquez de nouveau sur ce bouton.

Ajuster les marges de gauche et de droite d'un paragraphe

La règle définit les marges de gauche et de droite de vos paragraphes. Voici comment les modifier :

1. **Affichez la règle.**

2. **Sélectionnez du texte.**

3. **Placez le pointeur de la souris sur le bouton Retrait à gauche. Cliquez et faites glisser ce bouton vers la droite pour définir la marge de gauche.**

   Word affiche une barre verticale en pointillé qui symbolise la marge, comme le montre la Figure 6.12.

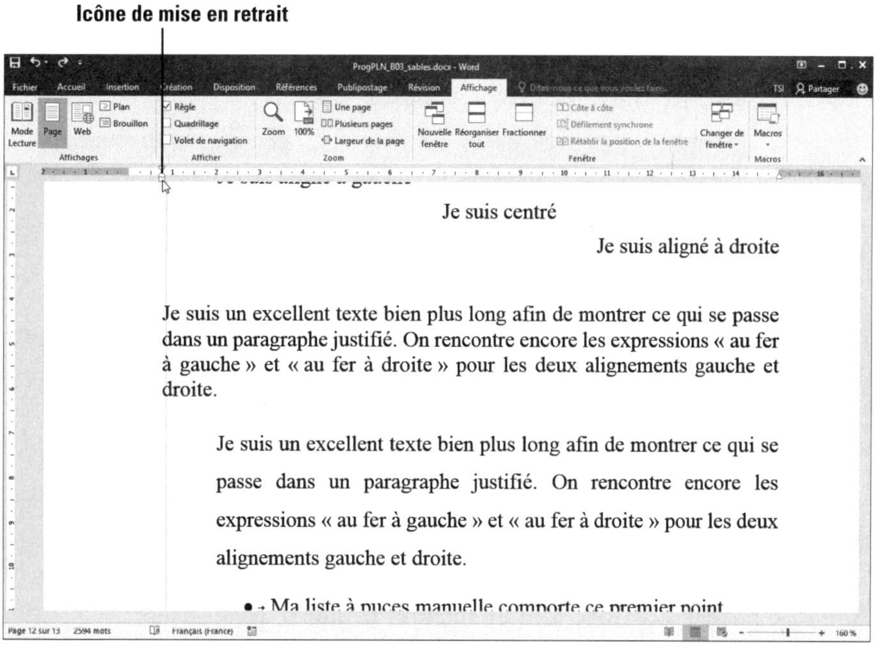

Figure 6.12 : Faites glisser le bouton Retrait à gauche vers la droite pour définir la marge de gauche de votre document ou du paragraphe sélectionné.

4. **Dès que la position de la marge de gauche vous convient, relâchez le bouton de la souris.**

5. **Placez le pointeur de la souris sur le bouton Retrait à droite. Maintenez enfoncé le bouton gauche de la souris et faites glisser la souris vers la gauche pour définir la marge de droite.**

   Word affiche une barre verticale en pointillé qui symbolise la marge de droite.

6. **Relâchez le bouton de la souris dès que la position de cette marge vous satisfait.**

Définir un retrait avec la règle

Les deux boutons permettant de définir un retrait du côté gauche sont Retrait de la première ligne et Retrait négatif. L'un ne met en retrait que la première ligne d'un paragraphe, tandis que l'autre place en retrait toutes les lignes du paragraphe à l'exception de la première. Ces deux boutons sont identifiés sur la Figure 6.13 en tant que taquets.

De même, un taquet à droite permet de régler la marge droite en fin de ligne.

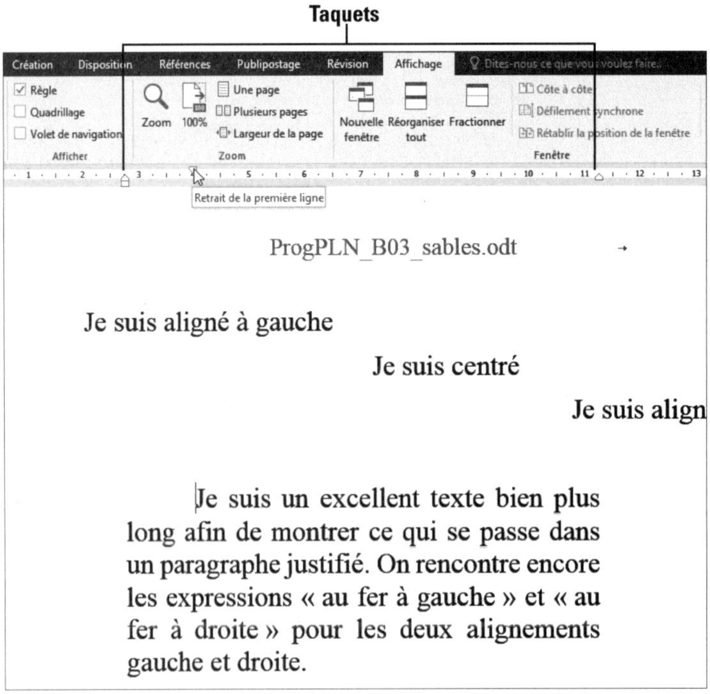

Figure 6.13 : Faites glisser ces taquets pour définir des retraits.

Voici comment définir un retrait de première ligne et un retrait négatif :

1. **Affichez la règle.**

2. **Sélectionnez du texte.**

3. **Placez le pointeur de la souris sur le taquet Retrait négatif. Maintenez le bouton gauche de la souris enfoncé et faites glisser l'icône du retrait négatif vers la droite.**

   Word symbolise la limite du retrait par une barre verticale en pointillé.

4. **Relâchez le bouton gauche de la souris dès que le retrait vous convient.**

5. **Placez le pointeur de la souris sur le taquet Retrait de la première ligne. Maintenez le bouton de la souris enfoncé, et faites glisser cette icône vers la droite ou la gauche.**

   Word symbolise la limite du retrait de la première ligne par une barre verticale en pointillé.

6. **Relâchez le bouton gauche de la souris dès que le retrait de la première ligne vous convient.**

Utiliser l'outil Reproduire la mise en forme

Une mise en forme peut être assez complexe, c'est-à-dire s'écarter fortement des paramètres du style de texte ou de titre standard. Lorsque vous avez appliqué plusieurs opérations de mise en forme à une partie de votre texte, il est facile de l'appliquer à d'autres par une sorte de copier/coller d'attributs de style.

Voici comment profiter de l'outil Reproduire la mise en forme :

1. **Cliquez sur l'onglet Accueil.**

2. **Dans votre document, sélectionnez le texte contenant la mise en forme que vous désirez appliquer à une ou plusieurs parties du document.**

3. **Cliquez sur l'outil Reproduire la mise en forme. Son bouton représente une brosse de peintre ou un balai orienté vers la gauche (Figure 6.14).**

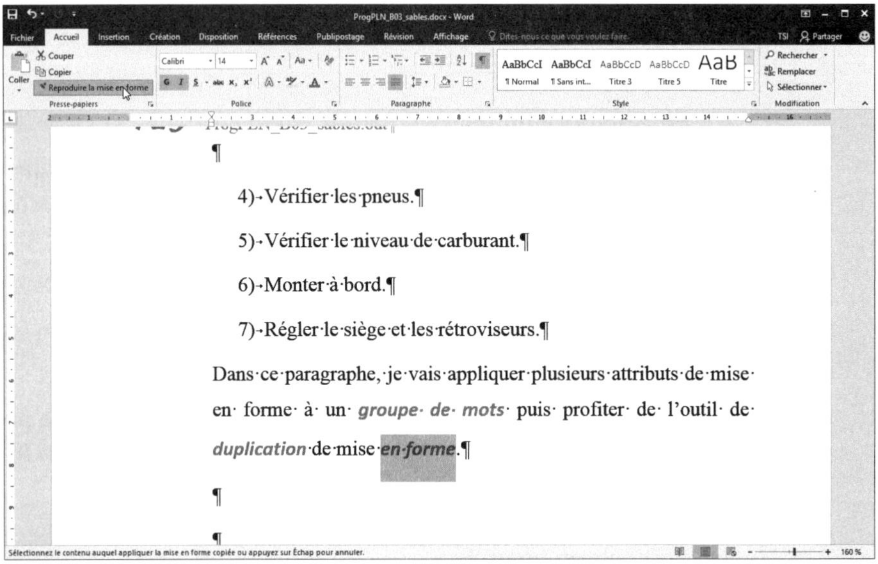

Figure 6.14 : Après avoir choisi le texte dont vous souhaitez copier la mise en forme, activez l'outil Reproduire la mise en forme.

4. **Faites glisser le pointeur de la souris sur le texte à mettre en forme. (Cette opération revient à sélectionner le texte en question.)**

   Word reproduit la mise en forme.

TRUC

Si vous double-cliquez sur l'outil Reproduire la mise en forme de l'onglet Accueil, vous pouvez sélectionner et mettre en forme plusieurs blocs de texte. Une fois la mise en forme terminée, cliquez de nouveau sur cet outil pour le désactiver.

Effacer une mise en forme

Il est toujours possible de supprimer une mise en forme appliquée à un bloc de texte. La méthode la plus simple consiste à appliquer une seconde fois la même opération de mise en forme que celle que vous souhaitez supprimer. Par exemple, si vous soulignez du texte, supprimez ce soulignement en soulignant de nouveau ce même texte (appuyez sur Ctrl + U).

Pour supprimer plusieurs mises en forme d'un seul geste, le plus rapide consiste à utiliser l'outil Effacer la mise en forme. Tous les attributs de mise en forme qui sont différents de ceux du style standard sont alors supprimées.

Voici comment utiliser l'outil Effacer la mise en forme :

1. **Cliquez sur l'onglet Accueil.**
2. **Sélectionnez le texte contenant la mise en forme à supprimer.**
3. **Cliquez sur le bouton Effacer toute la mise en forme, illustré à la Figure 6.15.**

   Word supprime la mise en forme du texte sélectionné.

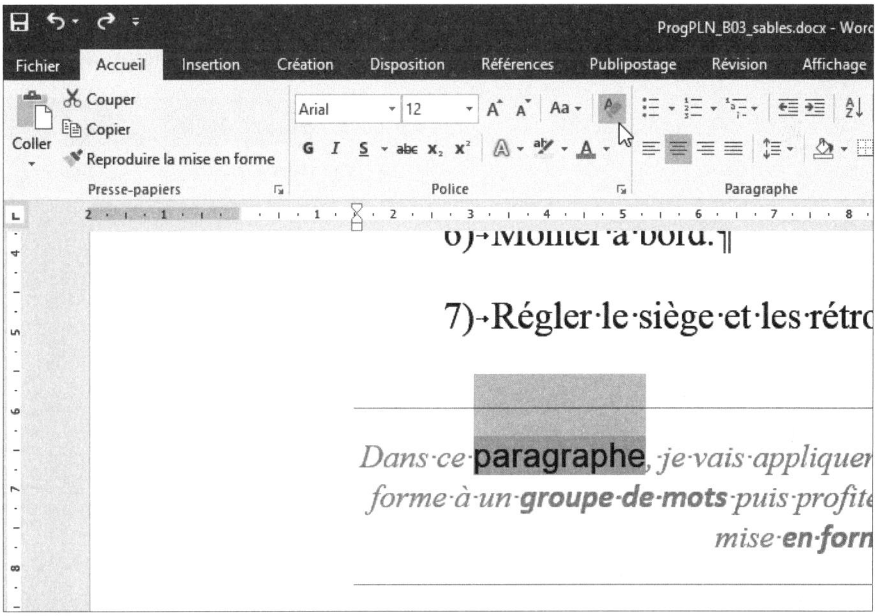

Figure 6.15 : Cliquez sur ce bouton pour supprimer toutes les mises en forme d'un texte sélectionné.

N'OUBLIEZ PAS !

La commande Effacer toute la mise en forme ne supprime pas le surlignage du texte.

Utiliser des styles

Au lieu de définir manuellement la police, sa taille et les enrichissements du texte (comme gras, italique, *etc.*), vous pouvez appliquer un des styles prédéfinis. Chaque style prédéfini regroupe tout un ensemble de personnalisations de la mise en forme.

Voici comment utiliser un style prédéfini :

1. **Cliquez sur l'onglet Accueil.**
2. **Sélectionnez le texte à mettre en forme.**
3. **Cliquez sur les flèches haut/bas du groupe Styles pour faire défiler les mises en forme disponibles. Vous pouvez également cliquer sur le bouton Autres pour afficher la galerie des styles rapides, illustrée à la Figure 6.16.**
4. **Vous pouvez aussi ouvrir la fenêtre des styles grâce au bouton de l'angle inférieur droit de la catégorie Style du Ruban.**

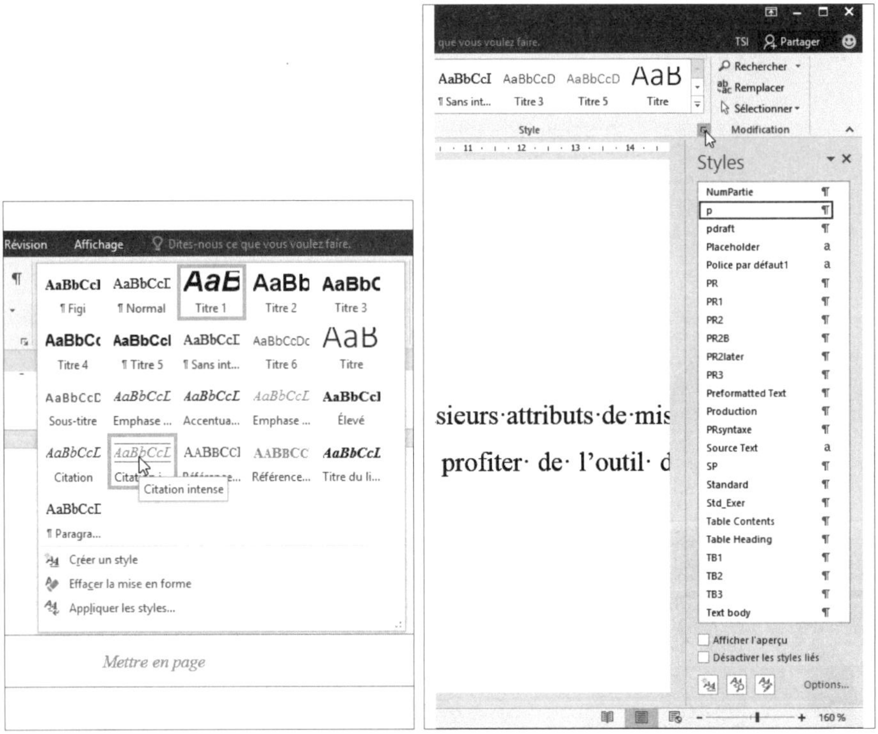

Figure 6.16 : Cliquez sur le bouton Autres pour afficher la galerie des styles rapides.

5. **Placez le pointeur de la souris sur un style.**

   Un aperçu instantané permet de voir l'allure du paragraphe après l'application de ce style.

6. **Cliquez sur le style à appliquer comme Titre 1, Titre ou Citation.**

   Word met en forme le texte.

Il existe deux types principaux de styles : les styles de paragraphes et les styles de caractères. Vous les distinguez par leur symbole en marge droite de la fenêtre des styles.

Utiliser un modèle

Lorsque vous avez besoin de mettre en forme un document rapidement, vous pouvez profiter d'un modèle au lieu d'effectuer manuellement sa mise en forme. Les *modèles* sont des documents préformatés. Word en fournit quelques-uns, mais vous en trouverez des centaines sur le site Web de Microsoft. Vous pouvez même créer vos modèles.

La manière la plus simple d'utiliser un modèle consiste à le choisir au départ, avant de commencer la saisie de votre texte.

Voici comment créer un document à partir d'un modèle :

1. **Cliquez sur l'onglet Fichier, et choisissez Nouveau.**

   Dans le volet central, une série d'options de création de documents apparaît, comme à la Figure 6.17.

Figure 6.17 : Les modèles permettent de créer des documents en appliquant une mise en forme prédéfinie.

2. **Double-cliquez sur un des modèles proposés.**

Word crée un document contenant du texte que vous allez remplacer par le vôtre.

3. **Tapez votre texte.**

N'OUBLIEZ PAS !

Si vous voulez utiliser des modèles Office.com, vous devez être connecté à Internet. En effet, Word doit télécharger le modèle choisi pour que vous puissiez l'utiliser.

Chapitre 7

Mettre en page

Dans ce chapitre :

- Insérer des pages.
- Organiser le texte en tableau.
- Afficher du texte sous forme d'objet WordArt.
- Créer des zones de texte.
- Répartir le texte sur plusieurs colonnes.
- Ajouter des images.
- Imprimer.

La mise en page consiste à structurer votre document en ajoutant des colonnes, ou encore des en-têtes et des pieds de page qui affichent des titres ou des numéros de pages. La mise en page d'un document se fait par le biais des commandes des onglets Insertion et Disposition.

L'onglet Insertion fournit des commandes qui insèrent des éléments dans votre document comme de nouvelles pages, des tableaux, des images, des en-têtes et des pieds de page.

L'onglet Disposition propose des commandes qui définissent l'aspect de vos pages comme le nombre de colonnes, la définition des marges haute, basse, gauche et droite, ou encore l'habillage d'une image (le texte coule autour au lieu d'être masqué par l'image).

Insérer une page

Dès que vous arrivez en fin de page, Word crée automatiquement une nouvelle page si vous continuez à saisir du texte. Ainsi, il n'y a pas d'interruption dans la rédaction de longs textes. Cependant, si besoin, vous pouvez insérer manuellement une page à n'importe quel endroit de votre projet.

Voici comment insérer une page :

1. **Cliquez sur l'onglet Insertion.**
2. **Placez le point d'insertion à l'endroit où vous désirez insérer la nouvelle page.**
3. **Cliquez sur l'icône Page vierge du groupe Pages.**

   Word ajoute une page vide au document. Donc, si vous placez le point d'insertion entre deux phrases et que vous insérez un saut de page, la première phrase restera sur la première page, et la seconde phrase se retrouvera sur la nouvelle page.

Inutile d'insérer une page en fin de document. Contentez-vous de placer le point d'insertion à la fin du document en appuyant sur Ctrl + Fin, et tapez la suite du texte. Word ajoute automatiquement une nouvelle page. C'est ce que l'on appelle la saisie de texte au kilomètre, c'est-à-dire sans que vous ayez à vous soucier de créer une nouvelle page en fin de document.

Ajouter (et supprimer) une page de garde

Dans certaines circonstances, vous n'aurez besoin d'insérer qu'une seule page, celle de la couverture de votre document. On l'appelle *page de garde*.

Word ne connaît que trois types de pages : la première page, les pages paires et les pages impaires.

Voici comment en ajouter une à votre document :

1. **Cliquez sur l'onglet Insertion.**
2. **Dans le groupe Pages, cliquez sur Page de garde.**

   Word affiche la galerie des pages de garde, comme le montre la Figure 7.1.

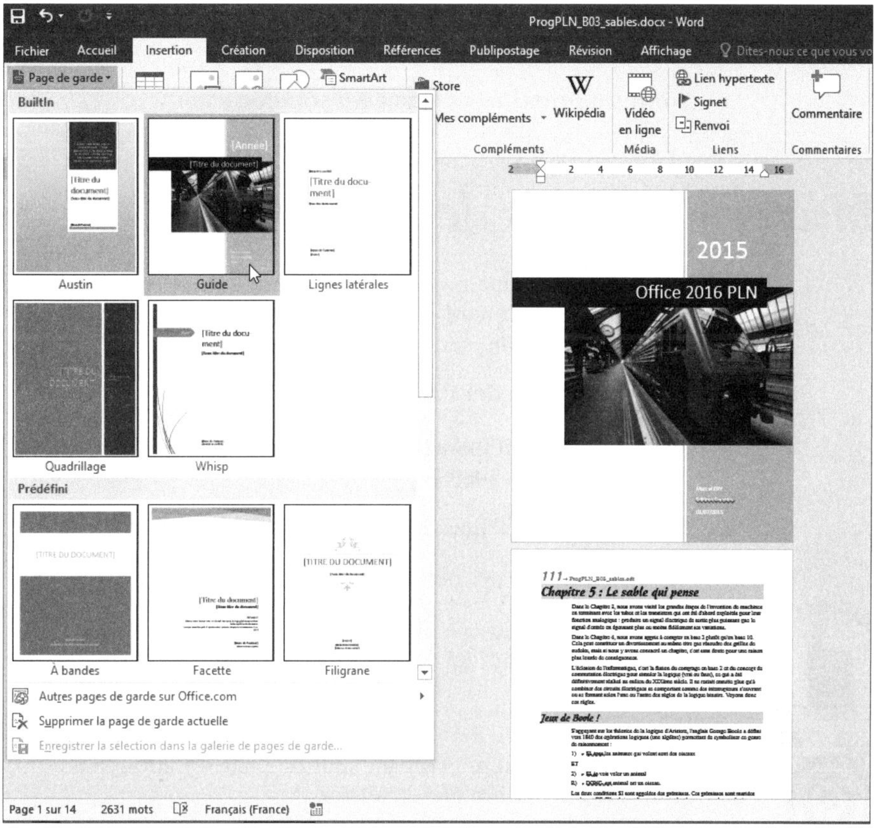

Figure 7.1 : Cliquez sur ce bouton pour afficher une galerie de pages de garde.

3. **Cliquez sur la page de garde à insérer.**

   Word ajoute la page de garde au début du document.

Un document ne peut avoir qu'une seule page de garde. Si vous en choisissez une autre, elle remplacera celle que vous avez insérée précédemment.

Si vous changez d'avis en choisissant finalement de ne pas insérer de page de garde, voici comment la supprimer :

4. **Cliquez sur l'onglet Insertion.**
5. **Dans le groupe Pages, cliquez sur Page de garde.**
6. **Un menu local affiche les pages de garde comme à la Figure 7.1 ci-dessus.**

7. **Dans le menu qui apparaît, choisissez Supprimer la page de garde actuelle.**

   Word supprime la page de garde du document.

Insérer des sauts de page

Plutôt que d'insérer une nouvelle page, vous souhaiterez parfois répartir sur deux pages un texte tenant sur une seule page. Pour cela, vous devez insérer un saut de page comme ceci :

1. **Cliquez sur l'onglet Insertion.**
2. **Placez le point d'insertion à l'endroit où votre document doit se scinder en deux pages.**
3. **Dans le groupe Pages, cliquez sur Saut de page.**

   Word scinde votre document en deux pages.

N'OUBLIEZ PAS !

Pour supprimer un saut de page, placez le point d'insertion en haut de la page située sous le saut en question, et appuyez sur la touche Retour arrière.

TRUC

Vous pouvez rapidement créer un saut de page en appuyant sur Ctrl + Entrée au lieu de passer par l'onglet Insertion.

Insérer des en-têtes et des pieds de page

Les en-têtes et les pieds de page apparaissent respectivement en haut et en bas d'une ou plusieurs pages de votre document. Les en-têtes et pieds de page servent à afficher des informations indispensables : le titre du document, le nom du chapitre, la date de parution et le numéro de page (folio).

Créer un en-tête ou un pied de page

Pour créer un en-tête ou un pied de page, suivez ces étapes :

1. **Cliquez sur l'onglet Insertion.**

2. **Dans le groupe En-tête et pied de page, cliquez sur la flèche du bouton En-tête ou Pied de page.**

   Un menu apparaît.

3. **Cliquez sur Modifier l'en-tête (ou Modifier le pied de page).**

   Word affiche votre en-tête ou votre pied de page.

   Les en-têtes et les pieds de page ne sont visibles qu'en mode Page.

4. **Tapez, modifiez ou supprimez tout texte que vous désirez insérer ou changer dans l'en-tête ou le pied de page.**

5. **(Facultatif) Dans l'onglet Création de l'onglet Outils des en-têtes et des pieds de page, cliquez sur le bouton Date et heure ou Numéro de page, afin d'insérer respectivement la date ou le numéro des pages dans vos en-têtes ou vos pieds de page.**

6. **Pour quitter le mode d'édition des en-têtes et des pieds de page, cliquez sur le bouton Fermer l'en-tête et le pied de page.**

   Word affiche en grisé le contenu des en-têtes et des pieds de page.

Définir les pages affichant un en-tête ou un pied de page

Habituellement, lorsque vous définissez un en-tête ou un pied de page, Word l'affiche sur chaque page du document. Toutefois, Word donne la possibilité de choisir les pages sur lesquelles ces deux éléments apparaîtront. Par exemple, ils s'afficheront uniquement sur la première page, ou encore les en-têtes ou les pieds de page seront différents sur les pages paires et impaires.

Créer un en-tête ou un pied de page unique pour la première page

La plupart du temps, un en-tête ou un pied de page affiche un numéro de page ou des titres de chapitres. Cet affichage est identique sur toutes les pages, sauf la première. Cette première page mérite donc un en-tête et/ou un pied de page unique que vous spécifiez de cette manière :

1. **Cliquez sur l'onglet Insertion, puis sur l'icône En-tête du groupe En-tête et pied de page. Dans ce menu local, choisissez Modifier.**

   L'onglet Création apparaît, comme à la Figure 7.2.

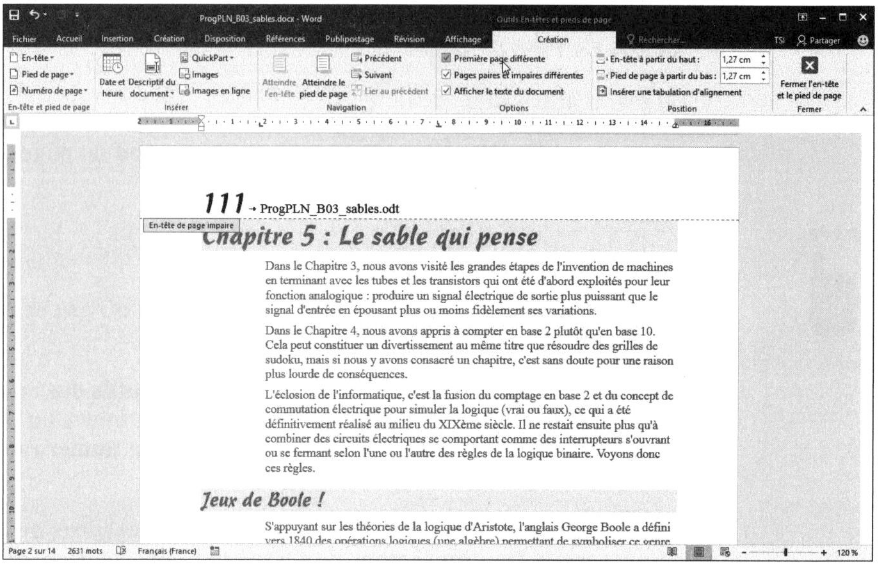

Figure 7.2 : L'onglet Création fournit des commandes supplémentaires pour modifier vos en-têtes et vos pieds de page.

2. **Cochez la case Première page différente.**

   Word affiche dans l'en-tête ou le pied de page du document une sorte d'onglet nommé `Premier en-tête` ou `Premier pied de page`.

3. **Cliquez sur le bouton Fermer l'en-tête et le pied de page.**

   Word estompe le texte de l'en-tête et/ou du pied de page.

Créer des en-têtes et des pieds de page différents pour les pages paires et impaires

Parfois, vous souhaiterez que des en-têtes et/ou des pieds de page différents s'affichent sur les pages paires et impaires d'un document. Dans la plupart des ouvrages, les en-têtes apparaissent dans le coin supérieur gauche des pages paires, tandis qu'ils s'affichent dans le coin supérieur droit des pages impaires. Pour obtenir pareil effet dans vos documents, vous devez spécifier des en-têtes différents pour ces deux types de page.

Voici la marche à suivre :

1. **Cliquez sur l'onglet Insertion. Dans le groupe En-tête et pied de page, cliquez sur la flèche du bouton En-tête et choisissez Modifier l'en-tête.**

   L'onglet Création apparaît.

2. **Cochez la case Pages paires et impaires différentes.**

   Dans le document, Word affiche une sorte d'onglet nommé `En-tête de page impaire` et `En-tête de page paire`.

3. **Tapez le contenu de l'en-tête des pages impaires, c'est-à-dire celui qui s'affichera uniquement sur ces pages.**

4. **Passez à une page paire.**

5. **Répétez les Étapes 2 à 4.**

Pour que les pages paires et impaires cessent d'afficher des en-têtes ou des pieds de page spécifiques, décochez la case Pages paires et impaires différentes du groupe Options de l'onglet Création.

Supprimer un en-tête ou un pied de page

Voici comment ne plus afficher d'en-tête ou de pied de page dans votre document :

1. **Cliquez sur l'onglet Insertion.**

2. **Dans le groupe En-tête et pied de page, cliquez sur la flèche du bouton En-tête.**

3. **Dans le menu qui apparaît, cliquez sur Supprimer l'en-tête (ou Supprimer le pied de page).**

   Word efface votre en-tête ou votre pied de page.

Organiser du texte dans des tableaux

Les *tableaux* organisent le texte dans des lignes et des colonnes. Les tableaux permettent de saisir, de modifier et de formater facilement le texte tout en l'espaçant de manière à faciliter sa lecture. Dans un tableau, le texte apparaît dans des cellules. Une *cellule* est l'intersection d'une ligne et d'une colonne.

Word permet de créer des tableaux de quatre manières différentes :

- Par un clic sur l'onglet Insertion, puis sur le bouton Tableau. Dans le menu local qui apparaît, faites glisser la souris sur les lignes et les colonnes qui vont définir la structure du tableau (8 lignes et 10 colonnes maximum).

- En utilisant la boîte de dialogue Insérer un tableau.

- En définissant avec votre souris la taille et la position du tableau.
- Par conversion d'un texte existant (divisé *via* un caractère de délimitation comme une tabulation ou une virgule).

Créer un tableau par sélection de lignes et de colonnes

Cette technique permet de créer des tableaux qui contiendront un maximum de 8 lignes et 10 colonnes. Voici comment créer un tableau de ce genre :

1. **Cliquez sur l'onglet Insertion.**
2. **Dans votre document, placez le point d'insertion où vous désirez insérer le tableau.**
3. **Cliquez sur le bouton Tableau.**

   Un menu local apparaît, comme à la Figure 7.3.

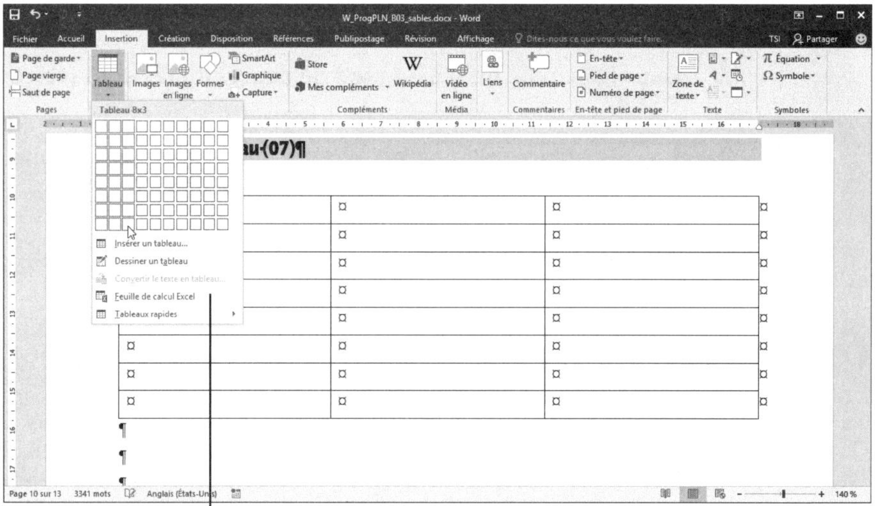

Le menu local Tableau

Figure 7.3 : Le menu local Tableau affiche des carrés qui symbolisent les lignes et les colonnes de votre futur tableau.

4. **Faites glisser le pointeur de la souris sur les carrés de manière à définir le nombre de lignes et de colonnes qui vont former les cellules de votre tableau.**

Dès que vous sélectionnez un carré, Word actualise le tableau dans le document. Vous voyez, en temps réel, à quoi ressemble le tableau grâce à cet aperçu instantané.

5. **Dès que le tableau vous convient, cliquez sur le bouton gauche de la souris.**

6. **Vous cliquez sur le carré qui correspond en fait à la cellule inférieure droite du tableau, c'est-à-dire la dernière cellule qui le compose.**

Créer un tableau via la boîte de dialogue Insérer un tableau

La création d'un tableau par sélection de ses lignes et de ses colonnes est très intuitive, mais limitée en taille. Pour créer un tableau contenant un nombre très précis de cellules (jusqu'à 63 colonnes), suivez ces étapes :

1. **Cliquez sur l'onglet Insertion.**

2. **Placez le pointeur de la souris où vous souhaitez insérer le tableau.**

3. **Cliquez sur le bouton Tableau.**

4. **Dans le menu local qui apparaît, cliquez sur la commande Insérer un tableau.**

   La boîte de dialogue éponyme apparaît, comme à la Figure 7.4.

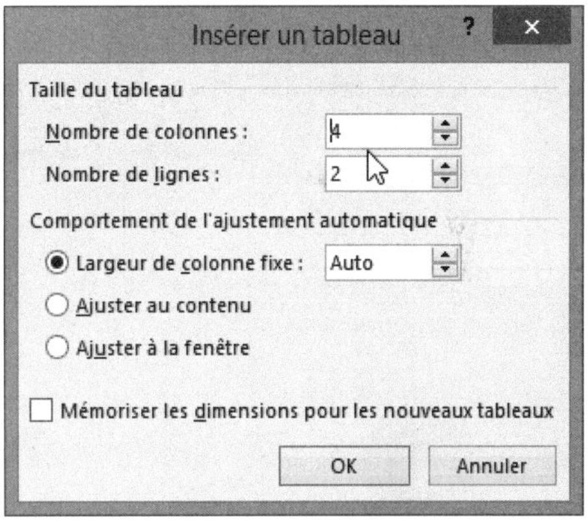

Figure 7.4 : Indiquez le nombre exact de lignes et de colonnes du tableau.

5. **Dans le champ Nombre de colonnes, tapez un chiffre entre 1 et 63, ou bien cliquez sur les petites flèches (tournettes) pour spécifier le nombre de colonnes de votre tableau.**

6. **Dans le champ Nombre de lignes, spécifiez le nombre de lignes de votre tableau.**

7. **Ensuite, activez une des options suivantes :**

   - *Largeur de colonne fixe :* Indique que la largeur des colonnes sera d'une taille fixe, en l'occurrence 1,25 cm, qui reste invariable quel que soit le contenu textuel des cellules.

- *Ajuster au contenu :* La taille des colonnes s'adapte à l'élément le plus large contenu par le tableau.
- *Ajuster à la fenêtre :* Étend (ou réduit) le tableau pour qu'il s'affiche en entier dans la fenêtre du document.

8. Cliquez sur OK.

Word affiche le tableau dans votre document.

Dessiner un tableau avec la souris

Dessiner un tableau est très utile quand vous désirez le placer au beau milieu d'une page, et que vous souhaitez définir des lignes et des colonnes de différentes tailles, comme à la Figure 7.5.

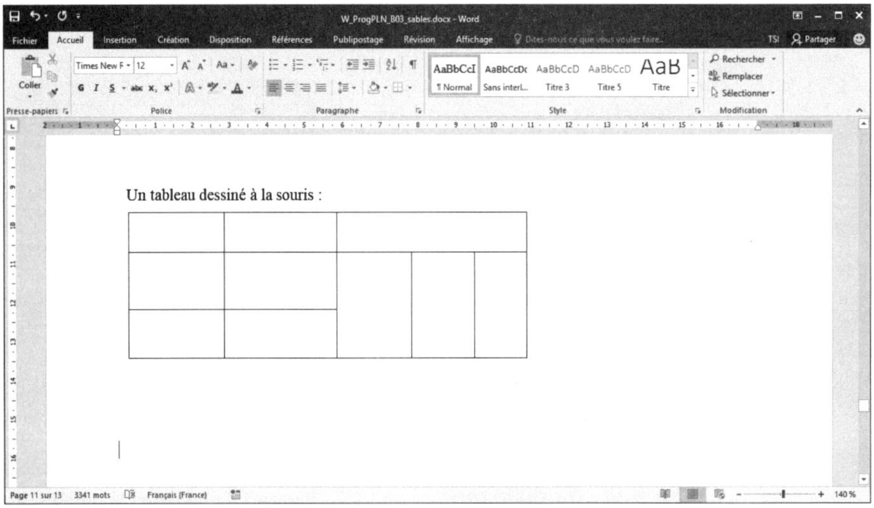

Figure 7.5 : Dessiner un tableau à la souris vous permet de créer des cellules très particulières.

Pour dessiner un tableau dans votre document :

1. Cliquez sur l'onglet Insertion.

2. Cliquez sur le bouton Tableau.

3. Dans le menu local qui s'affiche, cliquez sur Dessiner un tableau.

Le pointeur de la souris prend la forme d'un crayon.

4. **Placez le pointeur de la souris là où vous souhaitez insérer le tableau dans votre document. Ensuite, appuyez sur le bouton gauche de la souris et tracez votre tableau.**

   Word trace un rectangle en pointillé symbolisant la position du tableau dans le document.

5. **Dès que la taille du tableau vous convient, relâchez le bouton de la souris.**

6. **Ensuite, placez le pointeur de la souris là où vous désirez tracer des lignes ou des colonnes à partir de n'importe quel bord du tableau. Cliquez sur le bouton gauche de la souris, et faites-la glisser vers le haut, le bas, la droite ou la gauche. Par cette action, vous créez les cellules de votre tableau.**

7. **Appuyez sur Echap ou double-cliquez n'importe où pour quitter le mode de dessin du tableau.**

Si vous désirez rajouter des lignes ultérieurement à la création du tableau, cliquez n'importe où dans le tableau. L'onglet Création apparaît. Activez-le en cliquant dessus, puis passez en mode de dessin en cliquant sur le bouton Dessiner un tableau. Tracez vos nouvelles lignes.

Créer un tableau à partir d'un texte existant

Il est possible de convertir un texte normal en un tableau. La première chose à faire est de préparer les éléments du texte pour permettre la création automatique et précise des cellules du tableau. Voici ce que Word prend en compte pour créer les cellules d'un tableau et les remplir avec du texte existant :

- **Paragraphes :** Le symbole Retour (invisible) sépare le texte.
- **Tabulations :** Le symbole de tabulation (invisible) sépare le texte.
- **Virgules :** Elles jouent le rôle de séparateurs de texte.
- **Autres :** D'autres symboles et caractères peuvent être définis comme séparateurs de texte, comme # ou @.

L'affichage des caractères masqués est toujours utile, mais il l'est encore plus lorsque vous vous apprêtez à convertir des paragraphes de texte en tableau. C'est en effet le seul moyen de savoir s'il y a un ou plusieurs pas de tabulation entre deux futures cellules. Utilisez le bouton Afficher tout de la catégorie Paragraphe dans Accueil pour rendre visibles ces caractères (qui ne sont jamais imprimés).

En délimitant le texte avec un caractère choisi (et non utilisé dans le contenu), Word pourra distribuer le texte dans des cellules individuelles.

Pour convertir un texte existant en tableau :

1. **Cliquez sur l'onglet Insertion.**

2. **Dans votre document, sélectionnez le texte à convertir en tableau.**

3. **Cliquez sur le bouton Tableau.**

4. **Dans le menu local qui apparaît, cliquez sur Convertir le texte en tableau.**

   La boîte de dialogue éponyme apparaît, comme à la Figure 7.6.

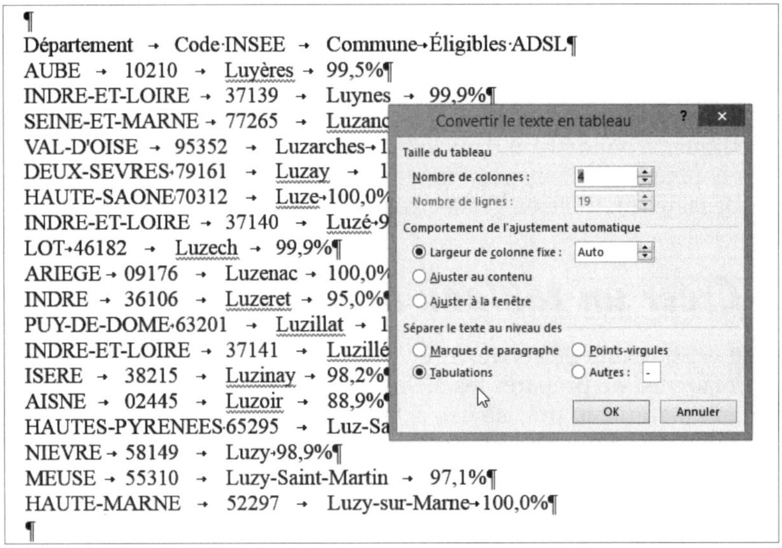

Figure 7.6 : Définissez la manière dont le texte va se transformer en tableau.

5. **(Facultatif) Dans la section Séparer le texte au niveau des, activez le bouton radio correspondant au caractère utilisé pour séparer les éléments de votre texte comme Marques de paragraphe, Tabulations, Points-virgules et Autres.**

   Vous devez choisir l'option correspondant au séparateur que vous avez réellement utilisé. Ainsi, si votre texte est séparé par des tabulations, activez le bouton radio Tabulations.

6. **Vérifiez notamment que le nombre de lignes et de colonnes du futur tableau correspond à votre intention puis cliquez sur OK.**

Word convertit le texte en tableau.

Vous pouvez aussi reconvertir un tableau en texte. Voici comment procéder :

7. **Cliquez n'importe où dans le tableau à convertir en texte.**

   L'onglet Disposition apparaît.

8. **Cliquez sur l'onglet Disposition.**

9. **Cliquez sur Données/Convertir en texte.**

   La boîte de dialogue Convertir le tableau en texte apparaît, comme à la Figure 7.7.

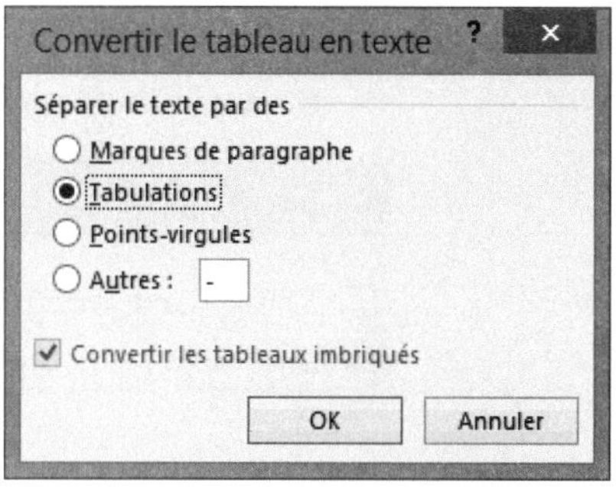

Figure 7.7 : La boîte de dialogue Convertir le tableau en texte permet de définir comment le texte sera séparé une fois la conversion réalisée.

10. **Activez le bouton radio correspondant au type de séparateur que vous désirez utiliser : Marques de paragraphe, Tabulations, Points-virgules ou Autres.**

Mettre en forme et appliquer de la couleur à un tableau

Une fois qu'un tableau a été créé, il est facile de mettre en forme chaque cellule individuellement, ou bien les colonnes et/ou les lignes. Vous redimensionnerez les cellules, alignerez le texte, et ajouterez des bordures, une trame de fond ou des couleurs. Tout cela permet de rendre le texte plus lisible.

Sélectionner tout ou partie d'un tableau

Pour mettre en forme un tableau et lui appliquer de la couleur, vous devez commencer par sélectionner le tableau lui-même, des lignes, des colonnes ou des cellules. Voici comment procéder :

1. **Cliquez dans le tableau, la ligne, la colonne ou la cellule à modifier.**

   L'onglet Outils de tableau apparaît.

2. **Cliquez sur l'onglet Disposition de l'onglet Outils de tableau.**

3. **Dans le groupe Tableau, cliquez sur le bouton Sélectionner.**

   Un menu local apparaît, comme à la Figure 7.8.

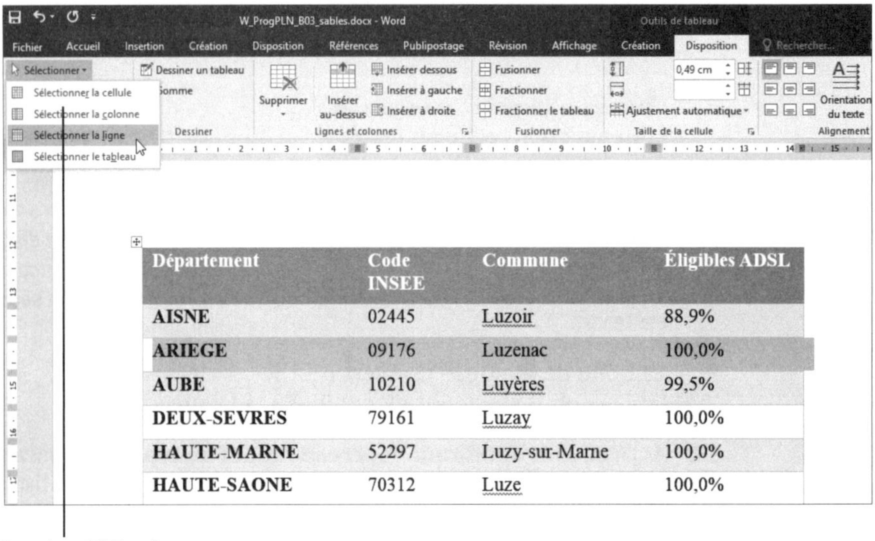

Menu local Sélectionner

Figure 7.8 : Options de sélection d'un tableau.

4. **Choisissez une option comme Sélectionner la colonne ou Sélectionner la ligne.**

   Word place en surbrillance l'élément du tableau que vous avez choisi de sélectionner.

Aligner du texte dans une cellule d'un tableau

Le texte ou autre contenu des cellules d'un tableau peut s'aligner de neuf manières différentes : trois dans le sen s horizontal (comme pour du texte libre) et trois dans le sens vertical, ce qui donne neuf combinaisons :

Coin supérieur gauche, Au centre en haut, Coin supérieur droit ;

Au centre à gauche, Centrer, Au centre à droite ;

Coin inférieur gauche, Au centre en bas et Coin inférieur droit.

Ces positions sont illustrées dans le tableau de la Figure 7.9.

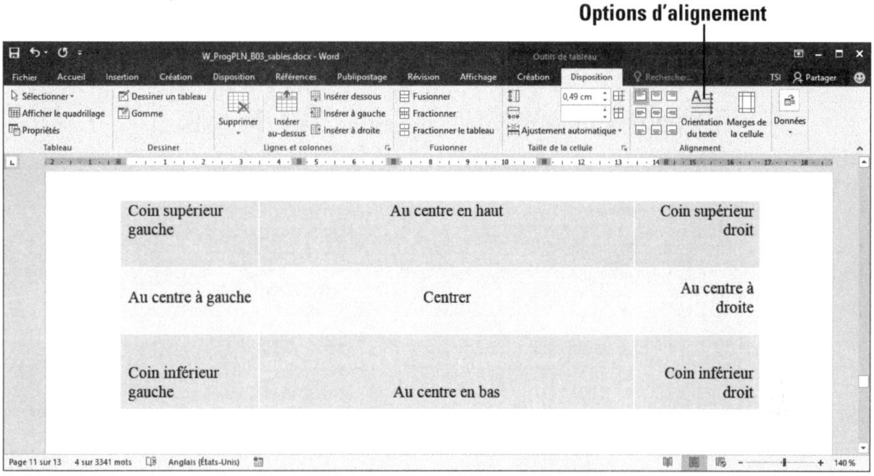

Figure 7.9 : Le texte des cellules d'un tableau peut être aligné de neuf manières différentes.

Voici comment procéder à l'alignement du texte dans les cellules d'un tableau :

1. **Cliquez dans la cellule qui contient le texte à aligner.**

   Les Outils de tableau apparaissent.

2. **Cliquez sur l'onglet Disposition.**

3. **Dans le groupe Alignement, cliquez sur l'un des boutons d'alignement du texte comme Coin supérieur droit ou Au centre en bas.**

   Word aligne le texte en conséquence. Si vous appliquez un alignement à une cellule vide, le texte saisi s'alignera selon cet alignement.

Appliquer des styles de tableau

Un tableau peut être totalement ou partiellement coloré. Il peut également proposer une disposition des données prédéfinies, ce qui permet de le constituer rapidement. Voici comment procéder :

1. **Placez le point d'insertion dans le tableau que vous désirez modifier.**

2. **Cliquez sur l'onglet Création.**

3. **(Facultatif) Dans le groupe Options de style de tableau (à gauche dans le Ruban), cochez ou décochez des cases comme Ligne d'en-tête ou Dernière colonne.**

4. **Cliquez sur l'icône Autre du groupe Styles de tableau.**

   Comme le montre la Figure 7.10, des styles de tableau s'affichent. Quand vous placez le pointeur de la souris sur un style, l'aperçu instantané permet de prévisualiser l'apparence du style.

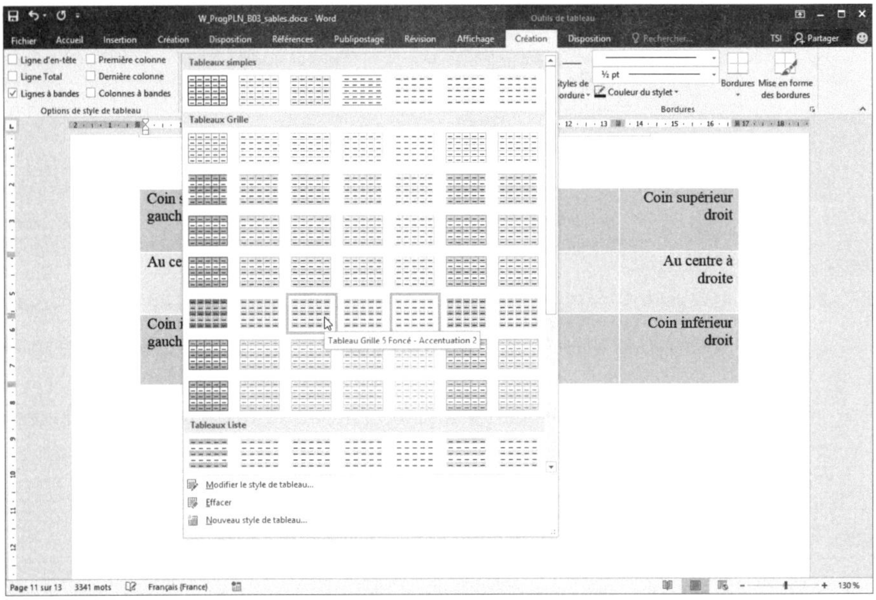

Figure 7.10 : Le groupe Styles de tableau permet de mettre en forme rapidement vos données.

5. **Cliquez sur un style pour l'appliquer.**

6. **Word met en forme votre tableau selon le style choisi.**

Redimensionner les colonnes et les lignes

Vous aurez besoin d'augmenter ou de réduire la taille des colonnes et/ou des lignes d'un tableau pour aérer la présentation de ses informations. Ce redimensionnement se fait à la souris ou en spécifiant la hauteur des lignes et la largeur des colonnes.

Pour redimensionner une ligne ou une colonne avec la souris :

1. **Placez le pointeur de la souris sur la bordure d'une ligne ou d'une colonne à redimensionner.**

   Le pointeur prend la forme d'une flèche à deux têtes.

2. **Maintenez enfoncé le bouton gauche de la souris et faites-la glisser pour redimensionner la ligne ou la colonne.**

3. **Lorsque la taille de la ligne ou de la colonne vous convient, relâchez le bouton de la souris.**

Utiliser la souris pour redimensionner les lignes et les colonnes d'un tableau est une méthode aussi rapide qu'intuitive. Toutefois, dans certains cas, vous aurez besoin de plus de précision. Voici donc comment spécifier une hauteur et une largeur :

4. **Sélectionnez la ligne, la colonne ou le tableau à modifier. (Si vous sélectionnez tout le tableau, vous en ajustez la hauteur de toutes les lignes et la largeur de toutes les colonnes.)**

5. **Dans les Outils de tableau, cliquez sur l'onglet Disposition. Portez votre attention au groupe Taille de la cellule.**

6. **Pour définir avec précision la largeur des colonnes, saisissez une valeur dans le champ Tableau Largeur de colonne (ou cliquez sur les petites flèches haut et bas, les tournettes).**

7. **Pour définir avec précision la hauteur des lignes, saisissez une valeur dans le champ Tableau Hauteur de ligne (ou cliquez sur les petites flèches haut et bas).**

8. **(Facultatif) Cliquez sur Ajustement automatique et choisissez une des options suivantes, comme le montre la Figure 7.11 :**

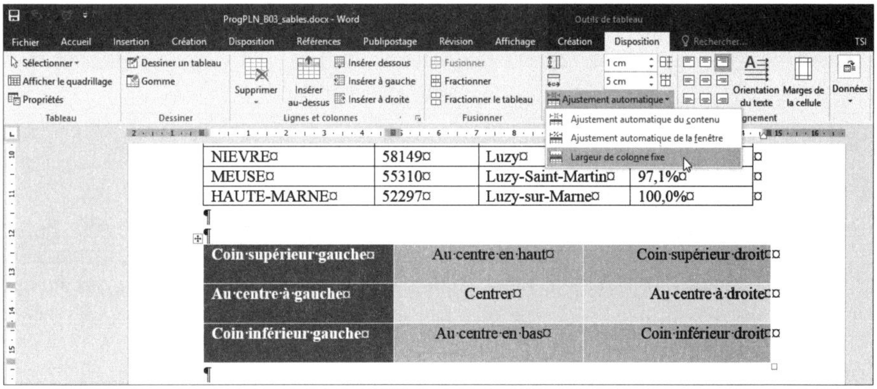

Figure 7.11 : Le menu local Ajustement automatique.

- *Ajustement automatique du contenu :* Dimensionne vos lignes et vos colonnes en se basant sur la cellule la plus grande.

- *Ajustement automatique de la fenêtre :* Redimensionne le tableau de manière que sa largeur occupe entièrement celle de la fenêtre du document Word.
- *Largeur de colonne fixe :* Réutilise la largeur de colonne si elle a été définie lors de la création du tableau dans la boîte de dialogue Insérer un tableau.

Trier un tableau

Les tableaux peuvent organiser des données, mais aussi les trier alphabétiquement. Le tri se fait en désignant la colonne à trier. Lorsque Word trie les données d'une colonne, il trie automatiquement chaque ligne du tableau, comme à la Figure 7.12.

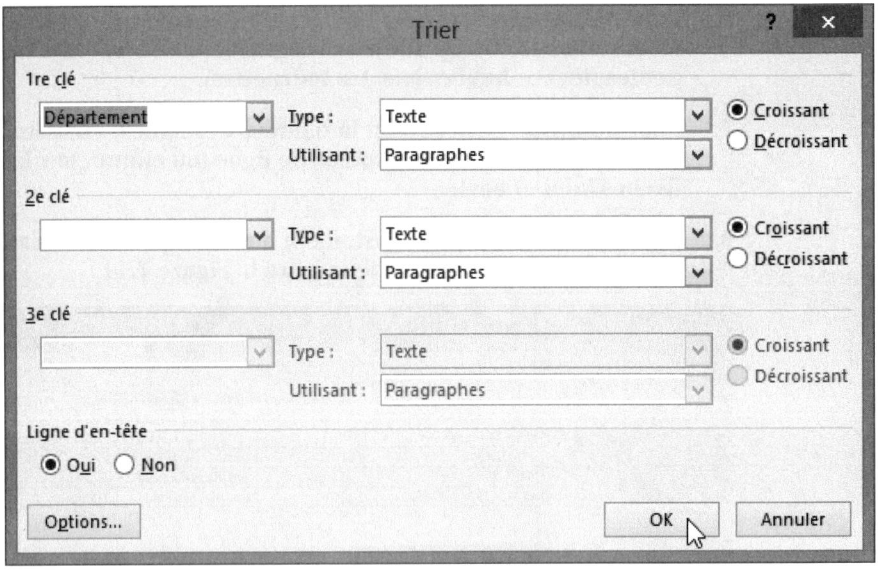

Figure 7.12 : Trier le contenu d'une colonne réorganise les données des lignes du tableau.

Pour trier un tableau :

1. **Sélectionnez la colonne contenant les données à trier.**
2. **Dans l'onglet Outils de tableau, cliquez sur Disposition.**
3. **Dans le groupe Données, cliquez sur Trier.**

   La boîte de dialogue éponyme apparaît, comme à la Figure 7.13.

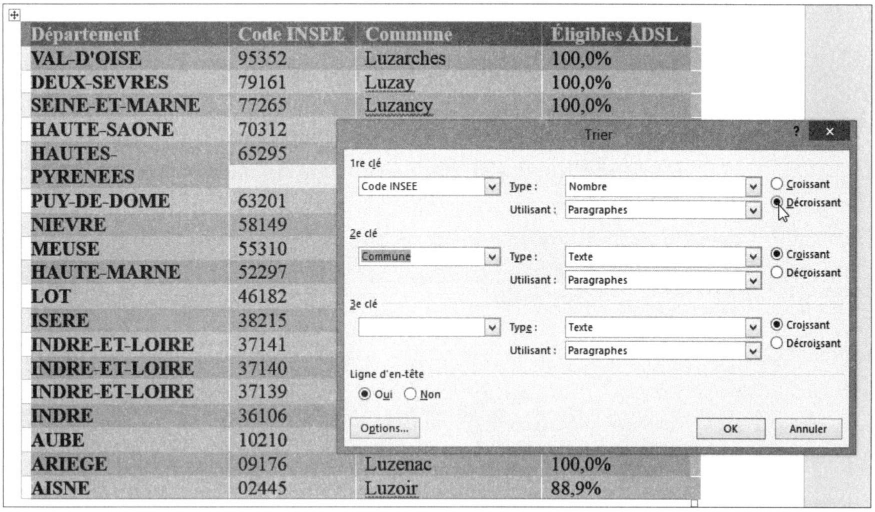

Figure 7.13 : La boîte de dialogue Trier permet de spécifier un tri croissant ou décroissant.

4. **Dans la liste Type, choisissez le type de données à trier : Texte, Numérique, Date.**

5. **Activez le bouton radio Croissant ou Décroissant.**

6. **(Facultatif) Activez le bouton radio Ligne d'en-tête Oui ou Non.**

   Si vous cliquez sur Oui, Word ne triera pas la première ligne d'en-tête de votre tableau.

7. **Cliquez sur OK.**

   Word trie votre tableau en fonction des données de la colonne sélectionnée.

Supprimer un tableau

Une fois qu'un tableau est créé, vous pouvez le supprimer entièrement (contenant et contenu), n'effacer que certaines lignes et colonnes, supprimer les seules cellules sélectionnées. Vous pouvez aussi, par conversion, récupérer la totalité du contenu sous forme de texte libre.

Supprimer un tableau complet

Pour supprimer à la fois les données et la structure du tableau :

1. **Sélectionnez chaque ligne et colonne du tableau.**
2. **Cliquez sur l'onglet Disposition de l'onglet Outils de tableau.**
3. **Cliquez sur l'icône Supprimer.**
4. **Un menu local affiche les options de suppression comme à la Figure 7.14.**

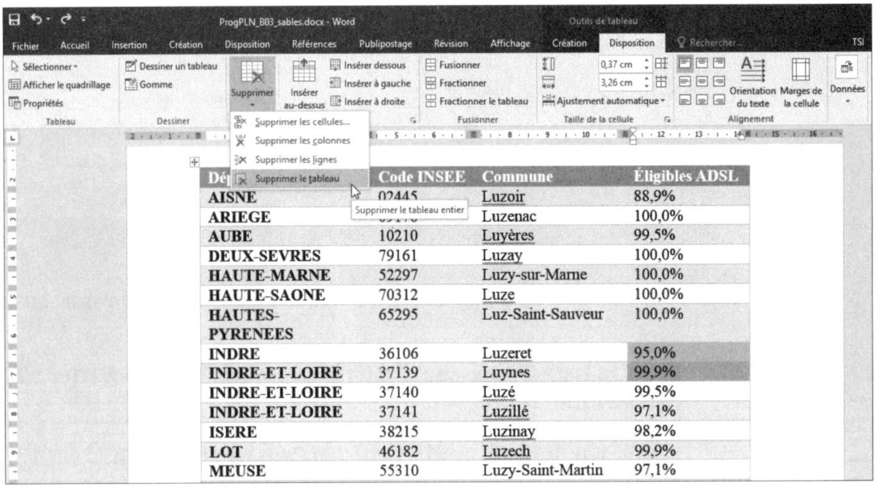

Figure 7.14 : L'icône Supprimer donne accès à des options de suppression.

5. **Cliquez sur Supprimer le tableau.**

TRUC

Pour vider le tableau, sélectionnez tout et utilisez tout simplement la touche Suppr.

Supprimer des lignes et des colonnes

Il est également possible de limiter la suppression à certaines lignes et colonnes. Quand vous effacez une ligne ou une colonne, vous effacez *de facto* les données qu'elle contient. Voici comment procéder :

1. **Placez le point d'insertion dans la ligne ou la colonne à supprimer.**
2. **Dans les Outils de tableau, cliquez sur l'onglet Disposition.**
3. **Cliquez sur le bouton Supprimer.**

   Un menu local apparaît, comme à la Figure 7.14.

4. **Exécutez la commande Supprimer les lignes ou Supprimer les colonnes.**

   Word efface la ligne ou la colonne choisie.

Supprimer des cellules

Vous pouvez supprimer les données d'une cellule en sélectionnant son contenu et en appuyant sur la touche Suppr. Pour effacer la cellule et son contenu :

- **Supprimez une cellule et décalez les lignes et les colonnes adjacentes.** Vous obtenez un tableau dont la structure est déséquilibrée.
- **Supprimez les données et les bordures de la cellule.** Le tableau reste alors symétrique, mais fusionne très souvent les cellules.

Pour supprimer une cellule et altérer la structure du tableau :

1. **Sélectionnez-la ou les cellules à supprimer.**
2. **Cliquez sur l'onglet Disposition des Outils de tableau.**
3. **Cliquez sur le bouton Supprimer.**

   Vous déroulez le menu local de la Figure 7.14.

4. **Choisissez Supprimer les cellules.**

   La boîte de dialogue du même nom apparaît, comme à la Figure 7.15.

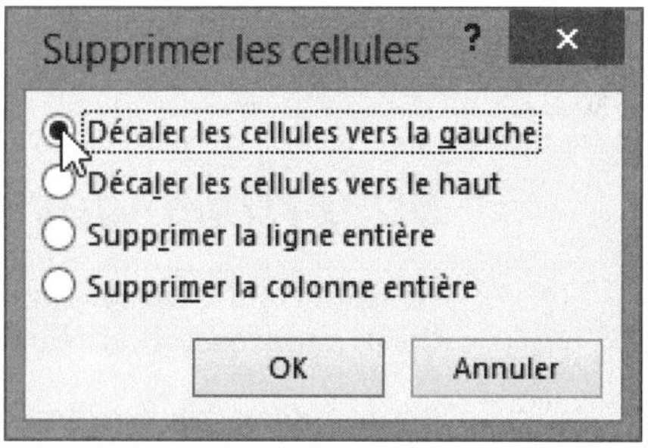

Figure 7.15 : La boîte de dialogue Supprimer les cellules.

5. **Activez le bouton radio Décaler les cellules vers la gauche ou Décaler les cellules vers le haut.**
6. **Cliquez sur OK.**

   Word supprime les cellules choisies et décale les autres cellules en conséquence, créant un bien étrange tableau, comme le montre la Figure 7.16.

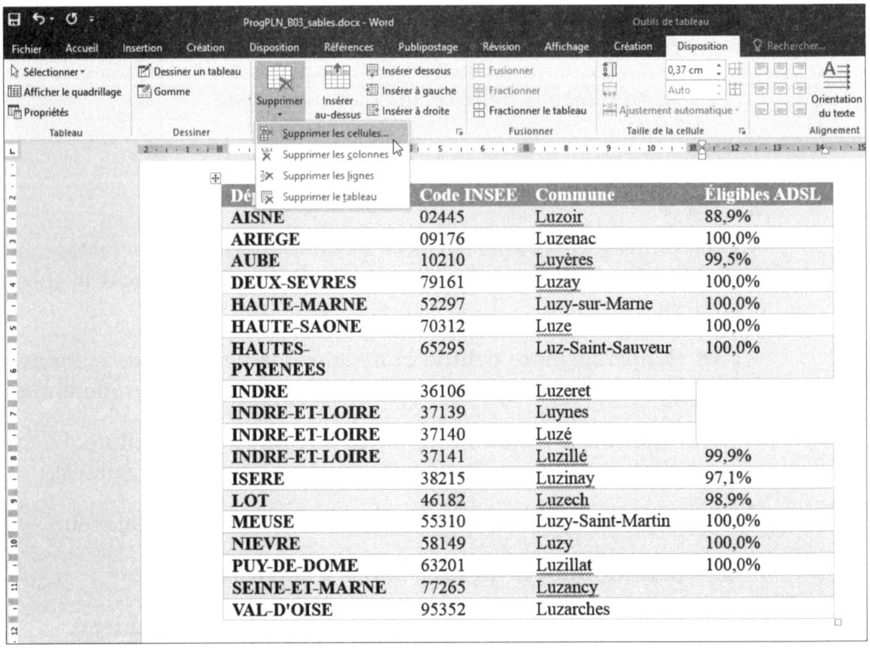

Figure 7.16 : Lorsque vous supprimez une cellule, Word décale les autres vers la gauche ou le haut.

Supprimer des bordures de cellule

Word permet de supprimer des bordures de cellule en utilisant la souris. Cette suppression entraîne la fusion des cellules adjacentes.

Pour effacer des bordures avec cette technique :

1. **Placez le point d'insertion dans le tableau à modifier.**

2. **Cliquez sur l'onglet Disposition des Outils de tableau.**

3. **Dans le groupe Dessiner, cliquez sur le bouton Gomme.**

   Le pointeur de la souris prend la forme d'une gomme.

4. **Accomplissez une des actions suivantes :**

   - *Cliquez sur une bordure pour l'effacer.*

- *Placez le pointeur de la souris à côté d'une bordure à supprimer. Maintenez le bouton gauche de la souris enfoncé et faites-la glisser sur les bordures à supprimer.*
- Word place en surbrillance les bordures à effacer.
- *Relâchez le bouton de la souris.*
- Word efface les bordures sélectionnées ainsi que les données des cellules concernées.

5. **Appuyez sur Echap ou double-cliquez pour désactiver la gomme et retrouver un pointeur de souris classique.**

Créer du texte artistique

Pour pimenter vos documents et améliorer leur apparence, vous pouvez enrichir votre texte de plusieurs manières : en insérant des lettrines, des zones de texte, ou encore en créant ou en transformant un texte existant avec la fonction WordArt.

Créer des lettrines

Voici comment créer une lettrine :

1. **Cliquez sur l'onglet Insertion.**
2. **Placez le point d'insertion dans le paragraphe au début duquel vous désirez créer une lettrine.**
3. **Cliquez sur Lettrine.**

   Un menu local apparaît, comme à la Figure 7.17.

4. **Placez le pointeur de la souris sur le style de lettrine à employer.**

   Un aperçu instantané montre l'aspect que revêtira la lettrine.

5. **Cliquez sur le style de lettrine à appliquer.**

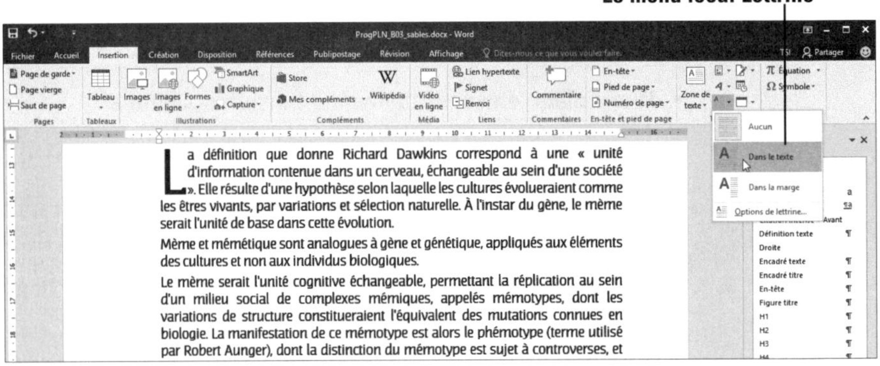

Figure 7.17 : Le menu Lettrine permet de définir le type de lettrine à utiliser.

Créer un objet WordArt

WordArt est une fonction fantaisiste de Microsoft Word qui permet de donner un aspect graphique à du texte à saisir ou déjà existant.

Voici comment créer un objet WordArt :

1. **(Facultatif) Sélectionnez le texte à convertir en objet WordArt. (Si vous passez cette étape, vous saisirez le texte ultérieurement.)**

2. **Cliquez sur l'onglet Insertion.**

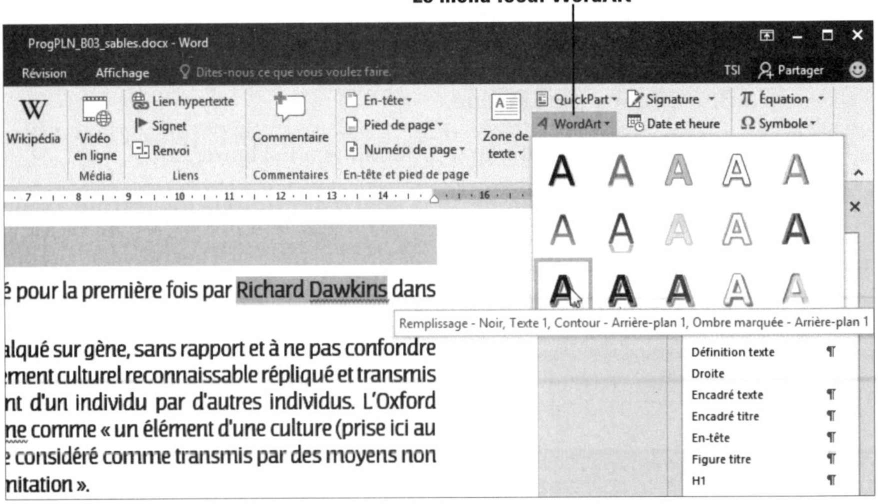

Figure 7.18 : La galerie WordArt affiche des styles de texte graphiques très différents.

3. **Cliquez sur WordArt.**

   La galerie WordArt apparaît, comme à la Figure 7.18.

4. **Cliquez sur un style WordArt.**

5. **Une zone de texte WordArt apparaît dans votre document comme à la Figure 7.19.**

ATTENTION !

Si le nouveau texte chevauche l'ancien, ouvrez le menu local grâce au bouton du bord droit de la zone de texte (Options de disposition) et choisissez Aligné sur le texte ou une autre option d'habillage.

Figure 7.19 : Une zone de texte WordArt permet de saisir votre texte ou de le modifier.

6. **(Facultatif) Pour redimensionner l'objet WordArt, placez le pointeur de la souris sur une poignée de l'objet WordArt (sur un bord ou un angle). Maintenez le bouton gauche de la souris enfoncé et faites-la glisser pour redimensionner le texte WordArt.**

7. **Tapez ou modifiez le texte, puis cliquez en dehors de la zone de texte WordArt.**

8. **Word affiche votre texte sous la forme d'un WordArt.**

TRUC

Pour modifier un texte WordArt, effectuez un clic droit dessus

Pour supprimer un texte WordArt, cliquez dessus pour le sélectionner et appuyez sur la touche Suppr de votre clavier.

Répartir un texte sur plusieurs colonnes

Lorsque vous saisissez du texte, Word l'affiche de telle sorte qu'il remplisse bien l'espace vide de la page située entre la marge de gauche et celle de droite. Il est toutefois possible de présenter le texte sur deux ou trois colonnes. Cette disposition est très pratique pour vos lettres d'information ou tout autre document prenant l'aspect d'un petit journal.

Pour diviser un document en colonnes :

1. **Cliquez sur l'onglet Disposition.**
2. **Sélectionnez le texte à répartir sur plusieurs colonnes. (Appuyez sur Ctrl + A pour sélectionner la totalité du document.)**
3. **Cliquez sur le bouton Colonnes.**

   Un menu déroulant apparaît. Il liste les différents types de colonnes disponibles, comme à la Figure 7.20.

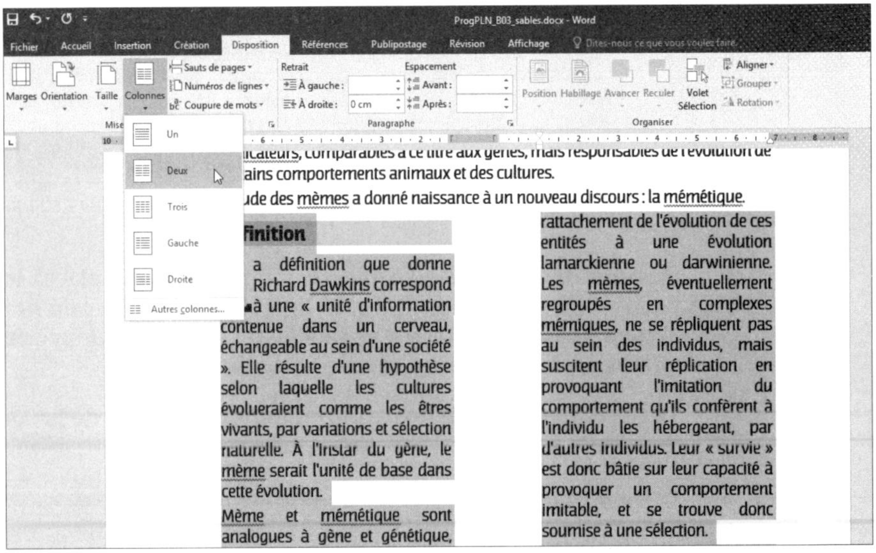

Figure 7.20 : Le menu Colonnes liste différents types de répartition du texte sur plusieurs colonnes.

4. **Cliquez sur un style de colonne.**

Word affiche le texte sur le nombre de colonnes choisi.

Modifier des colonnes

Après avoir créé deux ou trois colonnes dans votre document, vous souhaiterez peut-être en modifier la largeur, l'espacement, et souhaiterez parfois séparer les colonnes avec un trait vertical. Voici comment modifier des colonnes :

1. **Placez le point d'insertion dans le texte disposé en colonnes.**
2. **Cliquez sur l'onglet Disposition.**
3. **Cliquez sur le bouton Colonnes.**

   Le menu illustré à la Figure 7.20 apparaît.
4. **Cliquez sur Autres colonnes.**

   La boîte de dialogue Colonnes s'ouvre, comme le montre la Figure 7.21.

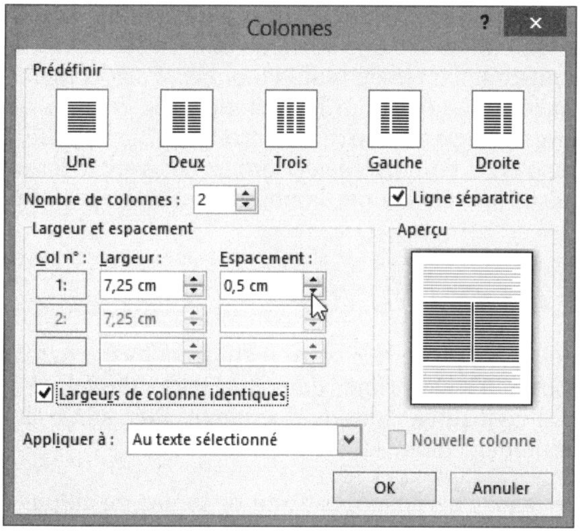

Figure 7.21 : La boîte de dialogue Colonnes permet de personnaliser la disposition d'un texte en colonnes.

5. **(Facultatif) Dans le champ Nombre de colonnes, spécifiez le nombre de colonnes sur lequel le texte doit se répartir, ou bien cliquez sur les tournettes pour modifier la valeur correspondant au colonage actuel. (Ce nombre peut aller de 1 à 9.)**

6. **(Facultatif) Dans le champ Largeur, saisissez une valeur ou cliquez sur les tournettes pour définir la largeur de la colonne 1.**

7. **(Facultatif) Dans le champ Espacement, spécifiez la valeur qui va espacer le bord droit de la colonne 1 par rapport au bord gauche de la colonne suivante.**

8. **(Facultatif) Répétez les Étapes 6 et 7 pour chaque colonne à modifier.**

9. **(Facultatif) Activez l'option Ligne séparatrice si vous désirez qu'un trait vertical sépare bien chaque colonne. Cette option est souvent conseillée pour améliorer la lisibilité.**

10. **(Facultatif) Dans la liste Appliquer à, choisissez À tout le document ou À partir de ce point, pour définir l'aspect des colonnes sur tout le document ou à partir de l'emplacement où se situe le point d'insertion et jusqu'à la fin du document.**

11. **Cliquez sur OK.**

    Word applique les modifications aux colonnes.

Si vous aviez défini une marge de paragraphe à gauche ou à droite (des retraits) quand le texte était sur une seule colonne, vous allez constater que ces marges deviennent gênantes en multi-colonnes. Parfois même, il n'y a plus du tout de place en largeur pour le contenu : une colonne de 5 cm de large avec une marge gauche et une marge droite de 3 cm laisse -1 cm au texte ! Dans ce cas, pas de panique, sélectionnez en aveugle les paragraphes concernés et réduisez les retraits par la boîte des paramètres de paragraphe.

Supprimer un colonnage

Si vous ne souhaitez plus présenter votre texte sous forme de plusieurs colonnes, vous pouvez les supprimer dans tout le document ou à partir du point d'insertion, et ce jusqu'à la fin du document. Bien sûr, cela ne supprime nullement le contenu des colonnes.

Un texte classique (sans colonnage) est tout de même en colonne, mais il n'y en a qu'une seule.

Voici comment annuler la présentation du texte en colonnes :

1. **Placez le point d'insertion sur la page où vous désirez supprimer des colonnes jusqu'à la fin du document.**

2. **Cliquez sur l'onglet Disposition.**

3. **Cliquez sur le bouton Colonnes.**

Le menu apparaît, comme à la Figure 7.20, plus haut dans ce chapitre.

4. **Cliquez sur Une.**

   Word supprime la présentation du texte en colonnes depuis la position du point d'insertion jusqu'à la fin du document.

Aperçu avant impression

Avant d'imprimer un document, il est conseillé d'en afficher un aperçu pour éviter de gâcher de l'encre et du papier. L'aperçu avant impression permet d'apprécier le document tel qu'il sera imprimé. Si cet aperçu vous donne entière satisfaction, il n'y a plus à hésiter : lancez l'impression !

Définir la taille et l'orientation de la page

Tous les documents ne s'impriment pas sur le même format de papier. Bien entendu, la plupart du temps, vous utiliserez des feuilles A4. En fonction de la taille choisie, le document n'aura pas du tout le même aspect.

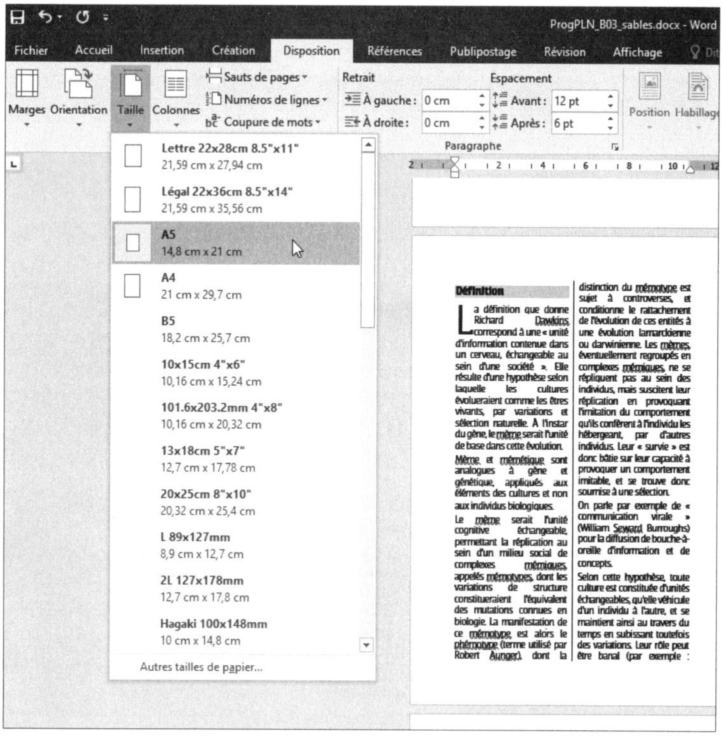

Figure 7.22 : La liste Taille propose une grande variété de formats.

Pour définir la taille de la page :

1. **Cliquez sur l'onglet Disposition.**
2. **Dans le groupe Mise en page, cliquez sur Taille.**

   Un menu local affiche les formats disponibles, comme le montre la Figure 7.22.

3. **Cliquez sur le format que vous utilisez.**

   Word affiche le document en fonction du format choisi.

Par défaut, Word suppose que vous imprimez en mode *portrait*, c'est-à-dire que la hauteur de la page est plus importante que sa largeur.

Si vous désirez présenter un document en orientation *paysage*, soit une orientation où la largeur de la feuille est plus importante que sa hauteur, voici comment procéder :

4. **Cliquez sur l'onglet Disposition.**
5. **Cliquez sur le bouton Orientation du groupe Mise en page.**

   Un menu local s'affiche, comme à la Figure 7.23.

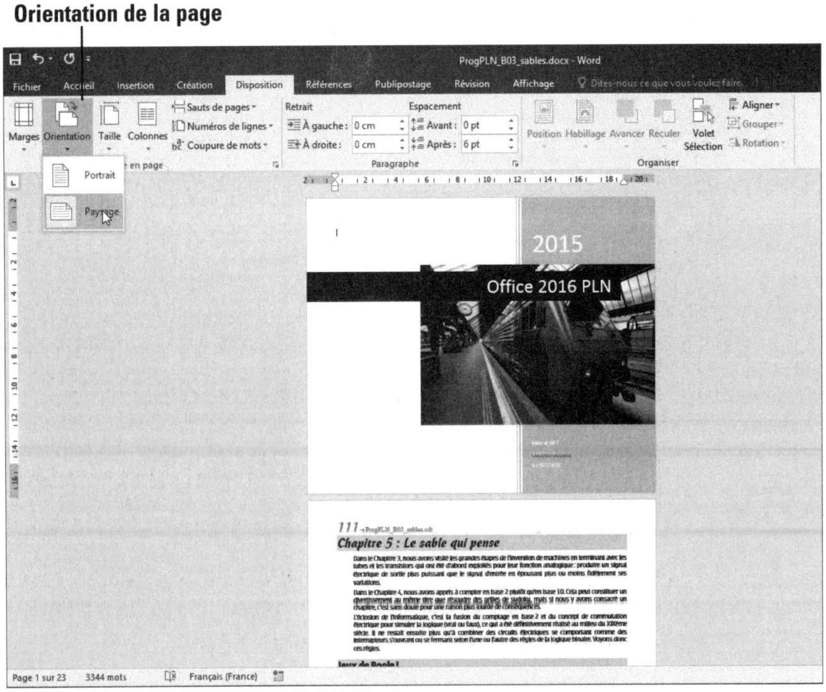

Figure 7.23 : Choisissez une orientation de page.

6. **Choisissez le mode Paysage (ou Portrait selon le format souhaité).**

   Word oriente le document en fonction du mode choisi.

Utiliser l'aperçu avant impression

L'Aperçu avant impression permet de parcourir votre document pour voir l'aspect qu'il aura une fois imprimé sur une feuille de papier. Voici comment invoquer cette commande :

1. **Cliquez sur l'onglet Fichier.**
2. **Cliquez sur Imprimer.**

   Le volet Imprimer apparaît, comme à la Figure 7.24.

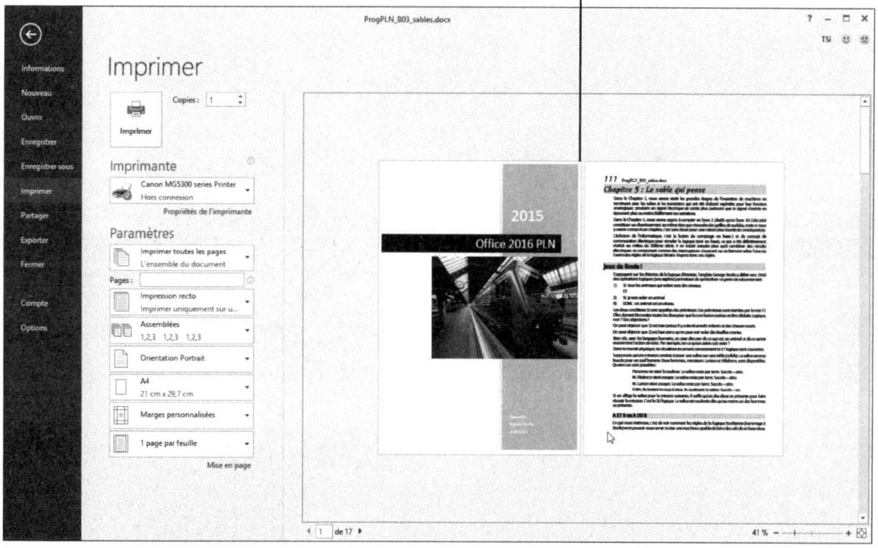

Figure 7.24 : Le menu Imprimer affiche un Aperçu avant impression.

3. **(Facultatif) Cliquez sur les diverses options du volet central pour notamment sélectionner l'imprimante ou définir le nombre de copies à imprimer.**
4. **(Facultatif) Cliquez sur Page suivante/Page précédente (les deux flèches situées sous l'aperçu), ou faites glisser la barre de défilement verticale pour afficher chaque page du document.**

Si vous faites glisser le curseur Zoom situé dans la partie inférieure droite de l'interface, vous pouvez effectuer un zoom avant ou arrière pour examiner plus en détail votre document.

5. **Appuyez sur Echap pour revenir au document sans imprimer, ou bien cliquez sur le bouton Imprimer pour lancer l'impression.**

Vous pouvez également lancer l'impression en exécutant le raccourci clavier Ctrl + P.

Troisième partie

Jongler avec les chiffres grâce à Excel

« D'après tes données physiques, tu commenceras par devenir chauve avant de grossir. »

Dans cette partie...

- Saisir et mettre en forme des données.
- Rechercher dans une feuille de calcul.
- Créer des formules.
- Mise en forme conditionnelle.
- Créer des graphiques.
- Modifier des parties d'un graphique.

Chapitre 8

Introduction aux feuilles de calcul : chiffres, étiquettes et formules

Dans ce chapitre :

- Saisir et mettre en forme des données.
- Parcourir une feuille de calcul.
- Rechercher dans une feuille de calcul.
- Modifier une feuille de calcul.
- Imprimer.

Tout le monde, un jour ou l'autre, doit effectuer des calculs. Dans le monde des affaires, les dirigeants et gestionnaires d'entreprises ont besoin de suivre avec une grande précision les différents budgets alloués aux départements de leurs sociétés. De même, vous et moi avons besoin de suivre nos comptes bancaires pour éviter des désillusions financières. Autrefois, on consignait ces informations dans des cahiers où l'on traçait manuellement des colonnes dont on additionnait, soustrayait, multipliait ou divisait les chiffres.

Pour éviter les erreurs et ces tâches fastidieuses, je recommande d'adopter le logiciel Excel. Grâce à lui, la saisie de vos chiffres se déroule dans une feuille de calcul informatique. Vous n'avez plus aucun calcul à effectuer, car le programme s'en charge automatiquement. Fondamentalement, Excel facilite la saisie et la modification des données tout en actualisant les calculs en permanence, et surtout sans commettre d'erreur.

N'OUBLIEZ PAS !

En plus d'effectuer des calculs, un tableur est capable de stocker et de gérer des tableaux de données sur des lignes et des colonnes.

Présentation d'une feuille de calcul

Excel organise les chiffres dans des lignes et des colonnes. Une page entière de lignes et de colonnes se nomme une *feuille de calcul* ou un *classeur*. (Petite précision : le *classeur* est plutôt un document Excel composé de plusieurs feuilles de calcul.) Chaque ligne est identifiée par un chiffre comme 1 ou 249 ; et chaque colonne par une lettre ou une combinaison de lettres telles que A, G ou BF. L'intersection d'une ligne et d'une colonne donne naissance à une *cellule*. La cellule peut contenir trois éléments :

- des chiffres ;
- du texte (des étiquettes) ;
- des formules.

Les *chiffres* sont les données de la feuille de calcul. À côté de cela, vous devez rédiger des *formules* qui calculent l'ensemble de ces données afin de produire un résultat. Bien entendu, l'affichage d'un grand nombre de chiffres sur un écran d'ordinateur peut prêter à confusion si vous ne comprenez pas bien la signification de toutes ces données. Pour vous aider à identifier les données chiffrées d'une feuille de calcul, vous pouvez insérer des *étiquettes*, comme à la Figure 8.1.

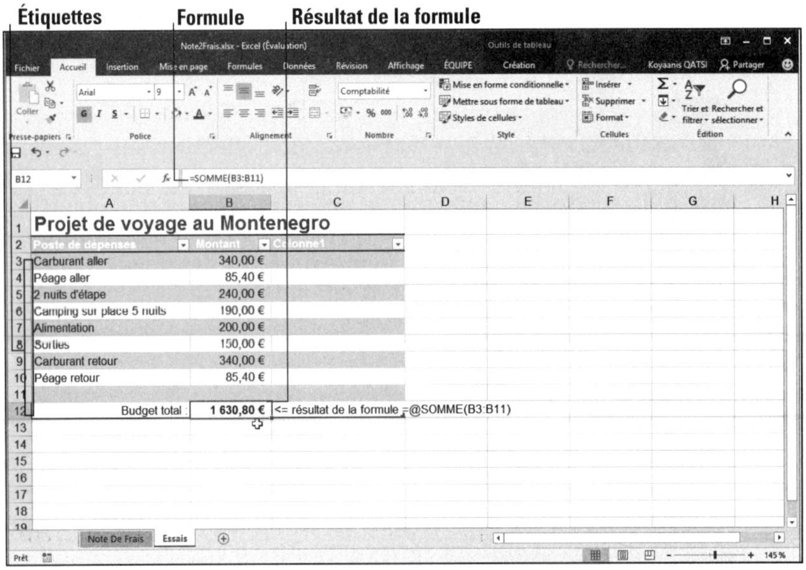

Figure 8.1 : Les parties traditionnelles d'une feuille de calcul.

Le résultat d'une formule prend le plus souvent la forme d'une série de chiffres. En apparence, vous ne pouvez pas distinguer une cellule statique (dont le contenu a été saisi) d'une cellule affichant le résultat d'une formule.

La puissance des feuilles de calcul est de pouvoir apporter une réponse immédiate à une question du type : « Que se passe-t-il si je ? » Par exemple : « Que se passe-t-il si j'augmente mon salaire de 20 euros de l'heure tout en baissant celui de mes employés de 25 % ? Combien ma société va-t-elle économiser d'argent mensuellement ? ». Comme les feuilles de calcul sont capables de calculer rapidement de nouveaux résultats, tout vous encourage à tester différentes valeurs.

Saisir des données dans une feuille de calcul

Chaque cellule peut contenir un nombre, du texte ou une formule.
Pour entrer des données dans une feuille de calcul, vous devez d'abord sélectionner la cellule de destination (« entrer » dans la cellule) puis saisir le nombre ou le texte.

Saisir des données dans une cellule

Voici comment saisir des données dans une cellule :

1. **Utilisez une des techniques suivantes pour sélectionner une seule cellule :**

   - Cliquez dans une cellule.
   - Appuyez sur les flèches haut/bas/droite/gauche pour changer de cellule courante (la bordure noire épaisse).

2. **Tapez un nombre (comme 34,29 ou 198), une étiquette (comme TVA) ou une formule.**

   La création des formules est expliquée au Chapitre 9.

Pour les nombres à virgule, profitez du fait que la touche du point sur le pavé numérique est considérée comme le séparateur décimal, donc comme une virgule. Cela accélère grandement la saisie des nombres.

Saisir des données dans plusieurs cellules

Lorsque vous avez saisi des données dans une cellule, vous pouvez appuyer sur différentes touches de votre clavier pour sélectionner une autre cellule :

- **Entrée :** Sélectionne la cellule située en dessous du sélecteur dans la même colonne.
- **Tabulation :** Sélectionne la cellule située juste à droite sur la même ligne.
- **Maj + Entrée :** Sélectionne la cellule située au-dessus dans la même colonne.
- **Maj + Tab :** Sélectionne la cellule située juste à gauche sur la même ligne.

Si vous entrez des données dans la cellule A1 et appuyez sur Entrée, Excel sélectionne la cellule placée juste en dessous, c'est-à-dire A2. Si vous entrez des données dans la cellule A2 et appuyez sur Tab, Excel sélectionne la cellule de droite, c'est-à-dire B2.

Que faire si après avoir saisi des données dans la cellule A1 vous désirez qu'Excel sélectionne la cellule de droite B1 ? Ou bien, si vous tapez des données dans les cellules A1 et A2, comment aller directement saisir des données dans les cellules B1 et B2 ?

Pour faciliter cette navigation de cellule en cellule, Excel permet de sélectionner des plages de cellules. Cette action indique cela au programme : « Tu vois les cellules sélectionnées ? Je veux saisir des données uniquement dans ces cellules. » Une fois que vous avez sélectionné plusieurs cellules, tapez vos données et appuyez sur Entrée. Excel sélectionne la cellule suivante située dans la même colonne. Lorsqu'Excel atteint la dernière cellule de la colonne, il sélectionne la cellule située en haut de la colonne placée immédiatement à droite.

Voici comment sélectionner plusieurs cellules pour y saisir des données :

1. **Sélectionnez plusieurs cellules en utilisant une des techniques suivantes :**

   - Placez le pointeur de la souris sur une cellule. Maintenez enfoncé le bouton gauche de la souris, et faites glisser la souris pour sélectionner les cellules sur lesquelles vous faites passer le pointeur. Relâchez le bouton gauche de la souris quand vous avez fini de sélectionner les cellules qui vous intéressent.

   - Maintenez la touche Maj enfoncée et appuyez sur les touches fléchées du pavé directionnel pour sélectionner plusieurs cellules. Relâchez la touche Maj lorsque vous avez sélectionné les cellules qui vous intéressent.

   Excel « active » la cellule par laquelle vous avez débuté la sélection.

2. **Saisissez un chiffre, une étiquette ou une formule.**

3. **Appuyez sur Entrée.**

   Excel sélectionne la cellule située juste en dessous de celle où vous venez d'entrer une donnée. Si cette cellule est la dernière de la colonne du groupe de cellules sélectionné, Excel sélectionne la première cellule de la deuxième colonne du groupe de cellules sélectionné.

   Vous pouvez revenir en arrière en appuyant sur Maj + Entrée.

4. **Répétez les Étapes 2 et 3 jusqu'à ce que toutes les cellules soient remplies de données.**

5. **Cliquez en dehors des cellules sélectionnées ou appuyez sur une touche du pavé directionnel pour indiquer à Excel de ne plus activer des cellules du groupe sélectionné.**

Insérer une séquence avec la Recopie incrémentée

Si vous devez saisir une série de données comme les mois de l'année ou les jours de la semaine, Excel met à votre disposition une fonction qui va automatiquement entrer ces données à votre place. Commencez par saisir manuellement le premier mois, par exemple. Ensuite, placez le pointeur de la souris au niveau du carré noir du sélecteur de cellule. Cliquez et, sans relâcher le bouton de la souris, étirez ce sélecteur sur l'ensemble des cellules à remplir. Les noms des mois correspondants apparaissent automatiquement.

Voici comment utiliser cette fonction géniale :

1. **Cliquez dans une cellule pour la sélectionner et saisissez le nom d'un mois de l'année (comme Janvier) ou bien un jour de la semaine (comme Lundi).**

   La poignée de recopie (carré noir situé dans le coin inférieur droit du curseur de sélection de la cellule) apparaît.

   Vous pouvez également entrer une séquence de chiffres à l'Étape 1. Ainsi, si vous tapez 2, 4 et 6 dans trois cellules adjacentes, sélectionnez-les. Cliquez sur la poignée de recopie et faites-la glisser sur les cellules vides situées à droite de celle contenant le 6. Excel est intelligent. Dans les cellules suivantes, il va entrer 8, 10, 12, *etc.*

2. **Placez le pointeur de la souris sur la poignée de recopie. Le pointeur prend la forme d'une croix noire.**

3. **Maintenez enfoncé le bouton gauche de la souris, et faites glisser la souris sur la hauteur d'une colonne ou la largeur d'une ligne.**

Excel entre automatiquement les jours de la semaine, comme le montre la Figure 8.2.

Figure 8.2 : En faisant glisser la poignée de recopie, Excel entre automatiquement les jours de la semaine.

Mettre en forme des nombres et des étiquettes

Lorsque vous créez une feuille de calcul, les nombres et les étiquettes s'affichent en texte normal. Cela peut rendre le contenu très difficile à lire, notamment quand vous saisissez des valeurs monétaires ou des pourcentages.

Pour améliorer la lisibilité des étiquettes et des chiffres, vous devez les mettre en forme après les avoir saisis.

N'OUBLIEZ PAS !

Vous pouvez mettre en forme une cellule ou une plage de cellules contenant des données, ou bien choisir une mise en forme avant d'entrer vos données dans la cellule. Dans ce dernier cas, la mise en forme s'applique aux données quand vous les saisissez.

Mettre en forme des nombres

Pour formater des nombres :

1. **Sélectionnez une ou plusieurs cellules avec la souris ou le clavier.**

   Pour sélectionner plusieurs cellules, faites glisser la souris ou bien appuyez sur Maj et sur les flèches du pavé directionnel.

2. **Cliquez sur l'onglet Accueil.**

3. **Dans le groupe Nombre, cliquez sur la liste Format de nombre (qui affiche au départ l'indication Standard).**

   Un menu local apparaît, comme à la Figure 8.3.

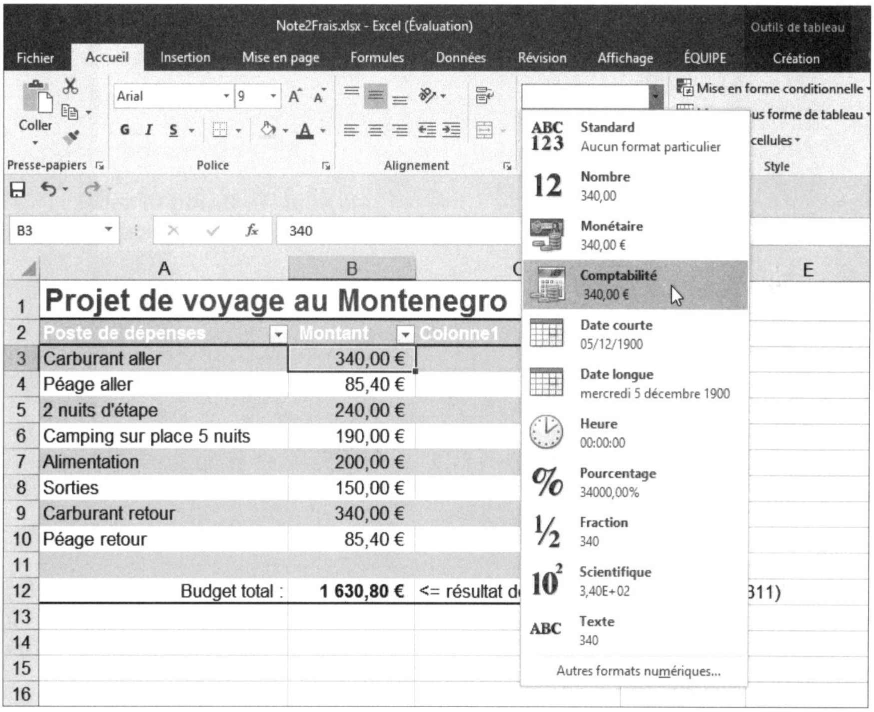

Figure 8.3 : La liste Format de nombre propose différentes mises en forme des données numériques.

TRUC

Le groupe Nombre affiche trois icônes qui définissent respectivement la mise en forme monétaire, des pourcentages et des séparateurs. Par défaut, vous avez le choix entre € et $. Si vous avez besoin d'un autre format de nombre comptable, cliquez sur Autres formats de comptabilité pour accéder à la boîte Format de cellule (Figure 8.4).

4. **Choisissez un style de nombre comme Pourcentage ou Scientifique.**

   Excel affiche vos nombres dans le format choisi.

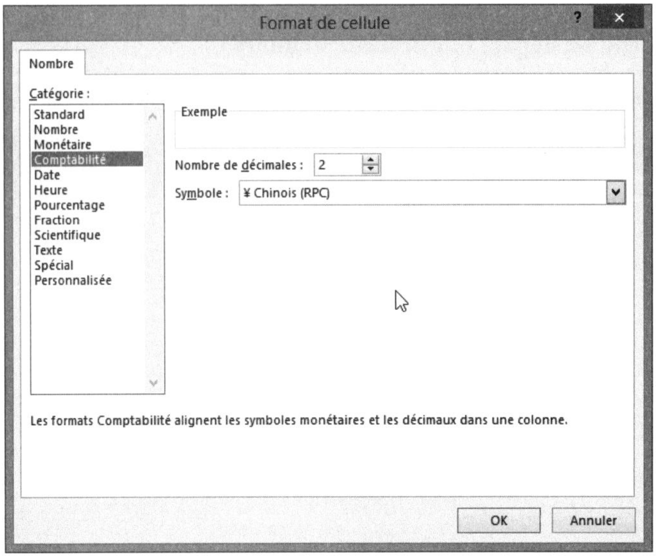

Figure 8.4 : Les différents formats monétaires.

Afficher des valeurs négatives

De nombreuses personnes utilisent des feuilles de calcul dans la gestion de leurs affaires, et veulent que les nombres négatifs attirent bien l'attention. Excel peut les afficher entre parenthèses, comme (–23), ou en rouge pour être certain de ne pas passer à côté.

Pour définir l'apparence des nombres négatifs dans votre feuille de calcul :

1. **Sélectionnez la cellule ou la plage de cellules à modifier.**
2. **Cliquez sur l'onglet Accueil.**
3. **Dans le groupe Cellules, cliquez sur le bouton Format.**

   Un menu apparaît, comme à la Figure 8.5.
4. **Choisissez Format de cellule.**

   La boîte de dialogue éponyme apparaît, comme à la Figure 8.6.
5. **Dans la liste Catégorie, choisissez Monétaire ou Nombre.**

   N'OUBLIEZ PAS !

   Vous ne pouvez choisir la couleur des nombres négatifs que si vous utilisez le style Nombre ou Monétaire.

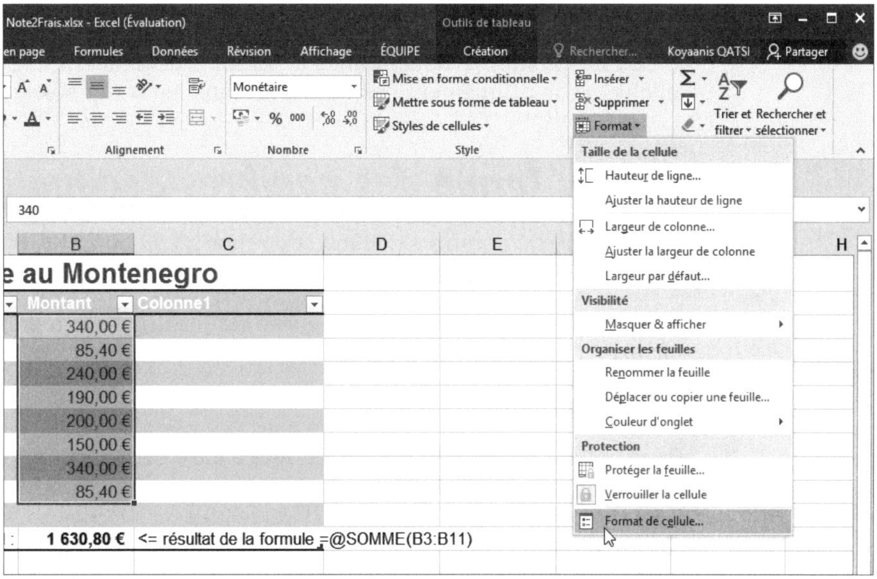

Figure 8.5 : Le bouton Format permet de définir l'aspect des lignes, des colonnes et des cellules.

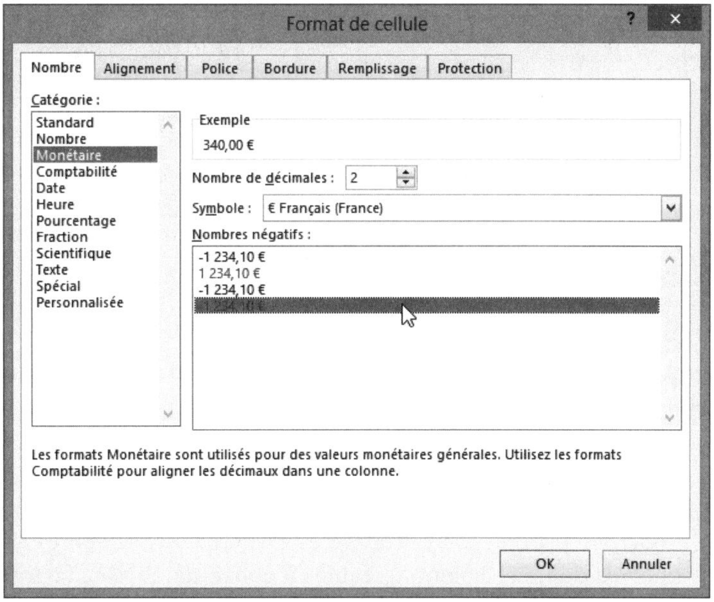

Figure 8.6 : La boîte de dialogue Format de cellule permet de personnaliser l'aspect des nombres affichés dans les cellules sélectionnées.

6. **Cliquez sur un format de nombre négatif, puis sur OK.**

   Si certains nombres sélectionnés à l'Étape 1 deviennent négatifs, Excel affiche automatiquement ces nombres dans le format sélectionné.

Mettre en forme des nombres décimaux

La mise en forme de nombres décimaux comme 23,09 ou 23,09185 nécessite de définir la position du séparateur décimal :

1. **Sélectionnez la ou les cellules contenant les nombres à mettre en forme.**
2. **Cliquez sur l'onglet Accueil.**
3. **Dans la liste Format de nombre (Figure 8.3), choisissez un format qui prend en charge le séparateur décimal comme Nombre ou Pourcentage.**

   Excel formate les nombres des cellules sélectionnées.

Dans le groupe Nombre, vous pouvez cliquer sur Ajouter une décimale ou Réduire les décimales (Figure 8.7).

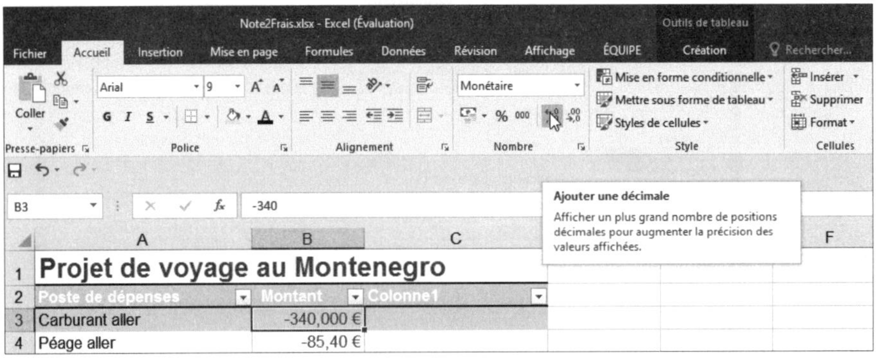

Figure 8.7 : Cliquez pour augmenter ou diminuer le nombre de chiffres affichés après la virgule.

Mettre en forme des cellules

Pour que vos données soient agréables à consulter, mettez en forme les cellules elles-mêmes. Pour cela, modifiez la police de caractères, la couleur de fond (arrière-plan), la couleur du texte ou la taille de la police.

Excel propose deux méthodes pour formater les cellules : en utilisant les mises en forme prédéfinies d'Excel ou bien en appliquant des styles d'enrichissement individuels incluant :

- la police et sa taille ;
- les styles d'enrichissement (souligné, italique et gras) ;
- la couleur du texte et de la trame de fond ;
- les bordures ;
- l'alignement ;
- l'habillage et l'orientation du texte.

Mettre en forme des cellules avec des styles prédéfinis

Excel fournit une grande diversité de styles que vous appliquez à une ou plusieurs cellules. Voici comment faire :

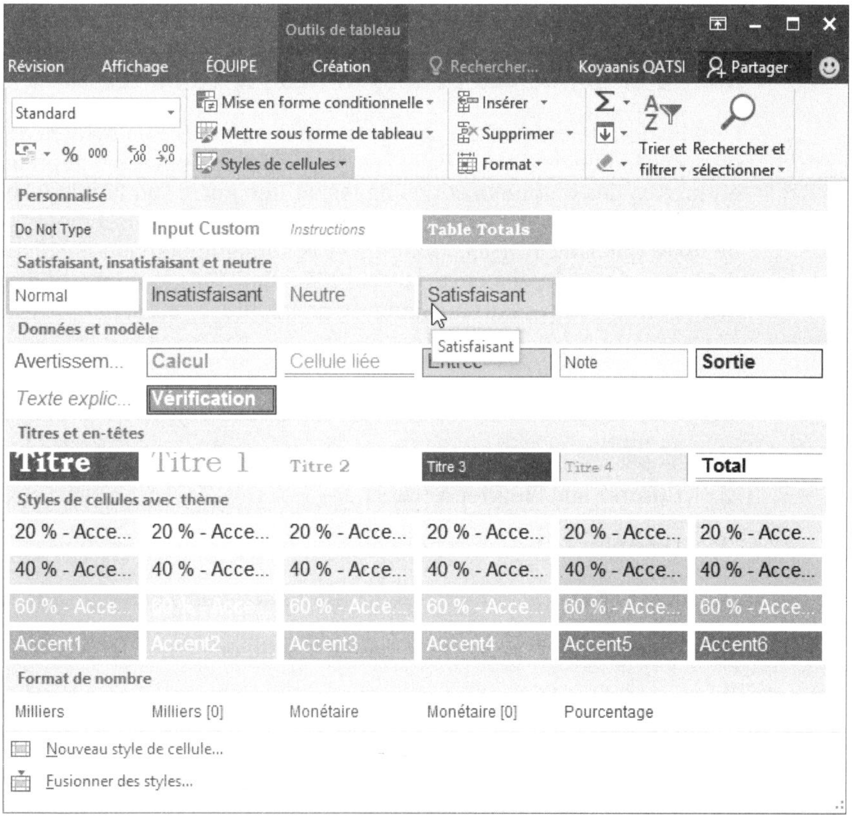

Figure 8.8 : La galerie des styles de cellules permet de mettre rapidement en forme vos cellules.

1. **Sélectionnez la ou les cellules à mettre en forme avec un style prédéfini.**
2. **Cliquez sur l'onglet Accueil.**
3. **Dans le groupe Style, cliquez sur le menu local Styles de cellules.**

   Vous accédez à un menu local, sorte de galerie de styles illustrée à la Figure 8.8.

4. **Placez le pointeur de la souris sur un style.**

   Un aperçu instantané montre l'aspect que prendra la cellule si vous appliquez ce style.

5. **Cliquez sur le style de votre choix.**

   Excel applique le style choisi aux cellules sélectionnées.

Mettre en forme des polices et des styles de texte

L'utilisation de différentes polices permet de mettre en évidence des sections de votre feuille de calcul. Par exemple, vous emploierez une police pour les étiquettes des colonnes et des lignes, et une autre (ou la même avec une taille différente) pour les cellules standard. Les enrichissements ou styles de texte que sont le gras, l'italique et le souligné peuvent aussi mettre en évidence des données particulières affichées dans la même police et/ou la même taille que les autres éléments moins importants.

Pour modifier une police dans une ou plusieurs cellules :

1. **Sélectionnez la ou les cellules dont vous voulez modifier la police et sa taille.**
2. **Cliquez sur l'onglet Accueil.**
3. **Déroulez la liste des polices (elle indique Arial au départ).**
4. **Les polices de caractères installées sur votre système apparaissent.**
5. **Cliquez sur le nom de la police à utiliser.**
6. **Modifiez la taille de la police en appliquant une des méthodes suivantes :**
   - Cliquez sur la liste Taille de police, et choisissez une valeur exprimée en points comme 12 ou 16.
   - Cliquez dans le champ (liste) Taille de police et saisissez directement la valeur exprimée en points comme 7 ou 15.

- Cliquez sur les boutons Augmenter la taille de police et Réduire la taille de police jusqu'à ce que les données affichées aient l'apparence que vous souhaitez.

7. **Cliquez sur un ou plusieurs boutons d'enrichissement Gras, Italique ou Souligné.**

Mettre en forme avec de la couleur

Chaque cellule affiche des données dans une couleur de police et de fond spécifique. La *couleur de police* définit celle des chiffres et des lettres (rien à voir avec une célèbre émission de télé). La couleur de *fond* ou d'arrière-plan, ou encore de trame, voire de remplissage, remplit le fond des cellules qui, par défaut, est blanc.

Pour changer les couleurs de police et de trame des cellules :

1. **Sélectionnez la ou les cellules à colorer.**

2. **Cliquez sur l'onglet Accueil.**

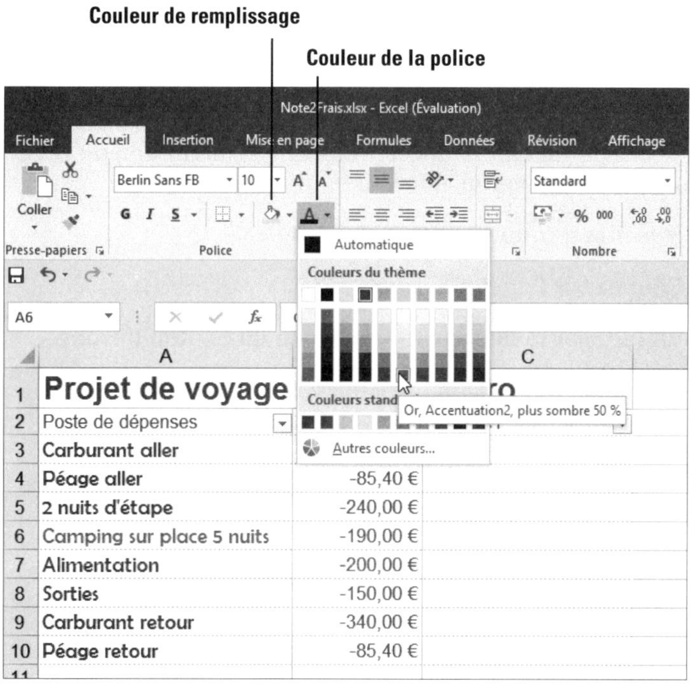

Figure 8.9 : Vous pouvez afficher les données et le fond des cellules en couleur.

3. **Cliquez sur la flèche située à droite du bouton Couleur de police.**

   Une palette apparaît, comme à la Figure 8.9.

4. **Cliquez sur la couleur que vous désirez appliquer au texte.**

   La couleur choisie apparaît sur le bouton lui-même, c'est-à-dire sous le A de son icône. Donc, la prochaine fois que vous cliquerez sur ce bouton, vous appliquerez la couleur choisie à l'Étape 4. Inutile de repasser par la palette.

5. **Cliquez sur la flèche du bouton Couleur de remplissage.**

   Une palette apparaît.

6. **Cliquez sur la couleur à appliquer au fond de la cellule.**

   La couleur choisie apparaît sur le bouton lui-même, c'est-à-dire sous le pot de peinture de son icône. Donc, la prochaine fois que vous cliquerez sur ce bouton, vous appliquerez la couleur choisie à l'Étape 5. Inutile de repasser par la palette.

Ajouter des bordures

Pour mieux distinguer les cellules les unes des autres, ajoutez des *bordures*. Les bordures peuvent encadrer complètement la cellule ou simplement le haut, le bas, la gauche, la droite, voire une combinaison de ces possibilités. Voici comment ajouter une bordure :

1. **Sélectionnez une ou plusieurs cellules.**

2. **Cliquez sur l'onglet Accueil.**

3. **Cliquez sur la flèche située à droite du bouton Bordure.**

   Un menu local apparaît, comme à la Figure 8.10.

4. **Cliquez sur un style de bordure.**

   Excel affiche les bordures autour des cellules sélectionnées à l'Étape 1.

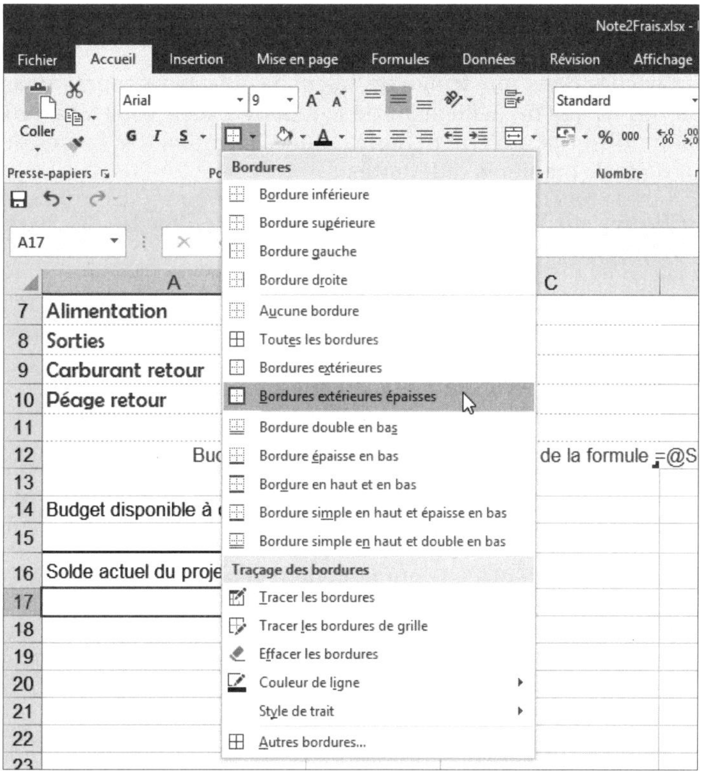

Figure 8.10 : Ce menu local contient différents éléments qui permettent de personnaliser votre bordure.

Parcourir une feuille de calcul

Lorsque vous travaillez dans une grande feuille de calcul, la surface d'affichage de l'écran ne permet pas d'afficher toutes les données en même temps. Vous devez donc naviguer entre plusieurs parties de votre feuille de calcul. Excel met à votre disposition plusieurs méthodes de navigation qui mettent la souris et/ou le clavier à contribution.

Une feuille Excel comporte :

- 16384 colonnes identifiées par des adresses alphabétiques de la colonne A à la colonne XFD ;
- environ 1 million de lignes identifiées par des adresses numériques de la ligne 1 à la ligne 1 048 576.

Parcourir une feuille de calcul avec la souris

Pour naviguer dans une feuille de calcul à l'aide de la souris, vous pouvez utiliser les barres de défilement de la fenêtre Excel. Vous pouvez bien entendu utiliser la molette de votre souris. L'emploi des barres de défilement se fait de trois manières différentes :

- **Cliquez sur les flèches haut/bas ou droite/gauche des barres de défilement verticale et horizontale.**

  Cette action déplace le contenu de la feuille de calcul d'une ligne (vers le haut ou le bas) ou d'une colonne (vers la gauche ou la droite) à la fois.

- **Faites glisser le curseur de défilement d'une des barres.**

- **Cliquez sur la partie vide de la barre de défilement (au-dessus ou en dessous du curseur de défilement vertical, et à gauche ou à droite du curseur de défilement horizontal).**

  Cette action déplace le contenu de la feuille de calcul d'un écran vers le haut ou le bas, la droite ou la gauche.

Si votre souris est équipée d'une molette, utilisez-la pour naviguer dans vos feuilles de calcul :

- Faites tourner la molette vers le haut ou le bas pour réaliser un défilement vertical.

- Appuyez sur la molette pour afficher une flèche à quatre têtes, puis déplacez la souris vers le haut, le bas, la gauche ou la droite.

Parcourir une feuille de calcul avec le clavier

La navigation à la souris est parfois plus rapide qu'au clavier, mais aussi plus frustrante. Pour plus de précision, vous préférerez le clavier en vous reportant aux raccourcis du Tableau 8.1.

Si vous connaissez les coordonnées de la cellule à atteindre, utilisez la commande Atteindre :

1. **Cliquez sur l'onglet Accueil.**

2. **Dans le groupe Édition, cliquez sur Rechercher et sélectionner.**

3. **Dans le menu local, choisissez Atteindre.**

   La boîte de dialogue éponyme s'affiche, comme à la Figure 8.11.

Tableau 8.1 : Parcourir une feuille de calcul avec le clavier.

Touche(s)	*Action*
Flèche haut (↑)	Déplacement d'une ligne vers le haut.
Flèche bas (↓)	Déplacement d'une ligne vers le bas.
Flèche gauche (←)	Déplacement d'une colonne vers la gauche.
Flèche droite (→)	Déplacement d'une colonne vers la droite.
Ctrl + ↑	Atteint la première cellule non vide dans la même colonne (où se trouve le curseur de sélection).
Ctrl + ↓	Atteint la dernière cellule non vide de la même colonne.
Ctrl + ←	Atteint la première cellule de la ligne courante.
Ctrl + →	Atteint la dernière cellule de la ligne courante.
Page Haut	Progresse dans la feuille de calcul d'un écran vers le haut.
Page Bas	Progresse dans la feuille de calcul d'un écran vers le bas.
Ctrl + Page Haut	Affiche la feuille de calcul précédente du classeur.
Ctrl + Page Bas	Affiche la feuille de calcul suivante du classeur.
Début	Place le curseur de sélection dans la colonne A de la ligne courante.
Ctrl + Début	Atteint la cellule A1.
Ctrl + Fin	Atteint la dernière cellule contenant des données.

TRUC

Pour invoquer la commande Atteindre, appuyez sur Ctrl + T.

4. **Dans le champ Référence, tapez l'adresse de la cellule à atteindre comme C13 ou F4.**
5. **Si vous avez déjà utilisé cette commande, Excel liste les dernières références de cellules saisies. Cliquez sur une des références pour sélectionner directement la cellule concernée.**
6. **Cliquez sur OK.**

   Excel sélectionne ladite cellule.

Figure 8.11 : La boîte de dialogue Atteindre permet de naviguer jusqu'à une cellule spécifique.

Nommer des cellules

Un des gros handicaps de la commande Atteindre est que la plupart des utilisateurs ne connaissent pas les références de la cellule contenant les données qu'ils souhaitent afficher. Par exemple, pour afficher la cellule contenant le montant total des taxes à payer, vous ne vous souviendrez sans doute pas qu'elle se situe à l'adresse G68, d'autant que si vous enrichissez votre feuille de calcul de lignes et/ ou de colonnes, cette référence va changer.

Pour aider à l'identification de cellules clés, Excel vous permet de les nommer. Voici comment faire :

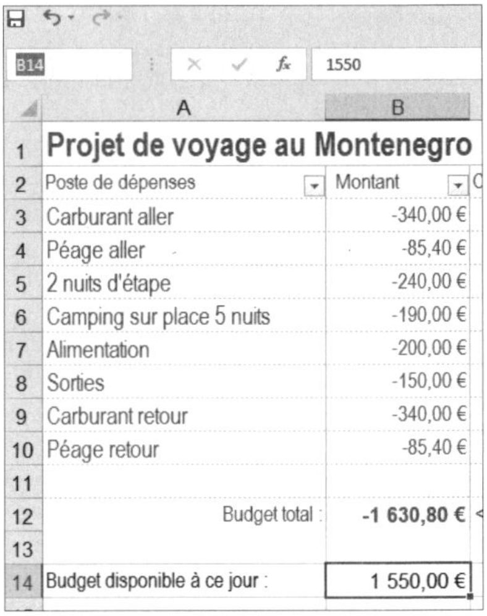

Figure 8.12 : Entrez un nom de cellule descriptif dans le champ d'adresse.

1. **Sélectionnez la ou les cellules à nommer.**
2. **Cliquez dans le champ d'adresse en haut à gauche (celui affichant par exemple B14, voir Figure 8.12).**
3. **Tapez un nom évocateur du contenu de la cellule et appuyez sur Entrée.**

Une fois les cellules nommées, il est facile de les atteindre :

4. **Cliquez sur la flèche de la Zone Nom.**
5. **Cliquez sur le nom de la cellule à atteindre.**

   Excel sélectionne la cellule en question.

Vous aurez parfois besoin de modifier ou de supprimer un nom de cellule. Voici comment procéder :

6. **Cliquez sur l'onglet Formules.**
7. **Cliquez sur Noms définis/Gestionnaire de noms.**

   La boîte de dialogue du même nom apparaît, comme à la Figure 8.13.

8. **Modifiez un nom ou supprimez-le ainsi :**
   - Pour le changer, cliquez sur le nom de la cellule, puis sur le bouton Modifier. Dans la boîte de dialogue Modifier le nom, changez ce nom et/ou les références de la cellule.

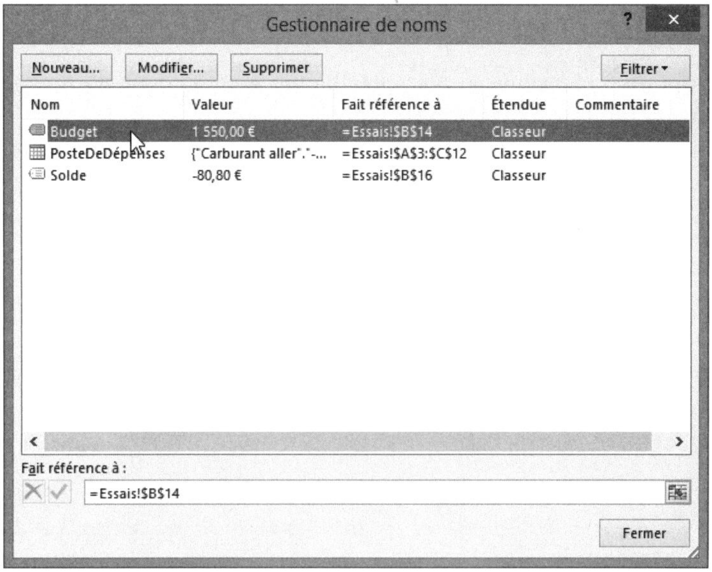

Figure 8.13 : La boîte de dialogue Gestionnaire de noms permet de renommer des cellules et de supprimer des noms.

- Pour l'effacer, cliquez sur le nom de la cellule concernée, puis sur le bouton Supprimer.

9. **Cliquez sur Fermer.**

   Vous pouvez dorénavant revenir dans la cellule nommée au moyen de la commande Atteindre présentée plus haut.

Rechercher dans une feuille de calcul

Au lieu de chercher une cellule particulière, vous pouvez rechercher une étiquette ou une valeur numérique spécifique. Voici ce qu'Excel permet de chercher :

- des nombres ou du texte ;
- les cellules qui contiennent des formules ;
- les cellules qui contiennent des mises en forme.

Chercher du texte

Vous pouvez chercher un texte particulier comme celui d'une étiquette ou d'un nombre. Voici la procédure :

1. **Cliquez sur l'onglet Accueil.**

2. **Dans le groupe Édition, cliquez sur le bouton Rechercher et sélectionner.**

3. **Dans le menu local, cliquez sur Rechercher.**

   La boîte de dialogue Rechercher et remplacer apparaît, comme à la Figure 8.14.

Figure 8.14 : La boîte de dialogue Rechercher et remplacer permet de lancer une recherche dans une feuille de calcul.

TRUC

   Si vous cliquez sur l'onglet Remplacer, vous spécifiez un texte ou un nombre à chercher et à remplacer par un autre.

4. **Dans le champ Rechercher, tapez le texte ou le nombre à localiser.**

TRUC

   Si vous cliquez sur le bouton Options, vous accédez à des paramètres supplémentaires qui permettent d'affiner votre recherche comme y procéder dans une feuille de calcul ou dans tout le classeur (c'est-à-dire toutes les feuilles de calcul qu'il contient).

5. **Cliquez sur un des boutons suivants :**

   Suivant : Cherche et sélectionne la première cellule contenant le texte ou le nombre spécifié, en partant de la cellule où se trouve le curseur de sélection.

   Rechercher tout : Cherche et liste toutes les cellules contenant le texte saisi à l'Étape 4, comme le montre la Figure 8.15.

6. **Cliquez sur Fermer pour quitter la boîte de dialogue.**

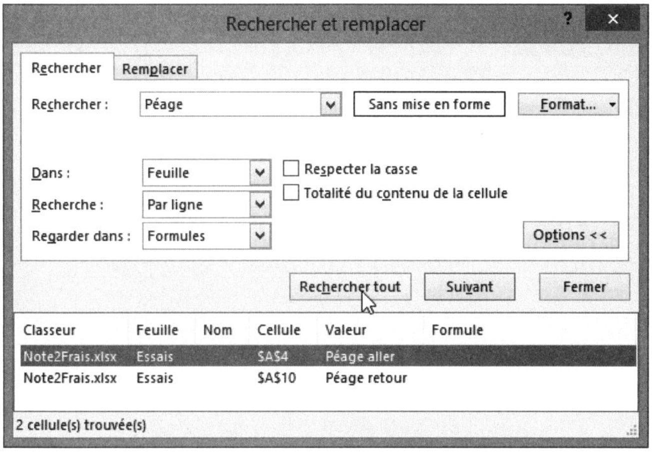

Figure 8.15 : Le bouton Rechercher tout dresse la liste de toutes les cellules contenant le texte ou le nombre objet de votre recherche.

Rechercher une formule

Les formules ne sont pas directement visibles, puisque seule celle qui se trouve dans la cellule courante est affichée dans la barre de formule en haut. Pour vous aider à trouver les cellules qui contiennent des formules, Excel offre deux possibilités :

- Afficher les formules dans les cellules à la place de leurs résultats).
- Sélectionner les cellules contenant des formules.

Pour afficher des formules dans une feuille de calcul, appuyez sur Ctrl + « (guillemets) ou utilisez dans l'onglet Formules la commande Afficher les formules du groupe Vérification des formules. La Figure 8.16 montre l'apparence des cellules contenant des formules.

Pour sélectionner des cellules contenant des formules :

1. **Cliquez sur l'onglet Accueil.**
2. **Dans le groupe Édition, cliquez sur le bouton Rechercher et sélectionner.**
3. **Dans le menu local, cliquez sur Formules.**

   Excel sélectionne la première formule qu'il rencontre dans la feuille de calcul.

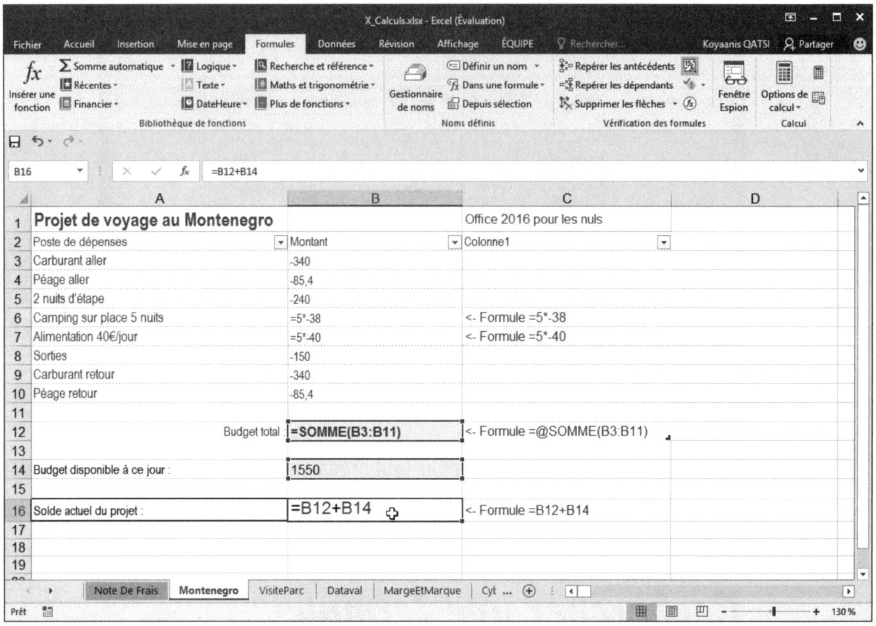

Figure 8.16 : En affichant des formules dans des cellules, vous identifiez facilement celles qui exécutent des opérations.

Modifier une feuille de calcul

Les feuilles de calcul sont éditables de deux manières :

- En modifiant les données elles-mêmes, comme des étiquettes, des nombres et des formules qui constituent la feuille de calcul.
- En modifiant la structure de la feuille de calcul, c'est-à-dire par ajout ou suppression de lignes et de colonnes, par redimensionnement des cellules, *etc.*

Modifier les données d'une cellule

Pour modifier les données d'une cellule :

1. **Double-cliquez dans la cellule contenant les données à modifier ou bien accédez à la cellule et frappez F2.**

   Excel affiche le point d'insertion dans la cellule.

2. **Modifiez vos données en utilisant la touche Retour arrière ou Suppr de votre clavier, ou en saisissant de nouvelles informations.**

Si vous cliquez sur une cellule, Excel en affiche le contenu dans la barre de formule. Vous pouvez alors y modifier directement la formule. Cette option est très pratique quand vous devez modifier une grande quantité de données.

Modifier la taille des lignes et des colonnes avec la souris

La souris est un périphérique permettant de modifier très vite les dimensions des lignes et des colonnes. Voici comment procéder :

1. **Placez le pointeur de la souris sur le trait inférieur de l'en-tête d'une ligne, comme la ligne 2. (Ou bien placez-le sur le bord gauche ou droit d'un en-tête de colonne comme A ou D.)**

   Le pointeur prend la forme d'une double flèche.

2. **Maintenez le bouton gauche de la souris enfoncé et déplacez-la.**

   Excel redimensionne la ligne ou la colonne.

3. **Relâchez le bouton gauche de la souris dès que la taille de la ligne ou de la colonne vous convient.**

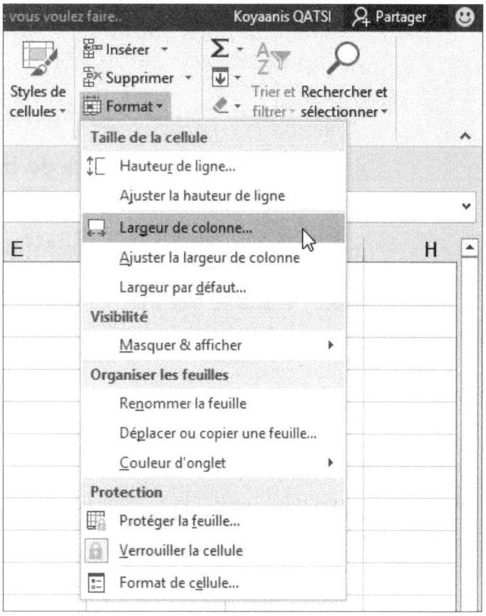

Figure 8.17 : Le menu local Format.

Entrer la taille des lignes et des colonnes

Si le redimensionnement des lignes et des colonnes exige une grande précision, entrez vos valeurs dans la boîte de dialogue Hauteur de ligne ou Largeur de colonne :

1. **Cliquez sur l'onglet Accueil.**

2. **Cliquez sur l'en-tête de ligne ou de colonne à redimensionner.**

   Excel sélectionne toute la ligne ou la colonne.

3. **Dans le groupe Cellules, cliquez sur le bouton Format.**

   Un menu local apparaît, comme à la Figure 8.17.

4. **Dans ce menu local, cliquez sur Hauteur de ligne ou Largeur de colonne, selon ce que vous avez sélectionné dans la feuille de calcul.**

5. **Saisissez une valeur et cliquez sur OK.**

   Excel redimensionne votre ligne ou votre colonne.

L'unité de mesure de la largeur des colonnes est le *caractère*. Ainsi, une cellule de 1 caractère ne peut afficher qu'une seule lettre ou un seul chiffre. L'unité de mesure de hauteur des lignes est le *point*. 1 point équivaut à 0,035 cm, soit 1/72 pouce.

Ajouter et supprimer des lignes et des colonnes

Voici l'hypothèse : vous venez de saisir des étiquettes, des nombres et des formules, et réalisez soudainement que vous avez besoin de lignes ou de colonnes supplémentaires, ou bien au contraire que vous devez en supprimer. Pour ajouter une ligne ou une colonne :

1. **Cliquez sur l'onglet Accueil.**

2. **Cliquez sur l'en-tête de ligne ou de colonne où vous désirez ajouter une autre ligne ou colonne.**

3. **Excel sélectionne la totalité de la ligne ou de la colonne.**

4. **Dans le groupe Cellules, cliquez sur Insérer.**

5. **Un menu local apparaît.**

6. **Choisissez Insérer des lignes dans la feuille ou Insérer des colonnes dans la feuille.**

   Vous ajoutez une ligne au-dessus de celle que vous avez sélectionnée, décalant les autres vers le bas. Si vous insérez une colonne, elle apparaît à gauche de celle que vous avez sélectionnée, décalant ainsi les autres vers la droite.

Pour supprimer lignes et colonnes :

7. **Cliquez sur l'onglet Accueil.**

8. **Cliquez sur l'en-tête de la ligne ou de la colonne à supprimer.**

9. **Dans le groupe Cellules, cliquez sur l'icône Supprimer.**

10. **Un menu local s'affiche.**

11. **Choisissez Supprimer des lignes dans la feuille ou Supprimer des colonnes dans la feuille.**

Supprimer une ligne ou une colonne en efface également toutes les données.

Ajouter une feuille

Un document Excel correspond à un classeur qui peut contenir plusieurs feuilles de calcul. Par défaut, chaque nouveau classeur en contient trois. Il est très facile d'en ajouter.

Voici la procédure à suivre :

- Cliquez sur le bouton Insérer une feuille de calcul, situé dans la partie inférieure gauche de l'interface d'Excel (Figure 8.18).
- Cliquez sur l'onglet Accueil. Dans le groupe Cellules, cliquez sur la flèche du bouton Insérer. Dans le menu local qui s'affiche, choisissez Insérer une feuille.

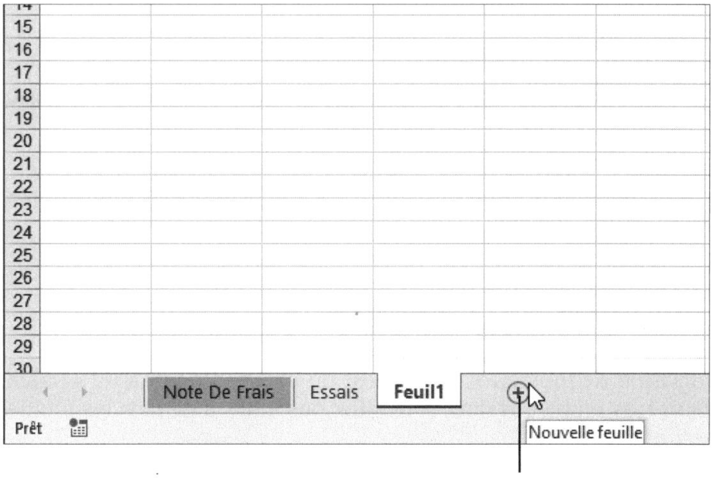

Figure 8.18 : Insérer rapidement une feuille de calcul dans Excel.

Renommer une feuille de calcul

Par défaut, les noms des feuilles de calcul (indiqués dans leur onglet sous chaque feuille) ne sont pas très évocateurs, puisqu'ils se limitent à Feuil1, Feuil2 et Feuil3. Voici comment modifier ces noms :

1. **Choisissez une des techniques suivantes :**

   - *Double-cliquez sur l'onglet de la feuille de calcul à renommer.*
   - Excel sélectionne la totalité du nom.
   - *Cliquez sur l'onglet de la feuille de calcul à renommer. Ensuite, cliquez sur l'onglet Accueil. Dans le groupe Cellules, cliquez sur le bouton Format, et choisissez Renommer la feuille.*
   - *Faites un clic droit sur le nom de la feuille à renommer. Dans le menu contextuel, choisissez Renommer.*

2. **Tapez un nouveau nom, et validez-le en appuyant sur Entrée.**

   Le nom apparaît sur l'onglet de la feuille.

Réorganiser les feuilles

Vous pouvez modifier l'ordre des feuilles de calcul dans votre classeur. Voici comment procéder :

1. **Placez le pointeur de la souris sur l'onglet de la feuille à déplacer.**
2. **Maintenez le bouton gauche de la souris enfoncé et faites-la glisser.**

   Un petit triangle noir montre le déplacement de la feuille.

3. **Relâchez le bouton gauche de la souris pour changer la feuille d'emplacement.**

Supprimer une feuille

L'utilisation de plusieurs feuilles est un luxe qui peut, à un certain moment, devenir très embarrassant. N'hésitez pas alors à effacer les feuilles dont vous n'avez plus besoin.

ATTENTION !

La suppression d'une feuille de calcul entraîne celle des données qu'elle contient.

Pour supprimer une feuille de calcul :

1. **Cliquez sur l'onglet de feuille à supprimer.**
2. **Appliquez une des techniques suivantes :**

   Faites un clic droit sur l'onglet de la feuille de calcul à supprimer. Dans le menu contextuel, choisissez Supprimer.

   Cliquez sur l'onglet Accueil. Dans le groupe Cellules, cliquez sur la flèche du bouton Supprimer, et choisissez Supprimer une feuille.

   Si votre feuille ne contient pas de données, Excel supprime la feuille sans sourciller. Sinon, une boîte de dialogue vous avertit que vous allez perdre les données de la feuille.

3. **Cliquez sur le bouton Supprimer.**

Effacer des données

La vie d'une feuille de calcul passe aussi par la suppression de données, de formules ou, plus simplement, par la mise en forme des informations qui définit l'aspect desdites données. Pour effacer les données d'une ou plusieurs cellules, la mise en forme, ou bien les deux, suivez ces étapes :

1. **Cliquez sur l'onglet Accueil.**
2. **Sélectionnez la ou les cellules contenant les données à effacer.**
3. **Dans le groupe Édition, cliquez sur le bouton Effacer (icône d'une gomme rouge avec un trait horizontal dessous).**

   Un menu local apparaît, comme le montre la Figure 8.19.

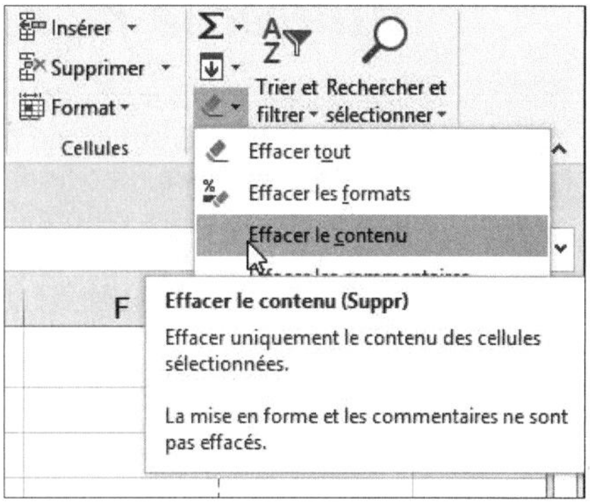

Figure 8.19 : Le menu local Gomme propose plusieurs types de suppression.

4. **Choisissez une des commandes suivantes :**

   - *Effacer tout :* Supprime à la fois les données et les mises en forme.
   - *Effacer la mise en forme :* Laisse en place les données mais supprime la mise en forme des cellules.
   - *Effacer le contenu :* Garde la mise en forme des cellules mais en supprime les données.

- *Effacer les commentaires :* Conserve données et mises en forme, mais supprime les commentaires ajoutés aux cellules.
- *Effacer les liens hypertextes :* Conserve les données et leur format mais supprime le lien hypertexte qui connecte une cellule à une autre.

Imprimer une feuille

Après avoir créé une feuille de calcul, vous pouvez l'imprimer. L'impression n'est pas toujours simple à réaliser dans Excel, car l'étendue des données dépasse souvent le format du papier utilisé. Dans ce cas, le contenu est imprimé sur plusieurs pages de papier.

Il arrive aussi que toutes les lignes d'un classeur, sauf la dernière, s'impriment sur une page. Cette dernière ligne se retrouve alors isolée sur une autre page. Cela peut entraîner une confusion dans la lecture et l'interprétation des données ainsi imprimées. Lorsque vous envisagez d'imprimer une feuille de calcul, prenez soin d'aligner ses données, afin de les présenter correctement et logiquement.

Utiliser le mode Mise en page

Excel sait afficher vos feuilles de calcul de deux manières : Normal et Mode Mise en page. L'affichage Normal est la présentation par défaut du contenu de vos classeurs. Les feuilles de calcul remplissent la totalité de l'écran avec leurs lignes, leurs colonnes, leurs cellules et, bien entendu, leurs données. Le nombre de lignes et de colonnes visibles simultanément dépend de la résolution d'affichage de votre moniteur.

Le mode Mise en page montre les feuilles de calcul telles qu'elles seront imprimées. Vous voyez où les données seront scindées en plusieurs parties, et vous pourrez ajouter des en-têtes en haut de votre feuille de calcul.

Pour passer du mode Normal au mode Mise en page :

1. **Cliquez sur l'onglet Affichage.**
2. **Dans le groupe Modes d'affichage, cliquez sur le bouton Normal ou Mise en page, illustré à la Figure 8.20.**

TRUC

Vous pouvez aussi cliquer sur les icônes Normal et Mise en page situées dans la partie inférieure droite de l'interface d'Excel.

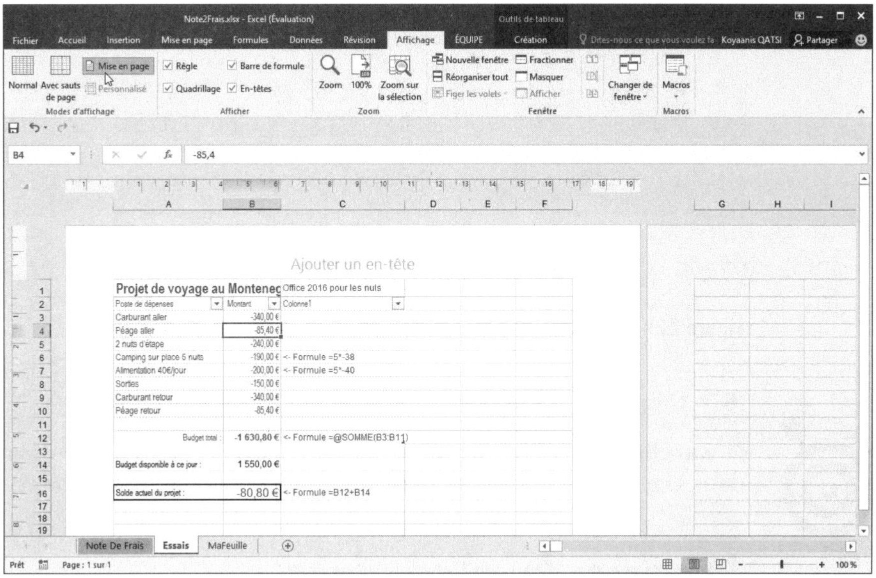

Figure 8.20 : Vous voyez le nombre de colonnes et de lignes tenant sur une même feuille de papier.

Ajouter un en-tête ou un pied de page

Les en-têtes et les pieds de page sont utiles quand vous imprimez vos feuilles de calcul. Un en-tête peut expliquer les informations d'une feuille de calcul en indiquant par exemple *TVA 2016*. De son côté, un pied de page peut afficher un numéro de page assurant que le lecteur de la feuille de calcul ne mélange pas les pages imprimées, et donc interprète justement les données. Pour créer en-tête et pied de page :

1. **Cliquez sur l'onglet Insertion.**
2. **Dans le groupe Texte, cliquez sur le bouton En-tête/pied.**

   Excel affiche les Outils des en-têtes et pieds de page contenant l'onglet Création, comme à la Figure 8.21.
3. **Dans la zone de texte d'en-tête, saisissez votre en-tête.**
4. **Dans le groupe Navigation, cliquez sur le bouton Atteindre le pied de page.**

   Excel affiche la zone de texte du pied de page.
5. **Tapez votre pied de page dans la zone de texte proposée.**

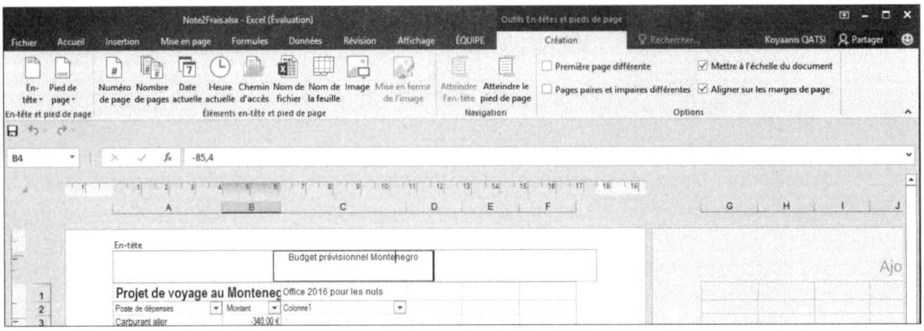

Figure 8.21 : Les outils de création des en-têtes et des pieds de page.

6. **Cliquez ailleurs pour quitter le mode En-tête/Pied.**

Si vous basculez en mode Mise en page, vous pouvez cliquer directement dans l'en-tête ou le pied de page qui s'affiche en haut ou en bas de la page.

Imprimer le quadrillage

Le quadrillage permet de distinguer nettement les chiffres, les étiquettes et les formules, car il aide à les aligner visuellement. Si vous devez imprimer une très grande feuille de calcul, imprimer le quadrillage peut s'avérer être une décision très judicieuse. Voici comment la mettre en pratique :

1. **Cliquez sur l'onglet Mise en page.**
2. **(Facultatif) Dans le groupe Options de la feuille de calcul, cochez la case Imprimer de la catégorie Quadrillage.**
3. **(Facultatif) Cochez la case Imprimer de la catégorie En-têtes.**

Spécifier une zone d'impression

Parfois, vous n'aurez pas besoin d'imprimer toute la feuille de calcul. Vous en définirez une partie appelée *zone d'impression*. Pour la définir :

1. **Sélectionnez les cellules à imprimer.**
2. **Cliquez sur l'onglet Mise en page.**
3. **Dans le groupe Mise en page, cliquez sur le bouton ZoneImpr (Zone d'impression).**

   Un menu local s'affiche, comme à la Figure 8.22.

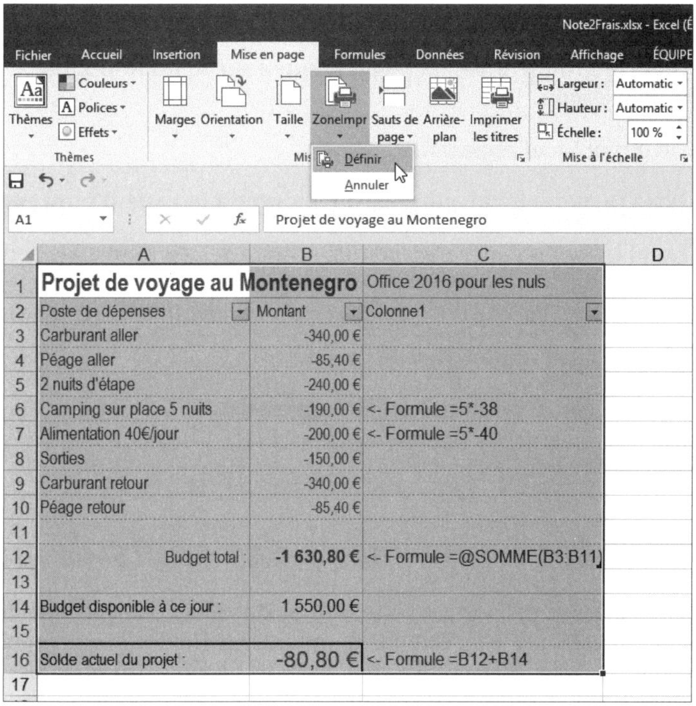

Figure 8.22 : Le menu local Zone d'impression permet de définir ou d'annuler une zone d'impression.

4. **Cliquez sur Définir.**

   Excel encadre les cellules sélectionnées avec des traits en pointillé.

5. **Cliquez sur l'onglet Fichier et cliquez sur Imprimer.**

   Les options d'impression s'affichent.

6. **Cliquez sur le bouton Imprimer.**

Après avoir défini une zone d'impression, vous n'êtes pas obligé d'en lancer immédiatement l'impression. Si vous poursuivez votre travail, sachez qu'à tout moment vous pouvez afficher cette zone en cliquant sur la flèche du champ Zone Nom qui affiche les références des cellules. Là, choisissez Zone_d_impression.

Bien qu'une zone d'impression soit définie, vous pouvez toujours lui ajouter d'autres cellules :

7. **Sélectionnez des cellules adjacentes à la zone d'impression que vous désirez lui ajouter.**

8. **Cliquez sur l'onglet Mise en page.**
9. **Dans le groupe Mise en page, cliquez sur le bouton Zone d'impression.**
10. **Un menu local apparaît.**
11. **Dans le menu local, cliquez sur Ajouter à la zone d'impression.**

    Excel trace un cadre en pointillé autour de ces nouvelles cellules.

Si la zone d'impression ne vous est plus d'aucune utilité :

12. **Cliquez sur l'onglet Mise en page.**
13. **Cliquez sur le bouton Zone d'impression.**
14. **Choisissez Annuler.**

Insérer (et supprimer) des sauts de page

Le problème posé par les grandes feuilles de calcul est que leur impression risque de fractionner les données d'une manière qui ne convient pas du tout à leur analyse. Pour éviter cela, indiquez à Excel où procéder à ce fractionnement. Il suffit d'insérer des sauts de page comme ceci :

1. **Placez le sélecteur sur la cellule où vous souhaitez insérer le saut de page.**
2. **Cliquez sur l'onglet Mise en page.**
3. **Dans le groupe Mise en page, cliquez sur le bouton Sauts de page.**

   Un menu local apparaît, comme à la Figure 8.23.

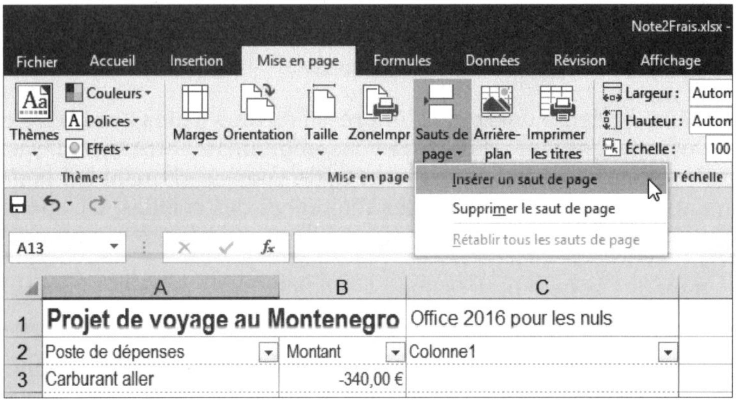

Figure 8.23 : Le menu Sauts de page permet de fractionner intelligemment le contenu de vos feuilles de calcul.

4. **Cliquez sur Insérer un saut de page.**

   Excel insère une page sous la cellule sélectionnée, et une autre à sa droite.

Pour supprimer un saut de page :

5. **Utilisez une des techniques suivantes :**

   - *Pour supprimer un saut de page horizontal :* Cliquez dans n'importe quelle cellule située sous ce saut de page.
   - *Pour supprimer un saut de page vertical :* Cliquez dans n'importe quelle cellule située directement à droite du saut de page horizontal.
   - *Pour supprimer ces deux types de sauts de page :* Cliquez dans une cellule située à droite du saut de page vertical et directement sous le saut de page horizontal.

6. **Cliquez sur l'onglet Mise en page.**
7. **Dans le groupe Mise en page, cliquez sur le bouton Sauts de page.**
8. **Dans le menu local, cliquez sur Supprimer le saut de page.**

   Excel fait disparaître le saut de page correspondant à la cellule sélectionnée.

Imprimer des en-têtes de lignes et de colonnes

Si votre feuille de calcul remplit plusieurs pages, Excel peut imprimer vos données sur des pages séparées. Bien que votre première page affiche les étiquettes qui identifient chaque ligne et chaque colonne, les autres pages en sont totalement dépourvues. De ce fait, la lecture des données s'avère très compliquée, car l'utilisateur peut se perdre dans les informations qui lui sont soumises en l'absence de ces repères.

Pour éviter ce problème, demandez à Excel d'imprimer les étiquettes sur toutes les pages :

1. **Cliquez sur l'onglet Mise en page.**
2. **Dans le groupe Mise en page, cliquez sur le bouton Imprimer les titres.**

   Vous accédez à la boîte de dialogue illustrée à la Figure 8.24.

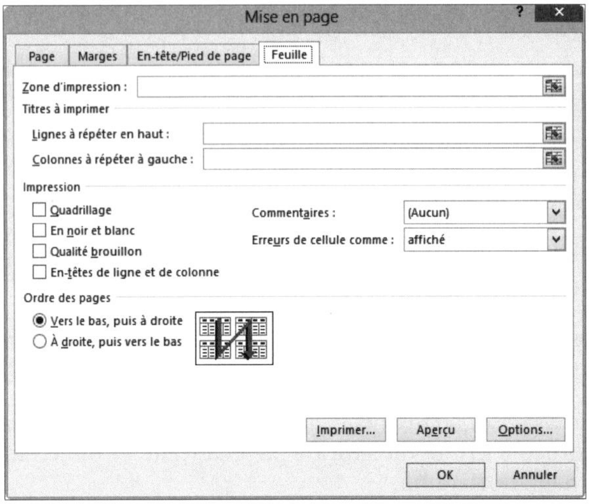

Figure 8.24 : La boîte de dialogue Mise en page permet d'indiquer les titres des lignes et des colonnes qui s'imprimeront sur chaque page.

3. **Cliquez sur le bouton Développer/Réduire situé à droite du champ Lignes à répéter en haut.**

   La boîte de dialogue se réduit.

4. **Cliquez sur la ligne contenant les étiquettes à imprimer en haut de chaque page.**

5. **Cliquez de nouveau sur le bouton Développer/Réduire.**

   La boîte de dialogue se développe une nouvelle fois.

6. **Cliquez sur le bouton Développer/Réduire situé à droite du champ Colonnes à répéter à gauche.**

   La boîte de dialogue se réduit.

7. **Cliquez sur la colonne contenant les étiquettes à imprimer à gauche de chaque page.**

8. **Cliquez de nouveau sur le bouton Développer/Réduire.**

   La boîte de dialogue se développe une nouvelle fois.

9. **Cliquez sur OK.**

Définir les marges d'impression

Pour réduire ou développer votre feuille de calcul afin qu'elle remplisse la page imprimée, vous pouvez définir des marges :

1. **Cliquez sur l'onglet Mise en page.**
2. **Dans le groupe Mise en page, cliquez sur le bouton Marges.**

   Un menu local apparaît, comme à la Figure 8.25.

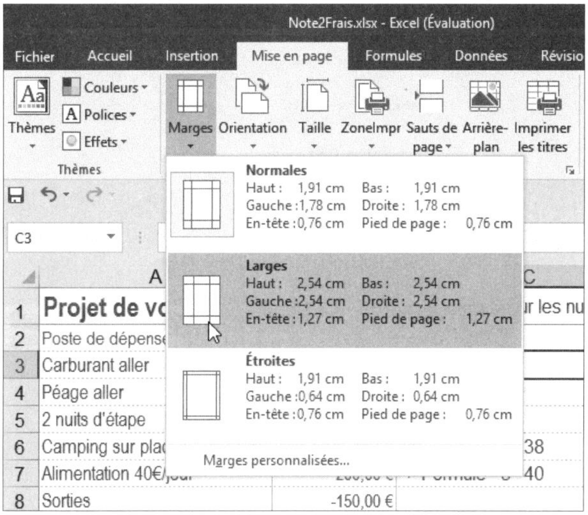

Figure 8.25 : Choisissez une marge prédéfinie.

3. **Choisissez un style de marge à appliquer.**

NOTE TECHNIQUE

Si, à l'Étape 3, vous choisissez Marges personnalisées, vous pouvez définir vos propres marges d'impression.

Choisir la taille et l'orientation du papier

L'*orientation* du papier est de type *paysage* (le papier est plus large que haut) ou de type *portrait* (le papier est plus haut que large). La *taille* spécifie la dimension physique de la page, c'est-à-dire son format comme le standard A4.

Pour modifier l'orientation et la taille du papier :

1. **Cliquez sur l'onglet Mise en page.**

2. **Dans le groupe Mise en page, cliquez sur le bouton Orientation.**
3. **Un menu local apparaît.**
4. **Choisissez Portrait ou Paysage.**
5. **Dans le groupe Mise en page, cliquez sur le bouton Taille.**

   Une liste de formats prédéfinis apparaît, comme à la Figure 8.26.

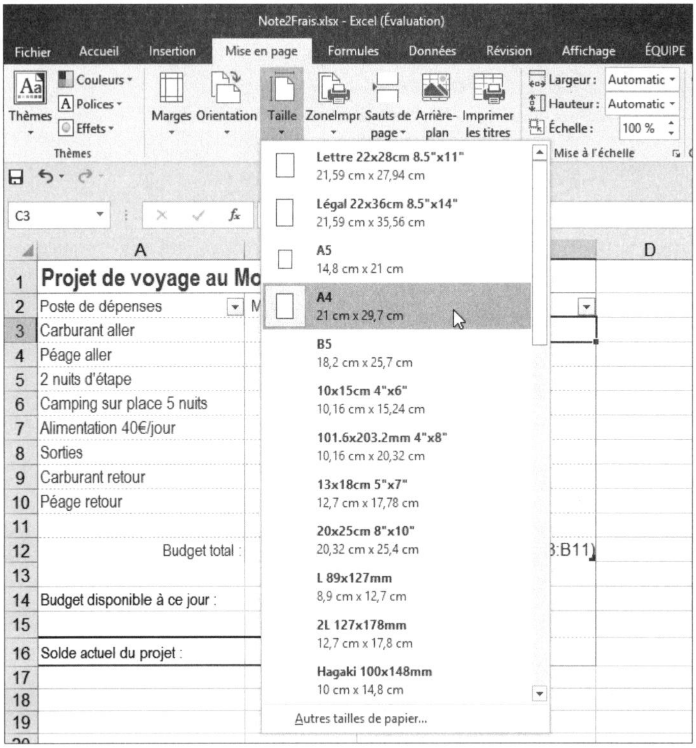

Figure 8.26 : Le menu local Taille propose plusieurs tailles de papier.

6. **Choisissez un format.**

Imprimer dans Excel

Lorsque vous avez terminé le paramétrage de la feuille de calcul à imprimer, vous pouvez soit lancer directement l'impression, soit demander un aperçu avant impression. Pour effectuer un aperçu avant impression :

1. **Cliquez sur l'onglet Fichier.**

2. **Vous basculez en vue Coulisses (Backstage).**
3. **Cliquez sur Imprimer.**
4. **Le panneau de droite montre un aperçu avant impression.**
5. **Cliquez sur le bouton Imprimer situé en haut du panneau central.**

Chapitre 9

Le sens de la formule

Dans ce chapitre :

- Créer une formule.
- Utiliser des fonctions.
- Modifier des formules.
- Créer une mise en forme conditionnelle.
- Manipuler des données avec Valeur cible.
- Créer un scénario.
- Vérifier les formules.
- Valider des données.

Les formules Excel permettent de créer de nouvelles données et de modifier celles saisies. Une formule peut se résumer à une addition entre deux cellules, ou devenir aussi complexe que la détermination d'une équation différentielle du second ordre.

Les formules utilisent les données stockées dans d'autres cellules pour calculer un résultat qui s'affiche dans la cellule de la formule. Une feuille de calculs complexes peut même utiliser des données provenant d'autres feuilles de calcul du même classeur, et même des données produites par d'autres formules.

Créer une formule

Une formule se compose de trois éléments cruciaux :

- le signe d'égalité (=), qui sert de préfixe;

- une ou plusieurs références à des cellules (des adresses) ;
- le type d'opération à réaliser sur les données (addition, soustraction, *etc.*). Ce peut être un opérateur ou une fonction.

Le signe moins (=) indique à Excel de ne pas traiter les éléments de la formule comme des données textuelles.

Nous savons qu'une cellule est l'intersection d'une ligne et d'une colonne. Cette intersection lui assigne une adresse composée d'une lettre (la colonne) et d'un chiffre (la ligne). Une adresse type est donc A4 ou D9.

Les quatre opérations les plus utilisées sont l'addition (+), la soustraction (–), la multiplication (*) et la division (/). Le Tableau 9.1 dresse la liste des opérateurs mathématiques que vous pouvez utiliser dans vos formules.

Tableau 9.1 : Les opérateurs mathématiques utilisés dans les formules.

Opérateur	*Fonction*	*Exemple*	*Résultat*
+	Addition	=5+3,4	8,4
–	Soustraction	=54,2–2,1	52,1
*	Multiplication	=1,2*4	4,8
/	Division	=25/5	5
%	Pourcentage	=42%	0,42
^	Puissance	=4^3	64
=	Égal	=6=7	Faux
>	Supérieur	=7>2	Vrai
<	Inférieur	=9<8	Faux
>=	Supérieur ou égal	=45>=3	Vrai
<=	Inférieur ou égal	=40<=2	Faux
<>	Différent de	=5<>7	Vrai
&	Concaténation d'une chaîne de texte	=»Loupiot» & «le chat»	Loupiot le chat

Une formule simple utilise un seul opérateur mathématique et les références de deux cellules comme ceci :

```
=A4+C7
```

Cette formule est constituée de trois parties :

- **Le signe = :** Il identifie la formule. Si vous ne tapez que **A4+C7**, Excel affiche un texte standard.
- **La référence à deux cellules :** Dans cet exemple, les cellules A4 et C7.
- **L'opérateur mathématique de l'addition (+).**

Pour entrer une formule dans une cellule :

1. **Cliquez dans la cellule devant stocker la formule.**

   Vous pouvez sélectionner cette cellule via les touches du pavé directionnel. Excel affiche le sélecteur de cellule autour de cette cellule.

2. **Tapez le signe =.**

   Ce signe indique clairement à Excel que vous débutez la saisie d'une formule.

3. **Saisissez la formule qui contient une ou plusieurs références à des cellules stockant des données comme A4 ou E8.**

   Par exemple, pour ajouter les nombres contenus dans les cellules A4 et E8, tapez =A4+E8.

4. **Appuyez sur Entrée.**

TRUC

Entrer l'adresse des cellules peut s'avérer fastidieux, car il faut repérer l'en-tête de la colonne et le numéro de la ligne. Aucune erreur n'est permise, sinon vous risquez de fausser le résultat des opérations. Pour plus de rapidité et de sécurité, utilisez la souris. Cliquez dans une cellule contenant des données. Excel affiche automatiquement cette adresse dans la formule.

Pour sélectionner plusieurs cellules à la souris quand vous créez des formules :

5. **Cliquez dans la cellule où vous désirez stocker la formule. (Vous pouvez également sélectionner la cellule en appuyant sur les touches directionnelles du clavier.)**

   Excel y affiche le sélecteur (ou curseur) de cellule, c'est-à-dire un cadre noir.

6. **Entrez le signe =.**

   Ce signe indique à Excel que la cellule contiendra une formule et pas des nombres ou du texte.

7. **Cliquez sur la cellule contenant les données à calculer comme A4 ou E8, puis tapez un opérateur mathématique.**

   Pour créer la formule =A4+E8 :

   a. *Tapez* =.

   - Cela indique à Excel que vous créez une formule.

   b. *Cliquez dans la cellule A4.*

   - Excel entre automatiquement A4 dans la formule.

   c. *Tapez* +.

   d. *Cliquez dans la cellule E8.*

   - Excel ajoute l'adresse E8 à la formule.

8. **Appuyez sur Entrée.**

Une fois la formule créée, saisissez des données dans les deux cellules référencées. La formule calculera son résultat.

Contrôler les formules avec des parenthèses

Nous savons qu'une formule peut être une simple opération comme une multiplication du type =D3*E4. Cependant, rien ne vous empêche d'employer plusieurs opérateurs dans une formule comme :

```
=A4+A5*C7/F4+D9
```

L'utilisation de plusieurs opérateurs pose deux problèmes. Le premier est qu'elle rend la formule très difficile à lire et à comprendre. La seconde est qu'Excel va effectuer les calculs intermédiaires en allant de gauche à droite. Le résultat obtenu ne sera peut-être pas celui que vous escomptez.

Il est donc indispensable de connaître les règles de priorités qu'Excel applique entre les opérateurs. Elles sont listées dans le Tableau 9.2. Les priorités déterminent quelles opérations Excel effectuent avant les autres. Si vous avez la formule suivante :

```
=A3+A4*B4+B5
```

Excel calcule d'abord la multiplication A4*B4, puis ajoute le résultat au contenu des cellules A3 et B5.

Tableau 9.2 : Priorité des opérateurs (en ordre décroissant).

Opérateur	*Description*
: (deux-points)	
(espace)	
, (virgule)	Opérateurs de référence
-	Négatif
%	Pourcentage
^	Exposant
	Multiplication et division
+ -	Addition et soustraction
&	Concaténation de deux chaînes de texte
= < > <= >= <>	Comparaisons

N'OUBLIEZ PAS !

En ajoutant des parenthèses à vos formules, vous contrôlez comment Excel doit gérer l'ordre des sous-calculs. Dans l'exemple =A3+A4*B4+B5, Excel commence par multiplier A4 et B4. Si vous désirez qu'Excel calcule d'abord la somme A3+A4, puis la somme B4+B5, pour enfin multiplier le résultat de ces deux additions, voici la formule que vous devez écrire :

```
=(A3+A4)*(B4+B5)
```

Copier une formule

Dans de nombreuses feuilles de calcul, vous devrez souvent réutiliser le même type de formule. Par exemple, vous aurez une série de colonnes de valeurs. Vous ajoutez à droite une colonne pour le sous-total de chaque ligne et sous la dernière ligne un sous-total par colonne.

Bien entendu, vous pourriez saisir la formule dans chacune des cellules, mais ce serait fastidieux et source d'erreurs. La méthode la plus rapide et la plus sûre consiste à copier et à coller la formule d'une cellule dans une autre cellule, comme à la Figure 9.1.

NICE BU SCIENCES

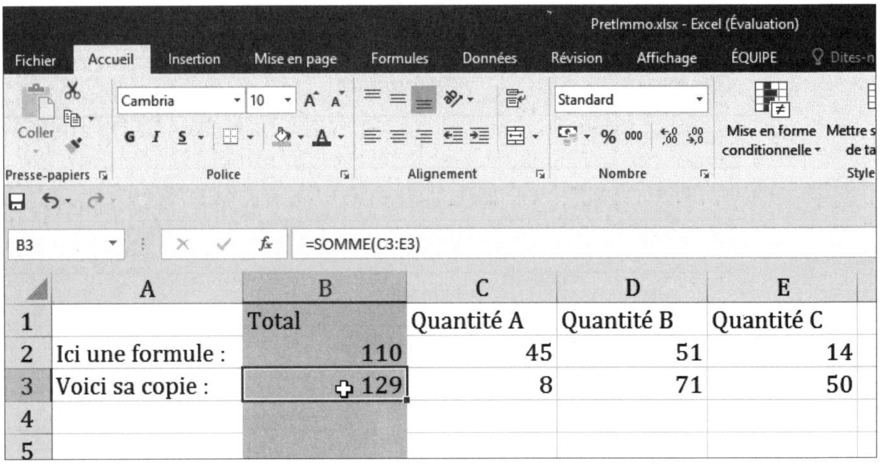

Figure 9.1 : Effectuez un copier/coller qui actualise automatiquement les références de vos cellules.

Sur la Figure 9.1, vous constatez que la cellule C13 contient une formule additionnant des cellules : =C5+C6+C7+C8+C9+C10+C11. Il s'agit des cinq cellules de données situées au-dessus d'elle. Si vous copiez cette formule dans la cellule D13, Excel va prendre en considération les cellules de données situées au-dessus de celle-ci et adapter les adresses dans la formule pour donner : =D5+D6+D7+D8+D9+D10+D11.

Pour copier et coller une formule qui actualise automatiquement les références des cellules :

1. **Sélectionnez la cellule qui contient la formule à copier.**

2. **Appuyez sur Ctrl + C (ou cliquez sur le bouton Copier de l'onglet Accueil).**

   Excel affiche un cadre en pointillé autour de la cellule copiée.

3. **Sélectionnez la ou les cellules où vous désirez coller la formule.**

   Si vous sélectionnez plusieurs cellules, Excel colle la formule dans chacune d'elles.

4. **Appuyez sur Ctrl + V (ou cliquez sur l'icône Coller de l'onglet Accueil).**

   Excel colle la formule et actualise automatiquement les références des cellules utilisées dans le calcul.

5. **Appuyez sur Echap ou double-cliquez en dehors de la cellule encadrée de pointillés pour quitter le mode de copie.**

Utiliser des fonctions

La création de formules complexes peut devenir ardue. Pour vous faciliter la tâche, Excel propose un certain nombre de formules prédéfinies appelées *fonctions*. Le Tableau 9.3 en liste quelques-unes.

Tableau 9.3 : Les fonctions communes d'Excel.

Fonction	*Son action*
MOYENNE	Calcule la valeur moyenne des nombres stockés dans plusieurs cellules.
NB	Compte combien de cellules contiennent des chiffres et non pas des étiquettes (texte).
MAX	Trouve le plus grand nombre stocké dans plusieurs cellules.
MIN	Trouve le plus petit nombre stocké dans plusieurs cellules.
ARRONDI	Arrondit un nombre décimal au nombre de chiffres indiqués.
RACINE	Donne la racine carrée d'un nombre.
SOMME	Additionne les valeurs stockées dans plusieurs cellules.

Excel propose des centaines de fonctions (plus de 440 dans Excel 2016). Certaines sont utilisables telles quelles et d'autres doivent être incorporées avec d'autres éléments dans des formules. Une fonction utilise les références (adresses) d'une ou plusieurs cellules :

- **Référence d'une seule cellule,** comme =ARRONDI(C4,2), qui a pour effet d'arrondir le contenu de la cellule C4 à deux chiffres après la virgule.
- **Plage de cellules contiguës,** comme =SOMME(A4:A9), qui additionne les nombres des cellules A4 à A9 (donc A4, A5, A6, A7, A8 et A9).
- **Plusieurs cellules non contiguës,** comme =SOMME(A4,B7,C11), qui additionne les contenus des cellules A4, B7 et C11.

Pour utiliser une fonction :

1. **Cliquez dans la cellule où vous désirez créer une formule qui implémente une fonction.**
2. **Cliquez sur l'onglet Formules.**

3. **Dans le groupe Bibliothèque de fonctions, cliquez sur l'un des boutons suivants :**

   Financier : Calcule des équations commerciales comme le montant des intérêts sur une période donnée.

   Logique : Propose des opérateurs logiques qui manipulent les valeurs VRAI et FAUX (également connues sous le nom de booléennes).

   Texte : Cherche et manipule du texte.

   DateHeure : Fournit des données sur la date et l'heure.

   Recherche et référence : Fournit des informations sur les cellules, comme leur en-tête de ligne.

   Maths et trigonométrie : Propose des équations mathématiques.

   Plus de fonctions : Donne accès à des fonctions statistiques, d'information, de compatibilité et d'ingénierie.

4. **Cliquez sur une catégorie de fonctions comme Financier ou Maths et trigonométrie.**

   Une liste de fonctions apparaît, comme à la Figure 9.2.

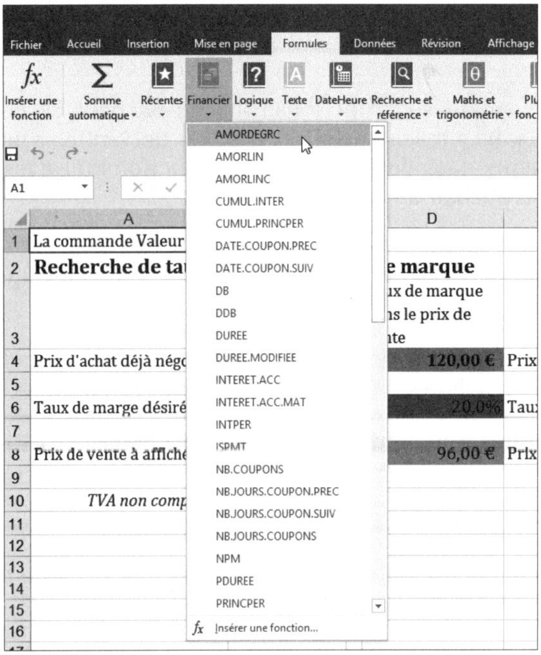

Figure 9.2 : Les boutons des fonctions donnent accès à un nombre impressionnant de fonctions.

5. **Cliquez sur une fonction.**

   La boîte de dialogue Arguments de la fonction apparaît, comme à la Figure 9.3.

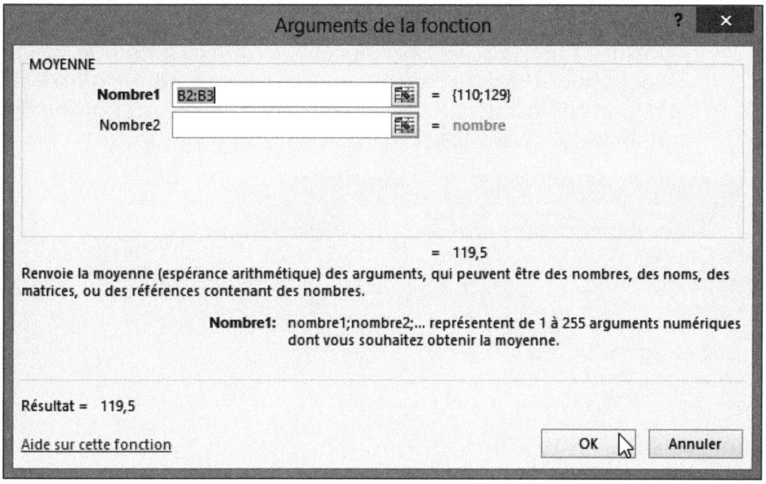

Figure 9.3 : Indiquez les références des cellules contenant les données dont la fonction doit renvoyer un résultat.

6. **Cliquez sur la ou les cellules à prendre en compte pour la fonction.**
7. **Répétez l'Étape 6 autant de fois que nécessaire.**
8. **Cliquez sur OK.**

   Excel affiche le résultat de la fonction dans la cellule sélectionnée à l'Étape 1.

Utiliser la commande Somme automatique

Somme automatique est l'une des commandes les plus utiles d'Excel. Elle s'appuie sur la fonction SOMME pour effectuer l'addition du contenu de plusieurs cellules. Vous l'emploierez surtout pour effectuer la somme d'une colonne ou d'une ligne.

Pour additionner les nombres d'une colonne ou d'une ligne avec la fonction Somme automatique :

1. **Créez une colonne ou une ligne de nombres à additionner.**
2. **Cliquez en bas de la colonne ou à droite de la ligne.**

3. **Cliquez sur l'onglet Formules.**
4. **Dans le groupe Bibliothèque de fonctions, cliquez sur le bouton Somme automatique.**

   Excel crée automatiquement une fonction SOMME dans la cellule choisie à l'Étape 2. Toutes les cellules utilisées pour le calcul sont sélectionnées par un cadre en pointillé, comme le montre la Figure 9.4. (Si vous cliquez accidentellement sur la flèche du bouton Somme automatique, choisissez SOMME dans le menu local.)

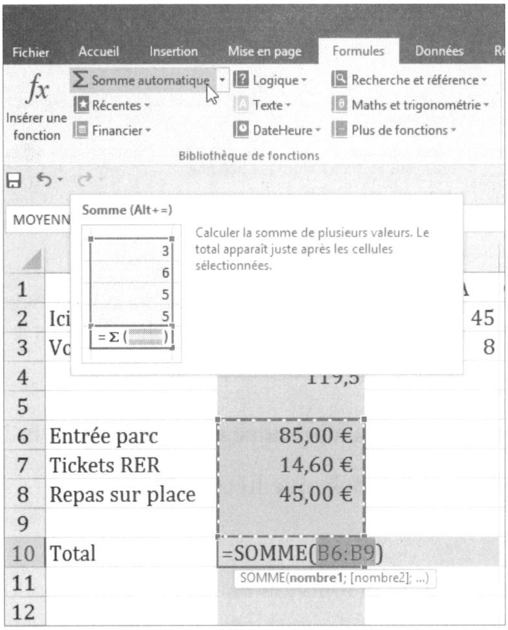

Figure 9.4 : La commande Somme automatique crée automatiquement les références des cellules utiles à la fonction SOMME.

5. **Appuyez sur Entrée.**

   Excel calcule le résultat de la fonction.

TRUC

Le bouton Somme automatique apparaît dans le groupe Édition de l'onglet Accueil.

Utiliser une des fonctions récentes

Chercher la bonne fonction parmi plusieurs centaines n'est pas toujours simple. Pour vous faciliter la vie, Excel met à votre disposition le bouton Récentes qui liste les fonctions que vous avez utilisé récemment.

Voici comment employer une fonction récemment utilisée :

1. **Cliquez sur la cellule où vous désirez stocker une fonction.**
2. **Cliquez sur l'onglet Formules.**
3. **Dans le groupe Bibliothèque de fonctions, cliquez sur le bouton Utilisée(s) récemment.**

   Un menu local s'affiche, comme à la Figure 9.5.

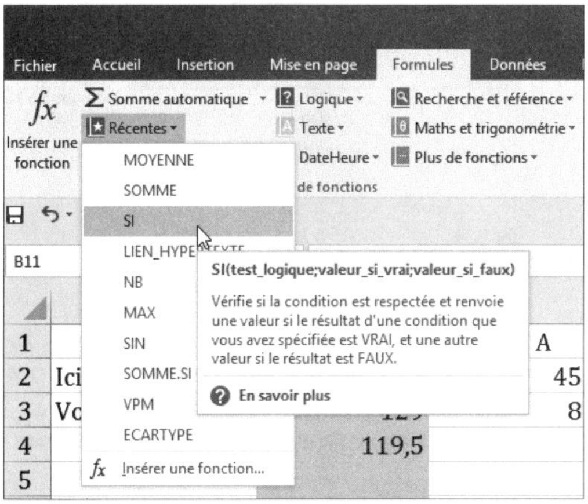

Figure 9.5 : Le bouton Utilisée(s) récemment liste les fonctions que vous employez le plus souvent.

4. **Choisissez une fonction.**

Plus vous utilisez de fonctions, plus le contenu de cette liste varie.

Modifier une formule

Après avoir créé une formule, vous pouvez la modifier à votre convenance. Deux emplacements d'Excel vous le permettent :

- la Barre de formule ;
- la cellule elle-même.

Pour modifier une formule dans la Barre de formule :

1. **Sélectionnez la cellule contenant la formule.**

   Excel affiche la formule dans la Barre de formule.

2. **Cliquez dans la Barre de formule, et modifiez-la avec les touches Retour arrière et Suppr.**

Pour modifier une formule dans la cellule qui la contient :

3. **Double-cliquez dans la cellule contenant la formule que vous désirez modifier.**

   Excel affiche la formule dans la cellule et non plus son résultat.

4. **Modifiez la formule avec les touches Retour arrière et Suppr.**

Comme les formules affichent un résultat dans les cellules qui les contiennent, il est difficile de différencier les cellules des données de celles des formules. Donc, pour afficher rapidement les formules (et pas leur résultat), appuyez sur Ctrl + «.

Mise en forme conditionnelle

Dans une cellule, une formule peut afficher diverses valeurs en fonction des données qu'elle reçoit. Comme une formule peut recevoir n'importe quel type de nombre, vous aurez parfois besoin d'utiliser une mise en forme conditionnelle pour mettre en évidence certains types de valeurs.

Supposons que vous ayez une formule qui calcule vos gains mensuels. La mise en forme pourrait mettre en évidence certaines valeurs de la manière suivante :

- Si le résultat est égal à zéro ou représente une perte, la valeur s'affichera en *rouge*.
- Si vous réalisez un profit inférieur à *1 000 €* la valeur s'affichera en *jaune*.
- Si vous réalisez un profit supérieur ou égal à *1 000 €* la valeur s'affichera en *vert*.

Une mise en forme conditionnelle affiche les données d'une formule de différentes manières selon la valeur qui résulte du calcul.

Comparer visuellement des valeurs

L'utilisation la plus commune de cette mise en forme sert à comparer des données en un clin d'œil.

Excel propose trois types de mise en forme conditionnelle comme le montre la Figure 9.6 :

- **Barres de données :** Les valeurs les plus élevées affichent une barre plus longue que les autres. La longueur de la barre de couleur de chaque donnée est proportionnelle à celle des autres.
- **Nuances de couleurs :** Différentes couleurs identifient des plages de valeurs.
- **Jeux d'icônes :** Différentes icônes identifient les plages de valeurs.

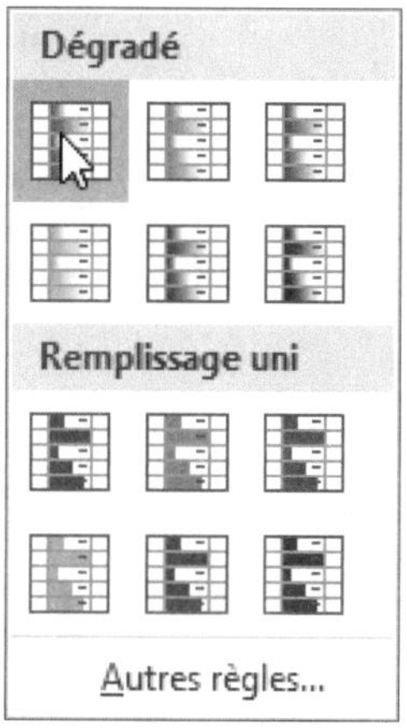

Figure 9.6 : La mise en forme conditionnelle peut identifier les valeurs de différentes cellules.

Voici comment appliquer une mise en forme conditionnelle :

1. **Sélectionnez les cellules que vous désirez comparer grâce à une mise en forme conditionnelle.**
2. **Cliquez sur l'onglet Accueil, puis sur l'icône Mise en forme conditionnelle du groupe Styles.**

   Un menu local apparaît comme à la Figure 9.6.
3. **Placez le pointeur de la souris sur Barres de données, Nuances de couleurs, ou Jeux d'icônes.**

   Un sous-menu s'affiche pour chacune de ces catégories.
4. **Cliquez sur un type de mise en forme conditionnelle.**

   Excel applique la mise en forme choisie sur les cellules sélectionnées à l'Étape 1.

Créer une règle de mise en forme conditionnelle

Les mises en forme de données prédéfinies sont pratiques, mais elles ne répondent pas à tous les besoins. Rien ne vous empêche de définir vos propres conditions de mise en forme en fonction de la nature des données affichées.

Voici comment procéder :

1. **Sélectionnez les cellules auxquelles vous désirez appliquer la mise en forme conditionnelle.**

2. **Cliquez sur l'onglet Accueil, puis sur l'icône Mise en forme conditionnelle du groupe Styles.**

   Un menu local apparaît (Figure 9.6).

3. **Placez le pointeur de la souris sur Règle de mise en surbrillance des cellules.**

   Un menu local apparaît comme à la Figure 9.7.

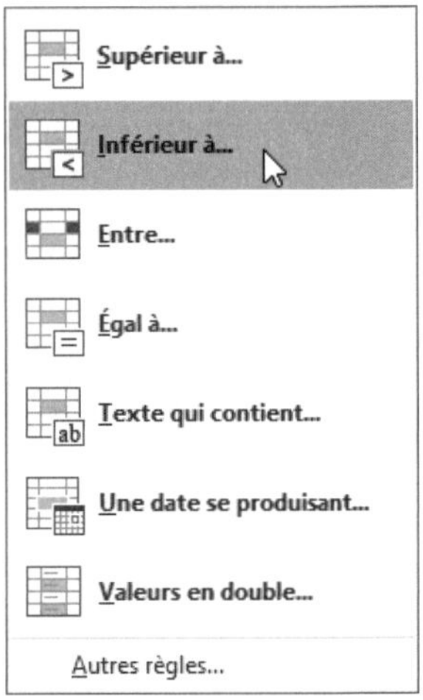

Figure 9.7 : Le menu local Règle de mise en surbrillance des cellules.

4. **Cliquez sur une option de mise en évidence comme Supérieur à ou Entre.**

   Une boîte de dialogue apparaît. Elle permet de définir une ou plusieurs valeurs et de choisir la couleur de mise en évidence, comme le montre la Figure 9.8.

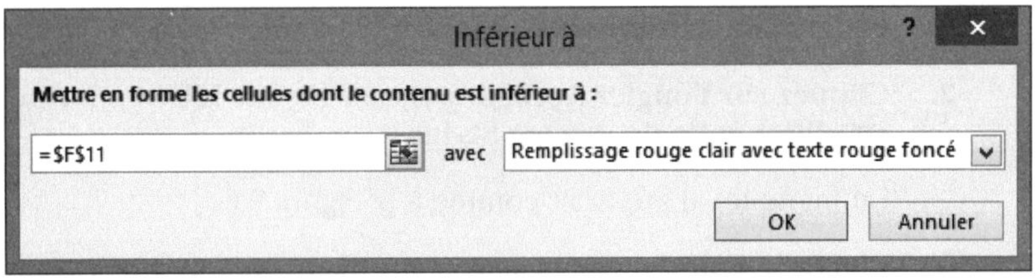

Figure 9.8 : Une boîte de dialogue permet de définir une valeur et une couleur pour mettre en surbrillance les données répondant au critère.

5. **Tapez une valeur, choisissez une couleur, et cliquez sur OK.**

   Excel affiche les valeurs sélectionnées qui tombent dans la condition, c'est-à-dire le critère que vous avez défini, par exemple les valeurs supérieures au contenu d'une cellule (par exemple F11) (Figure 9.8).

N'OUBLIEZ PAS !

L'écriture d'adresse F11 signifie que la ligne et la colonne sont fixes et ne seront pas adaptées en cas de copie de la formule dans une autre cellule.

TRUC

Si vous cliquez sur l'icône Mise en forme conditionnelle et que vous choisissez Règles des valeurs plus/moins élevées, Excel peut appliquer une mise en forme conditionnelle aux 10 valeurs les plus élevées ou les plus faibles, ou bien aux valeurs qui se situent en dessous ou au-dessus d'une moyenne, comme le montre la Figure 9.9.

Valider des données

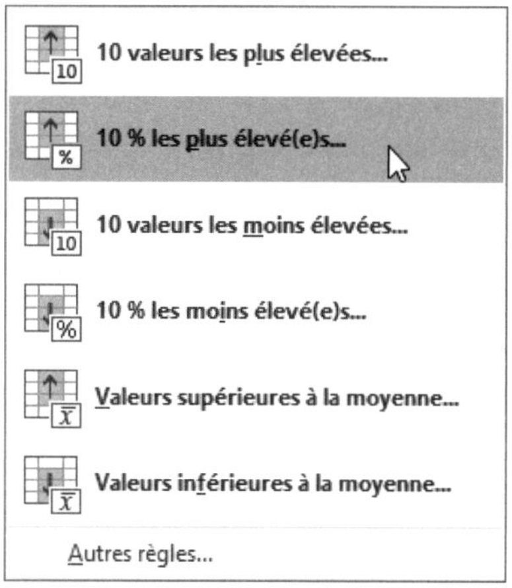

Figure 9.9 : Le menu local Règles des valeurs plus/moins élevées peut identifier les valeurs les plus hautes et les plus faibles, ou bien celles qui se situent au-dessus ou en dessus d'une certaine moyenne.

Dans la mesure où les formules dépendent des données qu'elles utilisent, il est essentiel que votre feuille de calcul ne contienne que des données valides. L'exemple type de donnée invalide est une valeur négative pour le prix d'un article (comme –9), ou un nombre décimal pour la quantité de produits achetés par un client (comme 4,39).

Pour être certain de maintenir la pertinence de vos données, vous pouvez définir pour chaque cellule de saisie des contraintes afin qu'elle n'accepte que certains types de données, par exemple une valeur numérique entière entre 30 et 100. Si quelqu'un tente de saisir une donnée invalide, Excel délivre un message, comme celui de la Figure 9.10.

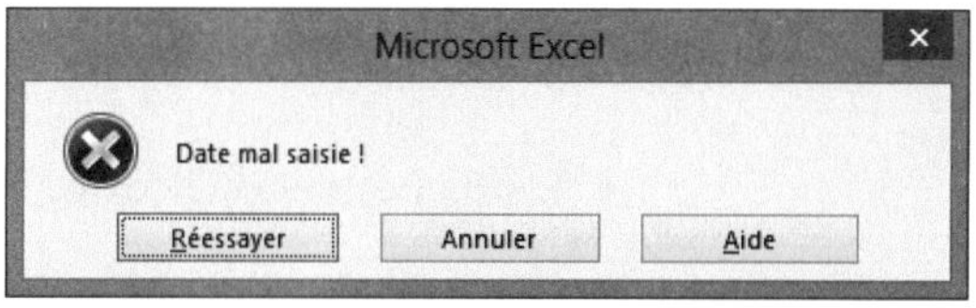

Figure 9.10 : Excel vous prévient quand un type de données invalide a été saisi dans une cellule.

Pour définir des types de données valides dans une cellule :

1. **Cliquez dans une cellule utilisée par une formule.**

2. **Cliquez sur l'onglet Données.**

3. **Dans le groupe Outils de données, cliquez sur le bouton Validation des données (les deux rectangles avec une coche verte et une interdiction rouge).**

   Vous ouvrez la boîte de dialogue éponyme, illustrée à la Figure 9.11.

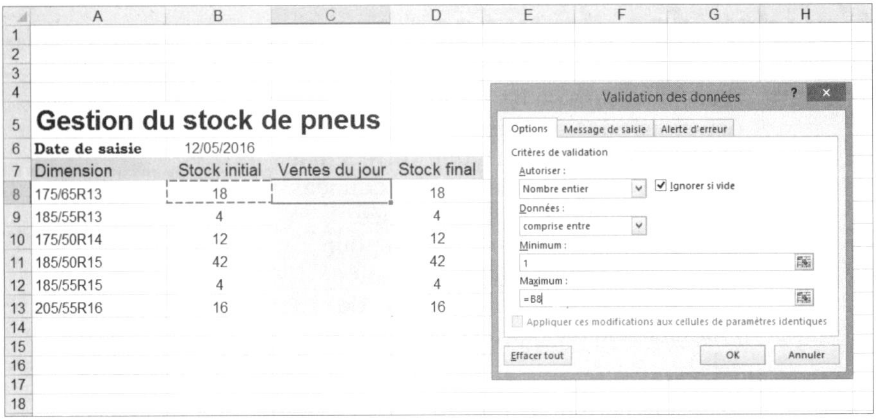

Figure 9.11 : Choix du type et de la plage de données que la cellule peut accepter.

4. **Dans la liste Autoriser, choisissez une des options suivantes :**

   - Tout : L'utilisateur peut taper n'importe quoi.
   - Nombre entier : N'accepte que des nombres entiers comme 47 et 903.
   - Décimal : Accepte les nombres entiers et décimaux comme 48,01 ou 1,00.
   - Liste : Permet de définir une liste de données valides.
   - Date : N'accepte que les dates.
   - Heure : N'accepte que les heures.
   - Longueur du texte : Définit un nombre maximal et minimal de caractères acceptés.
   - Personnalisé : Permet de définir une formule qui spécifie des données valides.

   En fonction du critère de validation choisi, vous devrez peut-être définir des valeurs Minimum et Maximum, égales à un certain

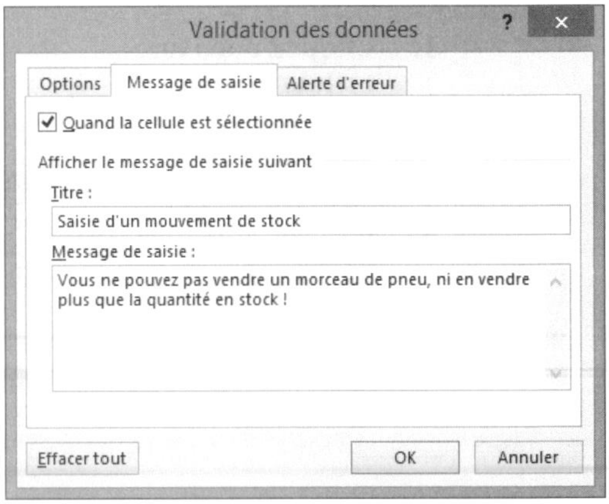

Figure 9.12 : Dans le champ Message de saisie, indiquez ce qui s'affichera quand un utilisateur sélectionnera la cellule.

chiffre, inférieures ou encore supérieures.

5. **Cliquez sur l'onglet Message de saisie, comme à la Figure 9.12.**

6. **Cliquez dans le champ Titre, et donnez un titre.**

7. **Dans le champ Message de saisie, tapez le message qui s'affichera lorsque quelqu'un sélectionnera cette cellule particulière.**

8. **Cliquez sur l'onglet Alerte d'erreur, comme à la Figure 9.13.**

Figure 9.13 : Définissez le message d'erreur devant s'afficher quand un utilisateur entre des données invalides dans la cellule.

9. **Dans la liste Style, choisissez l'icône d'alerte qui doit s'afficher, comme Arrêt, Avertissement, ou Informations.**

10. **Dans le champ Titre, donnez un titre à votre message d'alerte.**

11. **Dans la zone Message d'erreur, saisissez le message que lira l'utilisateur quand il entrera des données invalides.**

12. **Cliquez sur OK.**

Une fois que vous avez défini une validation de données pour une cellule, il est possible de supprimer cette règle. Voici comment procéder :

13. **Cliquez dans la cellule qui contient la règle de validation des données.**

14. **Cliquez sur l'onglet Données.**

15. **Cliquez sur le bouton Validation des données.**

16. **Dans la boîte de dialogue éponyme, cliquez sur le bouton Effacer tout.**

    Excel supprime toute règle de validation des données de la cellule concernée.

Valeur cible

Généralement, après avoir mis en place une formule, vous pouvez modifier les valeurs des cellules auxquelles elle se réfère afin d'obtenir un autre résultat. La fonction Valeur cible permet d'indiquer à Excel la valeur que vous désirez obtenir. Excel se charge alors de modifier comme il se doit les valeurs d'entrée de la formule.

Supposez une formule qui calcule votre commission en tant que vendeur de voitures. Vous créez d'abord une formule pour calculer la commission en fonction du prix de vente d'une voiture et du nombre de voitures vendues au cours de la période. Avec la commande Valeur cible, vous spécifiez comme paramètre le montant de la commission désirée, et Excel recalcule de lui-même le prix de vente requis et/ou le nombre de voitures que vous devez écouler. Vous indiquez la valeur à atteindre, et Excel cherche à partir de quelles valeurs y parvenir.

Dans l'exemple qui suit, nous travaillons sur le taux de marque (à ne pas confondre avec le taux de marge). Le prix de vente est imposé et nous voulons récolter 20 % de ce prix de vente. Pour y parvenir, il faut trouver le prix d'achat maximum qu'il nous faudra négocier. Voici comment utiliser une Valeur cible :

1. **Cliquez dans la cellule contenant la formule qui produit la valeur cible.**

2. **Cliquez sur l'onglet Données.**

3. **Dans le groupe Outils de données, cliquez sur le bouton Analyse de scénario.**

   Un menu s'affiche, comme à la Figure 9.14.

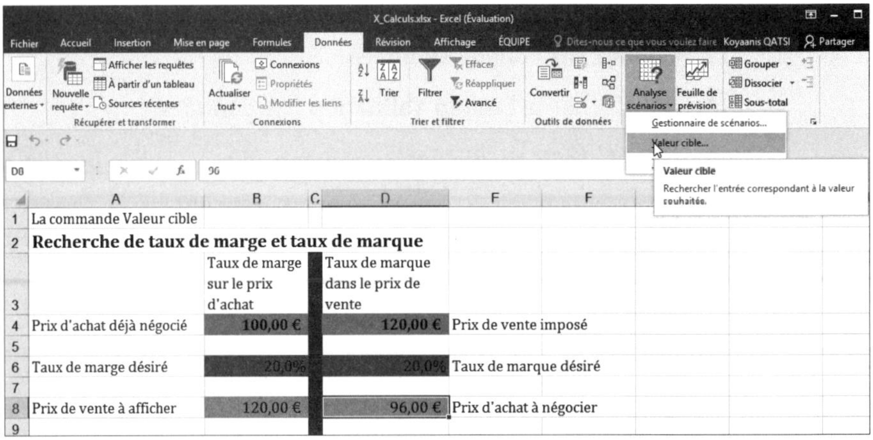

Figure 9.14 : Le bouton Analyse de scénario renferme la commande Valeur cible.

4. **Cliquez sur Valeur cible.**

   La boîte de dialogue éponyme apparaît (Figure 9.15).

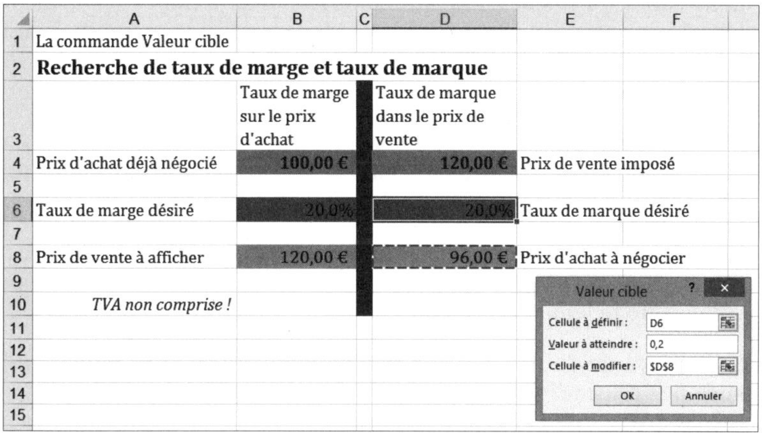

Figure 9.15 : Définissez vos objectifs dans une cellule contenant une formule.

5. **Puisque vous aviez sélectionné la cellule réceptrice, son adresse est déjà proposée dans le premier champ. Vérifiez que c'est ce que vous voulez puis, dans le champ Valeur à atteindre, tapez la valeur qui doit résulter de l'évaluation de la formule sélectionnée à l'Étape 1.**

6. **Cliquez dans le champ Cellule à modifier, puis cliquez sur la cellule qui contient les données utilisées par la formule de la cellule cible. C'est la valeur source.**

   Dans notre exemple, c'est le prix d'achat qu'il faudra négocier pour espérer le taux de marque demandé. Excel affiche la référence de cette cellule, par exemple B5.

7. **Cliquez sur OK.**

   La boîte de dialogue État de la recherche apparaît, indiquant que la valeur a été trouvée (Figure 9.16). Vous pouvez valider pour remplacer l'ancienne valeur par celle calculée ou annuler pour ne rien changer à la valeur source.

8. **Cliquez sur OK pour garder ces modifications ou sur Annuler pour revenir à la valeur d'origine.**

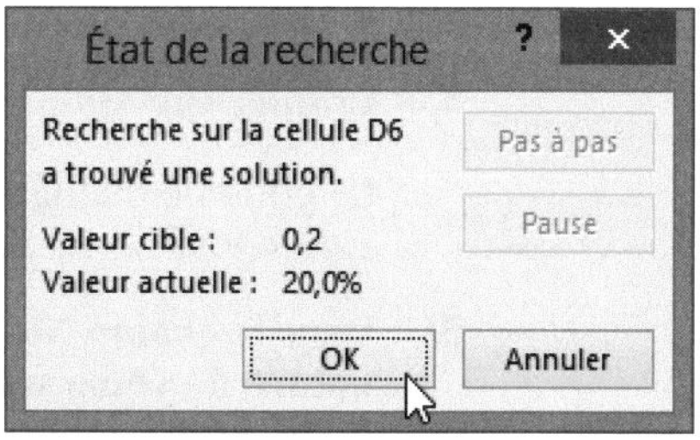

Figure 9.16 : La boîte de dialogue État de la recherche indique que la valeur cible est atteinte.

Exploiter des scénarios

Les feuilles de calcul contiennent surtout des données recueillies, qui font donc partie du passé. Grâce à des formules, vous pouvez en tirer des tendances pour l'avenir. Vous pouvez ainsi savoir ce qui vous attend dans telle et telle circonstance et réagir en conséquence.

Mais parfois vous aurez besoin de tester plusieurs hypothèses, ce qui suppose de créer plusieurs variantes en modifiant les formules et les valeurs. Une solution pratique consiste à définir des scénarios.

Un *scénario* suppose de définir un jeu de valeurs pour en calculer un résultat, sans perdre la possibilité de retrouver les données saisies au départ dans les cellules de la feuille de calcul.

Le concept de scénario est un peu l'inverse de celui de valeur cible : vous spécifiez plusieurs jeux de valeurs d'entrée et Excel calcule plusieurs valeurs résultantes.

Créer un scénario

Pour pouvoir créer un scénario, il faut disposer d'une feuille de calcul contenant des données et des formules. La création du scénario consiste à spécifier les valeurs à intégrer dans une ou plusieurs cellules exploitées dans les calculs.

Voici comment créer un scénario :

1. **Cliquez sur l'onglet Données.**
2. **Dans le groupe Outils de données, cliquez sur le bouton Analyse de scénario.**
3. **Dans le menu local, cliquez sur Gestionnaire de scénarios.**

   La boîte de dialogue éponyme apparaît.

4. **Cliquez sur Ajouter.**

   La boîte de dialogue Ajouter un scénario s'affiche, comme à la Figure 9.17.

5. **Dans le champ Nom du scénario, saisissez un nom décrivant la nature de votre scénario comme hypothèse pessimiste ou hypothèse optimiste.**
6. **Cliquez dans le champ Cellules variables.**

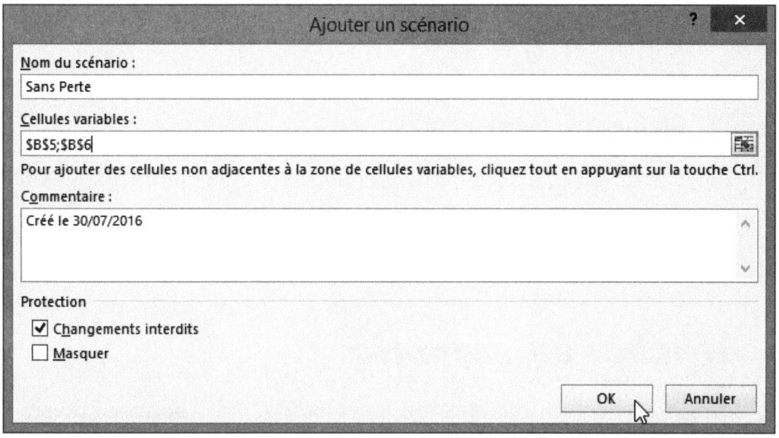

Figure 9.17 : Nommez le scénario, spécifiez les cellules à modifier et ajoutez un commentaire.

7. **Cliquez dans une cellule de votre feuille de calcul dont vous souhaitez faire varier la donnée. Pour sélectionner plusieurs cellules, maintenez la touche Ctrl enfoncée, et cliquez sur les cellules en question.**

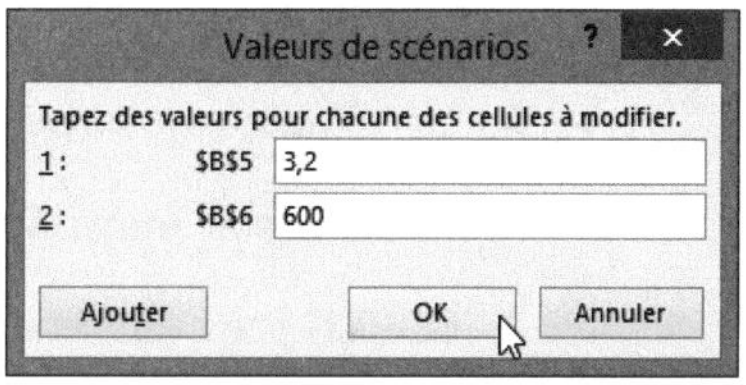

Figure 9.18 : Tapez de nouvelles valeurs pour les cellules sélectionnées.

8. **Dans la zone Commentaire, ajoutez quelques explications sur la fonction de ce scénario.**

9. **Cliquez sur OK.**

   La boîte de dialogue Valeurs de scénarios apparaît, comme à la Figure 9.18.

10. **Indiquez une nouvelle valeur pour chaque cellule.**

11. **Cliquez sur OK.**

   La boîte de dialogue Gestionnaire de scénarios réapparaît dans la configuration représentée à la Figure 9.19.

12. **Cliquez sur Afficher.**

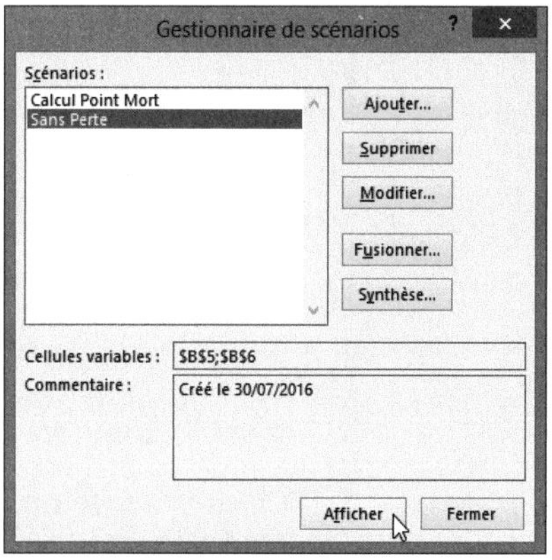

Figure 9.19 : La boîte de dialogue Gestionnaire de scénarios permet d'ajouter, d'afficher, de modifier ou de supprimer des scénarios.

Excel remplace les données initiales des cellules sélectionnées pour le scénario par celles saisies dans la boîte de dialogue Valeurs de scénarios.

13. **Cliquez sur Fermer.**

    Les données du scénario restent dans votre feuille de calcul.

Pour réinstaurer les valeurs de départ, vous pouvez vous servir de la commande Annuler (raccourci Ctrl Z).

Afficher un scénario

Après avoir créé un ou plusieurs scénarios, vous pouvez choisir celui à afficher dans Excel de manière à appréhender des hypothèses particulières d'évolution de vos données. Pour afficher un scénario :

1. **Cliquez sur l'onglet Données.**
2. **Dans le groupe Outils de données, cliquez sur Analyse de scénario.**
3. **Dans le menu local, choisissez Gestionnaire de scénarios.**
4. **Cliquez sur le nom du scénario à afficher.**
5. **Cliquez sur Afficher.**
6. **Cliquez sur Fermer.**

Modifier un scénario

Après avoir créé un scénario, vous pouvez le modifier comme et quand bon vous semble. Voici la procédure à suivre :

1. **Cliquez sur l'onglet Données.**
2. **Dans le groupe Outils de données, cliquez sur Analyse de scénario.**
3. **Dans le menu local, choisissez Gestionnaire de scénarios.**
4. **Cliquez sur le nom du scénario à modifier, puis sur le bouton Modifier.**

   La boîte de dialogue Modifier un scénario apparaît.

5. **(Facultatif) Changez le nom du scénario.**
6. **Cliquez dans le champ Cellules variables.**

Excel encadre avec des pointillés les cellules idoines de la feuille de calcul.

7. **Appuyez sur Retour arrière pour effacer la plage de cellules, ou bien maintenez la touche Ctrl enfoncée et cliquez sur des cellules à ajouter aux cellules préalablement spécifiées.**

8. **Cliquez sur OK.**

   La boîte de dialogue Valeurs de scénarios apparaît.

9. **Attribuez de nouvelles valeurs à vos cellules, et validez par un clic sur OK.**

   Le Gestionnaire de scénarios fait de nouveau son apparition.

10. **Cliquez sur le bouton Afficher pour voir les effets du scénario sur votre feuille de calcul. Vous pouvez cliquer sur Fermer pour quitter cette boîte de dialogue sans appliquer les modifications.**

Afficher une synthèse de scénarios

Si vous avez créé plusieurs scénarios, il peut être fastidieux de passer de l'un à l'autre pour apprécier les effets de chacun. D'ailleurs, procéder de la sorte peut générer une certaine confusion dans l'interprétation des informations. Pour éviter de vous perdre dans les hypothèses des scénarios, Excel permet de créer des synthèses.

Une *synthèse de scénarios* affiche vos données d'origine parallèlement à celles de vos scénarios. L'ensemble de ces informations est regroupé dans un tableau. Ainsi, la comparaison des hypothèses est bien plus simple, comme le montre la Figure 9.20.

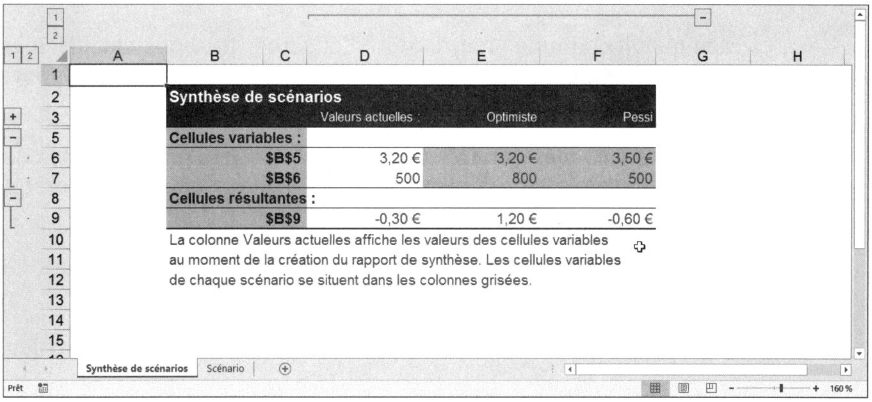

Figure 9.20 : Une synthèse de scénarios compare les valeurs d'origine avec celles de vos hypothèses, rendant l'analyse bien plus facile à réaliser.

Pour créer une synthèse :

1. **Cliquez sur l'onglet Données.**
2. **Cliquez sur le bouton Analyse de scénario.**
3. **Dans le menu local, cliquez sur Gestionnaire de scénarios.**
4. **Cliquez sur le bouton Synthèse.**

   La boîte de dialogue Synthèse de scénarios apparaît, comme à la Figure 9.21.

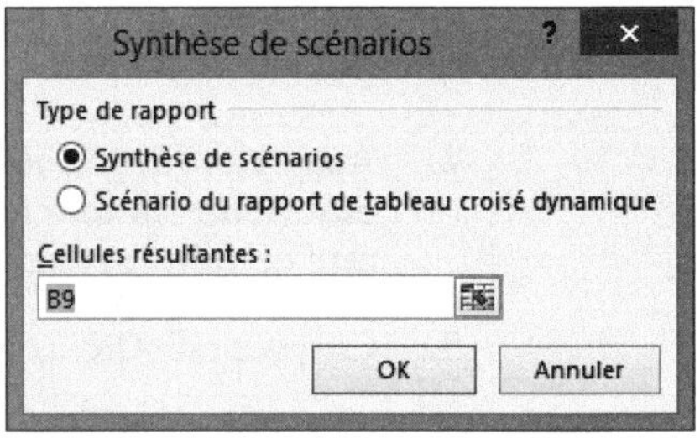

Figure 9.21 : Définissez ici le type de synthèse à créer.

5. **Activez le bouton radio Synthèse de scénarios.**
6. **Cliquez dans le champ Cellules résultantes, puis, dans la feuille de calcul, cliquez sur la cellule contenant la formule qui calcule l'ensemble des données des cellules de vos scénarios.**
7. **Cliquez sur OK.**

Vérifier les formules

Les résultats de vos feuilles de calcul ne sont valables que si vous y entrez les bonnes données et que vous créez les formules correctes. Remplir une feuille de calcul de données incohérentes ne pourra produire qu'un mauvais résultat qui aboutira à une analyse erronée de ces informations ou à un message d'erreur. Le pire qui puisse arriver est de fournir les bonnes données, mais des mauvaises formules. Le résultat ne saurait en aucun cas être juste.

Bien qu'Excel donne l'impression d'effectuer les bons calculs, il est conseillé de les vérifier. Voici les erreurs les plus rencontrées dans l'élaboration de formules :

- **Données manquantes :** La formule n'utilise pas toutes les données nécessaires au calcul du résultat. C'est souvent le cas lorsque l'on oublie une ligne de valeurs dans le calcul d'un total.
- **Données incorrectes :** La formule n'utilise pas les bonnes cellules de données.
- **Calculs incorrects :** Votre formule effectue un mauvais calcul.

Si une formule effectue un calcul incorrect, c'est qu'elle est elle-même incorrecte. Par exemple, vous vouliez ajouter deux chiffres, et par erreur vous avez inséré le symbole de multiplication. Pour vérifier une formule, entrez des données dont vous connaissez le résultat. Par exemple, vous saisissez 4 et 7 dans une formule d'addition. Si vous obtenez 28, c'est que vous avez multiplié et non pas additionné ces deux chiffres.

Si votre formule est correcte, mais que le résultat ne l'est pas, vous avez probablement sélectionné les mauvaises données, c'est-à-dire les mauvaises cellules. Pour vous aider à retrouver les bonnes données, Excel propose des fonctions d'audit qui affichent les cellules fournissant les données à vos formules. Grâce à cela, vous pouvez :

- Vous assurez que vos formules utilisent les données des bonnes cellules.
- Identifier instantanément si une formule peut être corrigée si vous modifiez une référence de cellule.

Découvrir où une formule lit ses données

Si une formule collecte ses données dans de mauvaises cellules, elle ne pourra jamais calculer le bon résultat. En surveillant une formule, vous voyez toutes les cellules qu'elle utilise pour collecter ses données.

Toute cellule qui fournit des données à une formule est appelée *antécédent*.

Pour repérer une formule :

1. **Cliquez sur une cellule contenant la formule à vérifier.**
2. **Cliquez sur l'onglet Formules.**
3. **Dans le groupe Vérification des formules, cliquez sur Repérer les antécédents.**

   Excel trace des flèches montrant les cellules qui fournissent les données à la formule, comme le montre la Figure 9.22.
4. **Cliquez sur le bouton Supprimer les flèches pour masquer les flèches de vérification.**

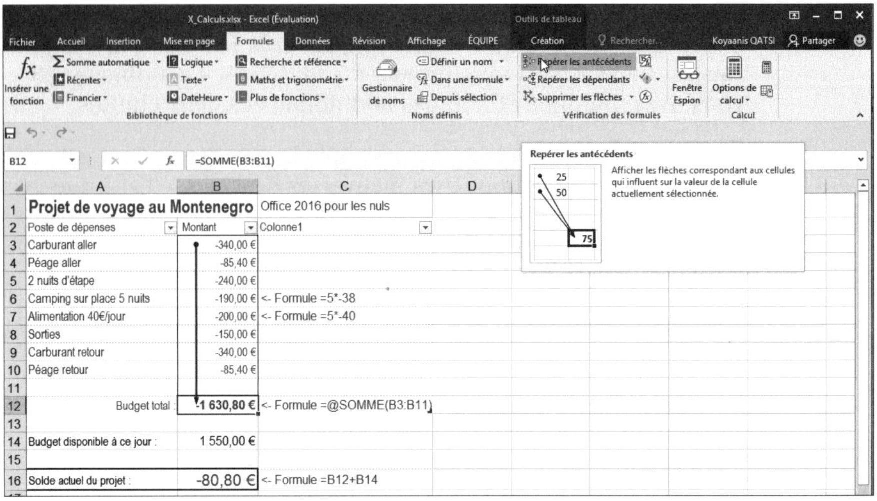

Figure 9.22 : Excel montre les antécédents de la formule.

Trouver la formule qu'une cellule peut altérer

Vous serez parfois surpris de voir comme une cellule particulière peut affecter une formule stockée dans votre feuille de calcul. Il est très facile d'identifier les formules qui sont affectées par cette cellule particulière.

NOTE TECHNIQUE

Toute formule recevant les données d'une cellule est un *dépendant*.

Voici comment trouver une ou plusieurs formules affectées par une cellule :

1. **Cliquez dans une cellule contenant des données (ne cliquez pas dans la cellule de la formule).**

2. **Cliquez sur l'onglet Formules.**

3. **Cliquez sur Repérer les dépendants.**

   Excel trace une flèche pointant vers la formule qui dépend de cette valeur, comme à la Figure 9.23. Vous en déduisez alors que si vous modifiez la valeur contenue dans cette cellule, la formule affichera un résultat différent.

4. **Cliquez sur le bouton Supprimer les flèches pour masquer les flèches de vérification.**

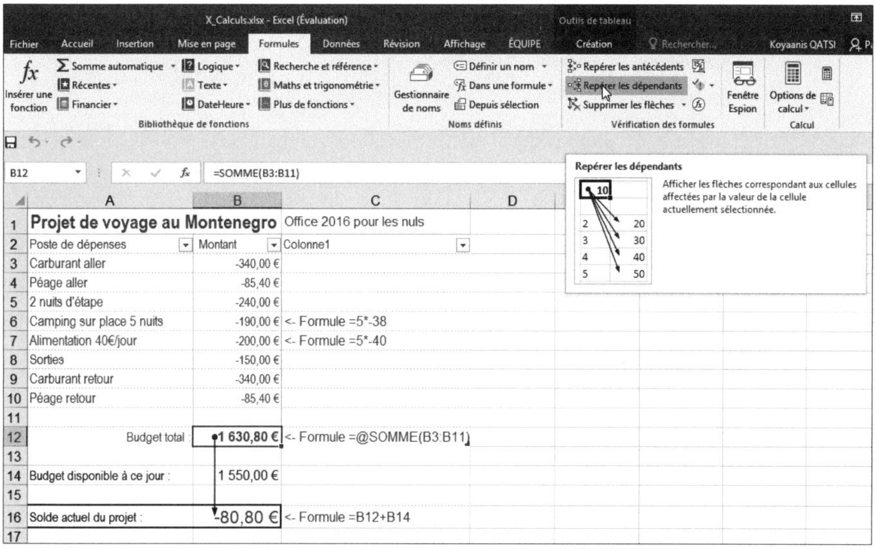

Figure 9.23 : Excel peut identifier les formules qui utilisent les données d'une ou plusieurs cellules.

Vérifier les erreurs

Lorsque vous créez de grandes feuilles de calcul contenant de nombreuses données et formules, il est parfois difficile de localiser une erreur, comme une formule qui divise un nombre par une valeur absente de la cellule de référence.

Heureusement, Excel peut identifier de nombreuses sortes d'erreurs en suivant ces étapes :

1. **Cliquez sur l'onglet Formules.**
2. **Dans le groupe Vérification des formules, cliquez sur l'icône Vérification des erreurs.**

   Excel affiche la boîte de dialogue illustrée à la Figure 9.24 et dans laquelle il met en évidence les erreurs rencontrées.
3. **Cliquez sur les options Précédent et Suivant pour rechercher d'autres erreurs.**
4. **Une fois que vous avez terminé, cliquez sur le bouton de fermeture de la boîte de dialogue.**

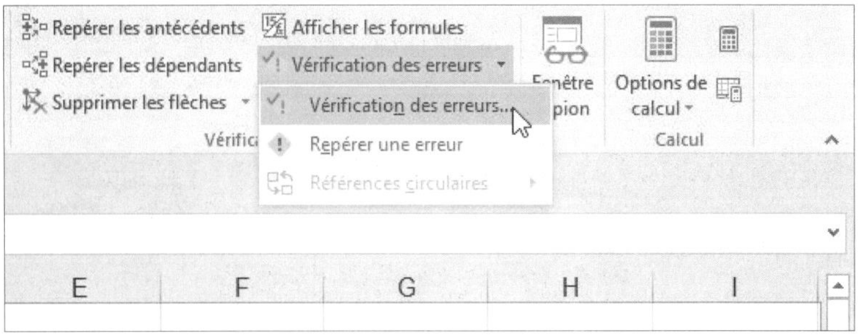

Figure 9.24 : Excel identifie les erreurs d'une feuille de calcul.

5. **Cliquez dans une cellule qui contient une erreur.**
6. **Ouvrez le menu local Vérification des erreurs.**
7. **Cliquez sur Repérer une erreur.**

   Excel affiche des flèches sur la feuille de calcul. Elles permettent d'identifier les cellules qui causent le problème.

8. **Cliquez sur l'icône Supprimer les flèches du groupe Vérification des formules.**

Chapitre 10

Graphiques et analyse des données

Dans ce chapitre :

- Comprendre les composants d'un graphique.
- Créer un graphique.
- Modifier un graphique.
- Modifier les éléments d'un graphique.
- Manipuler les tableaux croisés dynamiques.

Si vous travaillez depuis longtemps sur une feuille de calcul Excel, vous vous êtes inévitablement posé cette question : « Que signifient tous ces chiffres ? »

Pour vous aider à analyser et à comprendre la signification des lignes et des colonnes, Excel sait représenter les données sous plusieurs formes, et notamment sous forme graphique. Les graphiques ou diagrammes Excel peuvent prendre des aspects très divers en fonction des données que vous manipulez et souhaitez interpréter. La représentation graphique de vos données permet d'en comprendre les tendances en un clin d'œil.

Comprendre les composants d'un graphique

Pour créer un graphique permettant de bien visualiser vos données, il est impératif d'en comprendre les différents composants (Figure 10.1) :

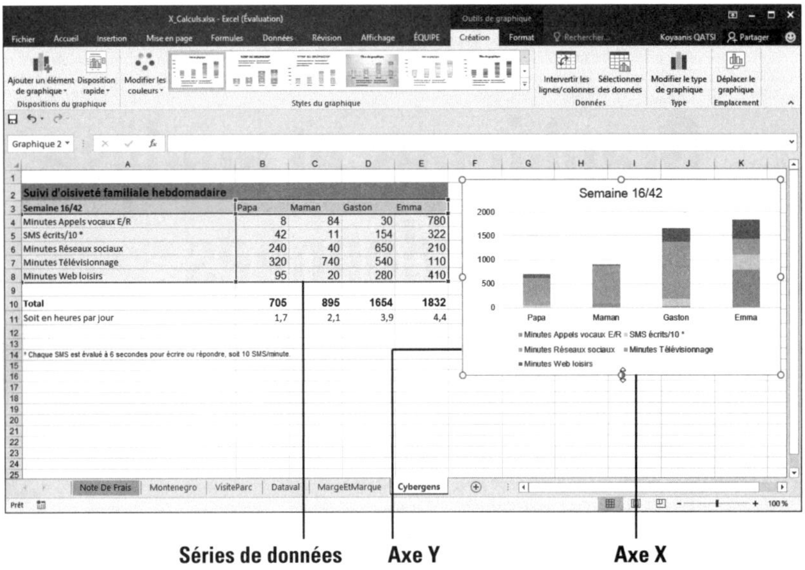

Figure 10.1 : Chaque partie d'un graphique Excel donne des informations sur vos données.

- **Séries de données :** Les données numériques utilisées par Excel pour créer le graphique.
- **Axe X :** Définit la largeur du graphique.
- **Axe Y :** Définit la hauteur du graphique.
- **Légende :** Texte identifiant chaque partie du graphique.
- **Titre :** Spécifie la finalité du graphique.

En général, les graphiques utilisent deux séries de données. Par exemple, une série peut correspondre au prix total des ventes mensuelles de produits et une autre au nom des produits.

Dans un tel graphique, l'axe Y indique le total des montants, et l'axe X présente le nom des produits. Chaque mois est alors représenté sur le graphique sous la forme d'une couleur particulière : par exemple, bleu pour janvier, rouge pour février et vert pour mars. Ainsi, en un coup d'œil, vous savez combien a rapporté la vente de tel produit sur tel mois, et même quel est le montant total des ventes de ce produit sur un certain nombre de mois.

Si vous regardez le graphique de la Figure 10.1, vous identifiez facilement :

- le montant des ventes sur les trois premiers mois de l'année;
- les types de produits concernés;

- la tendance des ventes par mois et par produit.

Sans cette représentation graphique, l'analyse du contenu de la feuille de calcul est bien plus complexe à faire. Il serait dommage de se priver des graphiques quand on sait qu'ils sont tellement simples à générer.

Le graphique de la Figure 10.1 est appelé *histogramme*. Excel propose de nombreux autres types de graphiques, comme le montre la Figure 10.2.

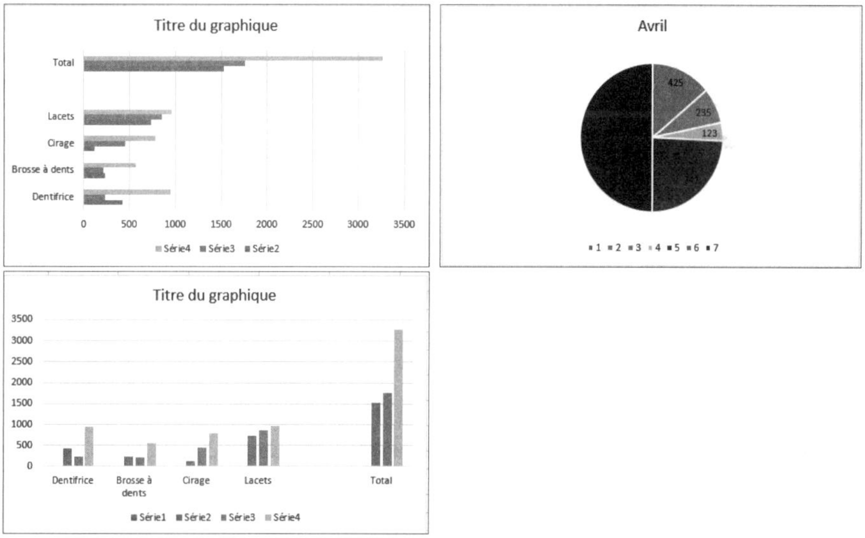

Figure 10.2 : Graphiques très utilisés dans Excel.

- **Colonnes :** Affiche les données sous la forme de colonnes disposées verticalement. Utile pour comparer deux éléments comme des ventes mensuelles ou des ventes par agent commercial.
- **Courbes :** Affiche les quantités par ligne. Montre les plus hautes valeurs d'un graphique à colonnes.
- **Aires :** Ressemble à un graphique à lignes à cette différence qu'il remplit de couleurs la partie du graphique située sous chaque ligne.
- **Barres :** Graphiques à colonnes pivotés sur le côté afin de montrer la longueur des barres de gauche à droite.
- **Secteurs :** Compare plusieurs éléments en relation avec l'ensemble des données. Ainsi, la vente de produits crée le pourcentage des bénéfices d'une société.

N'OUBLIEZ PAS !

Excel peut créer des graphiques 2D ou 3D. Un graphique 3D peut paraître fort sympathique. Toutefois, dans bien des cas, il complexifie l'analyse des données. En représentation 2D, les données sont bien plus claires.

TRUC

Excel 2016 propose cinq nouveaux types de graphiques que nous présentons en fin de chapitre.

Créer un graphique

Avant de créer un graphique, vous devez entrer des nombres et des étiquettes d'identification de vos données. Sinon, Excel sera incapable de générer un graphique cohérent et facile à analyser.

Voici comment créer un graphique :

1. **Sélectionnez les nombres et les étiquettes que vous souhaitez utiliser pour créer un graphique.**
2. **Cliquez sur l'onglet Insertion.**
3. **Des icônes de graphiques sont disponibles dans le groupe Graphiques.**
4. **Dans le groupe Graphiques, cliquez sur le type de graphique à créer comme En courbes ou en aires.**

   Une galerie de graphiques apparaît, comme à la Figure 10.3.

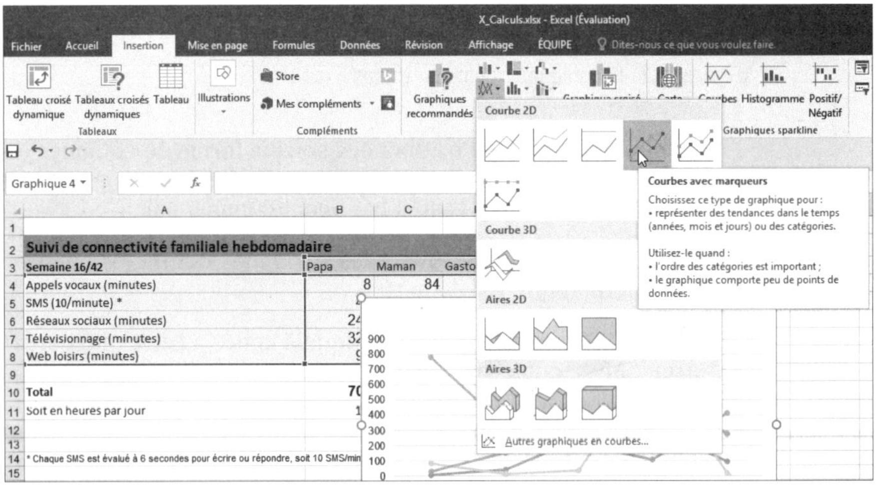

Figure 10.3 : Les variantes d'un type de graphiques.

5. **Cliquez sur un type de graphique (par exemple, Courbes avec marqueurs).**

   Comme vous le voyez à la Figure 10.4, Excel affiche les Outils de graphique.

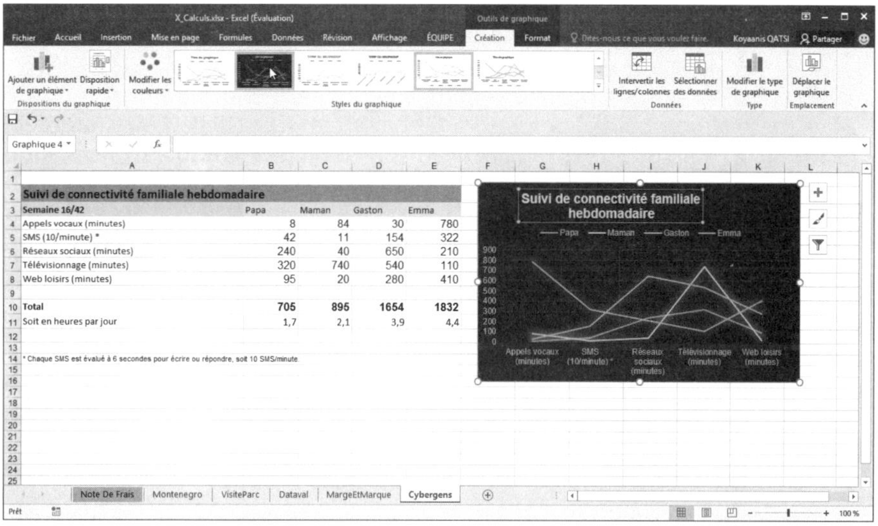

Figure 10.4 : Les Outils de graphique proposent de nombreuses commandes de modification de vos graphiques.

Si vous ne savez pas quel type de graphique permettra de bien représenter vos données, cliquez sur l'icône Graphiques recommandés. La boîte de dialogue Insérer un graphique apparaît comme à la Figure 10.5.

Modifier un graphique

Un graphique n'a pas une existence figée. Vous serez amené à le modifier. Cette modification peut consister en un déplacement du graphique sur la feuille de calcul, en la modification des données source, à celle des parties qui le composent (en choisissant un autre type de représentation), ou en modifiant du texte (comme le titre ou les légendes).

Déplacer un graphique sur la feuille de calcul

Lorsque vous créez un graphique, Excel l'affiche dans la partie droite de la feuille de calcul. Cet emplacement ne vous conviendra peut-être pas. Il est très facile de bouger un graphique. Contentez-vous de suivre ces étapes :

1. **Placez le pointeur de la souris sur le bord du graphique jusqu'à ce qu'il prenne la forme d'une flèche à quatre têtes.**

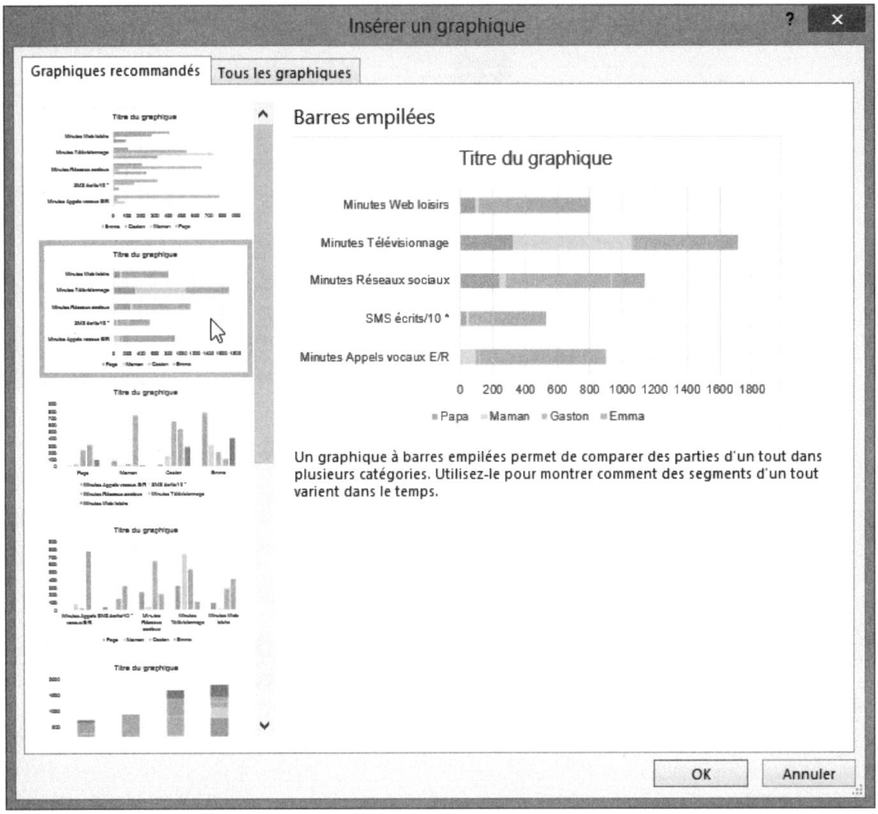

Figure 10.5 : La boîte de dialogue Insérer un graphique liste les graphiques recommandés pour représenter vos données.

2. **Maintenez enfoncé le bouton gauche de la souris et faites-la glisser.**

   Le graphique suit docilement le déplacement de votre souris.

3. **Placez le graphique où vous le souhaitez, puis relâchez le bouton gauche de la souris.**

Déplacer un graphique vers une nouvelle feuille de calcul

Pour faciliter la lecture d'une feuille de calcul, vous pouvez parfaitement bien placer un graphique sur une autre feuille. Le graphique se retrouve ainsi isolé des données qui en ont permis la conception.

Voici comment procéder :

1. **Cliquez sur le graphique à placer dans une autre feuille de calcul.**

   Les Outils de graphique apparaissent.

2. **Cliquez sur l'onglet Outils de graphique/Création.**

3. **Dans le groupe Emplacement à droite, cliquez sur le bouton Déplacer le graphique.**

   La boîte de dialogue Déplacer le graphique apparaît, comme à la Figure 10.6.

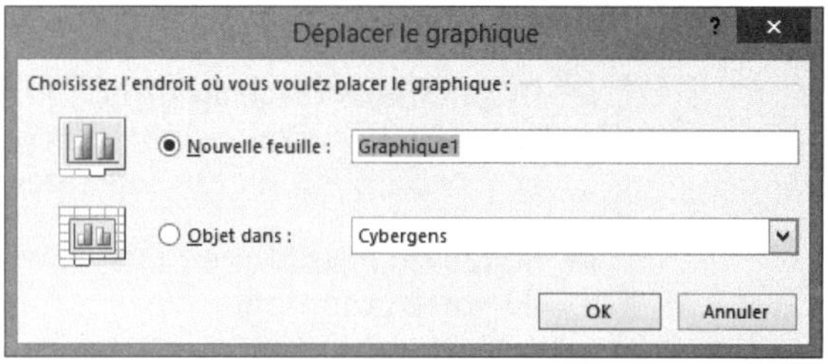

Figure 10.6 : Choisissez la feuille de calcul où vous désirez placer le graphique.

TRUC

   Une alternative consiste à cliquer sur le graphique avec le bouton droit de la souris. Dans le menu contextuel, choisissez Déplacer le graphique.

4. **Activez un des boutons radio suivants :**

   - *Nouvelle feuille :* Crée une nouvelle feuille de calcul pour l'occasion. Donnez-lui un nom.
   - *Objet dans :* Permet de sélectionner le nom d'une feuille de calcul existante.

5. **Cliquez sur OK.**

   Excel déplace votre graphique.

Redimensionner un graphique

En fonction de l'emplacement où il s'affiche, le graphique sera trop grand ou trop petit. Comme il est rare qu'un graphique soit à la bonne taille, redimensionnez-le de la manière suivante :

1. **Placez le pointeur de la souris sur un des angles du graphique. Il prend la forme d'une flèche diagonale à deux têtes.**

2. **Maintenez enfoncé le bouton gauche de la souris et faites-la glisser vers l'intérieur pour réduire la taille du graphique, ou vers l'extérieur pour l'augmenter.**

3. **Dès que la taille vous convient, relâchez le bouton de la souris.**

Utiliser les Outils de graphique

Dès que vous créez un graphique ou cliquez sur un graphique existant, Excel affiche les onglets des Outils de graphique. Ils sont répartis en cinq catégories :

- **Dispositions du graphique :** Permet de modifier les parties individuelles d'un graphique comme son titre, les étiquettes des axes X et Y ou la position des légendes.
- **Styles du graphique :** Propose différentes manières de modifier l'aspect de votre graphique.
- **Données :** Permet de sélectionner de nouvelles données source ou de permuter les données affichées sur les axes X et Y.
- **Type :** Permet de changer le type de graphique.
- **Emplacement :** Permet de déplacer votre graphique.

Changer de type de graphique

Une fois que vous avez créé un graphique, vous pouvez tester différentes façons de représenter vos données. Par exemple, vous passerez sans problème d'un graphique à secteurs à un graphique à barres. Voici comment changer de type de graphique :

1. **Cliquez sur le graphique dont vous désirez modifier le type.**

   Les Outils de graphique apparaissent.

2. **Cliquez sur l'onglet Création.**
3. **Dans le groupe Type, cliquez sur Modifier le type de graphique.**

   La boîte de dialogue éponyme apparaît, comme à la Figure 10.7.

4. **Cliquez sur un type de graphique comme Secteurs ou Histogramme.**

   La partie droite de la boîte de dialogue affiche des variantes du type de graphique sélectionné.

5. **Cliquez sur le type de graphique à appliquer.**
6. **Cliquez sur OK.**

   Excel affiche le nouveau graphique.

Si vous n'aimez pas votre graphique, appuyez immédiatement sur Ctrl + Z pour retrouver le graphique initial.

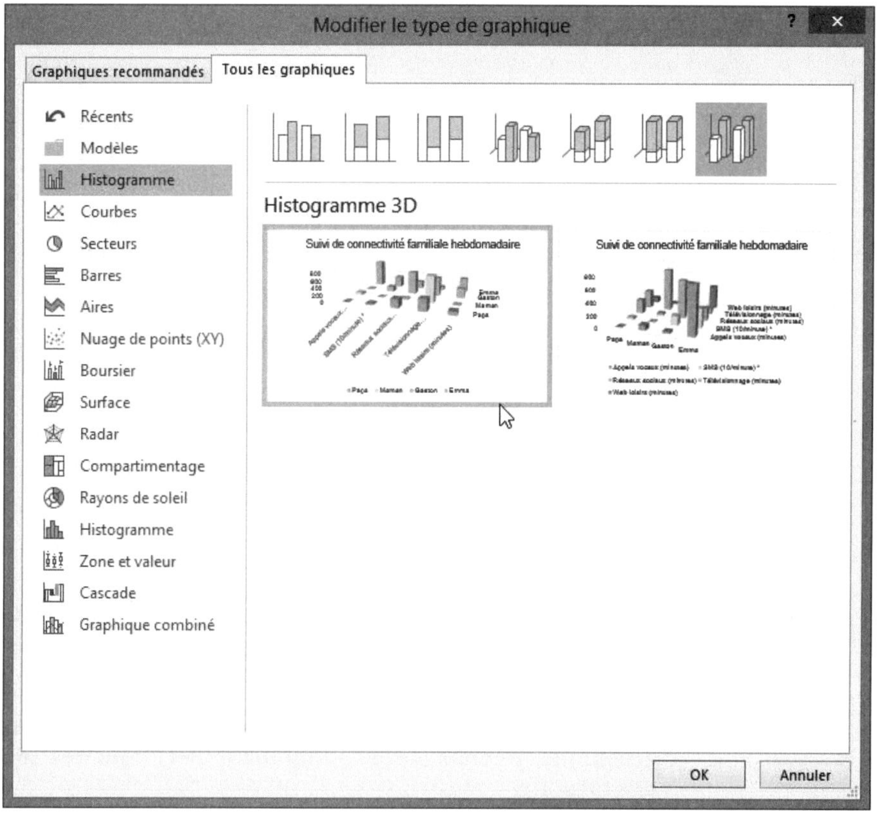

Figure 10.7 : La boîte de dialogue Modifier le type de graphique permet de choisir une autre représentation graphique de vos données.

Modifier les données source

L'autre manière de modifier l'apparence d'un graphique consiste à changer ses *données source*, c'est-à-dire les cellules qui contiennent les valeurs utilisées lors de la création du graphique. Voici comment procéder :

1. **Cliquez sur le graphique à modifier.**

   Les Outils de graphique apparaissent.

2. **Cliquez sur l'onglet Création.**

3. **Dans le groupe Données, cliquez sur Sélectionner des données.**

La boîte de dialogue Sélectionner la source de données apparaît, comme à la Figure 10.8.

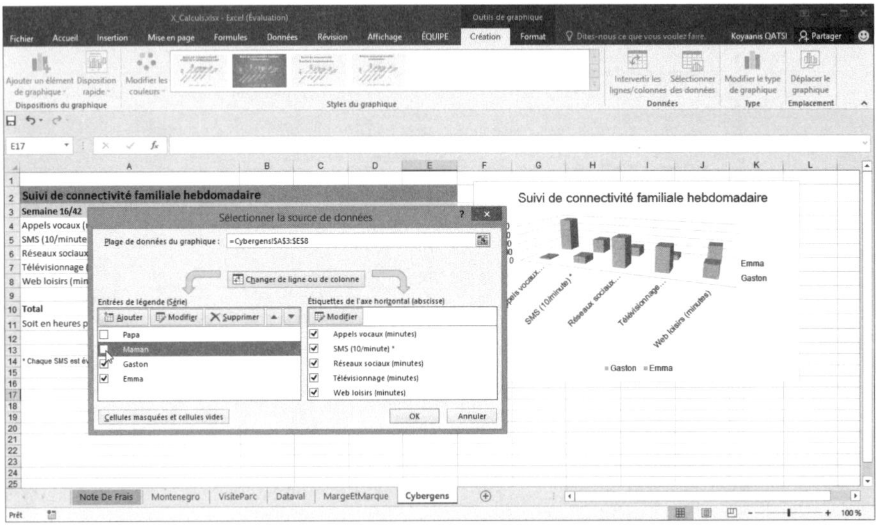

Figure 10.8 : Sélectionnez les données à représenter sous forme graphique.

4. **(Facultatif) Cliquez sur le bouton Développer/Réduire de la boîte de dialogue pour la réduire et ainsi afficher davantage de données de votre feuille de calcul.**

5. **Sélectionnez les cellules contenant les données qui serviront à créer le graphique, y compris celles contenant des étiquettes, des nombres et des formules.**

6. **Cliquez sur OK.**

   Excel affiche votre graphique en utilisant les données sélectionnées à l'Étape 5.

Intervertir les lignes et les colonnes

Lorsqu'Excel crée un graphique, il affiche les étiquettes des données sur les axes X et Y. Il est toutefois possible de les inverser. Voici comment procéder :

1. **Cliquez sur le graphique à modifier.**

   Les Outils de graphique apparaissent.

2. **Cliquez sur l'onglet Création.**

3. **Dans le groupe Données, cliquez sur Intervertir les lignes/colonnes.**

Excel permute les données des axes X et Y.

Modifier les éléments d'un graphique

Pour rendre un graphique plus informatif, vous pouvez lui ajouter du texte comme :

- un titre ;
- une légende ;
- des étiquettes de données ;
- des étiquettes d'axes ;
- des axes ;
- un quadrillage.

Excel peut masquer tout ou partie des éléments d'un graphique. Pour les modifier, voici la marche à suivre :

1. **Cliquez sur le graphique à modifier.**

   Les Outils de graphique apparaissent.

2. **Cliquez sur l'onglet Création.**
3. **Cliquez sur l'icône Ajouter un élément de graphique.**
4. **Un menu local propose différents éléments à ajouter, comme le montre la Figure 10.9.**

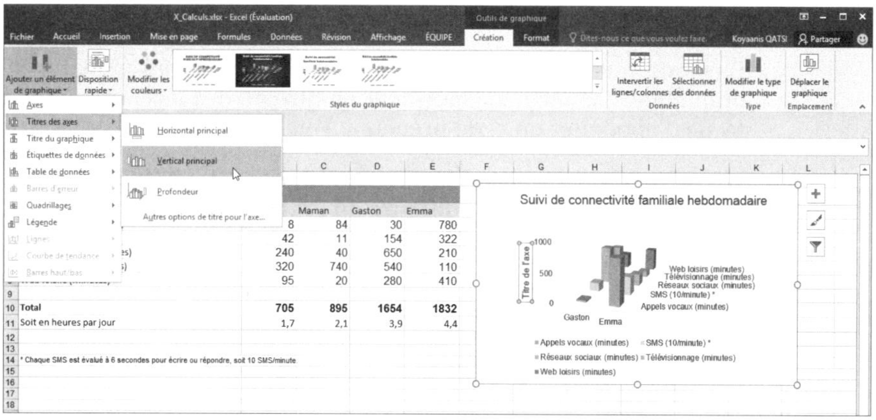

Figure 10.9 : Le menu local Ajouter un élément de graphique.

5. **Choisissez un élément comme Titres des axes.**

   Un sous-menu apparaît, comme à la Figure 10.10.

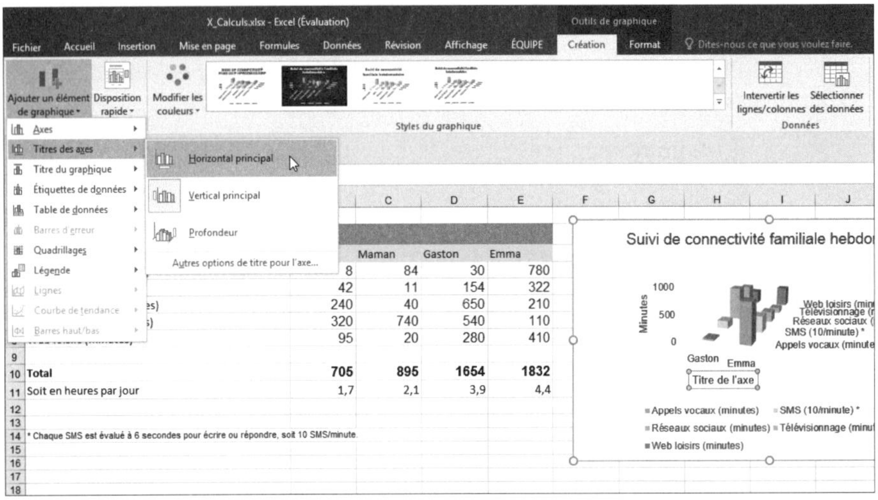

Figure 10.10 : Le sous-menu Titres des axes permet de placer des légendes dans différentes parties de votre graphique.

6. **Choisissez une option.**

   Lorsque vous placez le pointeur de la souris sur une option, Excel affiche un aperçu pour vous permettre de choisir en toute connaissance de cause.

Organiser la disposition d'un graphique

Bien que vous puissiez ajouter et modifier des parties individuelles d'un graphique, comme l'emplacement du titre ou des légendes, il est bien plus facile d'appliquer un style prédéfini. Voici comment procéder :

1. **Cliquez sur le graphique à modifier. Veillez à bien cliquer sur le cadre qui représente les contours du graphique.**

   Les Outils de graphique s'affichent.

2. **Cliquez sur l'onglet Création.**

3. **Dans le groupe Dispositions du graphique, cliquez sur le bouton Disposition rapide.**

   Une galerie apparaît, comme à la Figure 10.11.

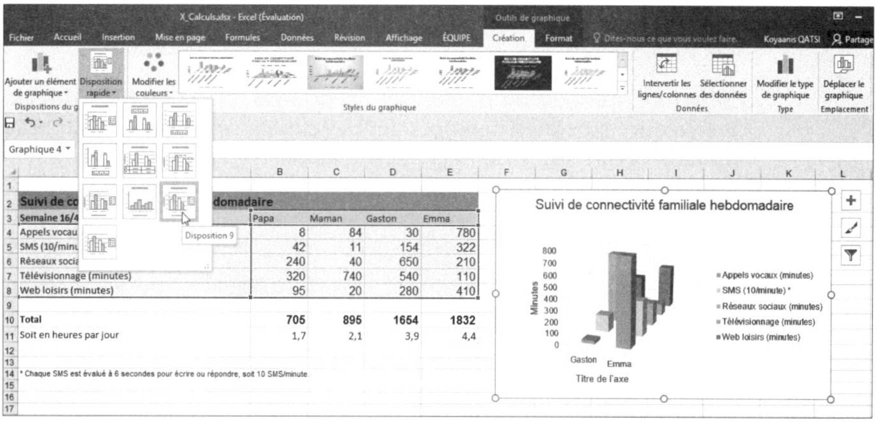

Figure 10.11 : Le menu local Disposition rapide affiche les différentes dispositions possibles du graphique inséré.

4. **Cliquez sur une disposition.**

   Excel change le graphique.

Supprimer un graphique

Bien qu'ils soient magnifiques, vous aurez peut-être besoin de supprimer vos graphiques :

1. **Cliquez sur le graphique à supprimer.**
2. **Appuyez sur la touche Suppr.**

TRUC

Vous pouvez également faire un clic droit sur le graphique et choisir Couper dans le menu contextuel.

Utiliser les Sparklines

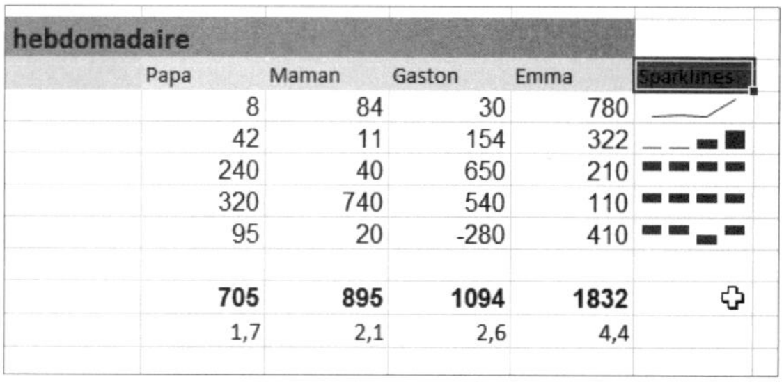

Figure 10.12 : Les trois types de graphiques Sparklines.

La création d'un graphique aide à visionner vos données. Mais parfois, ces graphiques sont surchargés de légendes, de titres, et leurs axes X et Y sont donc particulièrement encombrés. Les graphiques deviennent complexes à déchiffrer. Pour faciliter la lecture des données, Office 2010 ajoute à Excel la fonction Sparklines.

Cette fonction permet de voir, en un coup d'œil, la relation qui existe entre des valeurs stockées dans plusieurs cellules sous forme d'un graphique miniature. Une seule cellule va condenser l'analyse d'un certain nombre de données. Excel propose trois types de sparklines (Figure 10.12) :

- Courbes.
- Histogramme.
- Positif/Négatif.

Créer un sparkline

Voici comment afficher un graphique de ce type :

1. **Sélectionnez les cellules contenant les données à afficher sous la forme d'un graphique.**
2. **Cliquez sur l'onglet Insertion.**
3. **Dans le groupe Graphiques sparklines, cliquez sur Courbes, Histogramme, ou Positif/Négatif.**

   Une boîte de dialogue apparaît comme à la Figure 10.13.

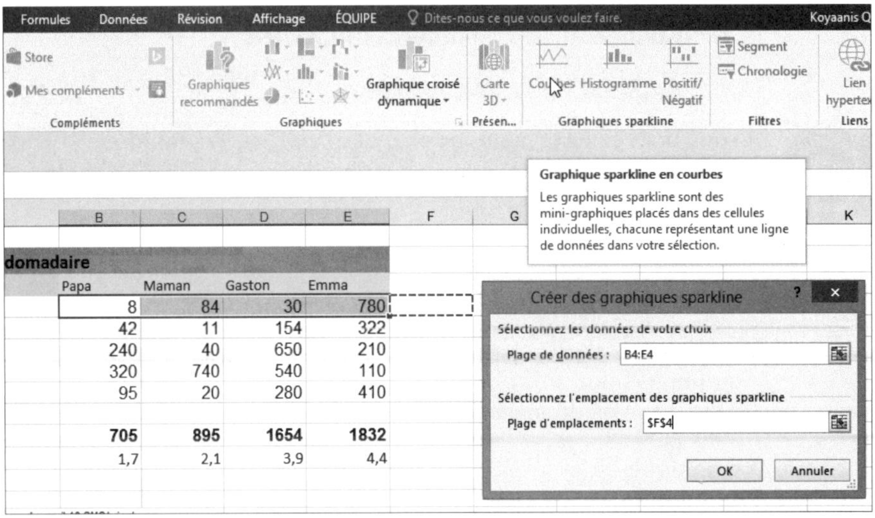

Figure 10.13 : La boîte de dialogue Créer des graphiques sparklines permet de définir les données qui seront représentées sous cette forme.

4. **Cliquez sur la cellule où vous désirez afficher le graphique.**

   Le champ Plage de données indique la plage en question.

5. **Cliquez sur OK.**

   Excel affiche l'analyse sous le type de graphique que vous avez sélectionné.

Personnaliser un graphique sparkline

Une fois que vous avez créé un ou plusieurs sparklines, il est possible de les modifier comme ceci :

1. **Cliquez sur la cellule contenant le graphique.**
2. **Cliquez sur l'onglet Création.**
3. **Dans le groupe Style, cliquez sur un des styles prédéfinis.**

   Cliquez sur le bouton Autres pour afficher la galerie des styles.

4. **Cliquez sur l'icône Couleur sparkline, et choisissez une couleur dans le nuancier qui apparaît.**
5. **Cliquez sur Couleur de marqueur.**

   Un menu local apparaît comme à la Figure 10.14.

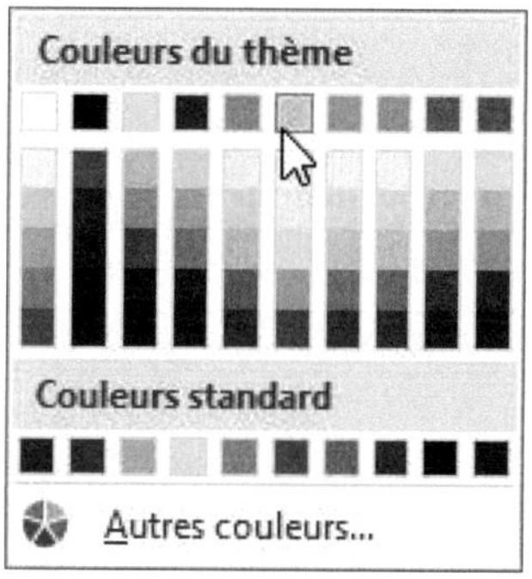

Figure 10.14 : L'icône Couleur de marqueur permet d'appliquer différentes couleurs aux parties du sparkline.

6. **Placez le pointeur de la souris sur une option comme Point bas ou Premier point.**

   Une palette de couleurs apparaît.

7. **Cliquez sur une couleur.**

   Votre sparkline s'affiche avec les modifications que vous lui avez apportées.

Supprimer un sparkline

Voici comment effacer de votre feuille de calcul un ou plusieurs sparklines :

1. **Cliquez sur une cellule en contenant un.**
2. **Cliquez sur l'onglet Création.**
3. **Dans le groupe Groupe, cliquez sur l'icône Effacer.**

   Le ou les sparklines sélectionnés disparaissent.

Organiser des listes dans des tableaux croisés dynamiques

Le concept de tableau croisé dynamique rebute bien des utilisateurs, si l'on en juge d'après les très nombreux tutoriels disponibles. Tant que les explications sont nébuleuses, le mystère reste entier. Nous partirons donc d'un exemple concret.

Supposons une situation très courante : vous êtes chargé en fin de mois de récolter les chiffres d'affaires de tous vos commerciaux. Chaque commercial ne vend qu'une gamme de produits et bien sûr dans un seul secteur géographique. Notre exemple compte :

- cinq secteurs géographiques (Nord, Est, Sud, Ouest et Export) ;
- quatre gammes de produits (Capteurs, Gaz industriels, Télémétrie et Maintenance) ;
- douze commerciaux ;
- pour chaque commercial, nous récupérons son C.A. et sa marge moyenne après négociation.

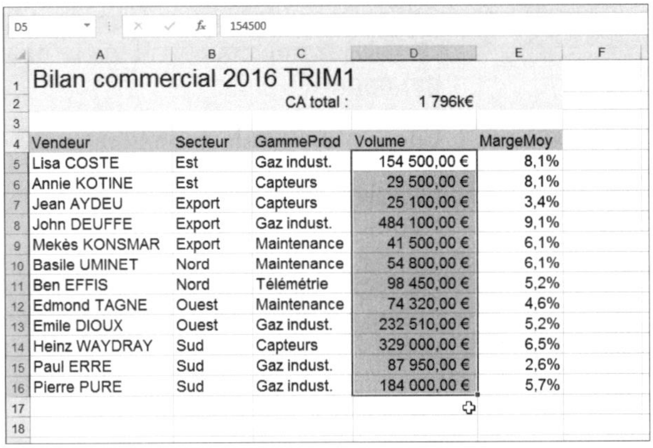

D5 154500

Bilan commercial 2016 TRIM1

CA total : 1 796k€

Vendeur	Secteur	GammeProd	Volume	MargeMoy
Lisa COSTE	Est	Gaz indust.	154 500,00 €	8,1%
Annie KOTINE	Est	Capteurs	29 500,00 €	8,1%
Jean AYDEU	Export	Capteurs	25 100,00 €	3,4%
John DEUFFE	Export	Gaz indust.	484 100,00 €	9,1%
Mekès KONSMAR	Export	Maintenance	41 500,00 €	6,1%
Basile UMINET	Nord	Maintenance	54 800,00 €	6,1%
Ben EFFIS	Nord	Télémétrie	98 450,00 €	5,2%
Edmond TAGNE	Ouest	Maintenance	74 320,00 €	4,6%
Emile DIOUX	Ouest	Gaz indust.	232 510,00 €	5,2%
Heinz WAYDRAY	Sud	Capteurs	329 000,00 €	6,5%
Paul ERRE	Sud	Gaz indust.	87 950,00 €	2,6%
Pierre PURE	Sud	Gaz indust.	184 000,00 €	5,7%

Figure 10.15 : Avant de créer un tableau croisé dynamique, vous devez structurer une feuille de calcul dont les colonnes identifient les données.

Ce tableau de données source est représenté en Figure 10.15.

Comment savoir rapidement le volume de ventes par secteur/région ? Par gamme de produits ?

C'est pour répondre à ce genre de questions qui suppose de faire pivoter les lignes et les colonnes qu'Excel propose sa fonction appelée Tableau croisé dynamique. Ce tableau est croisé parce que certaines colonnes deviennent les sources de sous-totaux automatiques et de regroupements, comme si un croisement avait été appliqué au tableau. Il est dit dynamique parce que son contenu est automatiquement actualisé quand vous modifiez les valeurs dans le tableau de départ.

TRUC

Le terme anglais pour tableau croisé dynamique est *Pivot table*, ce qui souligne bien le mécanisme de pivot entre lignes et colonnes.

Créer un tableau croisé dynamique

Un tableau croisé dynamique utilise comme guide de travail sur les données les en-têtes de colonnes et de lignes du tableau initial. Idéalement, chaque colonne de la feuille de calcul devrait identifier un type de données comme le nom des commerciaux, leur secteur géographique et le volume de ventes réalisées (Figure 10.15).

Une fois votre feuille de calcul créée avec des colonnes de données, voici comment concevoir un tableau croisé dynamique :

1. **Sélectionnez les cellules (y compris les étiquettes de colonnes) à inclure dans le tableau croisé dynamique.**

2. **Cliquez sur l'onglet Insertion.**

3. **Dans le groupe Tableau, cliquez sur Tableau croisé dynamique.**

   La boîte de dialogue Créer un tableau croisé dynamique apparaît, comme à la Figure 10.16.

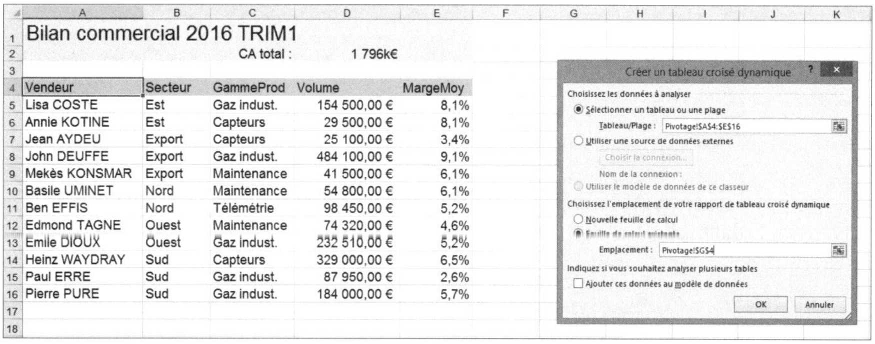

Figure 10.16 : Spécifiez les cellules à utiliser et choisissez un emplacement pour afficher votre tableau croisé dynamique.

4. **(Facultatif) Sélectionnez les cellules contenant les données à utiliser dans votre tableau croisé dynamique.**

   N'effectuez cette action que si vous n'avez pas sélectionné de cellules à l'Étape 1, ou que vous vous êtes trompé de cellules.

5. **Activez un des boutons radio suivants :**

   • *Nouvelle feuille de calcul :* Place le tableau croisé dynamique dans une nouvelle feuille de calcul.

   • *Feuille de calcul existante :* Affiche le tableau croisé dynamique dans la feuille de calcul en cours.

6. **Cliquez sur OK.**

   À l'instar de la Figure 10.17, Excel affiche le volet Champs de tableau croisé dynamique.

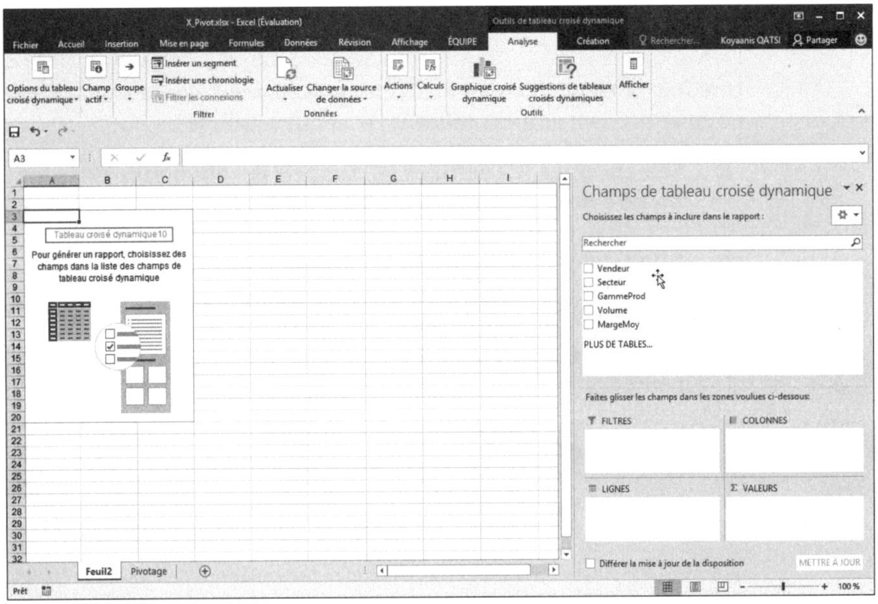

Figure 10.17 : Le volet Champs de tableau croisé dynamique permet de sélectionner les données qui seront affichées dans le tableau.

7. **Cochez les cases des champs à inclure dans le tableau croisé dynamique.**

   Chaque fois que vous cochez une case, Excel modifie l'affichage des données dans le tableau, comme le montre la Figure 10.18.

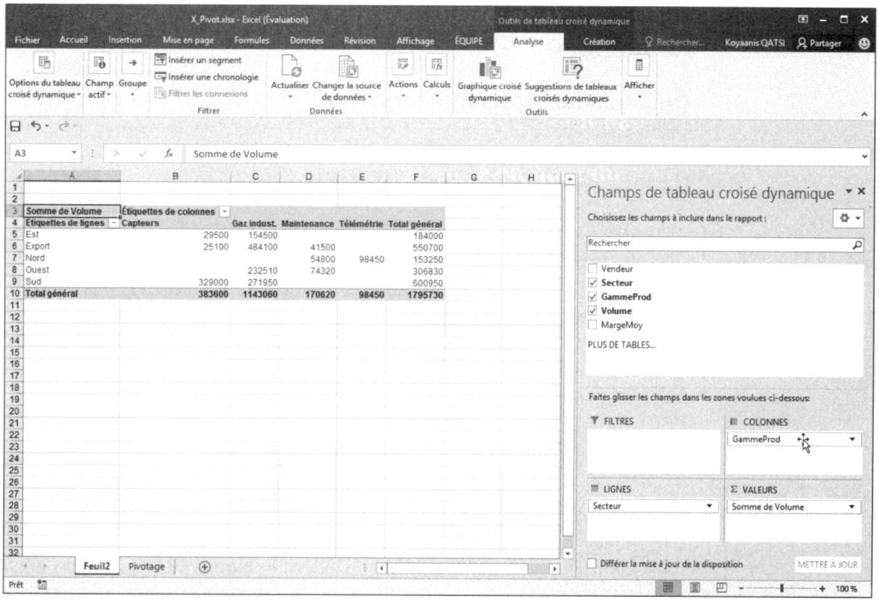

Figure 10.18 : L'ajout d'en-têtes de colonnes augmente le nombre de données présentées dans le tableau croisé dynamique.

Réorganiser les étiquettes d'un tableau croisé dynamique

Un tableau croisé dynamique réorganise les données selon les en-têtes de colonnes de votre feuille de calcul. Dans le tableau croisé dynamique, ces en-têtes deviennent des étiquettes de lignes. Le tableau de la Figure 10.18 présente les données par personne.

Il peut être intéressant de présenter les données selon les secteurs de chacun. Il vous faut alors modifier l'en-tête de colonne adéquat de manière que le tableau croisé dynamique utilise bien les dépenses pour organiser les données. Voici comment procéder :

1. **Cliquez sur le tableau croisé dynamique que vous souhaitez réorganiser.**

   Le volet Champs de tableau croisé dynamique apparaît avec un groupe nommé Lignes situé dans sa partie inférieure. Ce menu local Lignes affiche les noms des différentes catégories qui forment le tableau croisé dynamique, comme Secteur, Gamme de produits et Vendeur.

2. **Cliquez sur une étiquette du menu local Lignes.**

   Un menu local apparaît, comme à la Figure 10.19.

Sélectionnez une des options suivantes :

- *Monter :* Déplace l'étiquette d'un niveau vers le haut.
- *Descendre :* Déplace l'étiquette d'un niveau vers le bas.
- *Déplacer au début :* Fait de l'étiquette le critère dominant du tri des données.
- *Déplacer à la fin :* Fait de l'étiquette le dernier critère de tri des données.

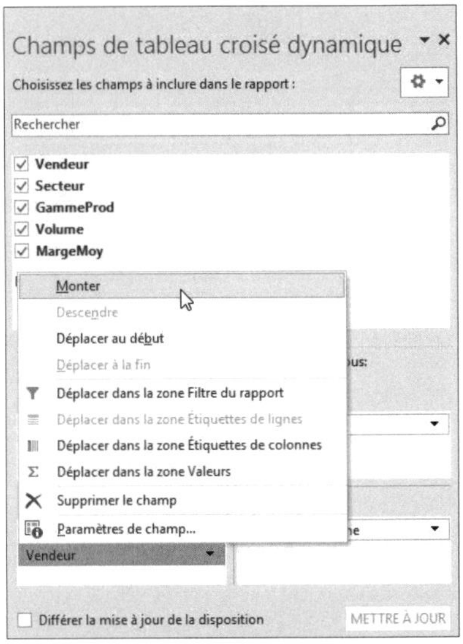

Figure 10.19 : La réorganisation des étiquettes d'un tableau croisé dynamique permet d'afficher vos données de différentes manières.

La Figure 10.20 montre deux manières d'organiser les mêmes données dans un tableau croisé dynamique.

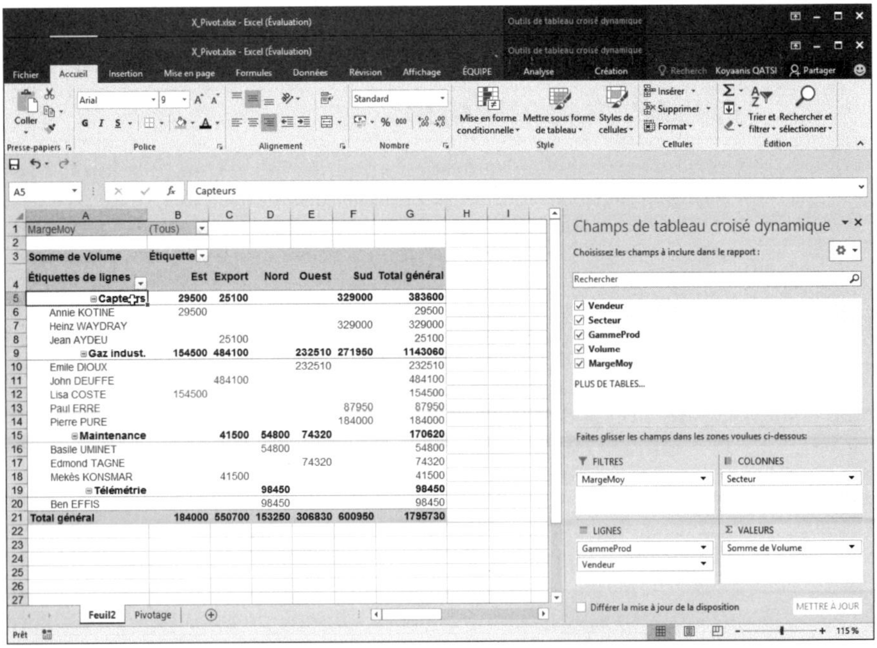

Figure 10.20 : Déplacer les étiquettes vers le haut ou le bas détermine l'organisation des données dans le tableau croisé dynamique.

Modifier un tableau croisé dynamique

Les étiquettes de lignes permettent d'organiser les données selon différents critères comme les ventes par région, puis par produit. Pour plus de souplesse dans l'analyse de vos données, vous pouvez convertir une étiquette de ligne en en-tête de colonne. La Figure 10.21 montre un tableau croisé dynamique où les étiquettes de lignes sont empilées en haut de chaque colonne, puis le même tableau où une étiquette de ligne (Produit) est devenue un en-tête de colonne.

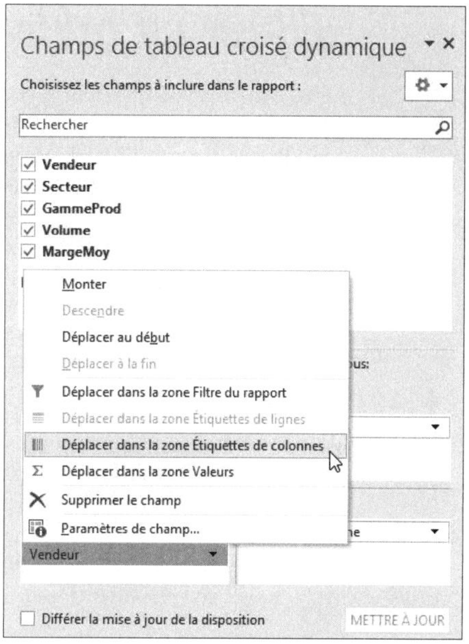

Figure 10.21 : Afficher des étiquettes de lignes sous forme d'en-têtes de colonnes permet de comparer les données d'une feuille de calcul de bien des manières.

Pour convertir des étiquettes de lignes en en-têtes de colonnes (ou vice versa) :

1. **Cliquez sur le tableau dynamique à modifier.**

   Le volet Champs de tableau croisé dynamique apparaît.

2. **Cliquez sur un en-tête dans le menu local Lignes situé dans la partie inférieure droite de l'interface.**
3. **Par exemple, cliquez sur Produit.**
4. **Choisissez Déplacer dans la zone Étiquettes de colonnes (ou Étiquettes de lignes si vous cliquez sur un en-tête de colonne).**
5. **Les étiquettes de produit apparaissent sous la forme de colonnes, et le menu local Colonnes du panneau Champs de tableau croisé dynamique affiche Produit.**

TRUC

Vous pouvez également faire glisser les en-têtes des Lignes vers des Colonnes, et réciproquement.

Filtrer un tableau croisé dynamique

Plus un tableau croisé dynamique contient d'informations, plus son analyse est complexe. Pour vous faciliter la tâche, Excel vous aide à filtrer les données de manière à n'accéder qu'à certaines informations comme les ventes réalisées par une personne ou le total des ventes des différents secteurs d'activité. Pour cela, vous devez masquer les étiquettes en les déplaçant dans un filtre.

Voici comment filtrer un tableau croisé dynamique :

1. **Cliquez sur le tableau croisé dynamique à filtrer.**

   Le volet Champs de tableau croisé dynamique apparaît.

2. **Dans la section Lignes ou Colonnes du volet Champs de tableau croisé dynamique, cliquez sur un en-tête.**

3. **Dans le menu local qui s'affiche, choisissez Déplacer dans la zone Filtre du rapport.**

   Excel déplace l'étiquette dans la zone précitée du volet Champs de tableau croisé dynamique, comme à la Figure 10.22.

4. **Dans le tableau résultant, servez-vous de la liste déroulante de la cellule servant de filtre (cellule B1 dans l'exemple).**

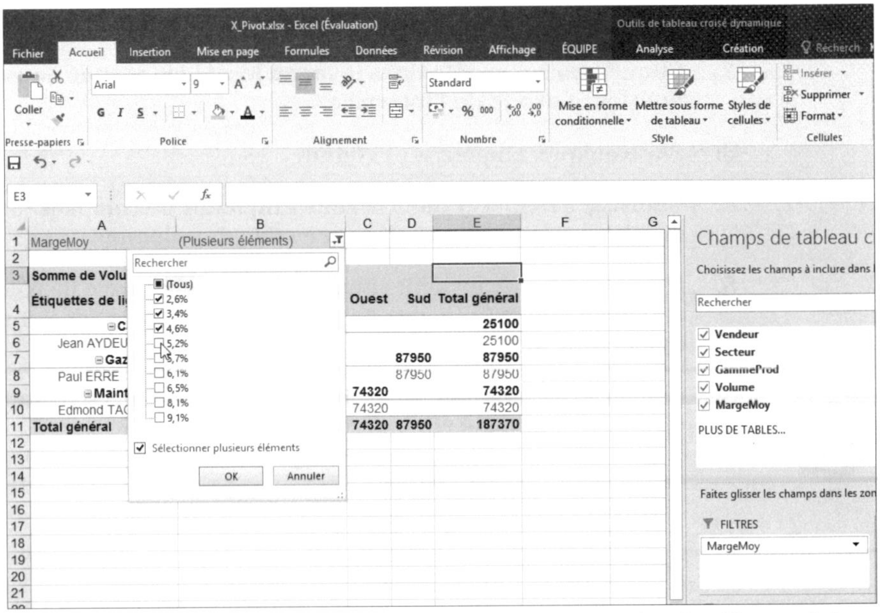

Figure 10.22 : Un filtre définit les informations qui seront masquées dans le tableau croisé dynamique.

Calculer un tableau croisé dynamique

Un tableau croisé dynamique contient des informations, mais il est aussi capable de calculer des occurrences de ces informations comme le nombre de ventes par région. Pour afficher un calcul de données, vous devez déplacer un en-tête dans la section Valeurs du volet Champs de tableau croisé dynamique :

1. **Cliquez sur le tableau croisé dynamique à modifier.**

   Le volet Champs de tableau croisé dynamique apparaît.

2. **Dans la section Lignes, cliquez sur l'en-tête de la colonne que vous souhaitez calculer.**

3. **Dans le menu local, cliquez sur Déplacer dans la zone Valeurs.**

   Excel place l'en-tête choisi dans la section Valeurs du volet Champs de tableau croisé dynamique. Le compte des éléments apparaît sous l'en-tête, comme à la Figure 10.23.

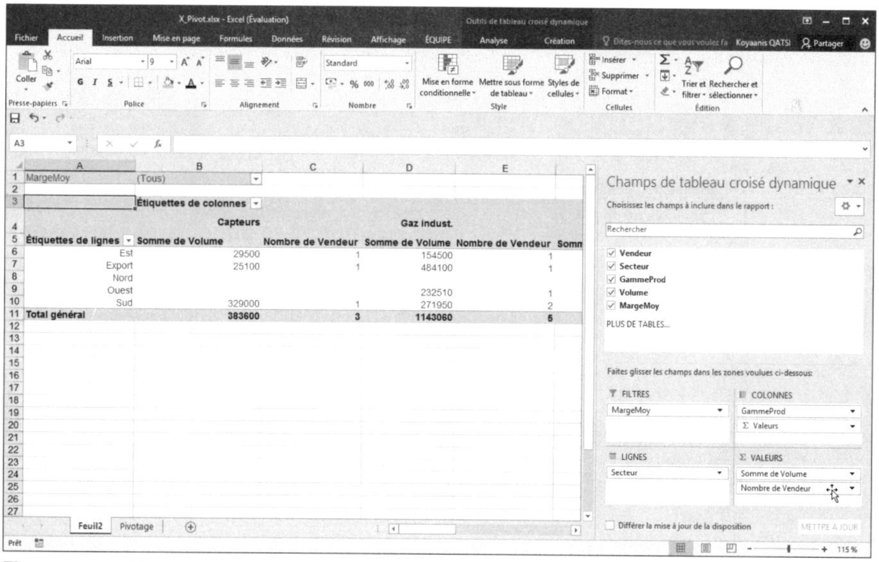

Figure 10.23 : Un tableau croisé dynamique peut calculer les occurrences de certaines données.

Segmenter un tableau croisé dynamique

Si votre tableau croisé dynamique contient une grande quantité de données, il risque de devenir difficile de bien identifier les différentes informations distillées. Avec la fonction Segment d'Excel 2016, vous choisissez les données spécifiques à afficher.

Voici comment procéder :

1. **Cliquez n'importe où dans le tableau croisé dynamique que vous désirez modifier.**

2. **Dans l'onglet Analyse, cliquez sur l'icône Insérer un segment.**

   Cette action ouvre la boîte de dialogue d'insertion de segments (Figure 10.24).

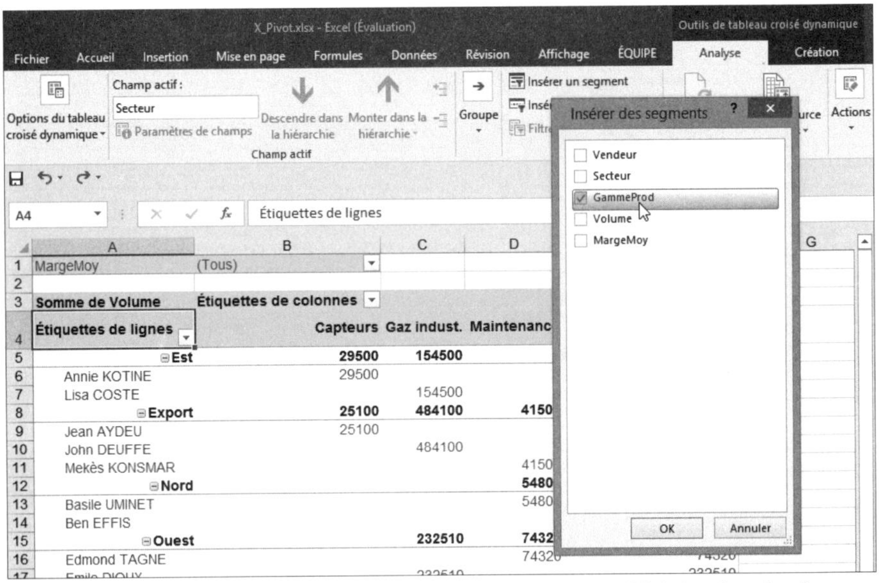

Figure 10.24 : La boîte de dialogue Insérer un segment permet de définir les données à afficher.

3. **Cochez une ou plusieurs cases de données à afficher, et validez par un clic sur OK.**

   Des panneaux flottants apparaissent sur la feuille de calcul, comme à la Figure 10.25.

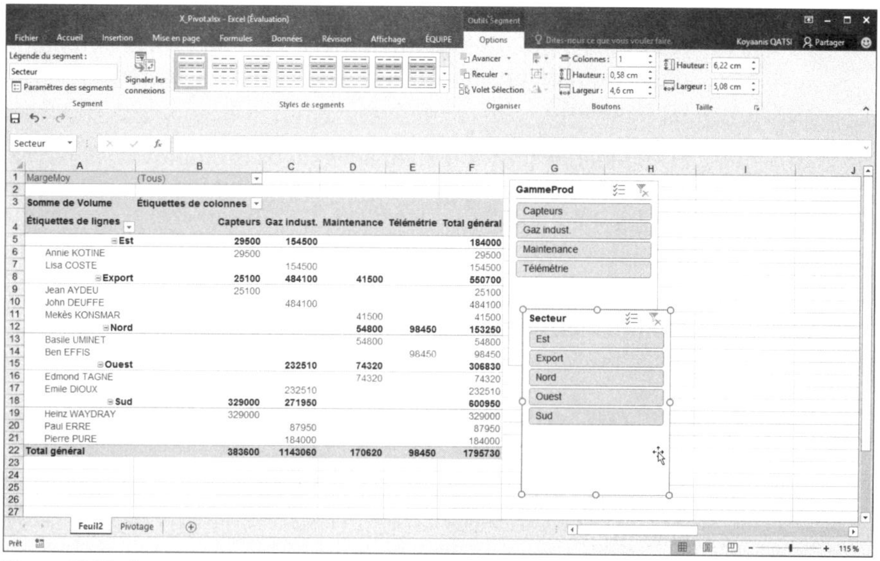

Figure 10.25 : Les panneaux de segments permettent de sélectionner les éléments à afficher.

4. **Déplacez les panneaux (segments) afin d'afficher convenablement l'ensemble des informations qu'ils contiennent.**

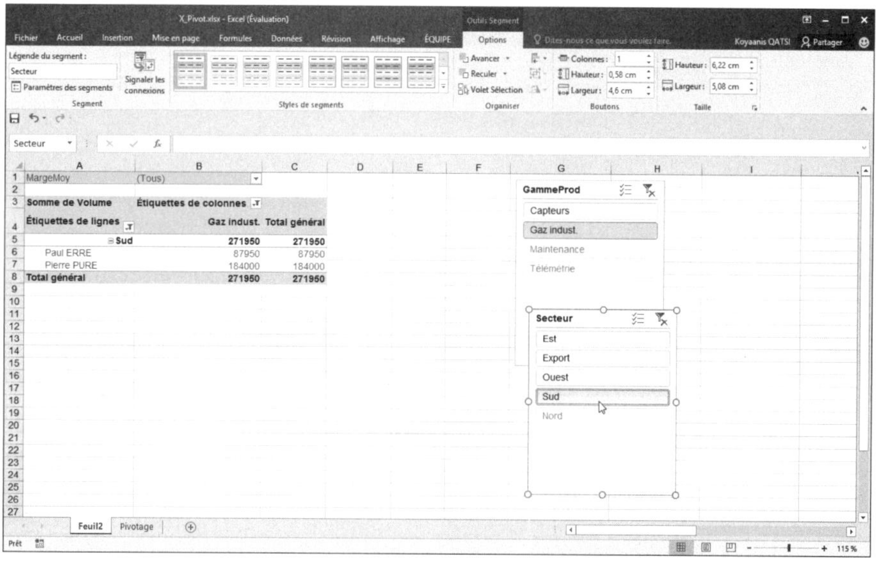

Figure 10.26 : Les segments facilitent le regroupement de données spécifiques sans encombrer le tableau croisé dynamique.

5. **Cliquez sur un élément affiché par un segment (slice) afin d'afficher la donnée correspondante dans le tableau croisé dynamique. (Sélectionnez plusieurs données en appuyant sur la touche Ctrl tout en cliquant.)**

   Pour afficher toutes les données de trois employés, appuyez sur la touche Ctrl puis, dans le segment Vendeur, cliquez sur le prénom des trois personnes concernées. Le tableau croisé dynamique filtre intelligemment les informations, comme à la Figure 10.26.

N'OUBLIEZ PAS !

Pour supprimer un panneau segment, faites un clic droit dessus. Dans le menu contextuel, choisissez Supprimer <nom du segment>.

Créer un graphique croisé dynamique

Il est parfois intéressant de convertir en graphique les données d'un tableau croisé dynamique pour encore mieux comprendre les informations qu'il communique.

Ces graphiques sont identiques aux différents types de graphiques que nous avons vus au début de ce chapitre. L'intérêt est de pouvoir limiter les données affichées. Par exemple, nous n'allons montrer ici que les données quincaillerie du personnel, comme à la Figure 10.27.

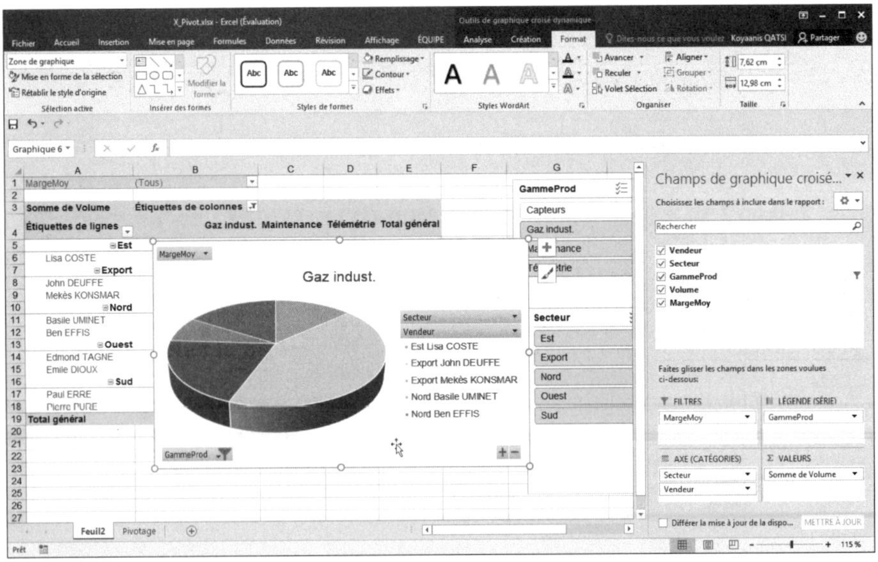

Figure 10.27 : Le graphique d'un tableau croisé dynamique permet de choisir les données que vous allez afficher.

Pour créer ce genre de graphique :

1. **Cliquez sur le tableau croisé dynamique que vous souhaitez représenter sous forme graphique.**

   Cela affiche les Outils de tableau croisé dynamique.

2. **Cliquez sur l'onglet Analyse. Dans le groupe Outils, cliquez sur Graphique croisé dynamique.**

   La boîte de dialogue Insérer un graphique apparaît.

3. **Cliquez sur un type de graphique (comme Secteurs ou Courbes) et cliquez sur OK.**

   Le graphique apparaît dans la feuille de calcul.

4. **Cliquez sur la flèche d'une des catégories. Un menu local apparaît comme à la Figure 10.28.**

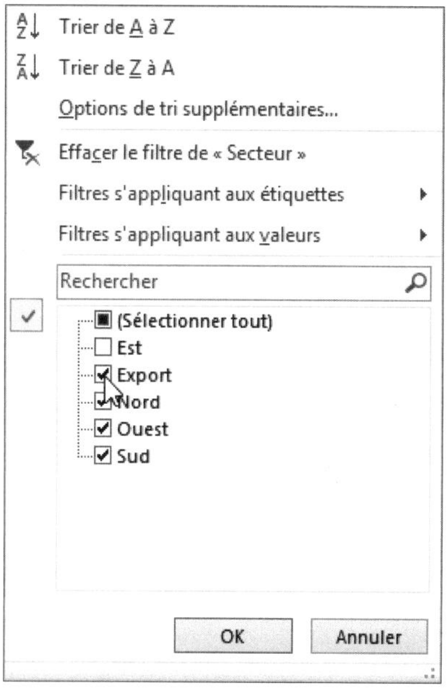

Figure 10.28 : Un filtre permet d'analyser des données particulières.

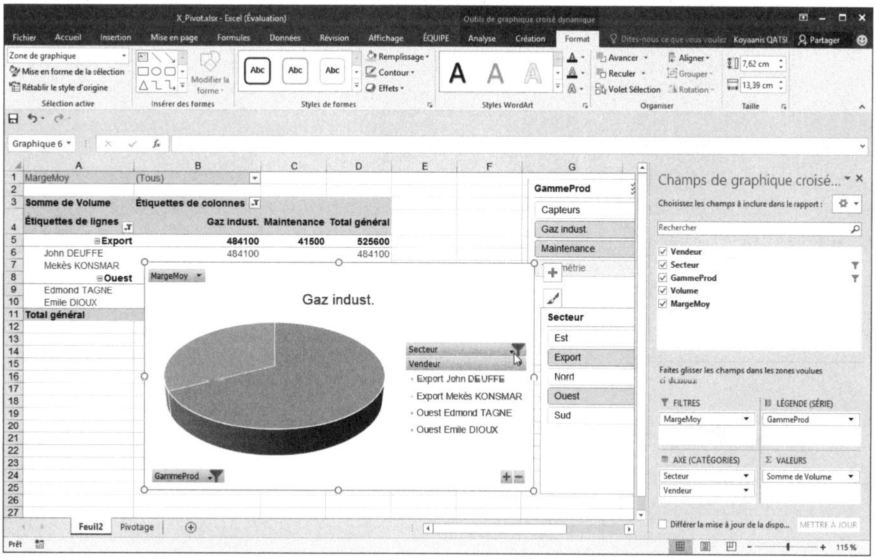

Figure 10.29 : Un filtre permet d'examiner des informations particulières.

5. **Décochez les catégories que vous ne désirez pas afficher dans le graphique.**

   Sur la Figure 10.29, je n'affiche que les données de deux secteurs (Export et Ouest) pour deux gammes de produits.

Les nouveaux types de graphiques d'Excel 2016

La version 2016 d'Excel apporte des nouveautés au niveau des possibilités de visualisation graphique des données. Voici un aperçu des cinq nouveaux types.

- Compartimentage ;
- Rayons de soleil ;
- Histogramme (Pareto) ;
- Zone et valeurs ;
- Cascade.

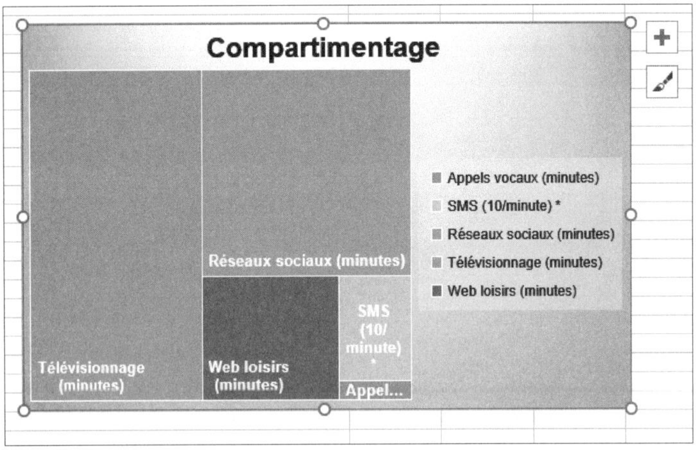

Figure 10.30 : Exemple de graphique Compartimentage.

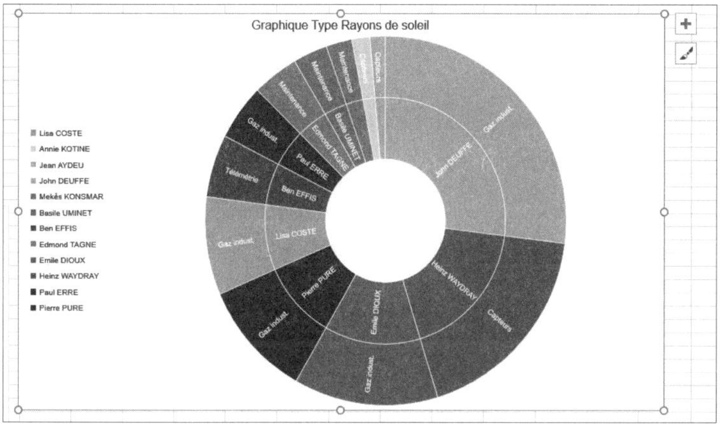

Figure 10.31 : Exemple de graphique Rayons de soleil.

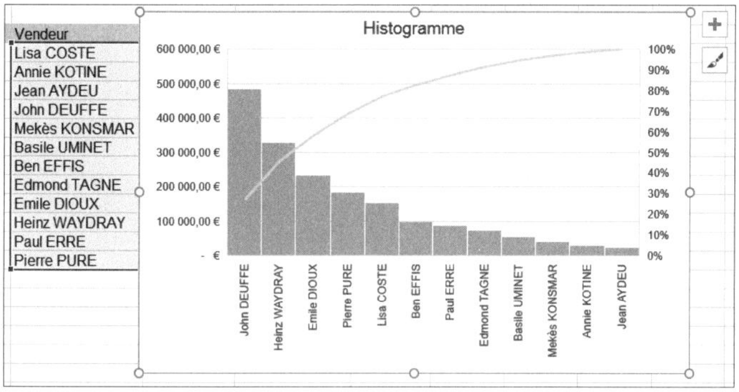

Figure 10.32 : Exemple de graphique Histogramme (Pareto).

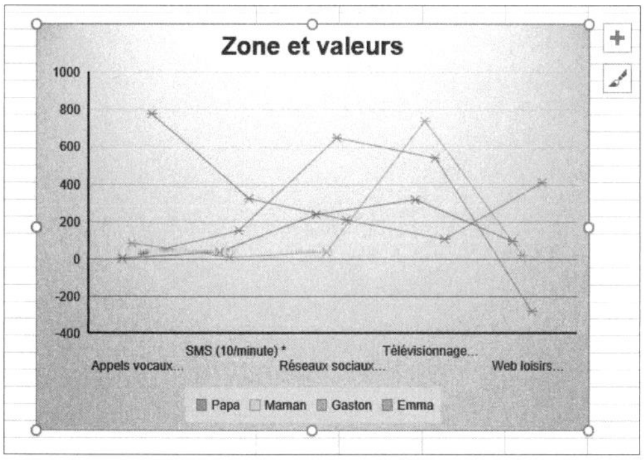

Figure 10.33 : Exemple de graphique Zone et valeurs.

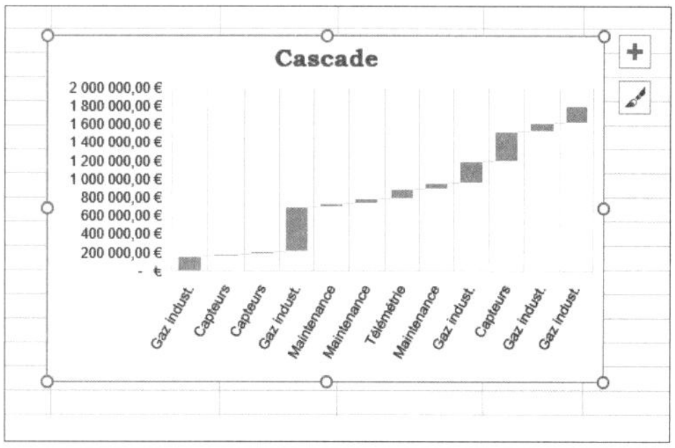

Figure 10.34 : Exemple de graphique Cascade.

Quatrième partie

Créer des présentations PowerPoint

« J'hésite : la diapositive du rhinocéros qui te charge, je la mets avant ou après celle de l'éléphant? »

Dans cette partie...

- Créer une présentation PowerPoint.
- Ajouter du texte.
- Utiliser des thèmes.
- Sonoriser une présentation.
- Organiser des diapositives.
- Ajouter des liens hypertextes.

Chapitre 11

Créer une présentation PowerPoint

Dans ce chapitre :

- Concevoir une présentation.
- Créer une présentation PowerPoint.
- Utiliser les différents modes d'affichage de PowerPoint.
- Ajouter du texte.

PowerPoint se propose de devenir votre assistant visuel pour donner forme à vos présentations. Par le passé, on présentait les informations face à un public sous forme de transparents diffusés sur un encombrant et bruyant projecteur. Désormais, vous présentez vos arguments, vos exposés, vos rapports, *etc.*, en utilisant un ordinateur et un vidéo-projecteur. Sur l'ordinateur se trouve PowerPoint, logiciel qui va afficher vos données sous forme de textes et de graphiques.

En plus d'afficher des diapositives, PowerPoint vous permet d'ajouter des notes dont vous seul prendrez connaissance. De même, PowerPoint permet de transformer un diaporama en un document imprimable que vous pourrez donner à votre auditoire pour qu'il suive encore mieux la présentation diffusée par votre ordinateur. Vous concluez de tout cela que la prochaine fois qu'il vous faudra convaincre un parterre de décideurs, PowerPoint sera votre allié incontournable.

Définir l'objectif de votre présentation

PowerPoint permet de créer et de diffuser des présentations très facilement. Mais avant de plonger dans la création d'un diaporama, éloignez-vous de votre ordinateur.

En effet, PowerPoint est fait pour mettre en forme vos idées, pas pour les définir, ni les deviner. Il est donc essentiel de coucher sur papier les tenants et les aboutissants de la présentation en pensant à ce qui suit :

- **Quel est votre but?** Définissez l'idée maîtresse de votre présentation.
- **Quel est votre auditoire?** Une présentation destinée à des ingénieurs et des scientifiques n'aura rien à voir avec celle prévue pour des marchands de frites ou encore des responsables financiers.
- **Que souhaitez-vous obtenir du public?** Un orateur expose ses idées pour obtenir quelque chose de ceux qui l'écoutent. Par exemple, un homme politique cherche à obtenir des intentions de vote.

Dès que vous avez bien cerné la raison d'être de votre présentation, le public à qui elle est destinée, et les résultats que vous en attendez, vous êtes prêt à passer aux différentes étapes de sa conception.

Créer une présentation PowerPoint

Une *présentation* PowerPoint consiste en une série de diapositives pouvant afficher du texte, des images... *Créer une présentation* signifie ajouter des diapos, taper du texte et insérer des images (ou des représentations graphiques de données comme celles créées avec Excel).

Une fois que vous avez préparé la structure et les grandes lignes de votre présentation, suivez ces étapes :

1. **Cliquez sur l'onglet Fichier.**
2. **Cliquez sur Nouveau.**

   PowerPoint affiche des modèles.

3. **Cliquez sur Nouvelle présentation.**

   PowerPoint affiche une diapositive vide avec deux zones de texte (Figure 11.1).

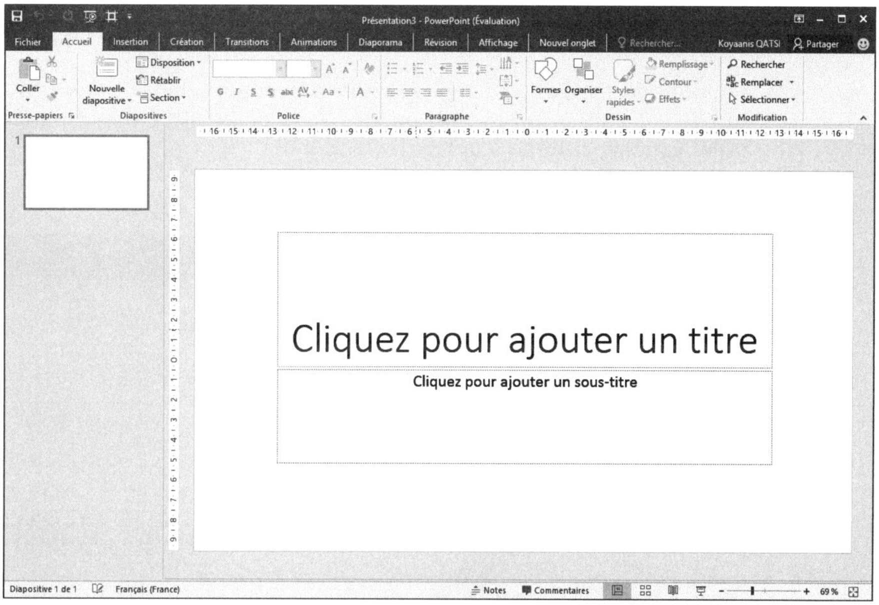

Figure 11.1 : Une nouvelle présentation qui part d'une diapositive vierge.

Souvent, vous ne partirez pas du modèle vide, mais d'un modèle agrémenté d'un fond coloré et d'un motif graphique. C'est ce que nous faisons dans la suite en partant du modèle prédéfini **Parallaxe**.

La diapositive est prête à recevoir du contenu, c'est-à-dire du texte et des graphiques. PowerPoint permet d'y procéder de deux manières :

- En mode Normal.
- En mode Plan.

Ces deux modes d'affichage permettent d'ajouter, de supprimer, d'organiser et de modifier les diapositives. Ce qui les différencie, c'est qu'en mode Normal vous pouvez insérer des images et modifier l'apparence de la diapo. De son côté, le mode *Plan* montre la structure du diaporama avec les titres et les sous-titres. Ce mode facilite la réorganisation des diapos de votre présentation, mais ne permet pas d'intervenir sur leur aspect visuel.

Il est tout à fait possible de créer une présentation sans utiliser le mode Plan. Je répète que ce mode est spécialisé dans la réorganisation des éléments de la présentation. Le mode Normal de son côté montre l'apparence graphique d'une ou plusieurs diapos.

Concevoir une présentation en mode Normal

Le mode Normal affiche les vignettes des diapos dans le volet gauche, tandis que le volet droit montre le contenu de la diapositive sélectionnée dans le volet gauche, comme à la Figure 11.2.

Volet des vignettes

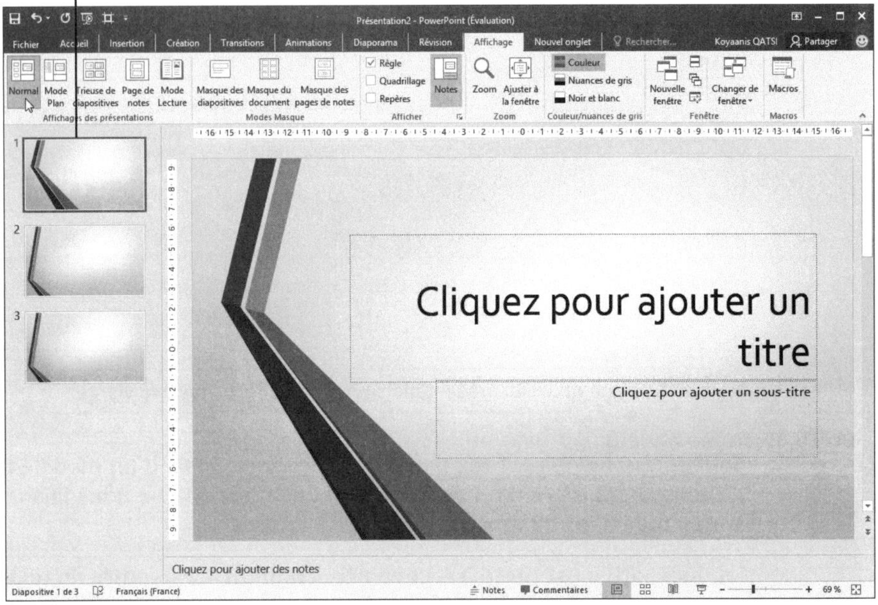

Figure 11.2 : Le mode Normal permet de modifier une diapo à la fois.

Créer une nouvelle diapositive

Pour créer une nouvelle diapositive en mode Normal :

1. **Dans le volet des vignettes, cliquez sur une diapo pour la sélectionner.**
2. **Cliquez sur l'onglet Accueil.**
3. **Dans le groupe Diapositives, cliquez sur Nouvelle diapositive.**

   PowerPoint insère cette nouvelle diapo après celle sélectionnée à l'Étape 1.

N'OUBLIEZ PAS !

Si vous cliquez directement sur l'icône Nouvelle Diapositive, PowerPoint insère la diapositive, comme expliqué à l'Étape 3. En revanche, si vous cliquez sur le texte Nouvelle diapositive, un menu local affiche des mises en page de diapositives, comme le montre la Figure 11.3. Cliquez celle correspondant au format de contenu que vous désirez ajouter à votre diapo.

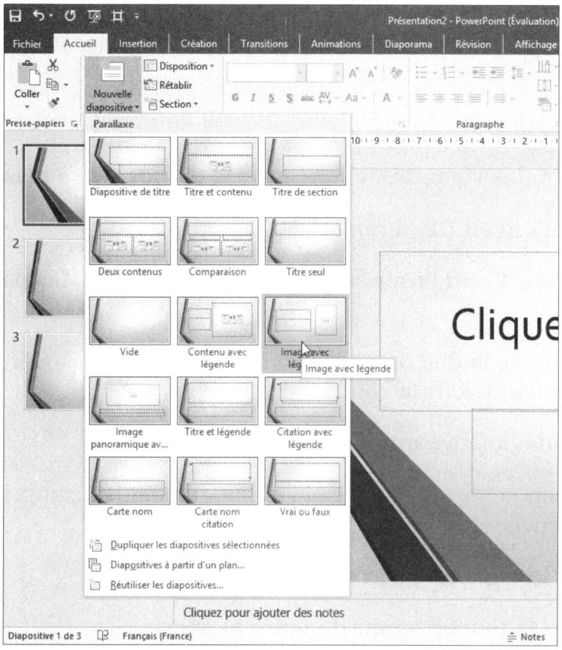

Figure 11.3 : La partie inférieure du bouton Nouvelle diapositive donne accès à un menu local de choix de fonds de diapositive.

Réorganiser des diapositives

Vous pouvez réordonner vos diapositives de la manière suivante :

1. **Dans le volet des vignettes (à gauche), cliquez sur la diapo à déplacer.**
2. **Maintenez le bouton gauche de la souris enfoncé et faites-la glisser vers le haut ou le bas.**

   PowerPoint affiche une barre horizontale symbolisant l'emplacement qu'occupera la diapo si vous relâchez le bouton gauche de la souris. Plus vous montez ou plus vous descendez dans la hiérarchie des diapos, plus PowerPoint fait défiler le contenu de la présentation.
3. **Relâchez le bouton gauche de la souris dès que la position de la diapo vous convient.**

Masquer et supprimer une diapositive

Si vous n'avez plus besoin d'une diapositive dans votre présentation, vous pouvez la masquer ou la supprimer. Masquer une diapo ne l'élimine pas de la présentation. Elle n'est tout simplement pas affichée. Parfois, vous masquerez une diapo que vous révélerez plus tard dans la présentation, ou bien vous utiliserez une telle diapositive pour y stocker des informations dont vous seul aurez connaissance.

Pour masquer une diapo :

1. **Dans le volet des vignettes, cliquez sur la diapositive à masquer.**
2. **Cliquez sur l'onglet Diaporama.**
3. **Dans le groupe Configuration, cliquez sur le bouton Masquer la diapositive.**

   PowerPoint grise la diapo, et sélectionne le bouton Masquer la diapositive quand vous la cliquez.

Pour révéler une diapositive masquée, répétez ces étapes.

Si vous êtes certain ne plus avoir besoin d'une diapositive, supprimez-la. Voici comment procéder :

4. **Cliquez sur la vignette de la diapo à supprimer.**
5. **Appuyez sur la touche Suppr de votre clavier.**

   PowerPoint enlève la diapo de la présentation.

Si vous appuyez sur Ctrl + Z ou sur le bouton Annuler de la barre d'outils Accès rapide, vous restaurez la diapo supprimée.

Concevoir une présentation en mode Plan

Le mode Plan affiche les éléments suivants :

- un titre qui apparaît sur la droite de l'icône de la diapo ;
- un sous-titre ;
- du texte.

La diapo correspondante apparaît pleinement dans le volet droit, comme le montre la Figure 11.4.

L'intérêt principal du mode Plan est de permettre la réorganisation des diapositives en fonction de leur contenu. Pour passer du mode Normal au mode Plan, cliquez sur l'icône Mode Plan du groupe Affichage des présentations de l'onglet Affichage. Pour revenir au mode Normal, cliquez sur l'icône éponyme.

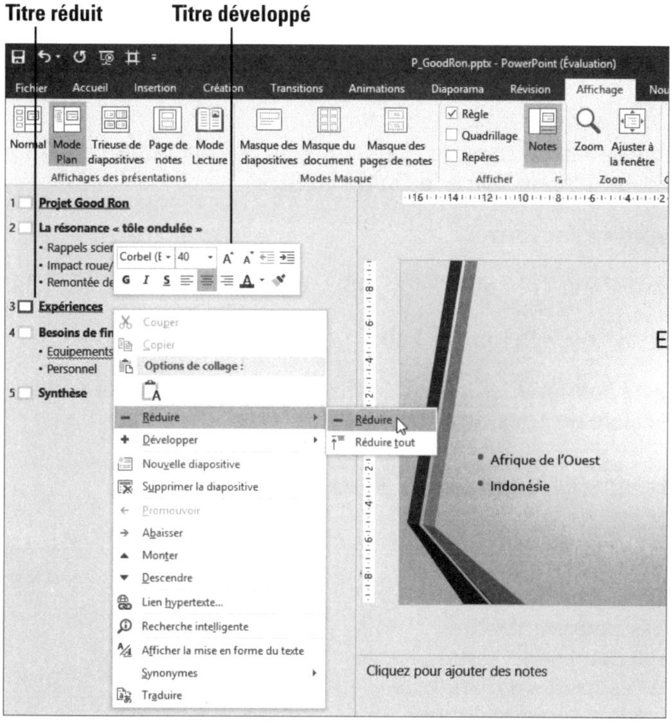

Figure 11.4 : Le mode Plan montre les titres et les sous-titres de votre présentation.

Insérer une nouvelle diapositive

En mode Plan, chaque en-tête identifie un titre de diapo. Le texte situé juste en dessous correspond à un sous-titre. Pour créer une diapositive en mode Plan :

1. **Dans le volet Plan, cliquez sur un titre de diapositive.**
2. **Effectuez une des actions suivantes :**
   - *Appuyez sur Début pour placer le curseur devant le titre.* La diapositive est insérée avant la diapositive courante.
   - *Appuyez sur Fin pour placer le curseur à la fin du titre.* La diapositive est insérée après.
3. **Appuyez sur Entrée.**

   PowerPoint ajoute une nouvelle diapo vide.

Créer des sous-titres sur une diapositive

Le mode Plan permet de créer des diapositives et de leur ajouter des sous-titres :

1. **Cliquez sur un titre de diapo et appuyez sur la touche Fin pour placer le point d'insertion à la fin de ce titre.**
2. **Appuyez sur Entrée.**

   PowerPoint crée une diapo vide, mais ne vous inquiétez pas.

3. **Appuyez sur la touche Tab.**

   PowerPoint met en retrait le titre de la diapositive et y affiche une zone de saisie de sous-titre. Tapez votre texte.

Réduire et développer des sous-titres

Une présentation peut réunir plusieurs dizaines de diapositives. Les nombreux sous-titres peuvent rendre l'affichage peu lisible. Pour simplifier l'aspect du plan, vous pouvez réduire ou développer les titres. Il suffit pour cela de double-cliquer sur l'icône de la diapositive d'un titre affiché en mode Plan.

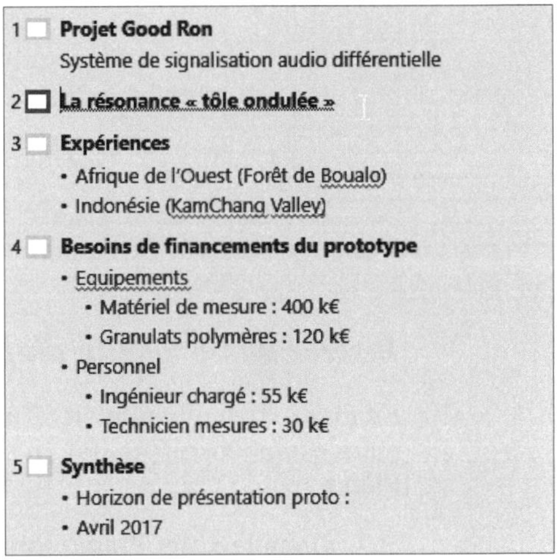

Figure 11.5 : Le mode Plan permet de réduire ou de développer le texte des diapos.

PowerPoint réduit l'affichage du contenu de la diapo en masquant le sous-titre. Une ligne ondulée grise indique que ce titre contient un sous-titre, comme le montre la Figure 11.5.

N'OUBLIEZ PAS !

Pour développer un titre réduit, double-cliquez sur l'icône située à sa gauche.

Réorganiser les diapositives

Le mode Plan facilite la réorganisation des diapos par simple déplacement de leur titre vers le haut ou le bas :

1. **Placez le pointeur de la souris sur l'icône de la diapo située à gauche du titre.**

Le pointeur de la souris prend la forme d'une flèche à quatre têtes.

2. **Maintenez le bouton gauche de la souris enfoncé et faites-la glisser vers le haut ou le bas.**

   PowerPoint affiche une barre horizontale grise qui permet de bien distinguer la position virtuelle de la diapo dans la présentation.

3. **Pour positionner la diapo, relâchez le bouton gauche de la souris.**

   PowerPoint affiche le titre à sa nouvelle position dans le plan, donc dans la présentation.

Supprimer une diapositive

Pour supprimer une diapo en mode Plan :

1. **Cliquez sur l'icône de la diapositive affichée à gauche du titre.**
2. **Appuyez sur la touche Suppr de votre clavier.**

Travailler avec du texte

La plupart des diapositives contiennent un titre et une zone de texte destinée au sous-titre. Le titre indique généralement le contenu de la diapo, tandis que le sous-titre distille les informations, c'est-à-dire le contenu en question.

Lorsque vous créez une nouvelle diapo, les deux zones de texte, c'est-à-dire titre et sous-titre, sont vides. Elles affichent ce simple message : `Cliquez pour ajouter un titre` et `Cliquez pour ajouter un sous-titre`.

Pour ajouter un titre ou un sous-titre :

1. **Cliquez dans la zone de titre ou de sous-titre directement sur la diapo.**

   PowerPoint affiche un point d'insertion dans la zone de texte.

2. **Tapez votre texte.**

Vous pouvez également créer du texte de titre et de sous-titre en mode Plan, comme expliqué dans la section ci-avant « Concevoir une présentation en mode Plan ».

Aligner du texte

Dans les zones de texte, PowerPoint peut aligner du texte horizontalement et verticalement :

1. **Cliquez sur l'onglet Accueil.**
2. **Cliquez dans une zone de texte et sélectionnez celui que vous désirez aligner.**
3. **Cliquez sur un des outils d'alignement du groupe Paragraphe :**
   - Aligner à gauche.
   - Centrer.
   - Aligner à droite.
   - Justifier.
   - Aligner le texte (en haut, au milieu, en bas, centré par le haut, centré par le milieu et centré par le bas).
4. **Dans le groupe Paragraphe, cliquez sur le bouton Aligner le texte (celui avec deux flèches verticales).**

   Un menu local s'affiche, comme à la Figure 11.8.

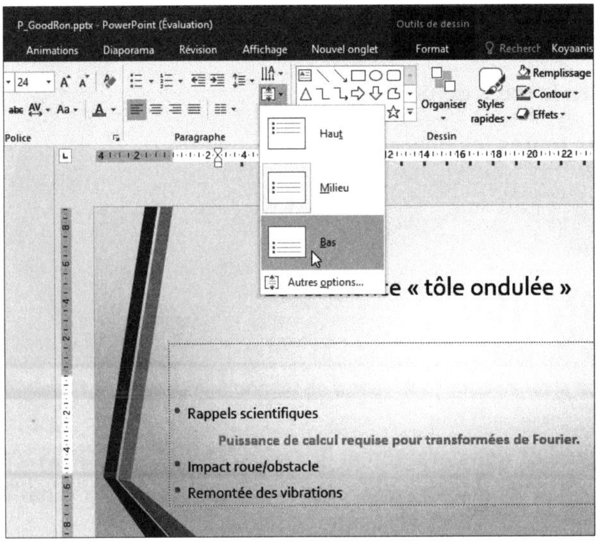

Figure 11.8 : Le bouton Aligner le texte propose plusieurs options d'alignement du texte à l'intérieur des zones de texte.

5. **Choisissez une des options d'alignement vertical comme Haut ou Milieu.**

Ajuster l'interligne

L'*interligne* définit l'espace entre chaque ligne d'une zone de texte. Voici comment le régler :

1. **Cliquez dans la zone de texte contenant le texte à ajuster.**
2. **Cliquez sur l'onglet Accueil.**
3. **Dans le groupe Paragraphe, cliquez sur le bouton Interligne.**

   Un menu local apparaît, comme à la Figure 11.9.

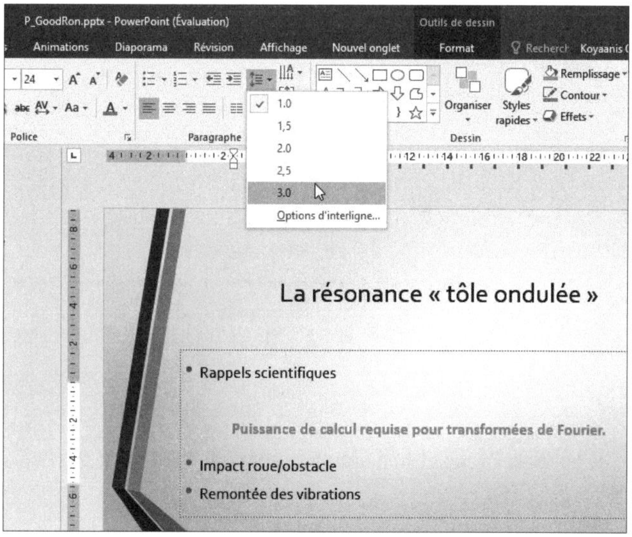

Figure 11.9 : Le bouton Interligne propose plusieurs valeurs d'espacement des lignes.

4. **Sélectionnez une valeur d'espacement des lignes comme 1,5 ou 2.**

   PowerPoint ajuste l'interligne en conséquence.

Créer des listes numérotées et à puces

PowerPoint a la capacité d'afficher du texte sous forme de listes à puces ou numérotées. Le choix de la création des listes peut se faire avant ou après la saisie du texte.

Pour créer une liste à puces ou numérotée :

1. **Cliquez dans une zone de texte.**
2. **Cliquez sur l'onglet Accueil.**
3. **Dans le groupe Paragraphe, cliquez sur le bouton Puces ou Numérotation.**

   Un menu local s'affiche, comme à la Figure 11.10.

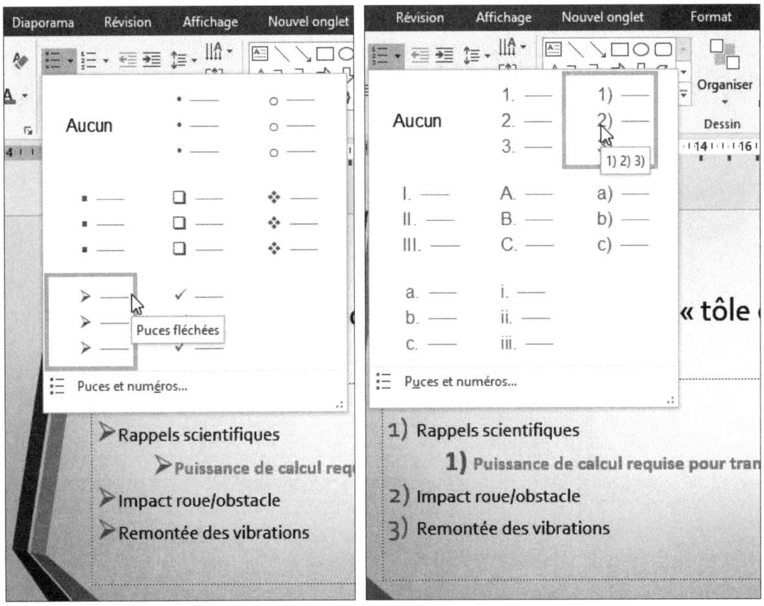

Figure 11.10 : Les boutons Puces et Numérotation permettent de créer des listes pendant la saisie du texte.

4. **Choisissez une option de numérotation ou de puce.**

   La zone de texte affiche alors une puce ou un chiffre.

5. **Tapez votre texte et appuyez sur Entrée.**

   Dès que vous appuyez sur Entrée, PowerPoint crée une nouvelle puce ou un nouveau numéro.

Si vous disposez déjà d'un texte, convertissez-le en liste à puces ou numérotée. Voici la procédure à suivre :

6. **Cliquez dans la zone de texte contenant le texte à convertir en liste.**
7. **Sélectionnez le texte à convertir.**

8. **Cliquez sur l'onglet Accueil.**

9. **Dans le groupe Paragraphe, cliquez sur le bouton Puces ou Numérotation.**

   PowerPoint convertit votre texte en liste.

PowerPoint affiche chaque paragraphe sous la forme d'une puce ou d'un numéro. Un *paragraphe* représente tout texte se terminant par une marque de paragraphe (¶), caractère invisible par défaut que vous créez chaque fois que vous appuyez sur la touche Entrée.

Créer des colonnes

Dans une zone de texte, le texte peut être réparti sur plusieurs colonnes. C'est très utile quand vous devez présenter de longues énumérations sur une seule diapositive. Voici comment effectuer cette répartition :

1. **Cliquez sur la zone de texte que vous souhaitez diviser en colonnes.**

2. **Cliquez sur l'onglet Accueil.**

3. **Dans le groupe Paragraphe, cliquez sur le bouton Colonnes.**

   Comme vous le voyez à la Figure 11.11, un menu local apparaît.

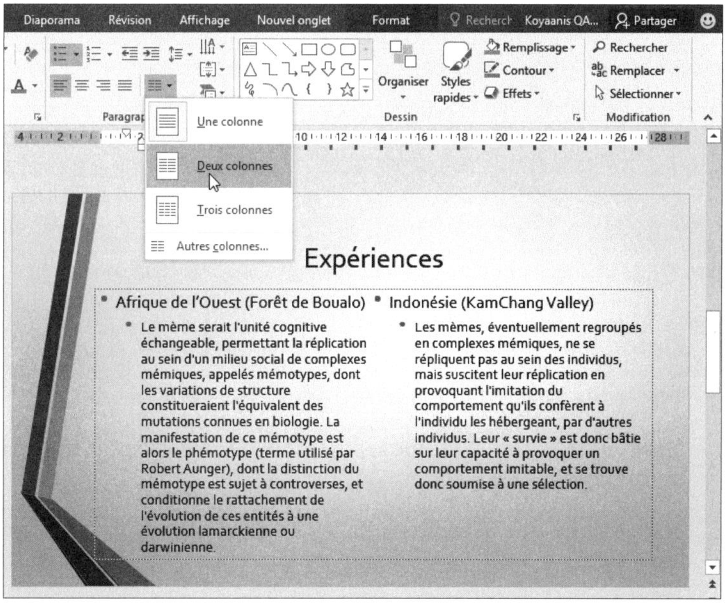

Figure 11.11 : N'importe quelle zone de texte peut être divisée en colonnes.

4. **Cliquez sur une option de colonne, comme deux ou trois.**

   PowerPoint répartit le texte sur le nombre de colonnes choisi.

Déplacer et redimensionner une zone de texte

PowerPoint permet de déplacer les zones de texte n'importe où sur la diapositive. Voici comment procéder :

1. **Placez le pointeur de la souris sur un des bords de la zone de texte à déplacer.**

   Le pointeur prend la forme d'une flèche à quatre têtes.

2. **Maintenez enfoncé le bouton gauche de la souris et faites glisser le pointeur pour déplacer la zone de texte.**

3. **Dès que la zone est en bonne position, relâchez le bouton de la souris.**

Pour redimensionner une zone de texte :

4. **Cliquez sur la zone de texte à redimensionner.**

   PowerPoint affiche des poignées sur les contours de la zone de texte, comme à la Figure 11.12.

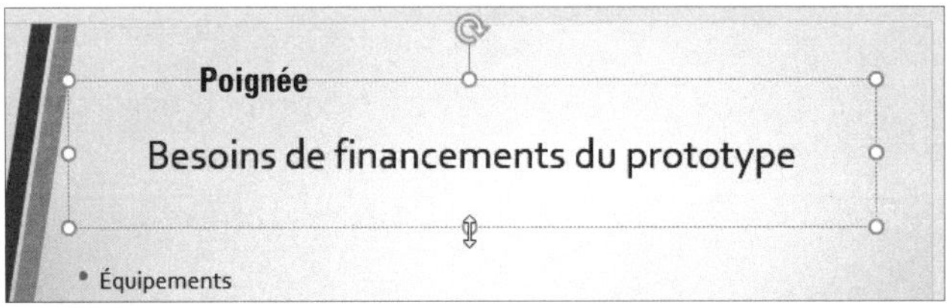

Figure 11.12 : Les poignées permettent de redimensionner la zone de texte.

5. **Placez le pointeur de la souris sur une poignée.**

   Il prend la forme d'une flèche diagonale à deux pointes.

6. **Maintenez enfoncé le bouton gauche de la souris, et faites glisser le pointeur.**

   Vous augmentez la taille de la zone quand vous tirez la poignée vers l'extérieur, et vous la réduisez lorsque vous la tirez vers l'intérieur.

7. **Relâchez le bouton de la souris dès que la taille vous convient.**

Faire pivoter une zone de texte

N'importe quelle zone de texte peut pivoter sans problème. Voici la marche à suivre :

1. **Cliquez sur la zone de texte à faire pivoter.**

   PowerPoint affiche une poignée de rotation verte, comme identifiée sur la Figure 11.13.

Figure 11.13 : La poignée de rotation fait tourner la zone de texte sur votre diapositive.

2. **Placez le pointeur de la souris sur la poignée de rotation.**

   Le pointeur prend la forme d'une flèche circulaire.

3. **Maintenez enfoncé le bouton gauche de la souris et faites glisser le pointeur pour faire pivoter la zone de texte.**

   Si vous maintenez enfoncée la touche Maj pendant que vous bougez le pointeur, vous faites pivoter la zone de texte par paliers de 15 degrés.

4. **Relâchez le bouton gauche de la souris dès que vous êtes satisfait de la position de la zone de texte.**

Bien que de travers, le contenu de la zone de texte peut être modifié.

Chapitre 12

Ajouter de la couleur et des images à une présentation

Dans ce chapitre :

- Utiliser des thèmes.
- Modifier un arrière-plan.
- Ajouter des fichiers graphiques.
- Afficher des vidéos sur une diapositive.
- Sonoriser une présentation.

Pour obtenir une présentation visuellement plus séduisante, PowerPoint permet d'ajouter de la couleur et des images à vos diapositives. Bien entendu, si votre présentation est vide de sens, ne comptez pas sur la couleur et les images pour lui en donner. En revanche, une présentation riche en informations peut tirer profit des couleurs et des images pour en rendre la diffusion plus agréable.

PowerPoint permet aussi d'ajouter du son et de la vidéo à vos présentations. Ainsi, le public peut lire, écouter et regarder les informations que vous désirez lui communiquer.

Appliquer un thème

Par défaut, PowerPoint affiche chaque diapositive sur un fond blanc. Bien qu'il soit possible de modifier la couleur sur chaque diapo, vous gagnerez du temps en utilisant un *thème*. Un thème fournit un ensemble de couleurs prédéfinies et une structure qui s'appliquent à chacune des diapos de manière à donner à la présentation un aspect graphique cohérent et plus professionnel.

Pour définir un thème :

1. **Cliquez sur l'onglet Création.**

   Pour éviter que PowerPoint modifie toutes les diapositives d'une présentation, maintenez la touche Ctrl enfoncée et cliquez sur les diapositives à modifier afin de les sélectionner.

2. **Dans le groupe Thèmes, cliquez sur le bouton Autres.**

   Un menu s'affiche, comme à la Figure 12.1.

Figure 12.1 : Les thèmes proposent des arrière-plans prédéfinis que vous appliquez à vos présentations.

Si vous placez le pointeur de la souris sur un thème, PowerPoint affiche un aperçu instantané.

3. **Cliquez sur un thème.**

   PowerPoint applique ce thème sur vos diapos.

4. **Placez le pointeur de la souris sur une vignette affichée dans le groupe Variantes.**

5. **PowerPoint affiche un aperçu de la variante directement sur la présentation, comme le montre la Figure 12.2.**

Figure 12.2 : Les variantes des thèmes permettent de personnaliser le jeu de couleurs employé dans votre présentation.

6. **Cliquez sur une variante.**

   PowerPoint applique cette nouvelle couleur au thème choisi.

Modifier l'arrière-plan

PowerPoint crée par défaut ses présentations avec un arrière-plan blanc. Toutefois, en matière de diaporama, il est important d'attirer l'attention du public. Pour cette raison essentielle, vous devez améliorer l'aspect graphique de vos diapositives. Vous pouvez modifier l'arrière-plan de vos présentations de quatre manières :

- **Remplissage uni :** Crée un fond dont la couleur est uniforme.
- **Remplissage dégradé :** Mélange deux couleurs en passant progressivement de l'une à l'autre.
- **Remplissage avec image ou texture :** Permet de choisir un fichier graphique stocké sur votre ordinateur.
- **Motif de remplissage :** Crée un arrière-plan composé de motifs.

Choisir un arrière-plan uni

Plutôt que de sélectionner un thème d'arrière-plan, vous souhaiterez choisir l'option de la sobriété en appliquant un fond uni. Dans ce cas, vous devez faire attention à une chose essentielle : il ne faut pas que la couleur sélectionnée rende invisibles certains éléments de vos diapositives. Par exemple, si vous utilisez un fond noir, n'écrivez pas le texte des titres et des sous-titres en noir. Parfois, bien que les couleurs se distinguent nettement l'une de l'autre, la lecture du texte peut donner mal aux yeux.

Pour éviter ces problèmes, vous pouvez jouer sur la transparence de la couleur qui mettra alors en évidence vos textes et vos graphiques. La couleur d'arrière-plan sera alors plus claire ou plus foncée.

Pour appliquer une couleur unie comme arrière-plan :

1. **Cliquez sur l'onglet Création.**

   Si vous cliquez sur une vignette et que vous maintenez la touche Ctrl enfoncée, vous pouvez sélectionner une à une les diapositives auxquelles s'appliquera cette modification. Si vous n'effectuez aucune sélection préalable, PowerPoint modifiera toutes les diapos.

2. **Dans le groupe Personnaliser, cliquez sur le bouton Mettre en forme l'arrière-plan.**

3. **Le volet Mise en forme de l'arrière-plan s'affiche sur le côté droit de PowerPoint, comme illustré à la Figure 12.3.**

4. **Activez le bouton radio Remplissage uni.**

5. **Cliquez sur le bouton Couleur.**

   Dans la palette qui s'affiche, cliquez sur la couleur à utiliser.

6. **Cliquez sur une couleur.**

   PowerPoint remplit l'arrière-plan de la diapositive avec cette teinte.

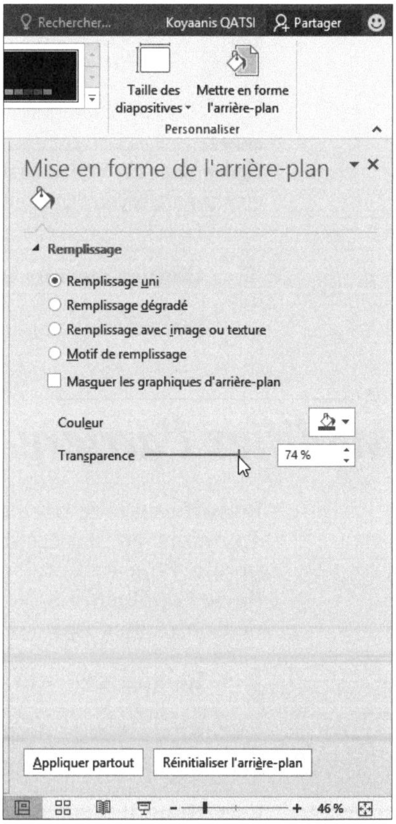

Figure 12.3 : Le volet Mise en forme de l'arrière-plan permet de modifier l'arrière-plan des diapositives.

7. **(Facultatif) Faites glisser le curseur Transparence vers la droite ou la gauche pour rendre la couleur appliquée plus ou moins opaque.**

   Plus le pourcentage est élevé, plus la couleur devient claire.

8. **(Facultatif) Cliquez sur le bouton Appliquer partout pour que la couleur choisie remplisse le fond de chaque diapo de la présentation.**

   Si vous ne cliquez par sur ce bouton, la modification n'apparaît que sur la diapo qui était sélectionnée au moment où vous avez invoqué cette commande.

   Si vous cliquez sur le bouton Réinitialiser l'arrière-plan, vous supprimez toutes les modifications d'arrière-plan que vous avez réalisées.

9. **Cliquez sur Fermer (X) situé dans le coin supérieur droit du volet Mise en forme de l'arrière-plan.**

Appliquer un arrière-plan dégradé

Un *dégradé*, comme vous devez le savoir, affiche graduellement une couleur, ou bien assure la transition progressive entre plusieurs couleurs. Un dégradé est constitué d'un ou plusieurs points de dégradé. Les *points* définissent où commencent et où s'arrêtent vos couleurs. Vous pouvez bien entendu ajouter de la *transparence* qui va contrôler l'opacité de la couleur. La *direction du dégradé* définit son aspect, soit vertical ou diagonal.

Pour définir un arrière-plan dégradé :

1. **Cliquez sur l'onglet Création.**

   Si vous cliquez sur une vignette et que vous maintenez la touche Ctrl enfoncée, vous pouvez sélectionner une à une les diapositives auxquelles s'appliquera cette modification. Si vous n'effectuez aucune sélection préalable, PowerPoint modifiera toutes les diapos.

2. **Dans le groupe Personnaliser, cliquez sur le bouton Mettre en forme l'arrière-plan.**

3. **Dans le volet Mise en forme de l'arrière-plan, activez le bouton radio Remplissage dégradé.**

   Le panneau affiche une série de paramètres supplémentaires, comme le montre la Figure 12.4.

   Si vous cliquez sur le bouton Dégradés prédéfinis, vous accédez à une vaste galerie de dégradés prédéfinis.

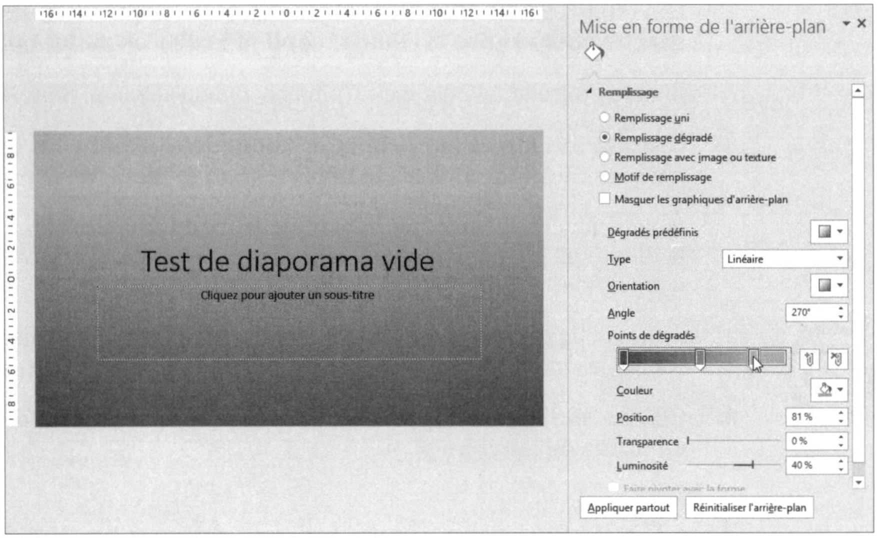

Figure 12.4 : Les options de dégradé du panneau Mise en forme de l'arrière-plan.

4. **Cliquez sur le menu local Type, et choisissez un genre de dégradé comme Linéaire ou Rectangulaire.**
5. **Ouvrez ensuite le menu local Orientation pour définir la direction du dégradé.**
6. **Cliquez sur les petites flèches du paramètre Angle pour augmenter ou diminuer l'angle d'application du dégradé.**
7. **Faites glisser les taquets du dégradé vers la gauche ou la droite.**
8. **Les deux taquets respectivement situés au début et à la fin de l'aperçu du dégradé déterminent son point de départ et son point d'arrivée.**
9. **Cliquez sur le bouton Couleur.**

   Une palette s'affiche.

10. **Cliquez sur une couleur.**

    PowerPoint affiche la couleur sélectionnée sous forme d'un dégradé.

11. **Cliquez sur les flèches du paramètre Position pour modifier la position du dégradé.**
12. **Faites glisser le curseur Transparence vers la droite ou la gauche.**

    Ce paramètre définit l'opacité de la teinte. À 0 %, la couleur est totalement opaque, tandis qu'à 100 %, et en fonction de la position du point, le bord de la couleur est transparente.

13. **(Facultatif) Cliquez sur le bouton Appliquer partout pour que l'arrière-plan en dégradé s'affiche sur chaque diapo de la présentation.**

    Si vous ne cliquez pas sur ce bouton, PowerPoint limite l'arrière-plan dégradé à la diapositive sélectionnée au moment où vous avez invoqué cette commande.

14. **Cliquez sur le bouton Fermer (X) du volet Mise en forme de l'arrière-plan.**

Choisir une image d'arrière-plan

Une image, comme un clipart ou une photo venant d'un appareil photo numérique, peut servir d'arrière-plan. Vous définirez sa transparence de manière à faciliter la lecture du texte des titres et des sous-titres.

Pour ajouter une image d'arrière-plan à vos diapositives :

1. **Cliquez sur l'onglet Création.**
2. **Dans le groupe Personnaliser, cliquez sur le bouton Mettre en forme l'arrière-plan.**
3. **Vous ouvrez le volet Mise en forme de l'arrière-plan.**
4. **Activez le bouton radio Remplissage avec image ou texture.**

   Le volet affiche alors les paramètres de cette option.

5. **Choisissez une des options suivantes :**

   - *Fichier :* Permet de sélectionner un fichier graphique stocké sur votre disque dur. Quand la boîte de dialogue Insérer une image apparaît, parcourez vos différents lecteurs (disques durs) et dossiers, et cliquez sur l'image à utiliser. Ensuite, faites un clic sur le bouton Insérer.
   - *Presse-papiers :* Colle un élément graphique que vous avez préalablement copié dans le Presse-papiers de Windows à partir d'un programme comme Paint Shop Pro, Paint ou encore Photoshop.
   - *En ligne :* Affiche une collection d'images. Tapez une description du type d'image que vous souhaitez trouver, cliquez sur l'image à utiliser, puis sur le bouton Insérer.

6. **Faites glisser le curseur Transparence pour rendre l'image insérée plus ou moins opaque.**

7. **Cliquez sur les flèches des boutons Décalage pour positionner précisément l'image.**

8. **(Facultatif) Cliquez sur le bouton Appliquer partout si vous souhaitez que l'image apparaisse comme arrière-plan de chaque diapo de la présentation.**

   Si vous ne cliquez pas sur ce bouton, l'image choisie ne s'affiche que sur la diapositive sélectionnée lorsque vous avez invoqué cette commande.

9. **Cliquez sur le bouton Fermer (X) du volet Mise en forme de l'arrière-plan.**

Insérer une image dans une diapositive

Donnez du piment à vos présentations en insérant des fichiers graphiques sur une ou plusieurs diapositives. Ces images peuvent être informatives, comme la représentation graphique de données statistiques, ou décoratives, comme une émoticône souriante qui ajoute un zeste de décontraction à une présentation qui pourrait devenir austère.

Une présentation PowerPoint peut s'enrichir de trois types d'images :

- **Fichiers image :** Y compris des photos stockées sur votre disque dur provenant d'un scanneur ou d'un appareil photo numérique.
- **Graphiques :** Des représentations graphiques de données comme vous en créez dans Excel, c'est-à-dire des graphiques à secteurs, des histogrammes ou encore des courbes.
- **WordArt :** Un objet textuel très graphique.

Insérer un fichier image local

Pour insérer une image stockée dans un fichier de votre ordinateur, procédez ainsi :

1. **Cliquez sur une diapositive (en mode Normal ou Plan) pour l'afficher dans la partie droite de l'interface de PowerPoint.**

2. **Cliquez sur l'onglet Insertion.**

3. **Dans le groupe Images, cliquez sur le bouton Image.**

La boîte de dialogue Insérer une image apparaît. Vous pouvez choisir les dossiers et lecteurs dans lesquels vous sélectionnerez votre fichier graphique.

4. **Cliquez sur le fichier image à appliquer, puis sur le bouton Insérer.**

   PowerPoint affiche l'image sur la diapositive sélectionnée à l'Étape 1. Vous pouvez alors redimensionner l'image et/ou la déplacer.

Placer un clipart sur une diapositive

Les *cliparts* sont des illustrations vectorielles livrées avec PowerPoint. Voici comment ajouter un clipart à une diapositive :

1. **En mode Normal ou Plan, cliquez sur une diapositive pour afficher son contenu dans la partie droite de l'interface de PowerPoint.**
2. **Cliquez sur l'onglet Insertion.**
3. **Dans le groupe Images, cliquez sur le bouton Images en ligne.**

   La fenêtre Insérer des images apparaît, comme à la Figure 12.5.

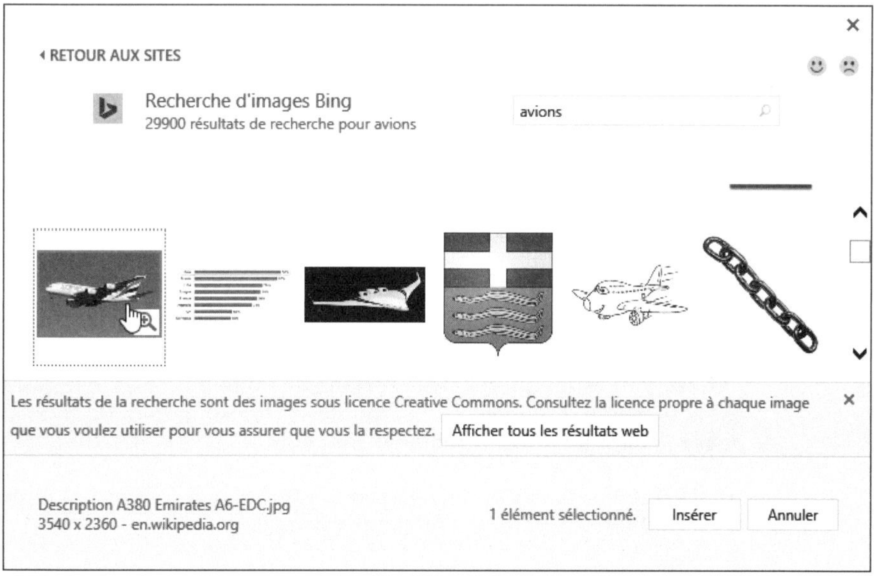

Figure 12.5 : La fenêtre Insérer des images permet de chercher le type de clipart à insérer.

4. **Dans le champ Recherche d'images Bing, tapez un mot qui décrit la catégorie de cliparts que vous désirez trouver.**

5. **Validez cette requête en appuyant sur la touche Entrée de votre clavier.**

6. **La fenêtre affiche les photos et les cliparts correspondant à votre demande.**

7. **Cliquez sur l'image à utiliser, puis sur le bouton Insérer.**

   PowerPoint l'affiche immédiatement dans la diapositive. Vous pouvez le déplacer et/ou le redimensionner.

Créer un objet WordArt

La fonction WordArt permet de créer des éléments textuels très graphiques. Ils servent principalement aux titres des diapositives. Voici comment en insérer dans vos présentations :

1. **En mode Normal ou Plan, cliquez sur une diapositive pour afficher son contenu dans la partie droite de l'interface de PowerPoint.**

2. **Cliquez sur l'onglet Insertion.**

3. **Dans le groupe Texte, cliquez sur le bouton WordArt.**

4. **Un menu local apparaît.**

5. **Cliquez sur le style WordArt à utiliser.**

   PowerPoint affiche une zone de texte WordArt contenant `Votre texte ici`.

6. **Remplacez le texte en tapant le vôtre.**

Effectuer une capture d'écran

Parfois, vous souhaiterez insérer dans une diapo un élément graphique qui est actuellement affiché sur l'écran de votre ordinateur. Pour cela, vous devez le capturer. Voici comment procéder :

1. **Cliquez sur la diapositive (en mode Normal ou Plan) à laquelle vous souhaitez ajouter un élément capturé.**

2. **Cliquez sur l'onglet Insertion.**

3. **Dans le groupe Images, cliquez sur le bouton Capture.**

   Un menu local affiche en réduction l'aspect de toutes les fenêtres d'application actuellement ouvertes sur votre ordinateur (Figure 12.6).

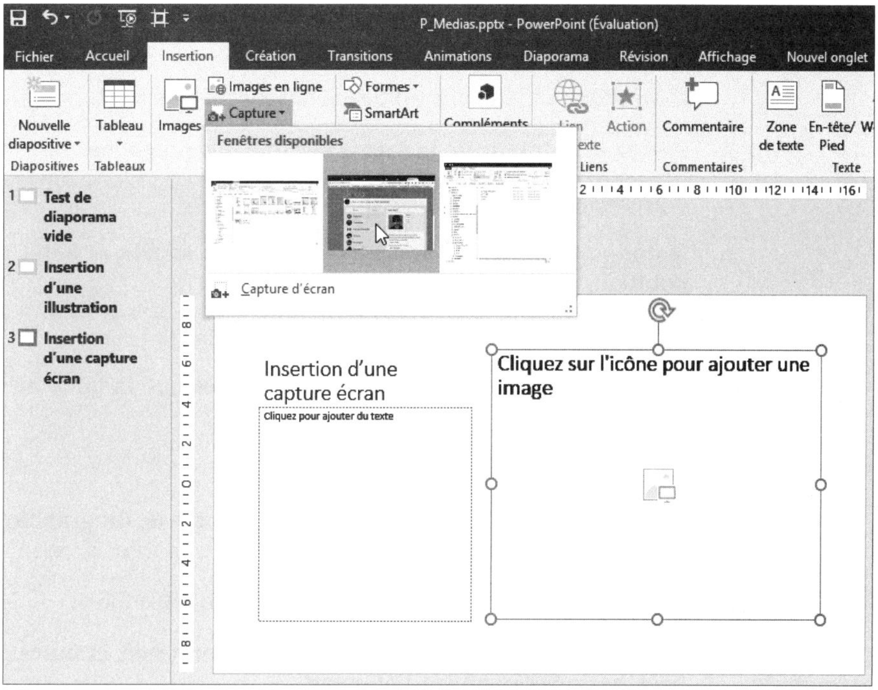

Figure 12.6 : Ce bouton permet de choisir la fenêtre à capturer.

4. **Cliquez sur un des éléments affichés dans ce menu local pour le capturer.**

   Dès la capture effectuée, l'élément apparaît sur la diapositive affichée dans PowerPoint.

   Si vous optez pour la commande Capture d'écran située en bas de ce menu local, le pointeur de la souris se transforme en une croix. Il vous suffit alors de cliquer et, sans relâcher le bouton de la souris, d'entourer la zone de l'écran que vous désirez capturer. Dès que vous relâchez le bouton de la souris, la section de l'écran est alors capturée et immédiatement insérée dans votre diapositive.

Redimensionner, déplacer et supprimer un graphique

Lorsque vous insérez des graphiques dans vos présentations PowerPoint, vous serez souvent amené à les redimensionner et/ou à les déplacer. Pour redimensionner une image :

1. **Sur la diapo, cliquez sur le graphique (photo, clipart, graphique, capture, ou WordArt) à redimensionner.**

   PowerPoint affiche des poignées autour de l'élément.

2. **Placez le pointeur de la souris sur une des poignées.**

   Il prend la forme d'une flèche à deux têtes.

3. **Maintenez enfoncé le bouton gauche de la souris, et faites glisser le pointeur.**

   PowerPoint redimensionne le graphique choisi.

4. **Relâchez le bouton gauche de la souris dès que la taille de l'élément vous convient.**

Pour déplacer un graphique :

5. **Placez le pointeur de la souris sur un des bords du graphique à déplacer.**

   Le pointeur prend la forme d'une flèche à quatre têtes.

6. **Maintenez le bouton gauche de la souris enfoncé, et faites glisser le pointeur pour déplacer l'élément.**

7. **Dès que le graphique est à la position désirée, relâchez le bouton de la souris.**

Il se peut que l'insertion d'une image ne vous donne pas satisfaction. Dans ce cas, supprimez-la de cette manière :

8. **Cliquez sur le graphique à effacer.**

   PowerPoint affiche le cadre de sélection muni de poignées.

9. **Appuyez sur la touche Suppr de votre clavier.**

   PowerPoint supprime le graphique de la diapositive.

Faire pivoter un graphique

Vous souhaiterez sans doute faire pivoter des images pour ajouter un effet visuel à vos diapositives. Pour effectuer pareille rotation horizontale ou verticale :

1. **Cliquez sur le graphique à faire pivoter.**

   PowerPoint affiche un cadre de sélection muni de poignées, dont l'une d'elles est ronde et verte.

2. **Placez le pointeur de la souris sur la poignée de rotation.**

   Il prend la forme d'une flèche circulaire.

3. **Maintenez enfoncé le bouton gauche de la souris, et faites glisser le pointeur dans le sens de rotation voulu.**

   TRUC

   Si vous appuyez sur la touche Maj, vous effectuez une rotation par tranche de 15 degrés.

4. **Relâchez le bouton gauche de la souris dès que la rotation de l'image vous convient.**

Empiler des objets

PowerPoint traite les graphiques et les zones de texte (voir le Chapitre 11) comme des objets que vous pouvez empiler les uns sur les autres, donnant un effet de profondeur à la diapositive. Si vous placez un objet sur un autre, il peut l'occulter en tout ou partie, comme à la Figure 12.7.

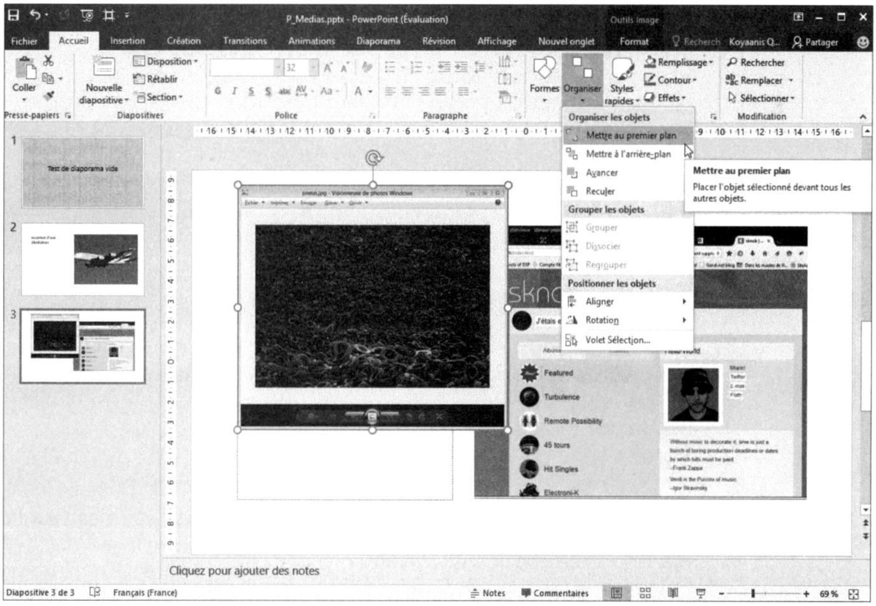

Figure 12.7 : Lorsque les objets se superposent, ils s'occultent les uns les autres.

Il est très facile de modifier l'empilement des objets pour produire des effets visuels intéressants :

1. **Cliquez sur le graphique à déplacer.**

L'onglet Outils Image Format apparaît.

2. **Dans le groupe Organiser, cliquez sur le bouton Avancer et choisissez Mettre au premier plan, ou bien sur le bouton Reculer et optez pour Mettre à l'arrière-plan.**

   PowerPoint modifie l'ordre des graphiques.

TRUC

Vous pouvez également faire un clic droit sur un objet et exécuter la commande Mettre au premier plan/Mettre au premier plan, ou Mettre à l'arrière-plan/Mettre à l'arrière-plan. $ce contenu est OK!!!$

Ajouter des vidéos à une diapositive

Les présentations PowerPoint peuvent aussi s'enrichir de vidéos ou d'animations. Pour trouver des vidéos, vous pouvez soit surfer sur le Web, soit utiliser les films stockés sur votre ordinateur.

Référencer une vidéo sur Internet

PowerPoint permet d'accéder à des collections de vidéos stockées sur le Net. Vérifiez que vous êtes connecté à Internet, puis suivez ces étapes :

1. **En mode Normal ou Plan, cliquez sur la diapositive où vous souhaitez insérer une vidéo.**

2. **Cliquez sur l'onglet Insertion.**

3. **Dans le groupe Média, cliquez sur l'icône vidéo.**

   Un menu local apparaît comme à la Figure 12.8.

4. **Cliquez sur Vidéo en ligne.**

   La fenêtre Insérer une vidéo apparaît comme à la Figure 12.9.

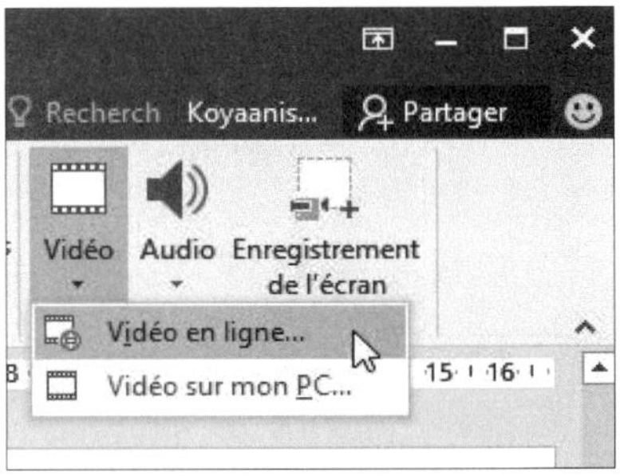

Figure 12.8 : Le menu local Vidéo permet de choisir une vidéo sur Internet ou sur votre ordinateur.

5. **Cliquez dans un des champs de recherche, et tapez une description de la vidéo que vous souhaiteriez intégrer à votre présentation. Validez en appuyant sur la touche Entrée de votre clavier.**

   Une liste de vidéo apparaît.

6. **Cliquez sur la vidéo à utiliser, puis sur le bouton Insérer.**

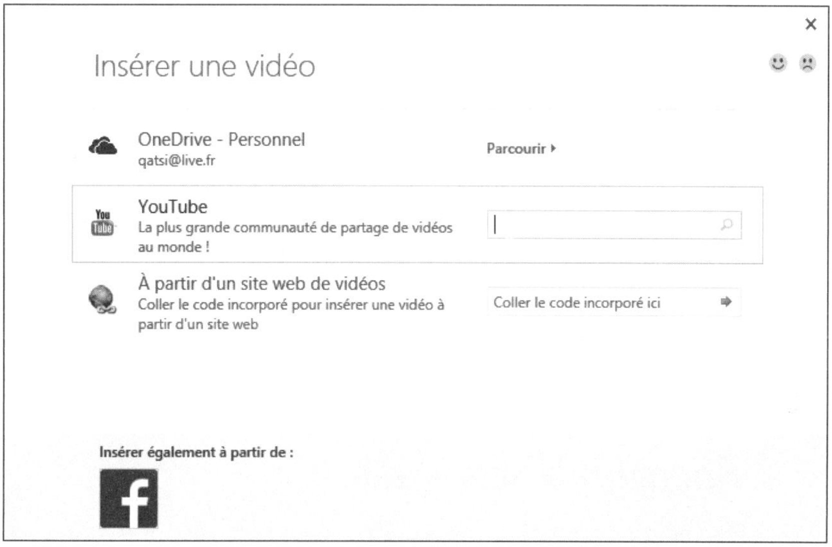

Figure 12.9 : La fenêtre Insérer une vidéo permet de lancer une recherche sur Internet.

PowerPoint affiche la vidéo sur votre diapo. Vous pouvez la redimensionner et la repositionner.

N'OUBLIEZ PAS !

Pour visionner la vidéo, vous devez lancer la lecture de la présentation en appuyant sur F5. Pour ne diffuser que la vidéo, cliquez sur sa vignette pour la sélectionner, puis sur le bouton Lecture du groupe Aperçu. Si nécessaire cliquez sur le bouton de lecture du lecteur de votre vidéo.

Ajouter une vidéo stockée sur votre ordinateur

Il est tout à fait possible d'insérer une vidéo dont vous êtes l'auteur et que vous avez stockée sur un de vos disques durs.

NOTE TECHNIQUE

PowerPoint peut utiliser les formats vidéo les plus répandus sous Windows, c'est-à-dire AVI, MPEG, ASF (*streaming video* ou vidéo en flux continu), QuickTime, Flash et les fichiers WMV. Si votre film est dans un autre format comme Real Video, vous devrez préalablement le convertir.

Pour ajouter une vidéo de votre ordinateur sur une diapositive :

1. **Cliquez sur la diapositive (en mode Plan ou Normal) sur laquelle vous désirez insérer le fichier vidéo.**

2. **Cliquez sur l'onglet Insertion.**

3. **Dans le groupe Média, cliquez sur la flèche du bouton Vidéo.**
4. **Un menu local s'affiche.**
5. **Cliquez sur Vidéo sur mon PC.**
6. **La boîte de dialogue Insérer une vidéo apparaît.**
7. **Naviguez parmi les lecteurs et dossiers de votre disque dur, et cliquez sur le fichier vidéo à insérer. Validez par un clic sur Insérer.**

   PowerPoint affiche la vidéo dans un lecteur spécifique.

Pour voir la vidéo, cliquez sur le bouton Lecture du lecteur vidéo inséré dans la diapositive en même temps que la vidéo.

Raccourcir une vidéo

Il se peut qu'après avoir inséré une vidéo dans une présentation (si c'est une vidéo locale), vous constatiez qu'elle est trop longue. Voici comment en réduire la durée :

1. **Cliquez sur la diapositive qui contient le film vidéo à raccourcir.**
2. **Cliquez sur la vidéo pour la sélectionner sur la diapo.**

   L'onglet Outils vidéo apparaît avec deux sous-onglets, Lecture et Format.

3. **Cliquez sur l'onglet Lecture, puis sur l'icône Découper la vidéo.**

   La boîte de dialogue éponyme apparaît, comme à la Figure 12.10.

Figure 12.10 : La boîte de dialogue Découper la vidéo.

4. **Pour débuter la vidéo plus tard, faites glisser le curseur de gauche vers la droite. Vous définissez un point d'entrée.**
5. **Pour terminer la vidéo plus tôt, faites glisser le curseur de droite vers la gauche. Vous créez ainsi un point de sortie.**

6. **Cliquez sur OK.**

   PowerPoint affiche la vidéo réduite sur votre diapositive.

Coloriser une vidéo

Pour donner plus d'impact à votre vidéo, vous pouvez agir sur sa luminosité, son contraste et sa couleur.

Pour changer la couleur d'une vidéo :

1. **Cliquez sur la diapositive contenant la vidéo à coloriser.**
2. **Cliquez sur la vidéo pour la sélectionner sur la diapositive.**
3. **Dans l'onglet Outils vidéo, cliquez sur l'onglet Format.**
4. **Dans le groupe Ajuster, cliquez sur Couleur.**

   Un menu local permet de choisir le type de réglage à appliquer, comme à la Figure 12.11.

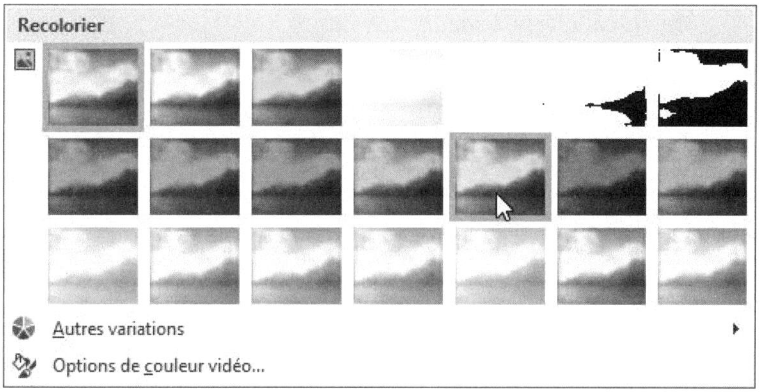

Figure 12.11 : Pour coloriser une vidéo.

5. **Cliquez sur une des vignettes pour modifier la couleur de la vidéo.**

Vous pouvez également régler son contraste et sa luminosité. Pour cela, suivez la procédure ci-dessus jusqu'à l'Étape 4 puis :

6. **Cliquez sur le bouton Corrections.**
7. **Cliquez sur une des miniatures donnant un aperçu de la correction du contraste et de la luminosité que vous allez apporter.**

Mettre en forme une vidéo

Vous pouvez donner à une vidéo un aspect plus saisissant en lui appliquant une certaine mise en forme. Ainsi, votre vidéo pourra être diffusée dans un triangle, une flèche, ou encore être ombrée.

Pour appliquer une forme :

1. **Cliquez sur la diapositive contenant la vidéo à diffuser dans une forme.**
2. **Cliquez sur la vidéo afin de la sélectionner dans la diapositive.**
3. **Dans l'onglet Outils vidéo, cliquez sur l'onglet Format.**
4. **Dans le groupe Styles de vidéo, cliquez sur le bouton Forme de la vidéo.**

   Le menu local illustré à la Figure 12.12 s'ouvre.

5. **Cliquez sur l'icône Bordure de la vidéo.**

   Un menu local permet de choisir une couleur de bordure, mais aussi d'en définir l'épaisseur et le style.

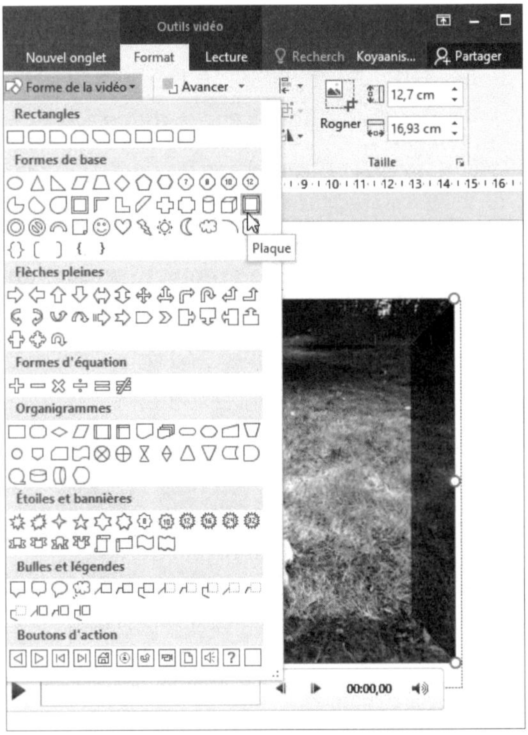

Figure 12.12 : L'icône Forme de la vidéo permet d'appliquer une forme géométrique à votre film.

6. **Cliquez sur l'icône Effets vidéo.**

   Dans le menu local qui apparaît, placez le pointeur de la souris sur une catégorie d'effets comme Ombre ou Rotation, comme à la Figure 12.13.

TRUC

Si vous cliquez sur un style du groupe Styles vidéo, vous pouvez appliquer simultanément plusieurs paramètres de mise en forme de la vidéo.

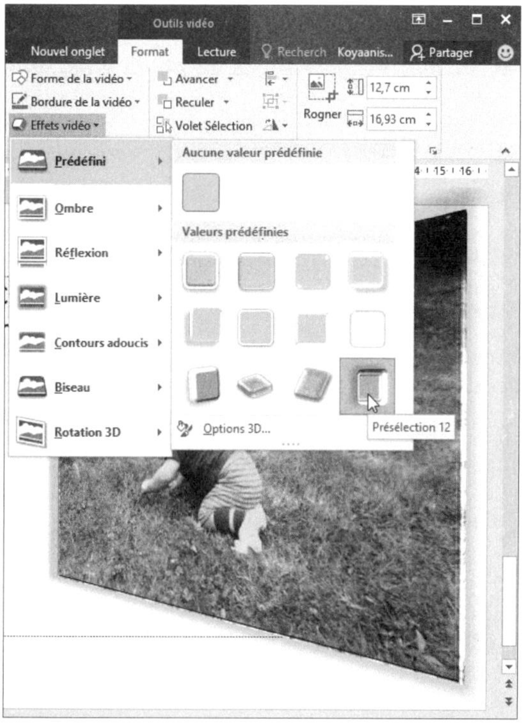

Figure 12.13 : L'icône Effets vidéo permet de donner une apparence unique au cadre de diffusion de votre film.

Sonoriser une diapositive

La sonorisation d'une diapositive peut consister en un simple effet sonore (comme une sonnerie de trompette), ou en une narration expliquant comment améliorer ses revenus.

PowerPoint accepte tous les formats de fichiers audio répandus, et notamment AAC, AIFF, MP3 MP4, M4A, WAV et WMA.

Ajouter un fichier audio stocké sur votre ordinateur

Si des musiques, des bruitages, ou des commentaires sont déjà stockés sur votre ordinateur, ajoutez-les aisément à votre présentation.

Pour ajouter un fichier audio à une diapositive, suivez ces étapes :

1. **En mode Plan ou Normal, cliquez sur la diapo où vous souhaitez insérer un son.**
2. **Cliquez sur l'onglet Insertion.**
3. **Dans le groupe Médias, cliquez l'icône Audio.**
4. **Dans ce menu local, choisissez Audio sur mon PC.**

   La boîte de dialogue Insérer un objet audio apparaît.

5. **Localisez le fichier audio, cliquez dessus pour le sélectionner, puis cliquez sur Insérer.**

   L'icône d'un haut-parleur apparaît sur la diapo. Déplacez l'icône du haut-parleur si elle occulte un autre élément de la diapositive.

Pour entendre le son, cliquez sur le bouton Lecture du petit lecteur audio qui s'affiche quand vous sélectionnez l'icône.

Effectuer un enregistrement audio

Pour vous donner plus de souplesse dans l'insertion d'éléments audio, PowerPoint permet d'enregistrer directement du son depuis un microphone branché à la carte son de votre ordinateur.

Nous n'expliquons pas ici comment configurer le microphone et le canal d'entrée (voyez Périphériques d'enregistrement dans le bouton de réglage du volume).

Voici comment enregistrer du son :

1. **Cliquez sur la diapositive dans laquelle vous désirez insérer un contenu audio que vous allez enregistrer.**
2. **Cliquez sur l'onglet Insertion.**
3. **Dans le groupe Médias, cliquez sur la flèche de l'icône Audio.**

   Un menu local s'ouvre.

4. **Cliquez sur la commande Enregistrer l'audio.**

   Une boîte de dialogue d'enregistrement apparaît, comme à la Figure 12.14.

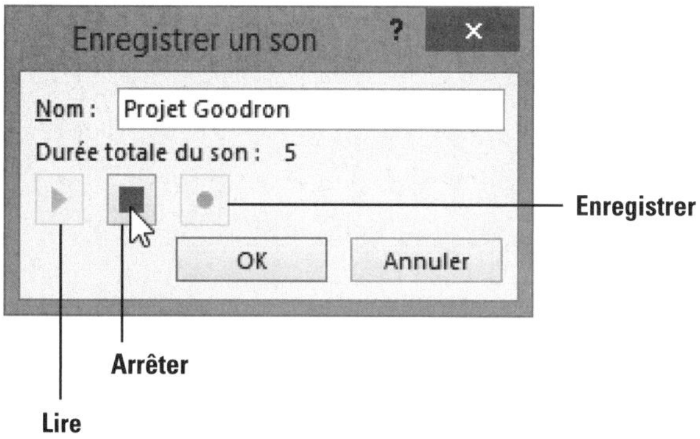

Figure 12.14 : Pour enregistrer un contenu audio.

5. **Dans le champ Nom, assignez un nom à votre enregistrement.**

6. **Cliquez sur le bouton rouge d'enregistrement, et commencez à parler.**

7. **Dès que vous avez fini de dire ce que vous avez à dire, cliquez sur le bouton d'arrêt (rectangle). Enfin, cliquez sur OK.**

   PowerPoint affiche alors l'icône d'un haut-parleur. Déplacez-la si elle se situe sur un élément de votre diapositive.

L'icône du haut-parleur identifiant un fichier audio ne s'affiche pas lorsque vous lancez la lecture de votre présentation.

Chapitre 13

Diffuser une présentation

Dans ce chapitre :

- Vérifier l'orthographe d'une présentation.
- Organiser les diapositives.
- Ajouter des transitions.
- Ajouter des liens hypertextes.
- Diffuser une présentation.
- Imprimer des documents.

Le but ultime d'une présentation PowerPoint est d'être diffusée face à un auditoire ou mise en circulation parmi un groupe de personnes concernées. Grâce à ses effets spéciaux, PowerPoint peut transformer un diaporama ennuyeux en une véritable production dynamique, et donc agréable aussi bien pour les yeux que pour les oreilles.

PowerPoint dispose en outre d'une fonction d'impression de la présentation sous forme d'un document que vous pouvez distribuer au public. En effet, souvent les personnes présentes veulent prendre des notes (ou avoir de quoi faire des gribouillis quand la réunion les ennuie).

Vérification orthographique de la présentation

La meilleure présentation du monde deviendra vite ridicule si elle est bourrée de fautes de frappe. (« Faute de frappe » est un terme élégant que l'on utilise pour ne pas froisser les personnes nulles en orthographe. Pour éviter une telle dépréciation de votre travail, PowerPoint est capable de vérifier l'orthographe de toute la présentation.)

TRUC

PowerPoint souligne d'une ondulation rouge les mots mal orthographiés ou du moins dont il ne reconnaît pas l'orthographe. Si vous effectuez un clic droit sur un tel mot, un menu contextuel propose des corrections. Cliquez sur celle qui convient.

Voici comment effectuer la vérification orthographique de votre présentation :

1. **Cliquez sur l'onglet Révision.**

2. **Cliquez sur le bouton Orthographe.**

   PowerPoint affiche le volet Orthographe dès qu'un mot incorrect est rencontré, comme à la Figure 13.1.

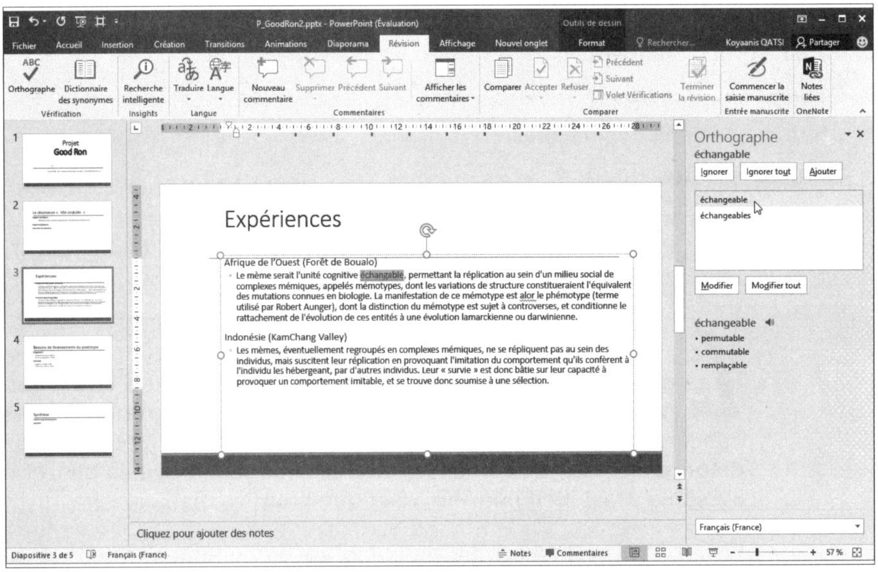

Figure 13.1 : Le volet Orthographe peut identifier les fautes de frappe.

3. **Pour chaque mot sur lequel s'arrête le correcteur, choisissez une des options suivantes :**

   - *Modifier :* Sélectionnez le mot correctement orthographié, puis cliquez sur ce bouton. Si vous cliquez sur le bouton Modifier tout, PowerPoint corrige automatiquement cette même faute s'il la rencontre de nouveau dans la présentation.

   - *Ignorer :* Cliquez sur ce bouton pour que le vérificateur ne considère pas cette occurrence d'un mot comme contenant une faute de frappe.

- *Ignorer tout :* Cliquez sur ce bouton pour ignorer toutes les occurrences de ce mot. Ne cliquez sur ce bouton que si vous êtes sûr de la bonne orthographe du terme.
- *Ajouter :* Cliquez sur ce bouton pour ajouter le mot au dictionnaire de PowerPoint. À partir de cet instant, il ne le considérera plus comme incorrect.

4. **Cliquez sur Fermer pour arrêter la vérification.**

PowerPoint ne reconnaît pas les termes techniques, certains noms propres, ou encore les mots correctement orthographiés, mais qu'il ne parvient pas à remettre dans leur contexte d'utilisation. Ainsi, il ne fait pas la différence entre *leur* et *leurre*.

Organiser des diapositives en sections

PowerPoint affiche toutes les diapositives de votre présentation en mode Plan ou Normal. Vous voyez ainsi toutes les diapos qui composent votre présentation. Toutefois, quand une présentation contient une grande quantité de diapositives, il devient souvent difficile d'en retrouver une particulière.

Pour faciliter vos recherches, PowerPoint permet d'organiser vos diapositives en *sections*. Ainsi, vous pouvez regrouper les premières diapos dans une section, les 7 suivantes dans une autre, et les 13 dernières dans une troisième. Chaque section portera un nom.

Une fois les diapositives regroupées en sections, vous pouvez les masquer ou les afficher indépendamment les unes des autres. Cela permet de mieux organiser un grand nombre de diapositives afin de les localiser plus facilement, et d'éditer des éléments spécifiques.

Ajouter une section

Par défaut, une présentation PowerPoint ne contient pas de sections. Lorsque vous en ajoutez une, toutes les diapositives sont regroupées dans cette section unique dès lors que vous la créez à partir de la première diapositive de cette présentation.

Voici comment ajouter une section :

1. **Cliquez sur la diapositive qui doit définir le début de la section.**
2. **Cliquez sur l'onglet Accueil puis sur l'icône Section du groupe Diapositives.**

Vous accédez à un menu local comme à la Figure 13.2.

3. **Cliquez sur Ajouter une section.**

   PowerPoint affiche un titre de section « Section sans titre » au-dessus de la diapositive sélectionnée à l'Étape 1.

4. **Cliquez sur le titre avec le bouton droit de la souris. Dans le menu contextuel, exécutez la commande Renommer la section.**

   Une boîte de dialogue éponyme apparaît comme à la Figure 13.3.

5. **Sélectionnez le titre par défaut, et donnez un nom descriptif à cette section. Ensuite, cliquez sur le bouton Renommer.**

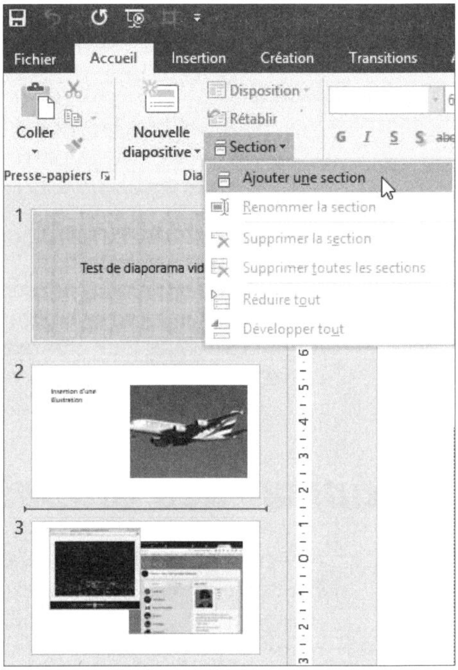

Figure 13.2 : Le menu local Section permet de grouper des diapositives.

N'OUBLIEZ PAS!

Lorsque vous ajoutez une section à une présentation, PowerPoint crée automatiquement une section par défaut contenant la première diapositive et toutes celles qui se situent derrière elle.

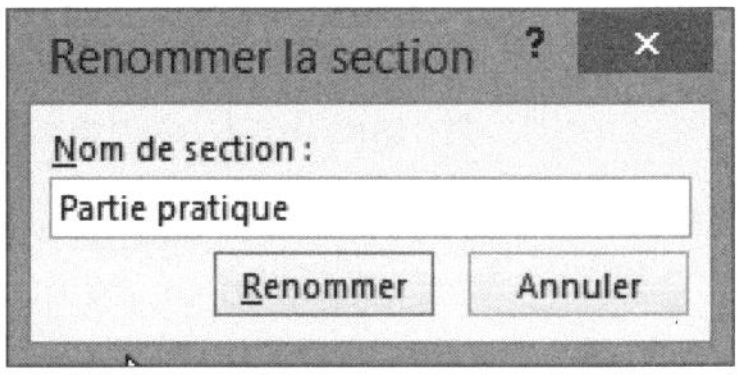

Figure 13.3 : Renommez la section nouvellement créée.

Développer et réduire une section

Une fois que vous avez créé au moins une section, vous pouvez en développer ou en réduire le contenu. La réduction permet de masquer temporairement les diapositives de la section. Ainsi, vous focalisez toute votre attention sur les autres diapositives. Le développement permet d'afficher de nouveau le contenu d'une section préalablement réduite.

Pour réduire et développer une section :

1. **Cliquez sur la petite flèche Réduction de la section située à la gauche de cette dernière, comme à la Figure 13.4.**

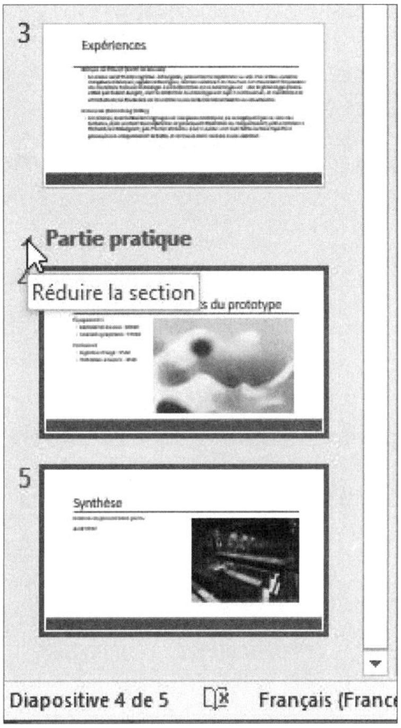

Figure 13.4 : La flèche Réduire la section se situe à gauche du nom de la section.

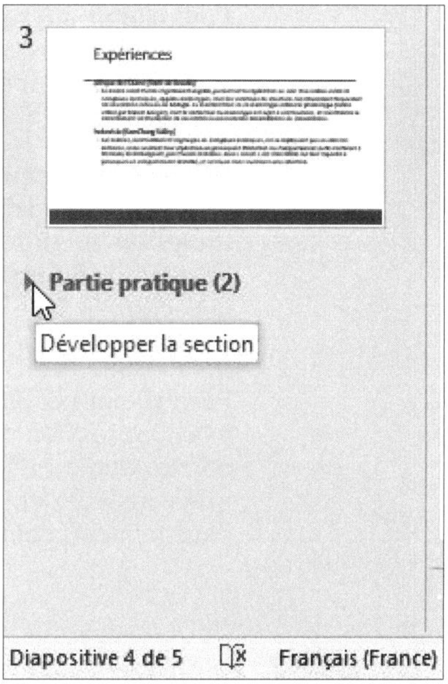

Figure 13.5 : Une section réduite affiche entre parenthèses le nombre de diapositives qu'elle contient.

PowerPoint «ferme» la section, c'est-à-dire la réduit de manière à en masquer les diapositives. Il affiche entre parenthèses le nombre de diapositives contenues par la section ainsi réduite, comme à la Figure 13.5.

2. **Cliquez sur la flèche Développer la section qui remplace Réduire la section. Bien entendu, elle se situe à gauche du nom de la section.**

   En développant une section, vous affichez de nouveau toutes ses diapositives.

Supprimer une section

À un moment ou à un autre de la création de votre présentation, ou bien encore de sa modification, vous n'aurez peut-être plus besoin de sections. Voici comment les supprimer :

1. **Faites un clic droit sur le nom d'une section à supprimer.**

NICE BU SCIENCES

PowerPoint ouvre un menu contextuel identique à celui de la Figure 13.6.

2. **Cliquez sur Supprimer la section, Supprimer toutes les sections, ou encore sur Supprimer la section et les diapositives.**

PowerPoint procède à la suppression correspondant à l'option que vous avez choisie dans le menu contextuel.

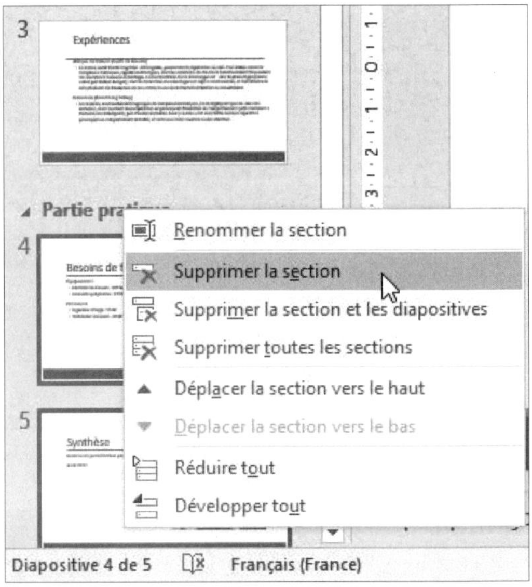

Figure 13.6 : Un clic droit sur le titre d'une section ouvre un menu contextuel.

Ajouter transitions et animations

Les *transitions* définissent la manière dont la présentation passe d'une diapositive à la suivante. Par défaut, les diapositives affichent l'arrière-plan et le texte simultanément. À la longue, cela peut lasser le public.

Pour donner plus de rythme à une présentation, vous pouvez insérer deux types d'animations :

- les transitions de diapositives ;
- les transitions de texte et d'images.

N'abusez pas des transitions. Si elles augmentent l'intérêt d'une présentation, elles risquent aussi de détourner l'attention de l'auditoire.

Ajouter des transitions

Les transitions de diapositives permettent de faire apparaître un contenu de différentes manières.

Lorsque vous appliquez une transition, vous devez en définir :

- l'aspect visuel ;
- la vitesse (Lente, Moyenne, Rapide) ;

- les sons émis durant son déroulement ;
- le moment où elle s'opère (après l'écoulement d'un certain laps de temps ou lorsque vous cliquez sur le bouton de la souris).
- Pour ajouter une transition à une diapositive :

1. **Cliquez sur une diapositive (en mode Plan ou Normal).**

   La transition servira à afficher cette diapo.

2. **Cliquez sur l'onglet Transitions.**

   PowerPoint affiche différents outils d'animation (transition), comme à la Figure 13.7.

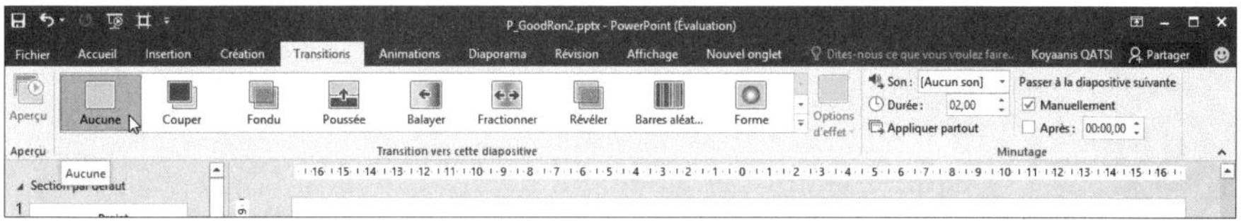

Figure 13.7 : L'onglet Transitions affiche tous les outils nécessaires à l'ajout et au paramétrage d'une transition.

3. **Cliquez sur le bouton Autres du groupe Transition vers cette diapositive.**

   Une galerie de transitions s'affiche, comme à la Figure 13.8.

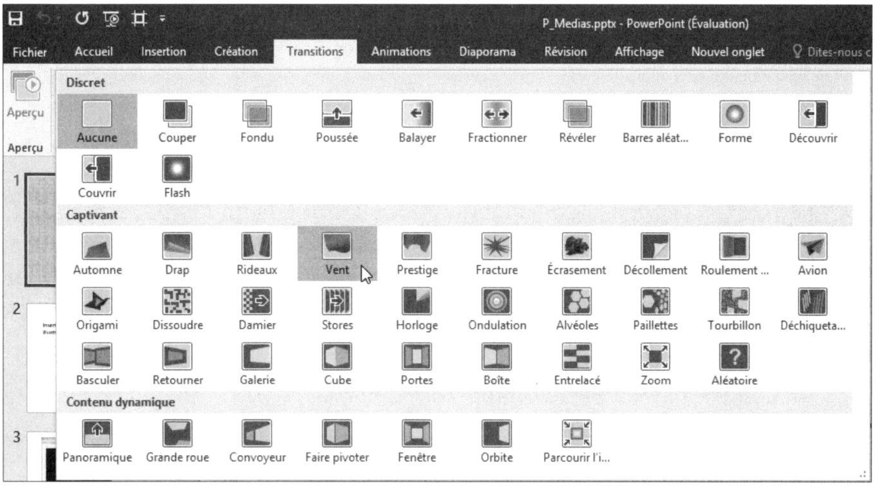

Figure 13.8 : Le bouton Autres affiche une galerie de transitions.

4. **Cliquez sur la transition à appliquer.**

5. **PowerPoint diffuse l'effet de transition.**

6. **(Facultatif) Dans le menu local Son, choisissez un son comme Caisse enregistreuse ou Roulement de tambour, comme à la Figure 13.9.**

7. **(Facultatif) Cochez la case Manuellement ou Après.**

   Si vous choisissez Après, vous devez spécifier une durée de temps qui s'écoulera avant que la transition ne s'opère.

   TRUC

   Vous pouvez sélectionner les deux ! Dans ce cas, si vous cliquez avant l'écoulement du temps programmé, la transition s'effectue immédiatement.

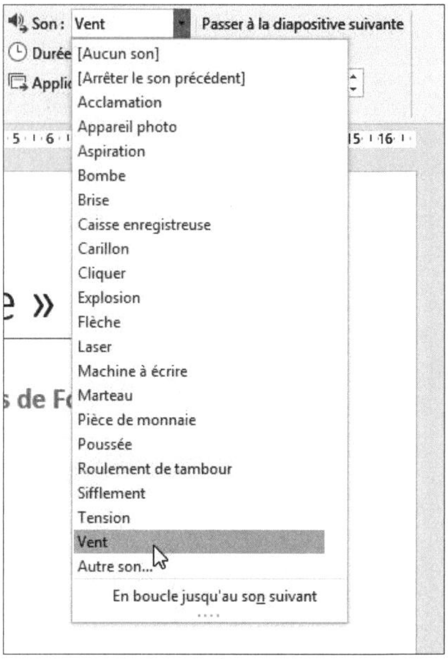

Figure 13.9 : La liste des sons que vous pouvez appliquer à une transition.

8. **(Facultatif) Cliquez sur Appliquer partout si vous souhaitez que cette même transition affiche chaque diapo de votre présentation.**

N'OUBLIEZ PAS !

Utiliser la même transition sur toutes les diapositives peut apporter une certaine constance. En revanche, lorsque cette transition est agrémentée d'un même effet sonore, sa répétition va vite devenir pénible pour le public.

Animations du texte et des images

Il est également possible d'ajouter des transitions aux éléments textuels ou graphiques d'une diapositive.

N'OUBLIEZ PAS !

Utilisez ce type d'animation judicieusement, sous peine de détourner l'attention du public du propos de votre présentation. Il ne faut pas que l'effet du texte désintéresse de sa lecture.

Pour créer une animation de texte :

1. **Cliquez sur la zone de texte ou sur l'image de la diapositive.**

   PowerPoint affiche un cadre muni de poignées.

2. **Cliquez sur l'onglet Animations.**

3. **Dans le groupe Animations, cliquez sur le bouton Autres pour afficher un menu local d'animations comme à la Figure 13.10.**

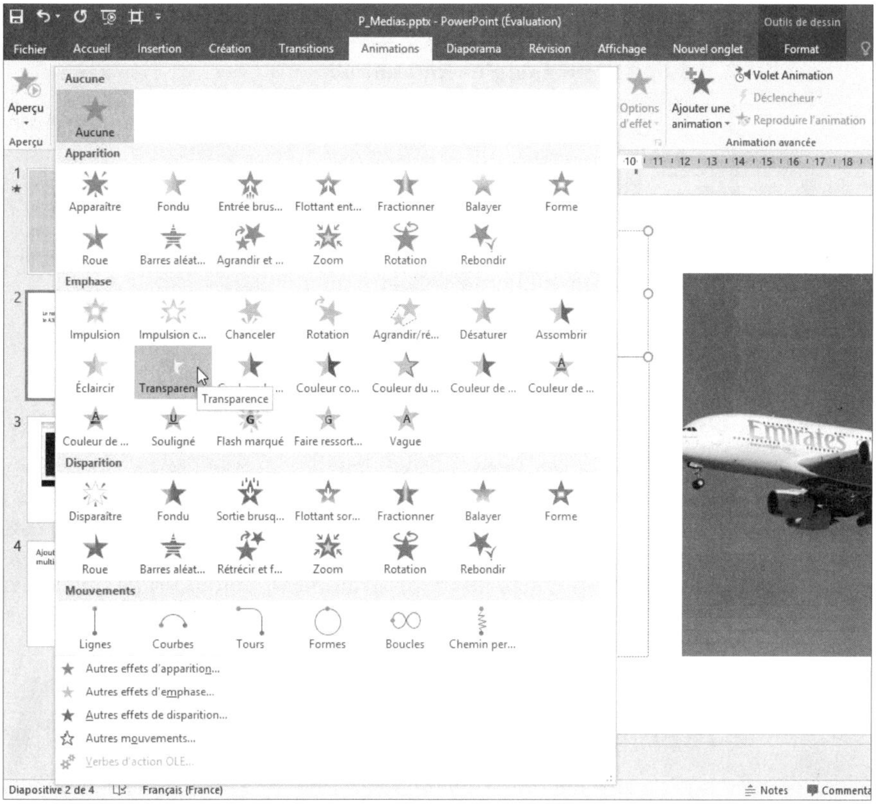

Figure 13.10 : Affichez toutes les animations prédéfinies par un clic sur le bouton Autres.

4. **Cliquez sur une animation comme Flottant entrant ou Balayer.**

   PowerPoint affiche l'animation de la zone de texte ou du graphique.

5. **Cliquez dans la partie supérieure de l'icône Aperçu (à gauche) pour voir l'impact de cette animation sur votre présentation.**

Pour supprimer une animation, sélectionnez le texte ou le graphique auquel elle est appliquée. Ensuite, dans le groupe Animations, cliquez sur Aucune.

Reproduire l'animation

Si vous désirez copier une animation pour la coller sur d'autres éléments, utilisez simplement l'outil Peintre d'animation. Voici comment l'utiliser :

1. **Cliquez sur la zone de texte ou l'image contenant les transitions à copier.**

   PowerPoint affiche des poignées autour des éléments choisis.

2. **Cliquez sur l'onglet Animations.**

3. **Cliquez sur l'icône Reproduire l'animation du groupe Animation avancée.**

4. **Cliquez sur une zone de travail ou une image.**

   PowerPoint applique à l'élément de l'Étape 4 les transitions et les animations de l'objet sélectionné à l'Étape 1.

Ajouter des liens hypertextes

Pour une plus grande souplesse dans le déroulement d'une présentation, PowerPoint permet d'ajouter des liens hypertextes à vos diapositives. Ce type de lien peut ouvrir une page Web si vous disposez d'une connexion Internet, un fichier (comme un document Word), une autre diapositive de la présentation en cours ou un programme. En ajoutant des liens hypertextes à vos diapositives, vous pouvez afficher des informations supplémentaires ou d'autres diapositives.

Créer un lien hypertexte vers une page Web

Ce type d'opération permet de convertir un texte en un hyperlien qui va ouvrir votre navigateur Web par défaut et afficher la page Web de votre choix. Lorsque vous quittez le navigateur Web, vous revenez à la diapositive et pouvez continuer la présentation.

La possibilité d'accéder à une page Web évite bien du travail. Par exemple, si vous diffusez une présentation commerciale, vous pouvez créer un lien hypertexte pour montrer comment vos concurrents utilisent Internet pour faire de la publicité et vendre leurs produits.

Pour créer un lien hypertexte vers une page Web :

1. **Sélectionnez le texte à convertir en lien hypertexte.**

2. **Cliquez sur l'onglet Insertion.**

3. **Dans le groupe Liens, cliquez sur le bouton Lien hypertexte.**

   La boîte de dialogue Insérer un lien hypertexte apparaît, comme à la Figure 13.11.

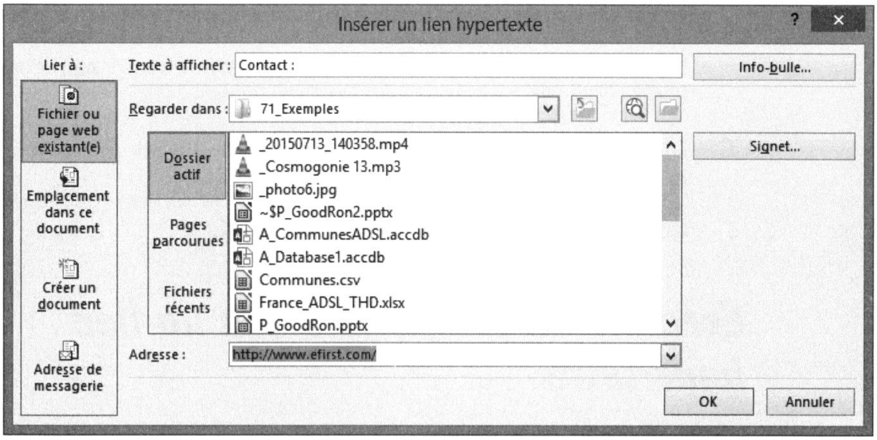

Figure 13.11 : La boîte de dialogue Insérer un lien hypertexte permet d'indiquer l'adresse d'un site Web.

4. **Dans le champ Adresse, saisissez l'adresse Internet du site Web à afficher comme** `www.efirst.com`**.**

5. **Cliquez sur OK.**

   Sur la diapositive, PowerPoint souligne le mot servant d'hyperlien. Lorsque vous diffusez la présentation, PowerPoint affiche le pointeur de la souris sous la forme d'une main dès que vous le placez sur le lien hypertexte.

Créer un lien hypertexte vers un fichier local

Vous disposez certainement de fichiers stockés sur un de vos disques durs. Plutôt que de copier puis coller le contenu d'un fichier dans votre diaporama, il est plus pratique d'établir un lien dynamique avec le fichier (à condition qu'il soit dans un des formats reconnus). Si vous modifiez ultérieurement ce fichier, PowerPoint en affichera toujours la plus récente version.

TRUC

Lorsque vous établissez un lien vers un fichier externe, PowerPoint ouvre ledit fichier en chargeant l'application avec laquelle vous l'avez créé. Par exemple, pour afficher un document Microsoft Word, il faut que le programme Word soit installé sur votre ordinateur.

Pour créer un lien hypertexte vers un fichier externe :

1. **Sélectionnez le texte à convertir en lien hypertexte.**

2. **Cliquez sur l'onglet Insertion.**

3. **Dans le groupe Liens, cliquez sur le bouton Lien hypertexte.**

   La boîte de dialogue Insérer un lien hypertexte apparaît, comme à la Figure 13.11 ci-dessus.

4. **Dans la liste Regarder dans, choisissez le disque dur et le dossier contenant le fichier à utiliser.**

5. **Cliquez sur le fichier désiré, puis sur OK.**

Exécuter un programme via un lien hypertexte

Un lien hypertexte PowerPoint peut aussi exécuter un programme depuis une présentation. Par exemple, vous pouvez créer un diaporama présentant la stratégie de vente d'un nouveau programme informatique, et montrer le fonctionnement du logiciel en question. Lorsque vous quittez ce programme, vous reprenez votre présentation à la diapositive où vous l'aviez arrêtée.

Vérifiez que votre ordinateur dispose d'une mémoire suffisante pour faire fonctionner à la fois PowerPoint et ce programme.

Pour créer un lien hypertexte vers ce programme :

1. **Sélectionnez le texte que vous désirez convertir en lien hypertexte.**

2. **Cliquez sur l'onglet Insertion.**

3. **Dans le groupe Lien, cliquez sur Action.**

   La boîte de dialogue Paramètres des actions apparaît.

4. **Activez le bouton radio Exécuter le programme.**

5. **Cliquez sur le bouton Parcourir.**

6. **Dans la boîte de dialogue Sélectionner un programme à exécuter, parcourez vos disques durs et dossiers pour choisir le programme qui devra être utilisé.**

7. **Cliquez sur Ouvrir.**

8. **Revenu dans la boîte de dialogue Paramètres des actions, cliquez de nouveau sur OK.**

Lorsque vous exécuterez votre présentation et que vous cliquerez sur le lien permettant de lancer le programme externe, une notification de sécurité PowerPoint peut s'afficher. Elle permet d'activer ou non l'exécution du programme, voire d'informer PowerPoint que vous souhaitez systématiquement exécuter ces programmes. Cette dernière option est fortement déconseillée.

Diffuser une présentation

Une fois que vous avez organisé vos diapositives, ajouté des transitions, défini des liens hypertextes, vous pouvez tester votre présentation en effectuant les opérations suivantes :

1. **Cliquez sur l'onglet Diaporama.**

2. **Dans le groupe Démarrage du diaporama, cliquez sur le bouton À partir du début, comme à la Figure 13.12.**

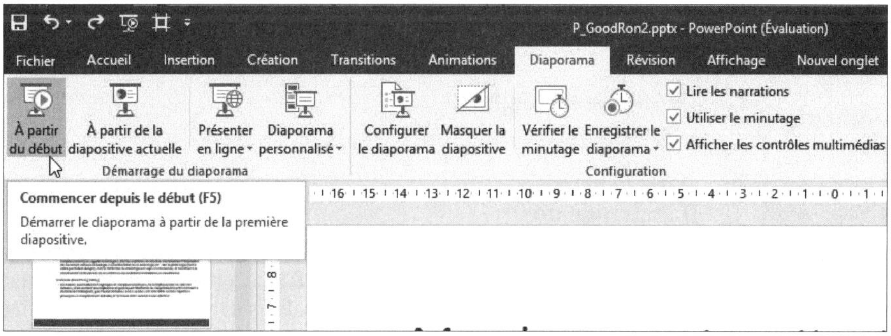

Figure 13.12 : L'onglet Diaporama contient des outils qui commandent la diffusion d'une présentation.

PowerPoint diffuse la présentation en commençant par la première diapositive… Logique !

TRUC

Vous pouvez également lancer le diaporama depuis la première diapo en appuyant sur la touche F5.

3. **Choisissez une des options suivantes :**

   - Cliquez sur le bouton de la souris ou appuyez sur la barre d'espace pour passer à la diapositive suivante.
   - Appuyez sur Echap pour quitter votre présentation.

TRUC

Si votre présentation contient de nombreuses diapositives, disons 300, vous souhaiterez peut-être limiter votre test à quelques-unes d'entre elles, par exemple les 10 dernières. PowerPoint vous donne la possibilité d'indiquer à partir de quelle diapo s'effectuera la diffusion.

Créer un diaporama personnalisé

Vous pouvez préparer une présentation pour des ingénieurs et des scientifiques, et proposer la même à des commerciaux. Il semble évident que si la base de la présentation reste la même, vous ne fournirez pas des informations identiques à ces deux types de public. Pour éviter de créer deux présentations quasi identiques qui vous obligeraient à effectuer deux mises à jour dès que vous ajouteriez des données, utilisez la fonction de personnalisation des présentations de PowerPoint. La *personnalisation* d'un diaporama permet de définir l'ordre d'affichage des diapositives.

Pour organiser un diaporama personnalisé :

1. **Cliquez sur l'onglet Diaporama.**
2. **Dans le groupe Démarrage du diaporama, cliquez sur Diaporama personnalisé.**
3. **Dans le menu local qui apparaît, choisissez Diaporamas personnalisés.**

   La boîte de dialogue éponyme s'affiche, comme le montre la Figure 13.13.

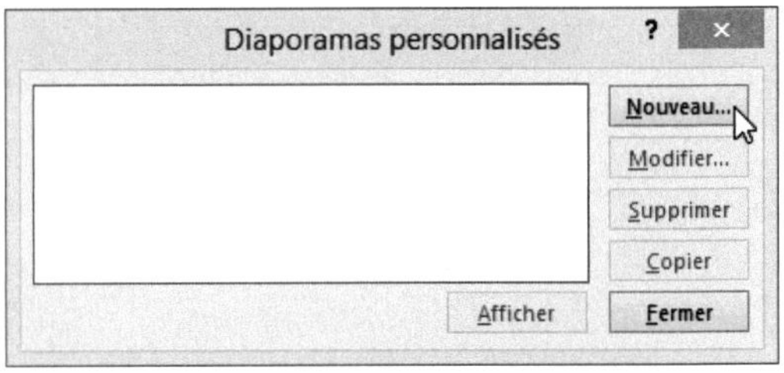

Figure 13.13 : La boîte de dialogue Diaporamas personnalisés permet de créer différentes présentations à partir d'un même ensemble de diapositives.

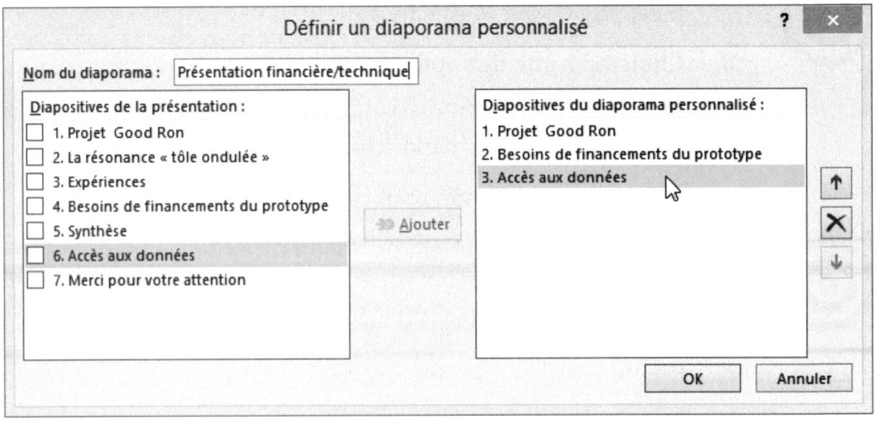

Figure 13.14 : Personnaliser votre diaporama permet d'organiser vos diapositives.

4. **Cliquez sur Nouveau.**

5. **Dans la boîte de dialogue Définir un diaporama personnalisé, donnez un nom à cette présentation spécifique, comme à la Figure 13.14.**

6. **Dans la liste Diapositives de la présentation, cochez le nom d'une diapo à utiliser, et cliquez sur le bouton Ajouter.**

7. **Répétez les Étapes 6 et 7 pour ajouter d'autres diapos au diaporama personnalisé.**

8. **(Facultatif) Dans la liste Diapositives du diaporama personnalisé, cliquez sur les flèches Vers le haut et Vers le bas pour modifier l'ordre d'affichage des diapos dans la présentation.**

9. **Répétez l'Étape 8 pour chaque diapo dont vous désirez changer la place dans le diaporama.**

10. **Cliquez sur OK.**

    La boîte de dialogue Diaporamas personnalisés s'affiche de nouveau.

11. **Cliquez sur le nom du diaporama, puis sur le bouton Fermer.**

Pour diffuser au public un diaporama personnalisé :

12. **Cliquez sur l'onglet Diaporama.**

13. **Dans le groupe Démarrage du diaporama, cliquez sur le bouton Diaporama personnalisé.**

14. **Dans la liste qui apparaît, cliquez sur le nom de la présentation personnalisée à diffuser.**

15. **Choisissez une des options suivantes :**

    - Cliquez sur le bouton de la souris ou appuyez sur la barre d'espace pour passer à la diapositive suivante.
    - Appuyez sur Echap pour quitter votre présentation.

Vous aurez peut-être envie ou besoin de supprimer un diaporama personnalisé. Dans ce cas, vous en conservez les diapositives originales.

Voici comment supprimer un diaporama personnalisé :

16. **Cliquez sur l'onglet Diaporama.**

17. **Cliquez sur l'icône Diaporama personnalisé.**

18. **Dans le menu local qui apparaît, cliquez sur Diaporamas personnalisés.**

La boîte de dialogue éponyme s'affiche.

19. **Cliquez sur le nom du diaporama à supprimer, puis sur le bouton Supprimer.**

20. **Cliquez sur le bouton Fermer.**

Masquer une diapositive

Il peut vous arriver d'avoir besoin de cacher une des diapositives sans la supprimer, en sorte qu'elle ne soit pas affichée pendant la lecture du diaporama.

Pour masquer une diapositive :

1. **En mode Normal ou Plan, cliquez sur la diapo à masquer.**

2. **Cliquez sur l'onglet Diaporama.**

3. **Dans le groupe Configuration, cliquez sur Masquer la diapositive.**

   Dans le volet gauche, PowerPoint estompe la diapo.

N'OUBLIEZ PAS !

Pour afficher une diapositive qui a été masquée, répétez les étapes ci-dessus.

TRUC

Ne confondez pas le fait de masquer une diapositive avec le mode Masque des diapositives qui est un outil pour créer et modifier une sorte de gabarit pour un modèle de diapositive.

Organiser votre présentation avec la Trieuse de diapositives

Une fois le diaporama testé, vous avez encore la possibilité de le modifier en l'affichant avec la Trieuse de diapositives. Elle montre les diapositives dans l'ordre de leur apparition et les identifie par un numéro, comme le montre la Figure 13.15.

Pour utiliser la Trieuse de diapositives :

1. **Cliquez sur l'onglet Affichage.**

2. **Dans le groupe Affichages des présentations, cliquez sur le bouton Trieuse de diapositives.**

TRUC

Vous pouvez également cliquer sur le bouton Trieuse de diapositives situé à gauche du réglage du zoom dans la partie inférieure droite de l'interface.

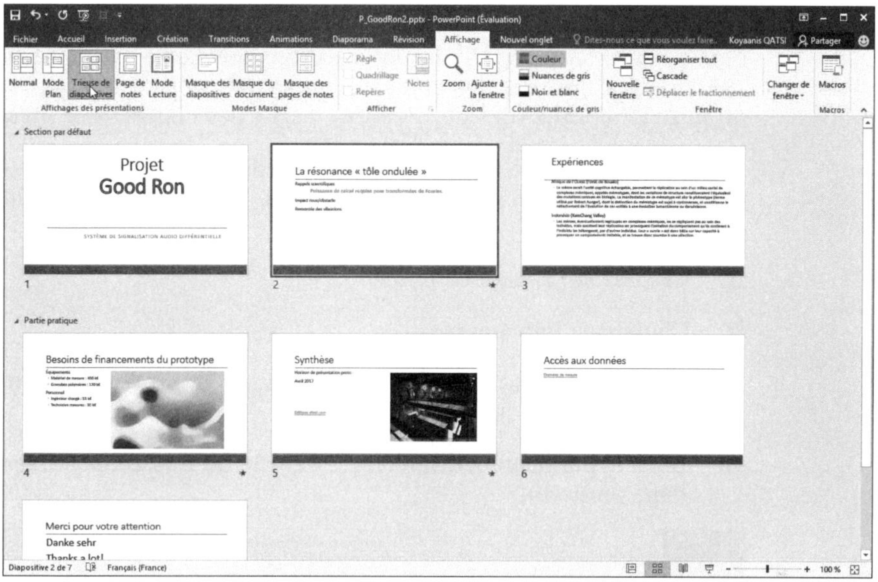

Figure 13.15 : La Trieuse de diapositives vous laisse réorganiser les diapos.

3. **(Facultatif) Pour supprimer une diapo, cliquez dessus puis appuyez sur la touche Suppr du clavier.**

4. **(Facultatif) Pour masquer une diapo, cliquez dessus, puis sur l'onglet Diaporama, et enfin sur le bouton Masquer la diapositive.**

5. **(Facultatif) Pour déplacer une diapositive :**

   a. Placez le pointeur de la souris sur une diapositive.

   b. Maintenez le bouton gauche de la souris enfoncé et faites glisser le pointeur.

   - Une barre verticale permet d'identifier la position de la diapo pendant son déplacement.

   c. Relâchez le bouton de la souris dès que la diapo est à la position souhaitée.

6. **Si besoin, cliquez sur l'onglet Affichage. Dans le groupe Affichages des présentations, cliquez sur le bouton Normal.**

Créer une sortie imprimée

Lorsque le public regarde une présentation particulièrement intéressante, il souhaite généralement disposer d'une copie imprimée de cette merveille pour se délecter plus tard des informations qu'elle contient. Il souhaite aussi pouvoir prendre des notes durant sa diffusion. Pour cela, PowerPoint propose d'imprimer des documents à partir des diapos de la présentation.

Les documents contiennent une miniature de la diapositive et un espace vide permettant au public de prendre des notes. Voici comment imprimer un tel document :

1. **Cliquez sur l'onglet Fichier.**
2. **Choisissez Imprimer.**
3. **Le panneau central affiche des options d'impression comme à la Figure 13.16.**
4. **Dans le panneau central, cliquez sur le bouton Diapositives en mode Page (entière).**

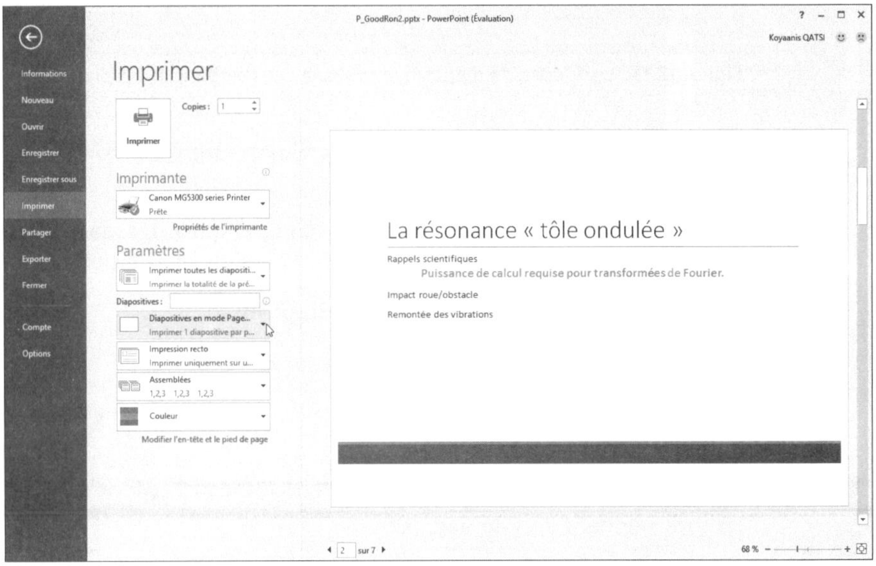

Figure 13.16 : Le panneau central contient des paramètres d'impression.

5. **Des options supplémentaires s'affichent comme à la Figure 13.17.**
6. **Choisissez une option d'impression, et cliquez sur le bouton Imprimer situé en haut du panneau central.**

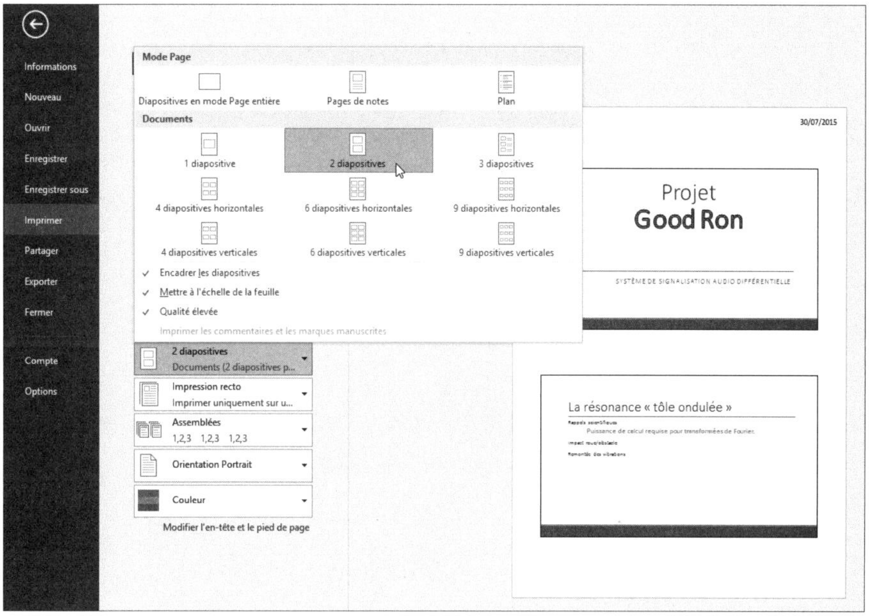

Figure 13.17 : Choisissez la manière dont vous allez imprimer vos diapositives.

Cinquième partie

S'organiser avec Outlook

« C'est votre femme, Monsieur. Dois-je l'installer dans le cagibi, ou bien lui donner un rendez-vous dans la cuisine pour cet après-midi ? »

Dans cette partie...

- Paramétrer un compte de messagerie.
- Ajouter des pièces jointes.
- Fixer un rendez-vous.
- Gérer vos tâches.

Chapitre 14

Organiser votre messagerie avec Outlook

Dans ce chapitre :

- Configurer les paramètres de votre compte de messagerie.
- Créer des messages.
- Ajouter des fichiers en tant que pièces jointes.
- Lire les messages reçus.
- Supprimer des messages.

Outlook est connue comme étant l'application de messagerie électronique de Microsoft Office. C'est aussi l'application consacrée à l'organisation personnelle, capable de gérer des informations de toutes sortes, en particulier vos rendez-vous, les noms et les adresses de vos contacts, ou encore la liste de tâches à accomplir. La principale utilisation d'Outlook reste la lecture, l'écriture et l'organisation de vos messages électroniques.

Configurer les paramètres de votre compte

La première fois que vous lancez Outlook, vous devez configurer les paramètres de votre compte de messagerie. Pour pouvoir recevoir des mails sur votre compte dans Outlook, vous devez disposer des informations suivantes :

- votre nom ;
- le nom d'utilisateur (ou identifiant) de votre compte de messagerie (par exemple hdupuis pour Hervé Dupuis) ;
- votre adresse de messagerie (par exemple `hdupuis@yahoo.fr`) ;
- le mot de passe de votre compte de messagerie ;
- le type de votre compte de messagerie (POP ou IMAP) ;
- le nom de votre serveur de messages entrants (par exemple `pop.yahoo.com`) ;
- le nom de votre serveur de messages sortants (par exemple `smtp.yahoo.com`).

Outlook est capable de reconnaître automatiquement de nombreux types de comptes de messagerie d'usage courant comme Yahoo!, mais dans le cas contraire vous devrez entrer manuellement les informations données par votre fournisseur de services Internet (ISP).

Ajouter un compte de messagerie

Pour qu'Outlook gère vos messages, encore faut-il que vous lui indiquiez l'existence d'un compte de messagerie. Vous devez y procéder lors de la première utilisation du programme.

Par conséquent, voici comment procéder pour ajouter ultérieurement d'autres comptes de messagerie :

1. **Lancez Outlook et cliquez sur l'onglet Fichier.**
2. **Cliquez sur Informations, puis sur le bouton Ajouter un compte.**

   La boîte de dialogue Ajouter un compte apparaît, comme à la Figure 14.1.
3. **Tapez les informations demandées, et cliquez sur Suivant.**
4. **Pour qu'Outlook configure correctement votre compte, vous devrez probablement répondre à un certain nombre de questions.**

Pour supprimer un compte secondaire, c'est-à-dire un compte ajouté après votre compte principal, affichez vos comptes dans l'onglet Accueil. Dans le panneau gauche, faites un clic droit sur le compte à supprimer. Dans le menu contextuel, cliquez sur Supprimer <*nom du compte*>.

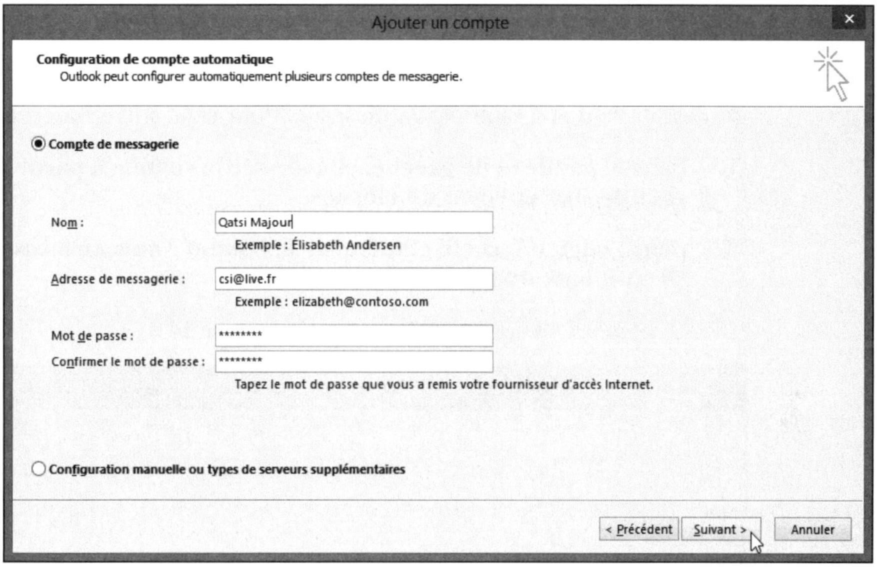

Figure 14.1 : La boîte de dialogue Ajouter un compte permet de créer un compte de messagerie géré par Outlook.

Créer des messages

Une fois que vous avez configuré un compte de messagerie, vous pouvez commencer à envoyer des mails. Vous disposez de trois moyens de créer et d'envoyer des messages :

- **Créer un message et y entrer manuellement l'adresse de messagerie du destinataire.**
- **Répondre à un message que vous avez reçu.** Outlook insère automatiquement dans le message de réponse l'adresse de son destinataire.
- **Créer un message et utiliser une adresse des contacts.** Outlook insère automatiquement dans le message l'adresse que vous sélectionnez dans les contacts.

Créer un nouveau message

La manière la plus directe d'envoyer un message consiste à saisir l'adresse du destinataire et à taper votre message. Pour cela, suivez ces étapes :

1. **Dans le panneau de gauche, cliquez sur le compte à partir duquel vous désirez envoyer un message.**

2. **Dans l'onglet Accueil, cliquez sur le bouton Nouveau message électronique du groupe Nouveau.**

   La boîte de dialogue ?????? apparaît (Figure 14.2).

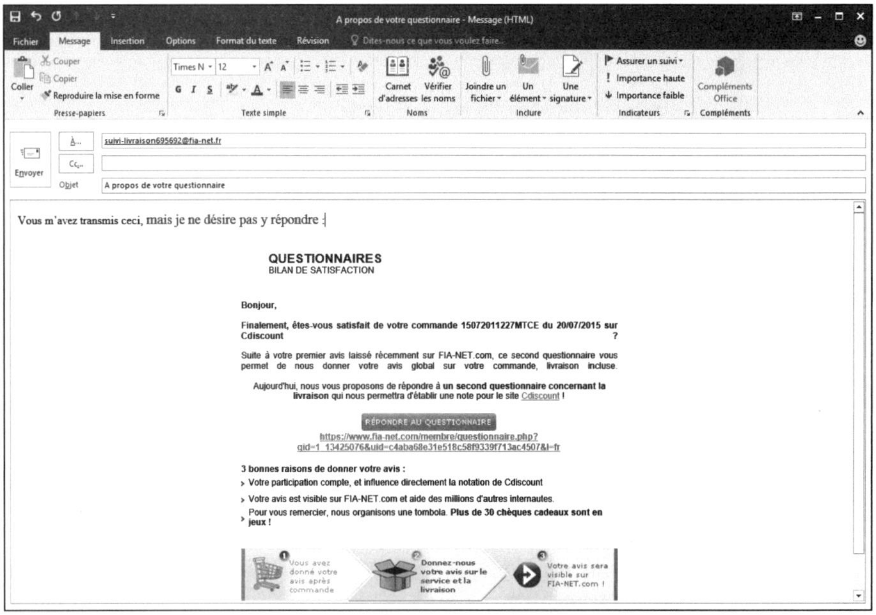

Figure 14.2 : La fenêtre Message permet de taper et de mettre en forme vos nouveaux messages.

3. **Cliquez dans le champ À, et entrez l'adresse de messagerie du destinataire de votre message.**

   Faites bien attention à ne pas faire de fautes de frappe en saisissant l'adresse. Il suffit d'un caractère incorrect pour que votre message ne parvienne pas à son destinataire.

4. **(facultatif) Si vous voulez qu'une autre personne reçoive une copie de ce message, cliquez dans le champ Cc, et entrez l'adresse de messagerie de cette personne.**

5. **Cliquez dans le champ Objet, et entrez une brève description du sujet de votre message.**

   ATTENTION !

   Comme beaucoup de gens utilisent maintenant des filtres de courrier indésirable qui examinent la ligne d'objet de chaque message, il vaut mieux éviter de taper l'objet d'un message EN MAJUSCULES et d'y mettre plusieurs points d'exclamation !!! Votre message pourrait être traité comme courrier indésirable par le filtre de votre destinataire et supprimé avant d'avoir pu être lu.

6. **Cliquez dans la zone de texte du message, et saisissez le texte de votre message.**

   TRUC

   Si vous cliquez sur l'icône Enregistrer dans la barre d'outils Accès rapide de la fenêtre du message, le message est enregistré par Outlook dans le dossier Brouillons, ce qui vous permet de le conserver pour le modifier et l'envoyer ultérieurement.

7. **Cliquez sur le bouton Envoyer pour envoyer votre message.**

Répondre à un message reçu

La courtoisie et le sens des relations sociales vous invitent à répondre à la plupart des messages que vous recevez. Lorsque vous créez la réponse à un message reçu, Outlook insère automatiquement dans cette réponse le texte initial, ce qui évite à votre destinataire de se demander à quel message correspond votre réponse.

De plus, lorsque vous répondez à un message, vous n'avez pas à saisir dans la réponse l'adresse du destinataire (en risquant ainsi d'y introduire une faute de frappe). L'adresse est automatiquement insérée par Outlook dans la réponse. Pour répondre à un message reçu, suivez ces étapes :

1. **(Si vous avez configuré plus d'un compte de messagerie) Dans le volet de gauche de la fenêtre Outlook, cliquez sur le compte à partir duquel vous désirez répondre à un message.**

2. **Cliquez sur le dossier Boîte de réception.**

   Le volet de droite de la fenêtre Outlook affiche le contenu de la Boîte de réception, c'est-à-dire la liste de tous les messages reçus qui s'y trouvent.

3. **Cliquez sur le message auquel vous voulez répondre.**

   Outlook affiche le contenu du message dans un volet qui occupe la partie droite de la fenêtre.

4. **Cliquez sur l'onglet Accueil, puis sur l'icône Répondre du groupe Répondre.**

   Outlook affiche une fenêtre de nouveau message, contenant déjà l'adresse du destinataire et l'objet de ce message (c'est-à-dire l'objet du message auquel vous répondez, précédé de la mention « RE: »). La zone de texte de ce message contient la copie du message auquel vous répondez.

   Si vous cliquez sur l'icône Transférer, vous pouvez envoyer ce message à une autre personne que l'expéditeur du courrier actuellement affiché dans Outlook.

5. **Cliquez en haut de la zone de texte du message de réponse, et tapez votre réponse.**

   Si vous cliquez sur l'icône Enregistrer de la barre d'outils Accès rapide (de la fenêtre du message), le message est enregistré dans le dossier Brouillons, ce qui vous permet si vous le souhaitez de le modifier pour l'envoyer ultérieurement. Outlook comporte une option pour enregistrer automatiquement tout message en cours de rédaction au bout d'un délai réglable. Voyez Fichier/Options, puis dans la catégorie Courrier, la première option du groupe Enregistrer les messages.

6. **Cliquez sur le bouton Envoyer.**

Envoyer des messages à des contacts de votre carnet d'adresses

Si vous envoyez régulièrement des e-mails à certaines personnes, il serait intéressant de n'avoir à saisir qu'une seule fois leurs adresses électroniques, d'autant qu'elles peuvent s'avérer relativement complexes.

Pour cela, vous devez stocker des adresses de la manière suivante :

1. **Cliquez sur l'onglet Accueil.**

2. **Dans le groupe Rechercher, cliquez sur l'icône Carnet d'adresses.**

   Le carnet d'adresses s'ouvre, comme à la Figure 14.3.

3. **Cliquez sur Fichier/Nouvelle entrée.**

4. **Dans la boîte de dialogue qui s'ouvre, choisissez Nouveau contact et cliquez sur OK.**

   La fiche de renseignements du nouveau contact apparaît, comme à la Figure 14.4.

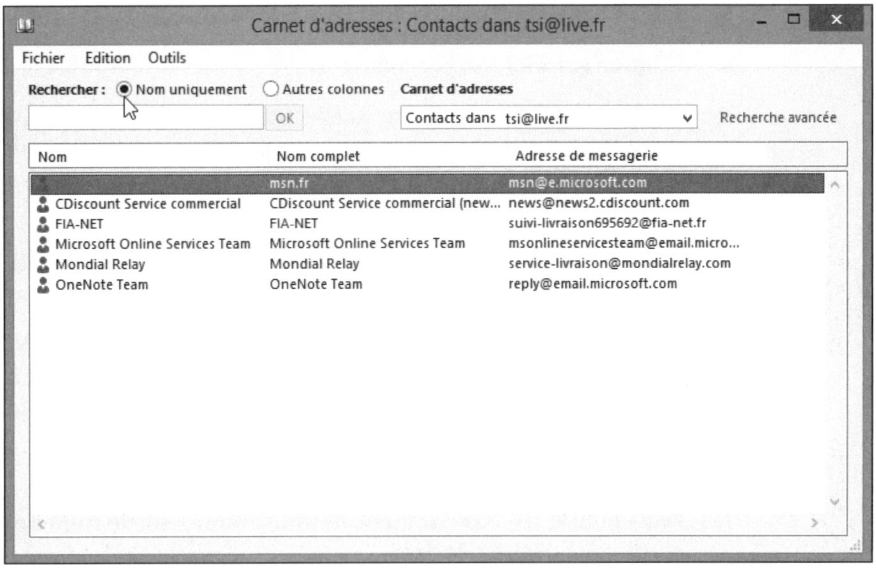

Figure 14.3 : La boîte de dialogue Carnet d'adresses permet de stocker les adresses électroniques de tous vos correspondants habituels.

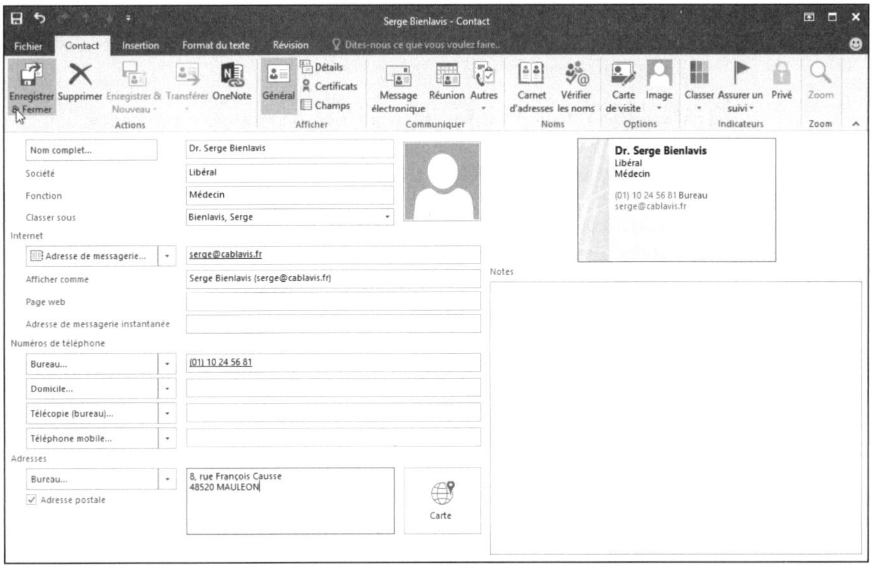

Figure 14.4 : La fenêtre du Contact permet de remplir la fiche de vos correspondants.

5. **Dans le champ Nom complet, tapez le nom et le prénom du contact.**
6. **Dans le champ Adresse de messagerie, saisissez l'e-mail de ce contact.**

7. **Cliquez sur l'icône Enregistrer & fermer.**

8. **Cliquez sur Fichier/Fermer.**

Dès lors que vous avez au moins saisi le nom et l'adresse de messagerie d'une personne, vous pourrez la retrouver très rapidement, et surtout éviter de taper cette adresse. En effet, Outlook s'en chargera à votre place. Voici comment envoyer un message à un contact du carnet d'adresses :

9. **Dans le panneau de gauche, affichez le compte à partir duquel vous désirez envoyer votre message.**

10. **Dans l'onglet Accueil, cliquez sur le bouton Nouveau message électronique du groupe Nouveau.**

11. **Dans la fenêtre du message, cliquez sur le bouton À.**

    Vous accédez à la boîte de dialogue Choisir des noms.

12. **Dans la liste de vos contacts, double-cliquez sur le nom de la personne à qui vous désirez écrire.**

    Le nom de ce contact apparaît dans le champ À de la boîte de dialogue.

13. **Cliquez sur OK.**

    Le champ À de la fenêtre du courrier affiche l'intégralité de l'adresse du destinataire.

14. **Dans le champ Objet, tapez l'objet de votre courriel.**

15. **Dans la zone de saisie du message, tapez le texte de votre courrier.**

    TRUC

    Si vous cliquez sur l'icône Enregistrer de la barre d'outils Accès rapide (de la fenêtre du message), le message est enregistré dans le dossier Brouillons, ce qui vous permet, si vous le souhaitez, de le modifier pour l'envoyer ultérieurement.

16. **Cliquez sur le bouton Envoyer pour expédier le message.**

Joindre un fichier à un message

En plus d'envoyer du texte, vous pouvez aussi joindre un fichier à votre message. Ce fichier peut être du type que vous voulez, par exemple une image, un fichier audio, un programme, un autre message électronique, et ainsi de suite.

Lorsque vous joignez des fichiers à un message, ne perdez pas de vue que de nombreux ISP (fournisseurs de services Internet) imposent une limite à la taille des messages que l'on peut envoyer (en général, de l'ordre de 10 Mo). En outre, si votre destinataire utilise une connexion Internet à bas débit (que vous le sachiez ou non), il vaut mieux envoyer des pièces jointes de petite taille pour que le temps de téléchargement soit acceptable.

Si vous voulez envoyer à quelqu'un une image, un fichier audio ou vidéo, un fichier compressé, un programme ou encore un fichier de n'importe quel type, vous devez attacher ce fichier à un message en suivant les étapes ci-après :

1. **Suivez les étapes de la section « Créer un nouveau message », plus haut dans ce chapitre, pour créer un nouveau message, tapez un objet dans le champ Objet, et entrez une adresse de messagerie dans le champ À.**

2. **Dans la fenêtre du message, cliquez sur l'onglet Insertion.**

3. **Dans cet onglet, cliquez sur l'icône Joindre un fichier du groupe Inclure.**

   Vous voyez apparaître un menu local qui propose les noms des derniers fichiers sur lesquels vous avez travaillé (une nouveauté 2016).

4. **Sélectionnez le fichier que vous voulez joindre à votre message et cliquez sur le bouton Insérer ou bien utilisez la commande Parcourir ce PC pour désigner un autre fichier de votre ordinateur.**

   Outlook fait apparaître un champ Joint au-dessous du champ Objet, dans lequel apparaît le nom du fichier que vous venez d'insérer, comme le montre la Figure 14.5.

   Vous pouvez aussi désigner un fichier stocké dans votre espace web OneDrive. Dans ce cas, le menu local de la pièce jointe comporte un sous-menu Modifier les autorisations. Vous pouvez y décider d'autoriser tout le monde à modifier la pièce jointe ou ne leur permettre que de la lire.

   Si vous maintenez enfoncée la touche Ctrl ou la touche Maj tout en cliquant sur les fichiers à sélectionner, vous pouvez en insérer plusieurs en une seule opération.

5. **(Facultatif) Si vous vous êtes trompé de pièce jointe, faites un clic droit sur n'importe quel fichier du champ Joint. Dans le menu contextuel qui apparaît, choisissez Supprimer la pièce jointe.**

6. **Cliquez sur le bouton Envoyer.**

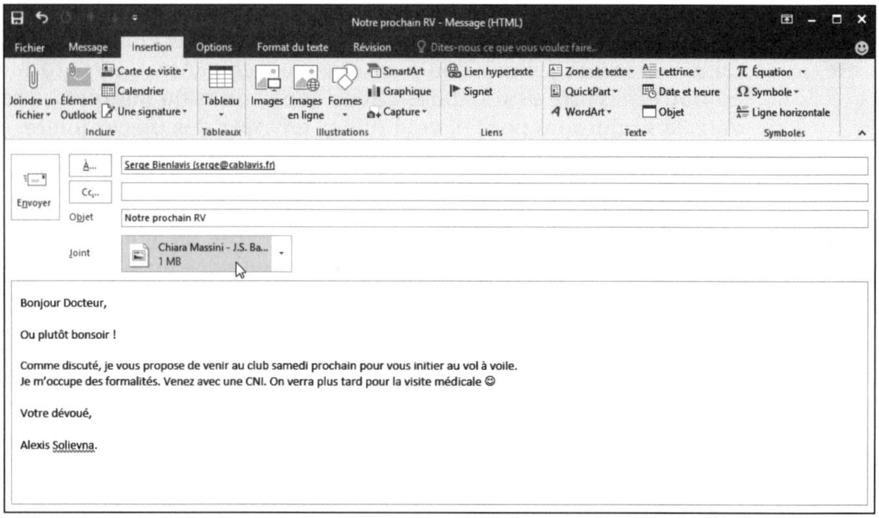

Figure 14.5 : Dans tout message comportant des pièces jointes apparaît un bouton Joint dans lequel est affichée la liste des noms des fichiers joints.

Plutôt que de sélectionner plusieurs fichiers pour les joindre à un message, vous pouvez en faire un seul fichier compressé au moyen d'un utilitaire comme WinZip ou la fonction de compression intégrée de Windows (qui utilise le format ZIP).

Lire et organiser vos messages

Un des plus gros problèmes posés par la réception des e-mails est de les trier par ordre d'importance. Pour vous aider à organiser vos courriels, Outlook met à votre disposition des fonctions de regroupement. Vous pourrez également utiliser les outils de recherche d'un texte spécifique afin de trouver ce dont vous avez réellement besoin.

La version 2016 de Outlook est dotée d'un mécanisme d'analyse des messages entrants (Clutter, encombrement) qui détecte les messages de faible priorité et les réunit dans un dossier d'attente spécifique. Son fonctionnement est automatique et s'améliore dans le temps.

Grouper des messages dans des catégories

Quand Outlook reçoit vos messages, il les organise par date de la plus récente à la plus ancienne. Vous voyez donc apparaître vos messages sous les en-têtes Aujourd'hui, Hier, Semaine dernière, ou encore Mois dernier.

Toutefois, Outlook peut également trier vos messages en fonction de leur Objet, Taille, ou même vos comptes de messagerie.

Outlook vous permet d'afficher et de trier vos messages de la manière suivante :

1. **Affichez le contenu de votre boîte de réception.**
2. **Ouvrez l'onglet Affichage. Dans le groupe Réorganisation, cliquez sur le bouton Organiser par.**
3. **Vous affichez le menu local illustré à la Figure 14.6.**

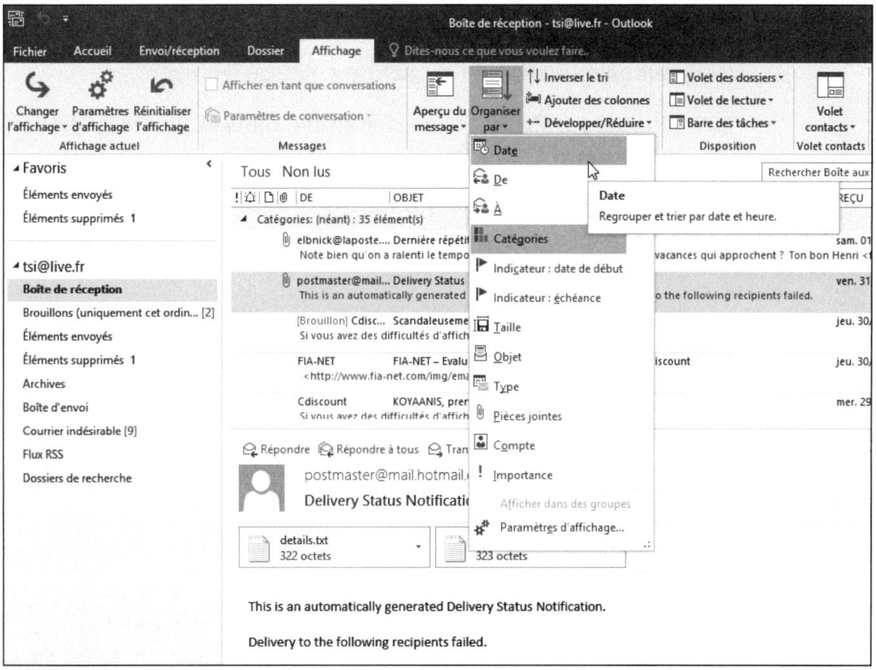

Figure 14.6 : Choisissez la méthode de tri de vos courriers.

4. **Sélectionnez une catégorie.**
5. **(Facultatif) Cliquez sur le bouton Inverser le tri.**
6. **L'ordre du tri s'effectue de manière croissante ou décroissante.**

Modifier l'aspect du volet de lecture

Outlook peut afficher vos messages de trois manières différentes pour en faciliter la lecture :

- **À droite :** La liste des messages apparaît dans la partie gauche de l'interface d'Outlook, et leur contenu dans le volet de droite.
- **En bas :** La liste des messages s'affiche dans la partie supérieure de l'interface du programme, et leur contenu dans la partie inférieure.
- **Inactif :** Affiche uniquement la liste des messages. Pour lire un message, vous devez double-cliquer dessus.

Voici comment modifier l'aspect du volet de lecture :

1. **Cliquez sur l'icône Courrier située dans la partie inférieure gauche de la fenêtre d'Outlook.**
2. **Cliquez sur l'onglet Affichage.**
3. **Dans le groupe Disposition, cliquez sur Volet de lecture.**

   Un menu local apparaît comme à la Figure 14.7.

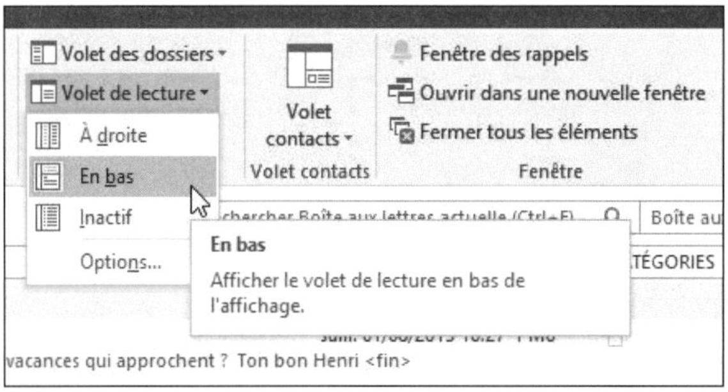

Figure 14.7 : Choisissez ici votre disposition.

4. **Choisissez une option comme À droite, En bas, et Inactif.**

Outlook affiche alors les messages en fonction de l'option sélectionnée, comme le montre la Figure 14.8.

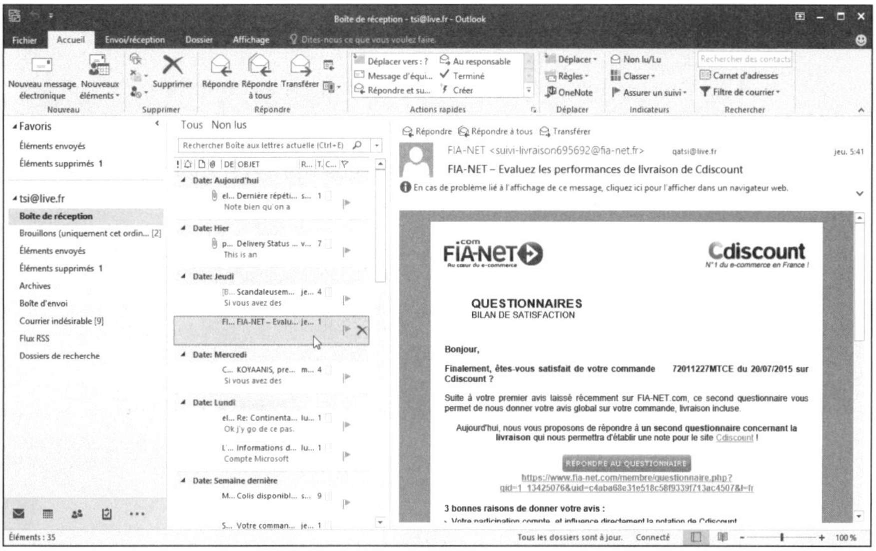

Figure 14.8 : Affichage des messages avec l'option de disposition A droite.

Extraire une pièce jointe d'un message

Tout comme vous pouvez envoyer un fichier comme pièce jointe à un message, vous pouvez aussi en recevoir. Lorsque vous recevez un message qui comporte une ou plusieurs pièces jointes, Outlook affiche une petite icône représentant un trombone à la suite de l'en-tête du message dans le volet Boîte de réception.

ATTENTION !

N'ouvrez jamais un fichier joint à un message que vous recevez, à moins d'être absolument certain de pouvoir faire confiance à son contenu. Il y a de nombreux virus, vers et chevaux de Troie qui sont diffusés par des hackers sous forme de pièces jointes à des messages électroniques. Si vous ouvrez imprudemment un tel fichier, vous pouvez infecter votre ordinateur et perdre des données.

Pour ouvrir une pièce jointe à un message, suivez ces étapes :

1. **Cliquez sur un message dont l'en-tête comporte l'icône représentant un trombone.**

   Outlook affiche le contenu du message dans le volet de prévisualisation. En bas de la zone d'en-tête du message apparaît, à côté de l'icône du message, l'icône du fichier joint (ou les icônes des fichiers joints), comme le montre la Figure 14.9.

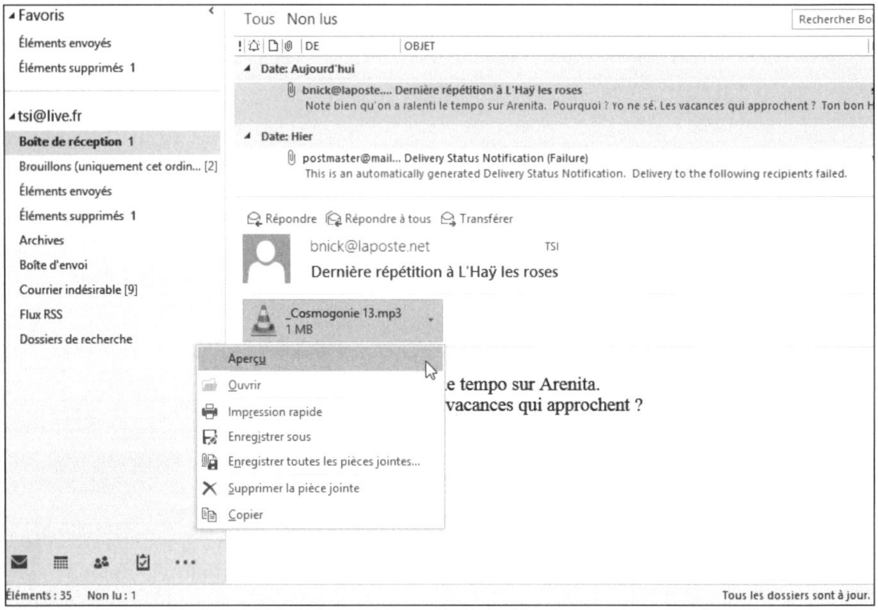

Figure 14.9 : La pièce jointe apparaît sous la forme d'un bouton-menu.

2. **Double-cliquez sur l'icône du fichier joint dans le volet de prévisualisation.**

   Si le fichier est identifié comme présentant un danger potentiel (un fichier exécutable, se terminant par l'extension .exe), il est bloqué par Outlook. Dans le cas contraire, il s'ouvre dans l'application correspondante si celle-ci est automatiquement identifiée par Windows.

TRUC

Vous pouvez également faire un clic-droit sur la pièce jointe pour l'ouvrir. Dans le menu contextuel qui apparaît, choisissez Aperçu pour voir le contenu du fichier sans l'ouvrir. Cette option ne fonctionne qu'avec des formats de fichiers répandus comme des fichiers texte ou des documents Word et PDF.

Supprimer un message

Si vous voulez lutter contre l'encombrement de votre Boîte de réception, vous pouvez supprimer les messages dont vous êtes certain que vous n'aurez plus besoin de les lire. Pour supprimer un message, suivez ces étapes :

1. **Dans l'onglet Accueil, sélectionnez le compte dans lequel vous désirez supprimer un message.**
2. **Dans le volet Boîte de réception, cliquez sur le message à supprimer.**
3. **Appuyez sur la touche Suppr ou cliquez sur le bouton Supprimer du groupe Supprimer.**

Si vous avez supprimé un message par erreur, vous pouvez annuler immédiatement l'opération en appuyant sur Ctrl + Z ou en sélectionnant Édition/Annuler.

Pour éviter de recevoir des courriels inintéressants, choisissez bien les destinataires auxquels vous transmettez votre adresse électronique.

Chapitre 15

Calendriers, contacts, et tâches

Dans ce chapitre :

- Définir un rendez-vous.
- Stocker des noms et des adresses.
- Suivre vos tâches.

L'organisation de votre temps détermine directement votre qualité de vie. Outlook peut vous y aider avec le calendrier électronique qu'il met à votre disposition. La clé d'une bonne gestion de votre temps est de commencer par les tâches les plus pressantes, et de consacrer le temps qu'il vous reste aux tâches de moindre importance.

Définir des rendez-vous

Si vous manquez de vigilance, vous pouvez facilement vous laisser déborder par vos rendez-vous, et ne plus disposer de suffisamment de temps pour travailler. Pour vous aider à maîtriser le temps que vous consacrez à vos rendez-vous, Outlook vous permet de définir des rendez-vous dans son Calendrier, vous donnant ainsi une visibilité sur la répartition de votre temps jour après jour.

Créer un rendez-vous

Avant d'ajouter un rendez-vous, vous devez choisir le jour où il doit se tenir, ainsi que l'heure à laquelle il commence. Vous pouvez ensuite préciser sa durée, son lieu, et son objet.

Outlook propose plusieurs manières d'afficher le calendrier :

- **Jour :** Affiche les 24 heures de la journée.
- **Semaine :** Affiche la semaine divisée en cinq ou sept jours.
- **Mois :** Affiche tous les jours du mois.

Outlook vous permet de définir un rendez-vous pour le lendemain, aussi bien que pour des décennies dans le futur. Pour créer un rendez-vous dans Outlook, suivez ces étapes :

1. **En bas du panneau gauche d'Outlook, cliquez sur l'icône du calendrier (la deuxième) ou sur la mention Calendrier.**

TRUC

L'affichage des boutons d'accès aux modules de Outlook en bas à gauche peut s'adapter à la largeur d'affichage disponible. Au départ, vous voyez des icônes et des points de suspension. Pour afficher les noms des modules (Courrier, Calendrier, Contacts, etc.), cliquez sur les points de suspension, choisissez Options de navigation et décochez Navigation compacte.

   Le Calendrier apparaît.

2. **Dans l'onglet Accueil, dans le groupe Organiser, cliquez sur Jour, Semaine de travail, Semaine, ou encore Mois.**

3. **Outlook affiche le calendrier en fonction du bouton sur lequel vous avez cliqué. La Figure 15.1 montre le calendrier affichant le mois en cours.**

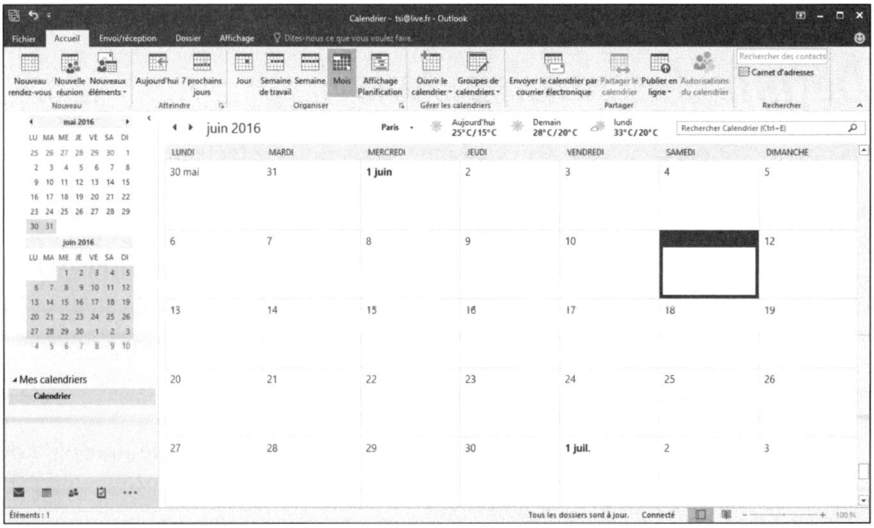

Figure 15.1 : L'affichage Mois du Calendrier.

Vous pouvez également cliquer sur l'icône Nouveau rendez-vous de l'onglet Accueil pour créer votre rendez-vous.

4. **Double-cliquez sur le jour où vous souhaitez créer un rendez-vous.**

   Une fenêtre de nouveau rendez-vous apparaît, comme le montre la Figure 15.2.

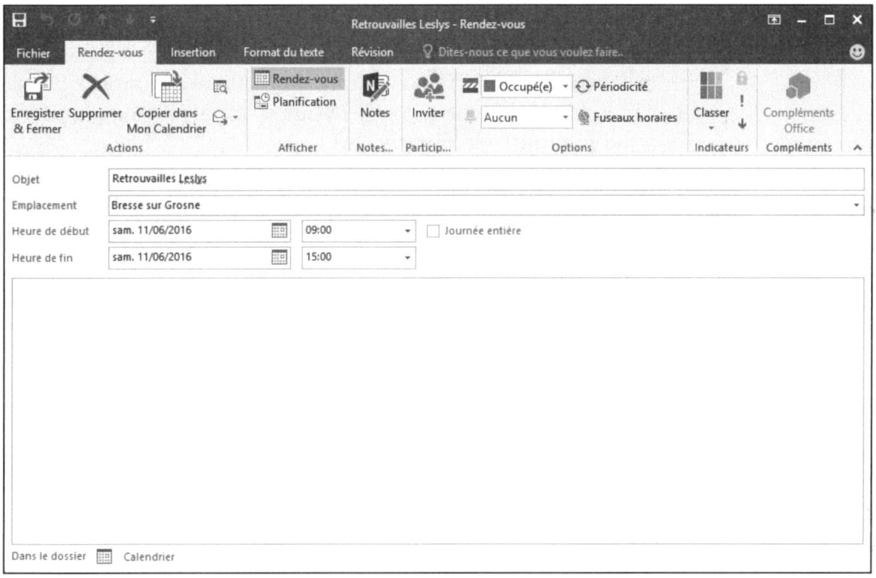

Figure 15.2 : La fenêtre de nouveau rendez-vous permet de saisir tous les détails de votre rendez-vous.

5. **Cliquez dans le champ Objet, et tapez une brève description de votre rendez-vous.**

6. **(Facultatif) Cliquez dans le champ Emplacement, et tapez le lieu de votre rendez-vous.**

   Si vous définissez souvent des rendez-vous à des emplacements particuliers, Outlook s'en souvient et vous les propose dans une liste déroulante que vous pouvez ouvrir en cliquant sur la flèche pointant vers le bas à l'extrémité droite du champ Emplacement.

7. **Décochez l'option Journée entière.**

8. **Ouvrez le menu local Heure de début, et sélectionnez l'heure à laquelle le rendez-vous va commencer.**

9. **Ouvrez le menu local Heure de fin, et définissez l'heure de fin de votre rendez-vous.**

10. **Cliquez dans la zone de texte, et tapez toutes les informations supplémentaires que vous voulez conserver sur votre rendez-vous (par exemple, ce que vous aurez besoin d'apporter, les informations qu'il vous faut réunir au préalable, et tout ce que vous voulez vous rappeler au sujet de ce rendez-vous).**

11. **Cliquez sur le bouton Enregistrer & fermer (dans le groupe Actions de l'onglet Rendez-vous du Ruban).**

    Outlook affiche votre rendez-vous dans l'affichage à partir duquel vous l'avez créé (l'affichage Jour dans notre exemple). Si vous cliquez sur l'onglet Mois, votre rendez-vous y apparaît pour le jour concerné, comme le montre la Figure 15.3.

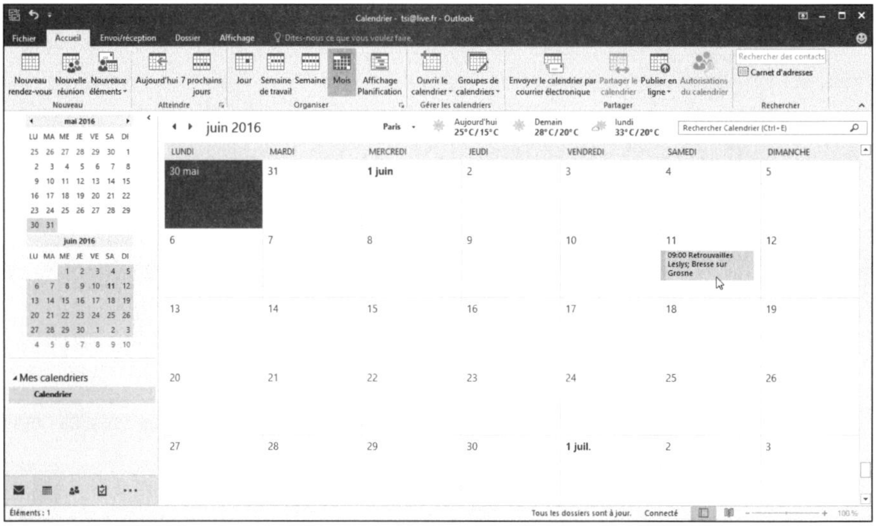

Figure 15.3 : Outlook montre le rendez-vous que vous avez défini.

Pour modifier un rendez-vous, double-cliquez dessus. Vous pouvez également déplacer un rendez-vous en glissant-déplaçant sa vignette sur une autre date et heure. Pour cela, maintenez le bouton droit de la souris enfoncé sur l'heure du rendez-vous et déposez-la sur un autre jour et, si besoin, à une autre heure.

Afficher un rendez-vous

Après avoir créé un rendez-vous, vous aurez besoin de l'afficher. Pour cela, cliquez sur l'onglet Accueil. Dans le groupe Organiser, cliquez sur Affichage planification (Figure 15.4).

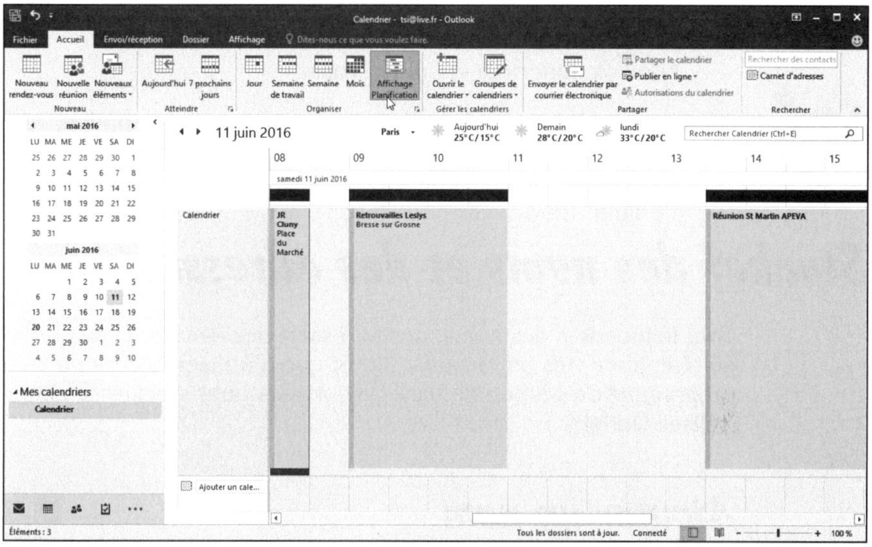

Figure 15.4 : L'Affichage planification permet de voir vos rendez-vous d'un jour précis.

TRUC

Vous pouvez également afficher vos rendez-vous en plaçant le pointeur de la souris sur l'icône Calendrier située dans le coin inférieur gauche de l'interface d'Outlook. Un mini calendrier apparaît listant les rendez-vous fixés à la date en cours, comme le montre la Figure 15.5.

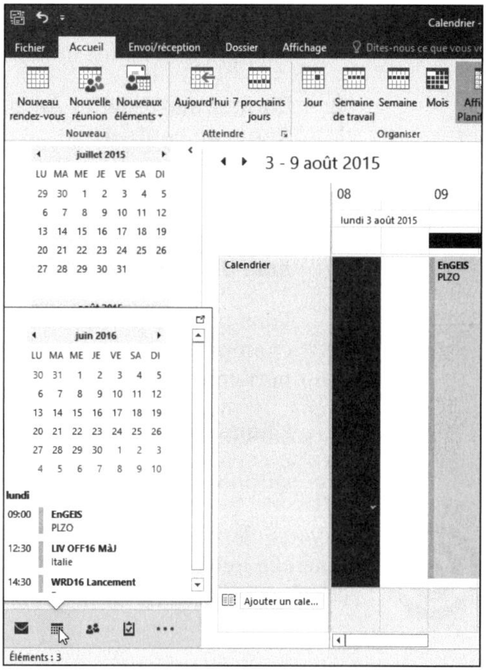

Figure 15.5 : Placez le pointeur de la souris sur l'icône Calendrier pour afficher les rendez-vous du jour.

Supprimer un rendez-vous

Si vous annulez un rendez-vous, vous pouvez le supprimer dans le Calendrier. Pour supprimer un rendez-vous, suivez ces étapes :

1. **Double-cliquez sur un rendez-vous pour l'afficher.**

2. **Cliquez sur Supprimer (ou appuyez sur Ctrl + D).**

   Outlook supprime le rendez-vous.

Si vous supprimez accidentellement un rendez-vous, appuyez immédiatement sur Ctrl + Z pour annuler l'opération et le faire réapparaître.

Stocker des noms et des adresses

Tout le monde a des noms, des adresses, des e-mails, et des numéros de téléphone très importants. Plutôt que d'utiliser Access ou un autre programme de gestion de base de données pour stocker ces informations, utilisez Outlook.

Ajouter un nom

Voici comment stocker des noms dans Outlook :

1. **En bas du panneau gauche, cliquez sur Personnes.**

   Outlook affiche les contacts.

2. **Cliquez sur l'onglet Accueil, puis dans le groupe Nouveau, cliquez sur Nouveau contact.**

   Outlook ouvre une fiche à remplir comme le montre la Figure 15.6.

3. **Tapez toutes les informations que vous jugez nécessaires, comme le nom de votre contact dans le champ Nom complet.**

   Vous pouvez stocker autant d'informations que la fiche propose de champs. Par exemple, il est possible d'ajouter le numéro de téléphone personnel ou l'adresse de messagerie instantanée de la personne.

4. **Cliquez sur le bouton Enregistrer & fermer.**

   Outlook sauvegarde tout ce que vous venez de taper.

Si vous cliquez sur Enregistrer & nouveau au lieu d'Enregistrer & fermer, une nouvelle fiche vide apparaît pour ajouter un autre contact à la liste de vos correspondants.

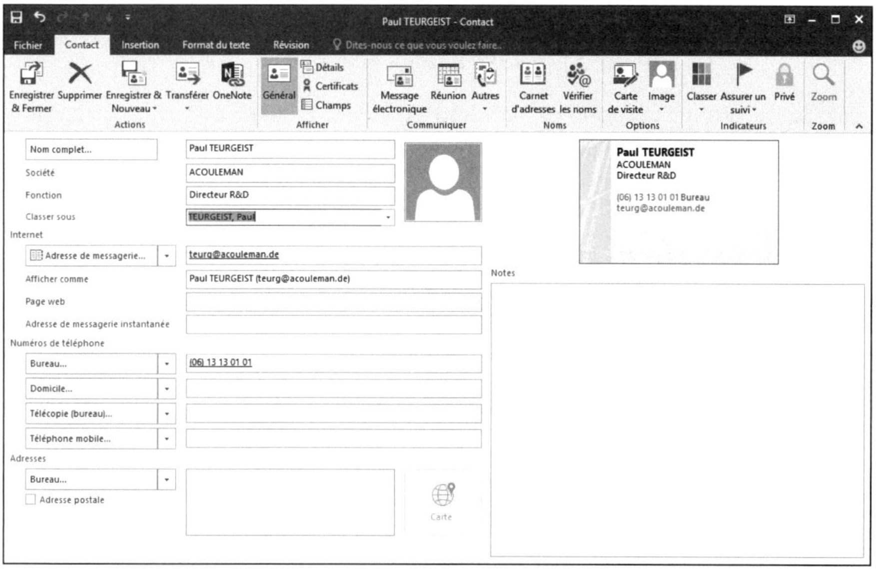

Figure 15.6 : La fenêtre Contacts permet d'ajouter des informations relatives à des personnes de votre connaissance.

Afficher des noms

Une fois que vous avez stocké des noms et de multiples coordonnées *via* Outlook, vous pouvez retrouver des personnes particulières en moins de temps qu'il ne faut pour le dire. Voici comment procéder :

1. **Dans la partie inférieure gauche d'Outlook, cliquez sur l'icône ou la mention Contacts.**

2. **Cliquez sur l'onglet Accueil. Dans le groupe Affichage actuel, cliquez sur Contacts, Carte de visite, Carte, Téléphone, ou Liste.**

   - **Contacts :** affiche des listes de contacts par ordre alphabétique.
   - **Carte de visite :** ouvre une fenêtre pus grande et affiche les contacts sous la forme de cartes de visite, comme le montre la Figure 15.7.
   - **Carte :** affiche les noms dans un espace plus réduit permettant d'accéder à un plus grand nombre de contacts.
   - **Téléphone :** affiche une liste détaillée des personnes.
   - **Liste :** organise les contacts selon les sociétés auxquelles ils appartiennent.

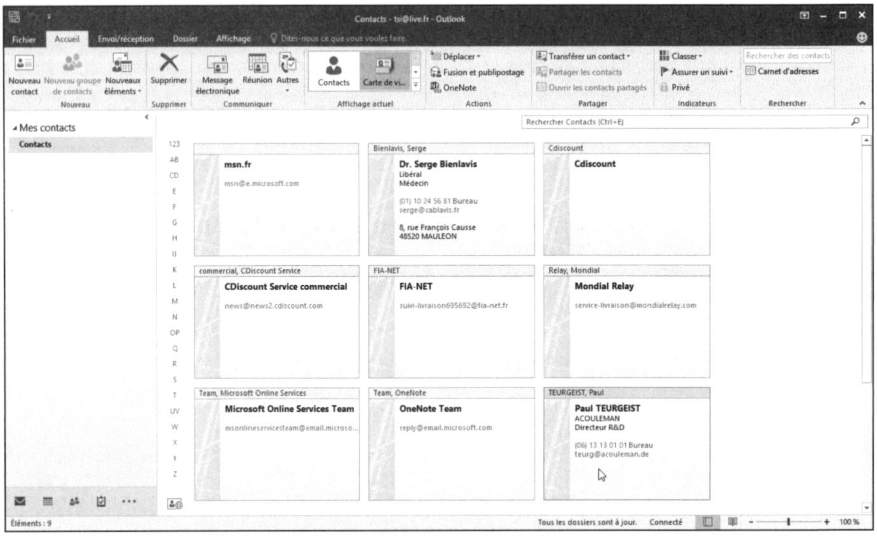

Figure 15.7 : L'affichage des cartes de visite.

Si vous cliquez sur un nom, vous pouvez supprimer sa carte par un clic sur le bouton Supprimer de l'onglet Accueil.

3. **Double-cliquez sur un nom pour l'ouvrir dans sa fiche Contact.**

   Dans cette fenêtre, vous pouvez compléter ou modifier les informations de votre contact.

Rechercher des noms

Si vous connaissez tout ou partie d'un nom ou des informations au sujet d'une personne que vous savez avoir entrée dans Outlook, il est très facile de retrouver sa fiche.

Si vous savez que le prénom d'une personne est Marcel, il vous suffit de taper cette information dans le champ de recherche des contacts d'Outlook. Si vous avez oublié le nom et le prénom d'un contact, mais que vous savez que le code postal de sa résidence est 37400, vous pourrez le retrouver grâce à cette unique information.

Voici comment mener à bien une recherche dans Outlook :

1. **Dans le panneau gauche d'Outlook, cliquez sur l'icône Contacts.**

2. **Cliquez sur l'onglet Accueil, puis dans le champ Rechercher Contacts sous le Ruban (ou appuyez sur Ctrl + E).**

3. **Tapez les données dont vous vous souvenez à propos du contact que vous recherchez, comme une partie de son nom ou encore son numéro de téléphone.**

4. **Appuyez sur la touche Entrée de votre clavier.**

   Outlook affiche tous les contacts répondant à vos critères de recherche.

5. **Cliquez sur le bouton Fermer (X) de la fenêtre qui liste les résultats de la recherche.**

TRUC

Vous pouvez également rechercher des noms en cliquant sur l'icône Personnes située dans le coin inférieur gauche de la fenêtre d'Outlook. Cliquez dans le champ Rechercher des personnes, et tapez les éléments qui permettront de la localiser dans votre carnet d'adresses (Figure 15.8).

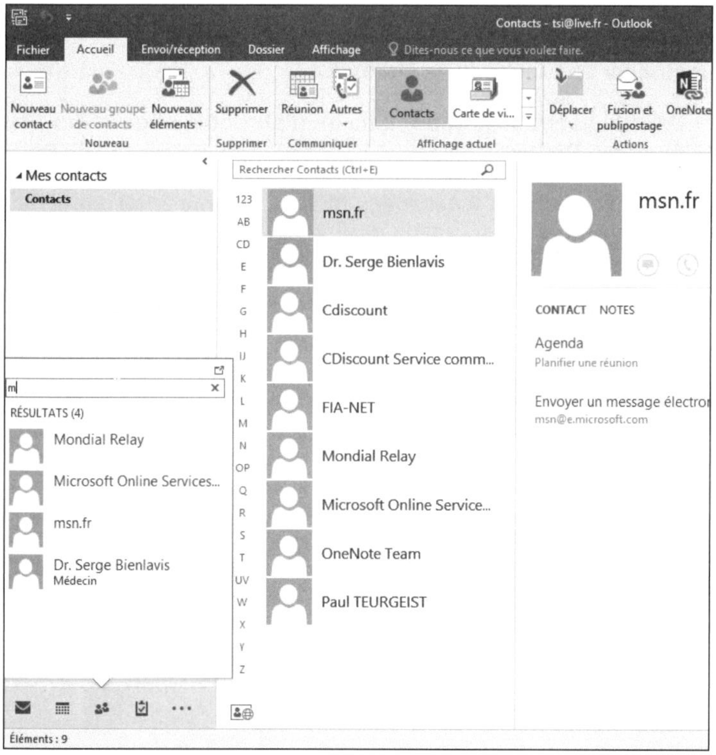

Figure 15.8 : Une fenêtre de recherche apparaît lorsque vous placez le pointeur de la souris sur l'icône Personnes.

Gérer des tâches

Tout le monde est très occupé pour ne pas dire préoccupé (LOL) !!! La différence entre une personne efficace et une personne dépassée par les événements tient toujours à sa capacité d'organisation.

Pour vous aider à gérer vos tâches, Outlook donne la possibilité de stocker vos travaux les plus importants et de leur assigner des niveaux de priorité.

Créer une tâche

Un objectif est un rêve avec une date limite d'exécution. (Poétique non ?) Lorsque vous stockez des tâches dans Outlook, vous devez définir les opérations qui vous incombent, et le temps qui vous est imparti pour les réaliser.

Pour stocker une tâche dans Outlook :

1. **Dans la partie inférieure gauche d'Outlook, cliquez sur l'icône ou la mention Tâches.**

   Outlook affiche la fenêtre des tâches, comme à la Figure 15.9.

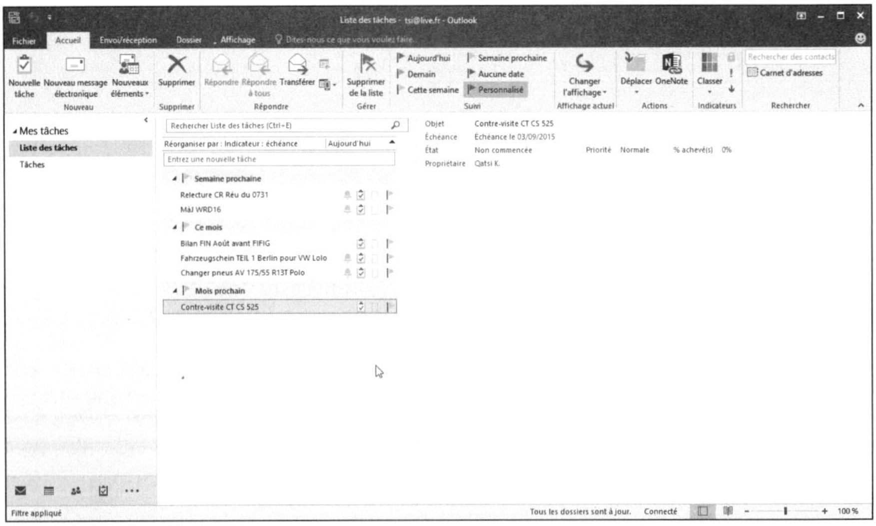

Figure 15.9 : La fenêtre Tâche permet de noter les tâches les plus importantes que vous devez exécuter.

2. **Cliquez sur l'onglet Accueil, puis sur l'icône Nouvelle tâche du groupe Nouveau.**

Cette action ouvre la fenêtre Tâche illustrée à la Figure 15.10.

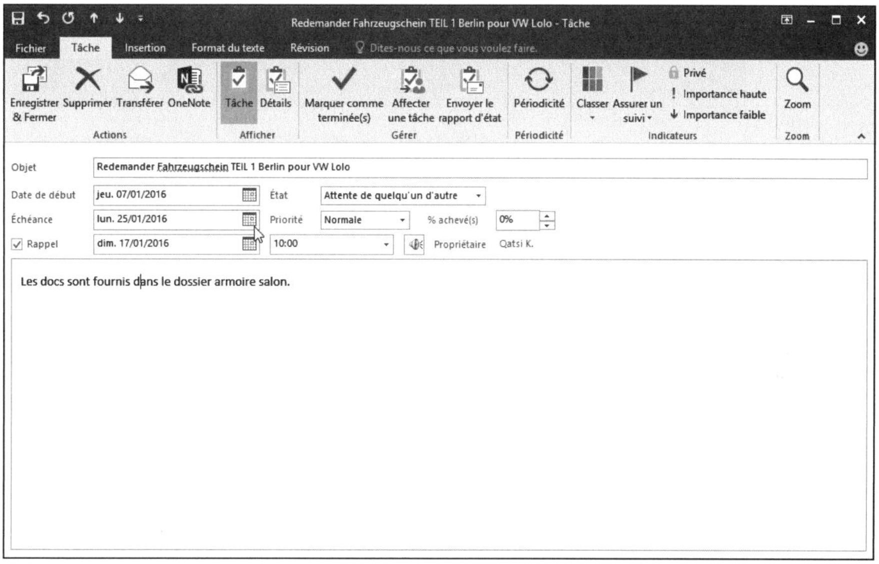

Figure 15.10 : La fenêtre Tâches permet de saisir les informations de votre future tâche.

3. **Cliquez dans le champ Objet, et tapez une brève description de la tâche à exécuter comme Vendre de la viande fumée à mon voisin ou Rencontrer mon informateur.**

4. **(Facultatif) Cliquez sur la liste Date de début puis sur la date à laquelle vous allez commencer cette tâche. Ensuite, cliquez dans la liste Échéance et cliquez sur la date à laquelle cette tâche doit être terminée.**

   Bien que facultative, l'indication d'une date de début et d'échéance permet de planifier correctement votre travail, et de ne pas vous retrouver pris au dépourvu par une mauvaise gestion de votre temps.

5. **Si nécessaire, cliquez sur la liste État, et indiquez où en est l'exécution de votre tâche : Non commencée, En cours de réalisation, etc.**

6. **Vous pouvez également ouvrir la liste Priorité afin d'assigner un niveau de priorité à la tâche comme Faible, Normale, ou Haute.**

7. **Si besoin, cliquez sur le champ % réalisé puis sur les petites flèches dirigées vers le haut ou le bas pour indiquer le pourcentage d'accomplissement de ce travail spécifique.**

8. **Cliquez dans la vaste zone vide pour décrire en détail la nature de votre tâche.**

9. **Cliquez sur Enregistrer & Fermer.**

   Outlook affiche la tâche comme à la Figure 15.11.

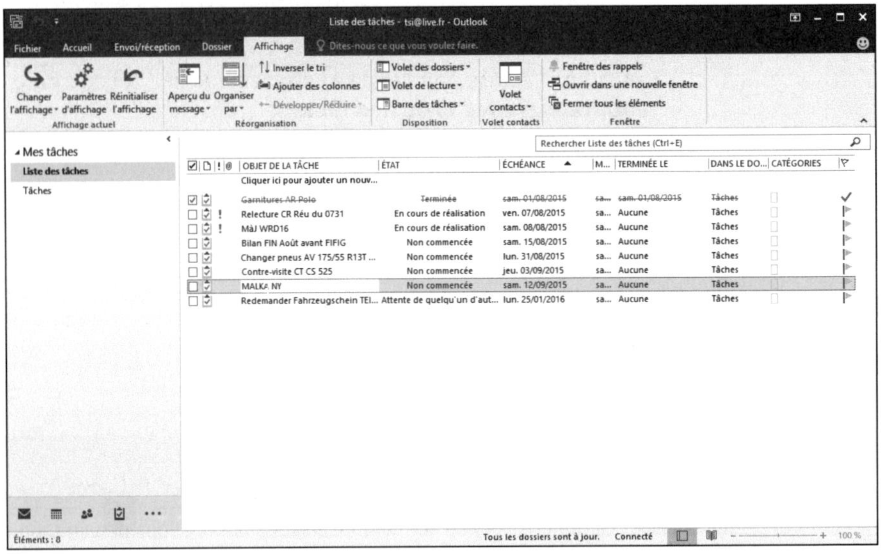

Figure 15.11 : Outlook affiche une liste de tâches (ici en mode d'affichage Détaillée).

Pour modifier ou ajouter des informations à une tâche existante, double-cliquez dessus. Vous ouvrez ainsi la fenêtre Tâches du programme.

Rechercher une tâche

Si vous gérez de nombreuses tâches, il peut être compliqué d'en retrouver une en particulier. Heureusement, vous pouvez mettre à contribution la fonction de recherche d'Outlook.

Pour rechercher une tâche parmi vos multiples occupations :

1. **Dans la partie inférieure gauche d'Outlook, cliquez sur Tâches.**

   Le programme affiche les tâches existantes. Vous pouvez en parcourir la liste pour localiser la tâche que vous recherchez. Toutefois, lorsque des dizaines de tâches sont ainsi programmées, il est plus rapide de lancer une recherche pour trouver une tâche spécifique.

2. **Cliquez sur l'onglet Accueil. Ensuite, cliquez dans le champ Rechercher Liste des tâches (à droite sous le Ruban), ou bien appuyez sur Ctrl + E.**

Vous basculez en mode Outils de recherche. Le point d'insertion clignote dans le champ de saisie des éléments de votre recherche.

3. **Tapez autant d'informations que vous en avez en mémoire au sujet de la tâche recherchée, et appuyez sur la touche Entrée de votre clavier.**

4. **Cliquez sur l'icône Fermer la recherche située à l'extrême droite du champ Rechercher Liste des tâches.**

Afficher des tâches

Vous disposerez progressivement de tâches présentant différents niveaux d'accomplissement, incombant à différentes personnes, se terminant avant d'autres travaux, ou bien encore qui sont associées à certaines personnes. Pour afficher des tâches précises, comme celles devant être réalisées dans les sept jours, Outlook peut utiliser différents modes d'affichage.

Pour modifier la présentation de vos listes de tâches :

1. **Dans la partie inférieure gauche de la fenêtre d'Outlook, cliquez sur Tâches.**

   Le programme affiche les tâches en cours.

2. **Cliquez sur l'onglet Accueil.**

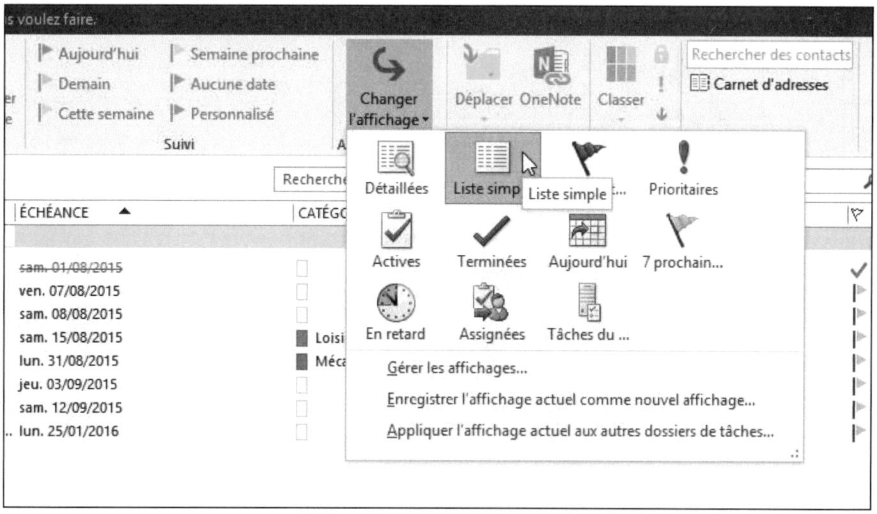

Figure 15.12 : Différentes techniques d'affichage des tâches dans Outlook.

3. **Dans le groupe Affichage actuel, cliquez sur le bouton Changer l'affichage.**

Outlook affiche différentes options d'affichage de vos tâches, comme le montre la Figure 15.12.

4. **Cliquez sur une icône d'affichage comme 7 prochains jours ou En retard.**

   Outlook affiche les tâches répondant au critère choisi.

Microsoft OneNote

Si vous avez besoin de prendre des notes pendant une réunion, vous aurez certainement un ordinateur portable à côté de vous. Vous saisirez alors votre texte dans Microsoft Word.

Pourtant, il semble plus judicieux d'utiliser un logiciel spécialisé dans la prise de notes. Celui qui fait référence en la matière se nomme Microsoft OneNote. Il va beaucoup plus loin que Word dans ce domaine très spécifique.

OneNote permet de diviser vos notes en sections selon vos besoins. Au lieu de tout taper sur une seule page, vous allez créer une section pour tel sujet de la réunion, et une autre section pour tel autre, et ainsi de suite. Vous allez ainsi pouvoir opérer un suivi très précis des différents sujets traités.

Figure 15.13 : Vue générale de One Note.

Lorsque vous souhaiterez lire une note, il vous suffira d'afficher la section qui la contient. Contrairement à Word, vous n'aurez pas besoin de parcourir tout votre document.

Si vous possédez un microphone et une webcam, vous pouvez capturer l'audio et la vidéo dans vos notes. Ainsi, si vous participez à une classe de lecture ou à une réunion diffusant du contenu audio et vidéo, vous aurez la possibilité de les enregistrer en même temps que vos notes.

Comme les notes ne sont pas uniquement formées de texte, OneNote permet de dessiner assez facilement. Vous pouvez donc transcrire graphiquement certaines idées exprimées.

Enfin, plus important encore, OneNote s'associe avec Outlook pour partager des données. Si vous êtes en réunion, vous pouvez saisir une tâche personnelle et un rendez-vous. Il vous suffit ensuite de transférer ces informations à Outlook en un clic de souris. Travailler avec Outlook et OneNote permet d'enregistrer et de stocker des informations dans Outlook pour conserver une trace et assurer le suivi de vos tâches et de votre emploi du temps professionnel.

OneNote est un programme de prise de notes qui se suffit à lui-même. Toutefois, en le combinant à Outlook, vous disposez de deux programmes d'une redoutable efficacité dans la gestion de vos données.

Sixième partie

Gérer des informations avec Access

« Depuis que Mona a appris qu'Access fonctionnait avec des arguments, elle s'entraîne à lui tenir tête. »

Dans cette partie...

- Créer une base de données.
- Modifier une base de données.
- Rechercher et filtrer une base de données.
- Trier des données.
- Créer des états.

Chapitre 16

Utiliser une base de données

Dans ce chapitre :

- Comprendre comment fonctionne une base de données.
- Concevoir une base de données.
- Modifier une base de données.
- Entrer des informations dans une base de données.
- Fermer une base de données.

Un fichier de données est une collection de lignes de données que l'on appelle des enregistrements. Chaque enregistrement contient en temps normal plusieurs données élémentaires que l'on appelle des champs. Par exemple, le fichier des clients d'une entreprise comporte autant de lignes que de clients et pour chaque ligne au minimum six champs : nom du client, rue, code postal, ville, téléphone et adresse de messagerie. On peut créer et gérer un tel fichier de données isolé dans le tableur Excel.

Supposez maintenant un second fichier pour gérer les commandes des clients. Il devra au minimum prévoir les champs suivants :

- Numéro de commande
- Date de commande
- Référence commandée et quantité (je passe les détails)
- Nom du client
- Adresse
- Code postal
- Ville

Lorsqu'un client déménage ses bureaux, il faut mettre à jour deux fichiers, sans compter avec le fait que l'on stocke deux fois les mêmes informations, ce qui consomme de l'espace de stockage.

Pour éviter ces problèmes a été inventé le concept de base de données relationnelle. Une base définit des fichiers de données appelés tables et des relations entre certains champs d'un fichier à l'autre. Dans notre exemple, on remplacerait les champs des coordonnées du client dans le fichier des commandes par un champ numérique contenant le code du client tel qu'il existe dans le fichier des clients. Pour retrouver les détails du client depuis la commande, un logiciel (le moteur de base de données) lit le code et interroge le fichier des clients. Il met en relation une table et une autre.

Une *base de données* est donc une sorte de réservoir regroupant plusieurs fichiers de données. Mais une base n'est rien sans un moteur pour l'animer, notamment pour tisser les relations entre les champs des tables. Le logiciel moteur qui permet d'exploiter la base est par exemple Access. Le tout forme un Système de Gestion de Base de Données Relationnelle (SGBDR).

C'est donc pour vous permettre de stocker des informations facilement dans une base de données qu'Office comporte le programme de gestion de base de données *Access*. L'utilisation d'Access présente deux grands avantages sur la méthode consistant à stocker des informations sur papier : tout d'abord, l'énorme quantité d'informations que vous pouvez stocker avec Access, ensuite la facilité avec laquelle Access vous permet de trier ces informations et d'y retrouver en un clin d'œil celles que vous recherchez.

Access est également bien plus efficace que Excel pour gérer des données, même si ce dernier peut suffire pour créer des fichiers isolés.

L'utilisation d'une base de données présente les trois avantages suivants par rapport à un stockage d'informations sur papier :

- **Le volume de données :** La plus grande base de données que vous puissiez créer est limitée par l'espace libre sur le disque dur, mais son équivalent sur papier nécessiterait des armoires entières.
- **L'extraction rapide de données :** Il est facile et rapide de retrouver un nom dans une base de données. La même opération avec une base de données sur papier est laborieuse, jusqu'à devenir impraticable.
- **La possibilité de créer des états :** La création d'un état (ou rapport) peut vous permettre de mettre en lumière le sens de l'ensemble de vos données, par exemple en vous donnant la liste de ceux de vos clients dont le chiffre d'affaires dépasse une certaine valeur ou qui se trouvent dans une certaine zone géographique. Avec une base de données sur papier, c'est un travail considérable, source d'erreurs.

Les grands principes d'une base de données

Une base de données Access comporte en général les éléments suivants :

- **Des champs :** Un *champ* contient un seul élément d'information, par exemple un nom, une adresse ou un numéro de téléphone.
- **Des enregistrements :** Un *enregistrement* est constitué d'un ou plusieurs champs. Par exemple, une carte de visite est l'équivalent sur papier d'un enregistrement de base de données constitué de plusieurs champs (nom, adresse, numéro de téléphone, et ainsi de suite) concernant une même personne.
- **Des tables :** Une *table* est constituée d'un certain nombre d'enregistrements, présentés en lignes et en colonnes, comme dans une feuille de calcul. Une table regroupe ainsi des enregistrements d'une même nature, par exemple vos fiches clients ou vos factures.
- **Des formulaires :** Un *formulaire* permet d'afficher à l'écran l'ensemble des champs d'un même enregistrement, reproduisant le principe d'un formulaire en papier, permettant d'afficher ou de modifier l'enregistrement correspondant.
- **Des requêtes :** Une *requête* est une demande faite au programme, permettant d'extraire de la base de données des informations que vous recherchez au travers de critères que vous spécifiez, par exemple tous ceux de vos clients dont le chiffre d'affaires est supérieur à une certaine valeur, qui opèrent dans un certain type d'activité, et qui sont basés dans une certaine zone géographique.
- **Des états :** Un *état* présente les informations de votre base de données selon la manière dont vous les lui demandez, par exemple tous les clients qui ont passé plus de 100 commandes l'année dernière.

Access est une base de données *relationnelle*. Cela signifie essentiellement que ce programme vous permet de stocker des données dans de nombreuses tables distinctes, et d'établir des liens, ou « relations », entre ces tables pour éviter d'avoir à dupliquer des données dans plusieurs d'entre elles. Par exemple, vous pouvez avoir une table qui contient les noms et les adresses de vos clients, et une autre table, liée à la précédente, où figurent les bons de commande de ces clients.

L'utilisation d'une base de données nécessite d'abord de la définir, c'est-à-dire de décider quels types d'informations elle doit contenir, par exemple des noms, des adresses, *etc.*

Une fois définie, il vous faut la remplir avec vos données, par exemple saisir le nom **Albert Marchand** dans le champ Nom, et l'adresse de messagerie **amarchand@isp.fr** dans le champ Adresse de messagerie.

Lorsque vous allez créer votre première base de données, vous commencerez probablement avec une seule table, contenant par exemple les informations sur vos clients. Cette table, qui pourrait s'appeler Informations clients, contiendra un certain nombre d'enregistrements, chaque enregistrement représentant un client et se composant d'un certain nombre de champs, par exemple Nom, Prénom, Entreprise, Numéro de téléphone, Adresse de messagerie, *etc*.

Pour afficher et modifier plus facilement les informations d'une table, vous pouvez créer un formulaire qui en affiche tous les champs à l'écran, reproduisant un formulaire en papier, facile à lire et vous permettant de modifier les champs.

Si vous recherchez fréquemment le même type d'informations dans une base de données, par exemple les noms de vos meilleurs clients, vous pouvez enregistrer ce critère en tant que *requête*. Il vous suffira alors de cliquer sur le nom de la requête pour qu'Access affiche ce que vous recherchez.

Enfin, vous voudrez sans doute imprimer vos données d'une manière qui a une signification pour vous, par exemple un rapport de ventes trimestriel. En enregistrant vos critères d'impression dans un état, vous pouvez faire imprimer par Access des données sélectionnées sur une page facile à lire et à comprendre.

Les outils que sont les formulaires, les requêtes et les états ne sont pas obligatoires dans une base de données, mais ils sont pratiques. En revanche, les champs, les enregistrements et les tables sont obligatoires pour stocker vos informations dans votre base de données.

Définir une base de données

Pour définir une base de données, il vous faut commencer par créer une *table*, puis définir les noms de tous les champs que vous voulez stocker dans cette table. Les *tables* permettent de structurer une base de données en plusieurs parties distinctes. Par exemple, une table de la base de données pourra contenir les noms et les adresses de vos clients, une deuxième les noms et les adresses de vos employés, et une troisième les noms et les adresses de vos fournisseurs. L'ensemble de ces informations, constituant une seule base de données, sera stocké par Access dans un seul fichier sur votre disque dur, comme l'illustre la Figure 16.1.

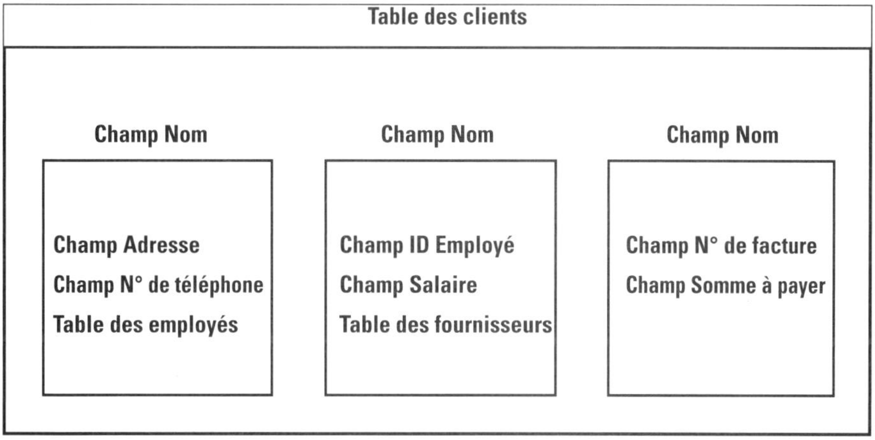

Figure 16.1 : Vous pouvez diviser un fichier de base de données Access en plusieurs tables distinctes contenant chacune plusieurs champs.

Vous pouvez créer une base de données à partir de zéro, ou utiliser un modèle existant que vous allez modifier. Définir une base de données signifie définir d'une part le nombre de champs que vous allez utiliser pour stocker vos informations, et d'autre part définir la quantité maximale de données que peut contenir chaque champ.

Si vous avez un champ qui doit stocker un nombre, quels nombres maximal et minimal de chiffres devez-vous prévoir ? S'il s'agit de l'âge d'une personne, vous voudrez interdire la saisie d'une valeur négative ou supérieure à 200. Dans le cas d'un champ qui doit contenir un salaire, vous voudrez qu'il puisse contenir une valeur non entière, mais jamais négative.

En règle générale, prévoyez un champ pour chaque élément d'information. Par exemple, plutôt que de créer un champ pour le nom complet d'une personne, il vaut mieux créer un champ pour le prénom et un autre pour le nom de famille. De cette façon, on pourra facilement extraire le nom de famille, par exemple pour réaliser un mailing.

Au démarrage d'Access, vous avez le choix entre ouvrir une base de données existante et en créer une.

Pour créer une base de données vierge, suivez ces étapes :

1. **Cliquez sur l'onglet Fichier.**

2. **Choisissez Nouveau.**

   Access affiche un certain nombre d'options, comme le montre la Figure 16.2.

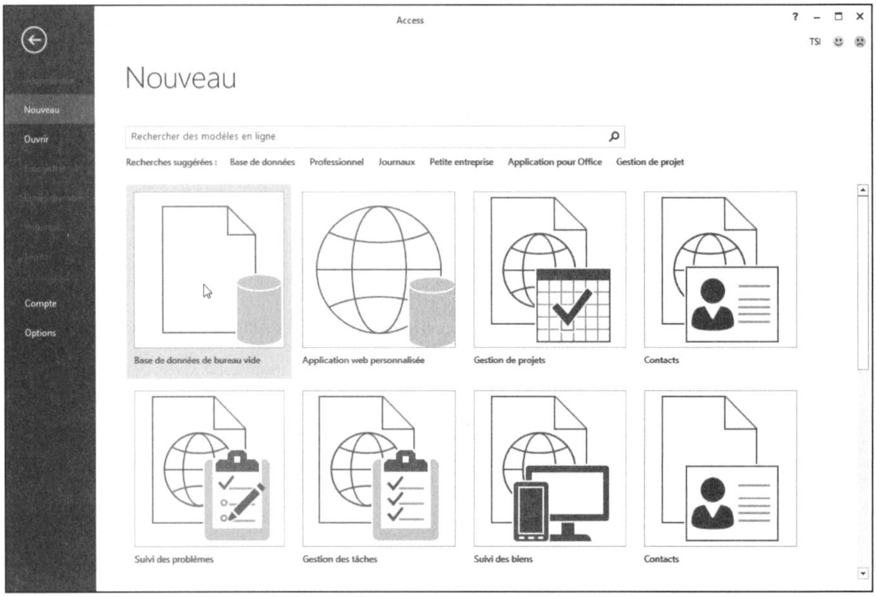

Figure 16.2 : Pour créer une base de données.

3. **Cliquez sur l'icône Base de données de bureau vide, ou bien optez pour un modèle.**

   Si vous choisissez un modèle, le panneau de droite en affiche un aperçu.

4. **Dans le champ Nom de fichier situé sous l'aperçu, donnez un nom descriptif pour votre base de données.**

   Si vous le souhaitez, vous pouvez aussi cliquer sur l'icône de dossier, à droite de ce champ, pour spécifier un autre dossier ou un autre lecteur sous lequel enregistrer le fichier.

5. **Cliquez sur le bouton Créer.**

   Access affiche une nouvelle table vierge contenant une seule table portant le nom générique de `Table1` et un champ nommé `Cliquer pour ajouter`, comme à la Figure 16.3.

6. **Ouvrez le menu local Cliquer pour ajouter afin d'insérer un autre champ à votre base de données.**

   Ce menu local permet de sélectionner le type de données qui seront stockées dans ce champ, comme le montre la Figure 16.4.

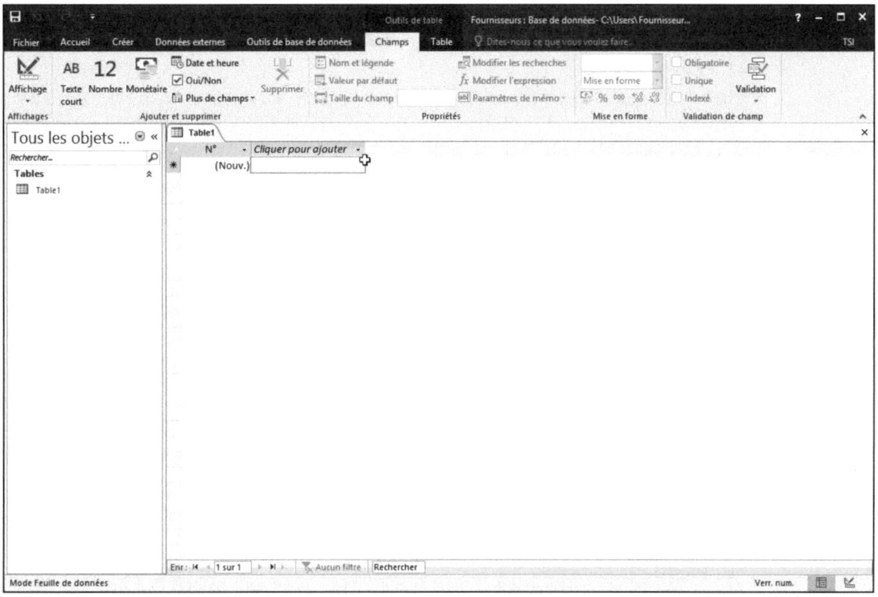

Figure 16.3 : Une nouvelle base de données permet de créer des champs de données.

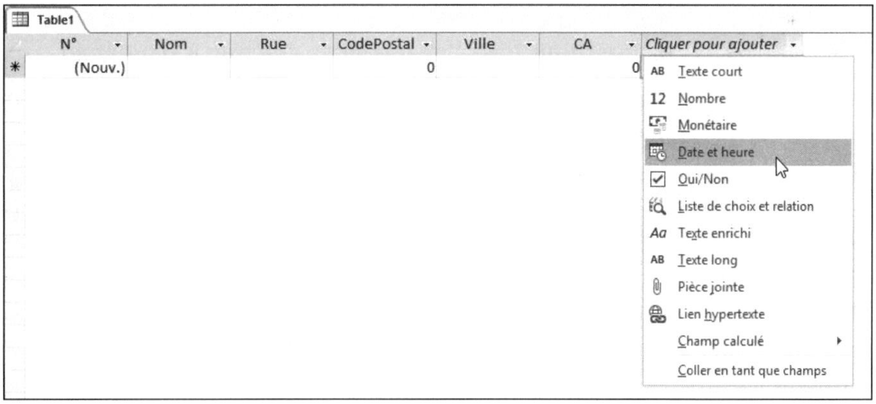

Figure 16.4 : Cliquez pour ajouter un champ dont vous choisissez le type de données dans ce menu local.

7. **Cliquez sur un type de données comme Nombre, Monétaire, Texte long, etc.**

   L'en-tête de colonne `Champ1` passe en surbrillance.

8. **Tapez le nom de la colonne comme Nom.**

9. **Répétez les Étapes 6 à 8 pour ajouter d'autres champs.**

Modifier une base de données

Une fois que vous avez créé une base de données, que ce soit à partir de zéro ou à partir d'un modèle, il vous faut la modifier selon vos besoins, en donnant à chaque champ un nom descriptif, en définissant la taille de chaque champ, ou encore en ajoutant ou en supprimant un champ.

Nommer un champ

Si vous créez une base de données à partir de zéro, Access attribue au champ des noms par défaut (*Champ1*, *Champ2*, et ainsi de suite) dès que vous choisissez une catégorie de données dans le menu local Cliquer pour ajouter. Si vous créez une base de données à partir d'un modèle, les champs ont des noms descriptifs, mais vous êtes libre de les renommer selon vos besoins.

Pour renommer un champ, suivez ces étapes :

1. **Dans le panneau Tous les objets Access situé à gauche de l'écran, double-cliquez sur la table qui contient les champs à renommer.**

   La base s'ouvre en mode Feuille de données.

2. **Double-cliquez sur l'en-tête de la colonne à renommer.**

3. **A priori, avec une nouvelle base de données, l'en-tête de l'unique colonne se nomme Champ1.**

   Champ1 (ou autre chiffre) n'apparaît qu'une fois la catégorie de données sélectionnée dans le menu local Cliquer pour ajouter.

   La colonne passe en surbrillance.

4. **Tapez le nom que vous voulez donner à ce champ, et appuyez sur Entrée.**

Ajouter ou supprimer un champ

Il vous arrivera d'avoir besoin d'ajouter un champ dans une table existante pour y ajouter une information. De même, il vous arrivera de vouloir supprimer un champ si vous vous apercevez que vous n'en avez finalement pas besoin. Pour ajouter un champ dans une table, suivez ces étapes :

1. **Cliquez sur la flèche d'une colonne nommée Cliquer pour ajouter.**

2. **Un menu local s'affiche (reportez-vous à la Figure 16.4).**

3. **Choisissez le type de champ à Insérer comme Monétaire ou Texte.**

   Access insère un nouveau champ (une nouvelle colonne) qu'il nomme Champ2 ou Champ3 en fonction du nombre de champs déjà créés dans la base de données.

Pour supprimer un champ dans une table, suivez ces étapes :

4. **Cliquez sur le champ à supprimer.**

   Access met en surbrillance toute la colonne correspondante.

5. **Cliquez sur le bouton Supprimer du groupe Ajouter et supprimer.**

   Si vous avez saisi des données dans ce champ, une boîte de dialogue apparaît, vous demandant si vous voulez supprimer définitivement les données du champ sélectionné.

   Si vous supprimez un champ, vous supprimez également la colonne correspondante, c'est-à-dire toutes les données de ce champ dans tous les enregistrements de la table. Autrement dit, vérifiez soigneusement que vous ne vous êtes pas trompé de champ avant de cliquer sur Oui dans cette boîte de dialogue.

6. **Cliquez sur Oui (ou Non si vous changez d'avis).**

   Si vous avez cliqué sur Oui, Access supprime le champ sélectionné.

Définir le type et la taille d'un champ

Le *type* d'un champ correspond au type de données que ce champ peut contenir (nombre, texte, date, *etc.*), et la taille d'un champ définit la taille de ces données (par exemple, 250 chiffres au maximum pour un nombre, une chaîne de 120 caractères au maximum, et ainsi de suite).

La définition du type et de la taille d'un champ vous permet de garantir que seules des données valides seront stockées dans ce champ. Si un champ est fait pour stocker un nom, vous ne voulez pas qu'on puisse y entrer un nombre. Si un champ est fait pour stocker l'âge d'une personne, vous ne voulez pas qu'il accepte des nombres négatifs.

Pour définir le type et la taille des données d'un champ, suivez ces étapes :

1. **Cliquez sur l'onglet Accueil.**

2. **Dans le volet de gauche Tous les objets, double-cliquez sur la table contenant le champ que vous voulez définir.**

   Access affiche la table sélectionnée en mode Feuille de données.

3. **Cliquez sur l'en-tête de colonne du champ que vous souhaitez définir.**

4. **Access sélectionne la totalité de la colonne.**

5. **Cliquez sur l'onglet Champ des Outils de table.**

6. **Un certain nombre d'options se présentent à vous, comme le montre la Figure 16.5.**

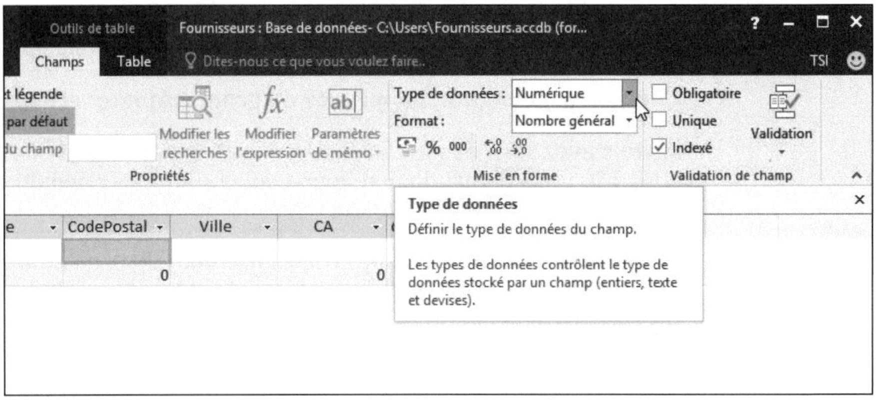

Figure 16.5 : L'onglet Outils de table/Champs permet de définir le type de données qui seront stockées dans le champ sélectionné.

7. **Cliquez sur la flèche du menu local Type de données du groupe Mise en forme.**

   Un menu déroulant apparaît, vous proposant tous les types de données que peut contenir un champ, comme le montre la Figure 16.6.

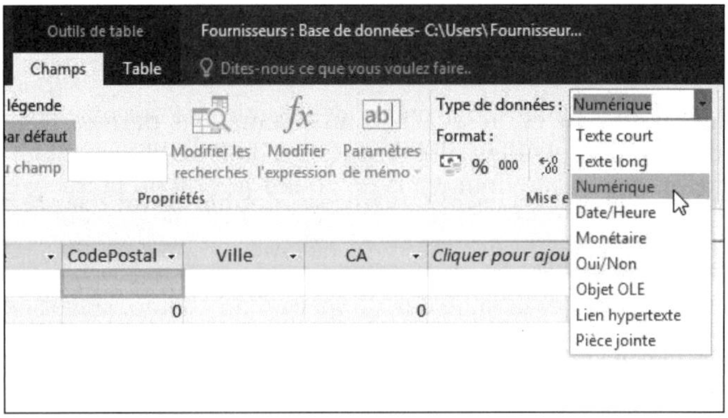

Figure 16.6 : Sélectionnez le type de données correspondant au champ que vous voulez définir.

8. **Sélectionnez le type de données voulu (par exemple Texte, Numérique ou Date/Heure).**

   En fonction du type de données choisi, vous pourrez appliquer des options supplémentaires en ouvrant le menu local Format.

Entrer des données dans une base de données

Après avoir créé une table dans une base de données et défini les champs qui constituent un enregistrement, vous êtes prêt à y entrer des données réelles, par exemple des noms, des adresses, des numéros de téléphone, et ainsi de suite. Access vous offre pour cela deux manières de procéder :

- En mode Feuille de données.
- En mode Formulaire.

Le *mode Feuille de données* affiche les informations en lignes et en colonnes, avec une ligne pour chaque enregistrement et une colonne pour chaque champ. Le mode Feuille de données est très pratique pour examiner tous les enregistrements à la fois.

Le *mode Formulaire* affiche tous les champs d'un seul enregistrement. Il est surtout utile lorsque vous avez besoin d'afficher ou de modifier un seul enregistrement, par exemple pour entrer ou modifier le numéro de téléphone d'une personne.

Utiliser le mode Feuille de données

C'est le mode par défaut pour entrer des données. Pour afficher et saisir des données en mode Feuille de données, suivez ces étapes :

1. **Dans le volet Tous les objets Access, double-cliquez sur le nom d'une table.**

   Access affiche la table sélectionnée en mode Feuille de données.

2. **(Facultatif) Cliquez sur le triangle noir du bouton Affichage du groupe Affichages.**

3. **Un menu local apparaît.**

4. **(Facultatif) Cliquez sur Mode Feuille de données.**

5. **Access affiche la base de données dans ce mode spécifique.**

6. **Cliquez sur le champ à traiter dans l'enregistrement voulu.**

   C'est-à-dire à l'intersection de la colonne du champ et de la ligne de l'enregistrement.

   Si vous avez cliqué sur un champ contenant déjà des données, vous pouvez les modifier ou les supprimer.

7. **Pour passer au champ suivant, appuyez sur la touche Tab (Maj + Tab pour passer au champ précédent).**

8. **Modifiez les données du champ que vous venez de sélectionner.**

Utiliser le mode Formulaire

L'inconvénient du mode Feuille de données est qu'il peut être difficile d'y trouver l'enregistrement que l'on veut modifier. Comme nous sommes tous familiers des formulaires en papier ou des fiches qui rassemblent un ensemble de données sur une seule feuille de papier, Access vous offre un mode Formulaire tout aussi commode.

Le *mode Formulaire* affiche l'ensemble des champs d'un seul enregistrement. Pour l'utiliser, vous devez commencer par créer un formulaire pour la table correspondante, et disposer sur celui-ci tous les champs constituant un enregistrement de cette table. Ce formulaire vous permettra alors d'afficher, de modifier et d'ajouter des données pour les enregistrements de cette table.

Création d'un formulaire

La manière la plus simple de créer un formulaire consiste à laisser Access le créer pour vous, après quoi vous pourrez le modifier. Pour créer rapidement un formulaire, suivez ces étapes :

1. **Dans le volet Tous les objets Access, double-cliquez sur une table.**

   Access affiche la table sélectionnée en mode Feuille de données.

2. **Cliquez sur l'onglet Créer.**

3. **Dans le groupe Formulaires, cliquez sur le bouton Formulaire.**

   Access crée un formulaire, comme le montre la Figure 16.7. Remarquez que le nom donné automatiquement par Access à ce formulaire est le nom de la table que vous avez sélectionnée à l'Étape 1.

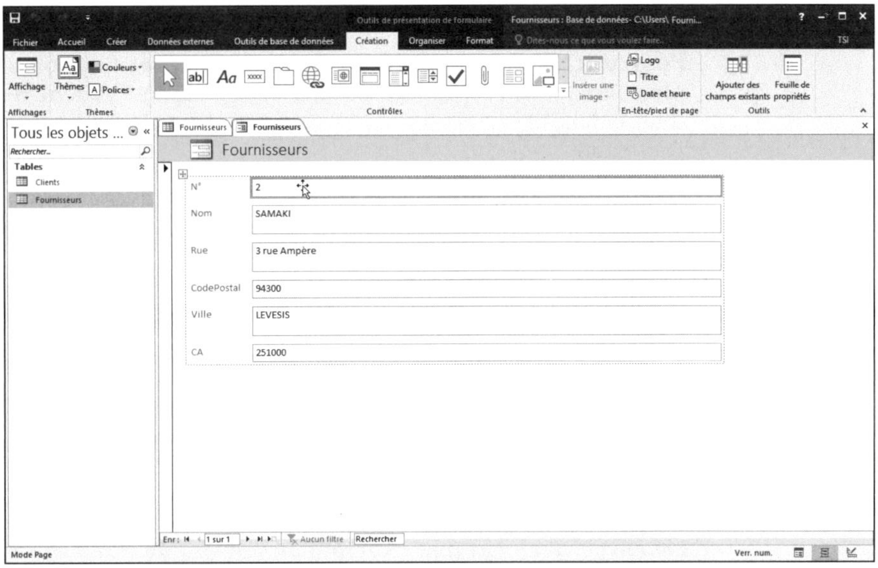

Figure 16.7 : Un formulaire affiche tous les champs d'un seul enregistrement.

4. **Cliquez sur l'icône Enregistrer dans la barre d'outils Accès rapide (ou appuyez sur Ctrl + S).**

   Une boîte de dialogue Enregistrer sous apparaît, vous permettant de donner le nom que vous voulez à votre formulaire.

5. **Tapez le nom que vous voulez donner à votre formulaire, et cliquez sur OK.**

   Dans le volet de gauche, le nom de votre formulaire apparaît au-dessous du nom de la table correspondante. La prochaine fois que vous ouvrirez cette base de données, si vous voulez afficher ce formulaire, il vous suffira de double-cliquer sur son nom dans le volet de gauche.

Afficher et modifier des données dans un formulaire

Une fois que vous avez créé un formulaire, vous pouvez l'utiliser à tout moment pour afficher et modifier des données des enregistrements de la table correspondante.

1. **Dans le volet Tous les objets Access, double-cliquez sur le formulaire que vous voulez utiliser.**

Access affiche le formulaire sélectionné.

2. **Pour afficher un enregistrement particulier, vous disposez de plusieurs icônes localisées dans le coin inférieur gauche de l'onglet du formulaire :**

   - *Premier enregistrement :* Affiche le premier enregistrement de la table.
   - *Enregistrement précédent :* Affiche l'enregistrement précédent dans la table.
   - *Enregistrement suivant :* Affiche l'enregistrement suivant dans la table.
   - *Dernier enregistrement :* Affiche le dernier enregistrement de la table.
   - *Nouvel enregistrement (vide) :* Affiche un formulaire vide, vous permettant de saisir des données, créant ainsi un nouvel enregistrement pour la table.

3. **Cliquez dans un champ et entrez l'information correspondante pour cet enregistrement (par exemple un nom ou un numéro de téléphone).**

N'OUBLIEZ PAS !

Il n'est pas nécessaire d'utiliser la commande Enregistrer pour enregistrer vos modifications, car Access enregistre automatiquement chaque modification aussitôt que vous la validez en cliquant dans un autre champ ou en appuyant sur la touche Entrée.

Modifier un formulaire

Le formulaire créé automatiquement par Access est un moyen pratique et rapide d'afficher tous les champs d'un enregistrement. Vous pouvez cependant redéfinir la position des champs dans ce formulaire (pour les rendre plus faciles à visualiser), et en masquer certains. Vous pouvez ainsi créer un formulaire qui n'affiche qu'une partie des données de la table. L'utilisateur ne peut ainsi ni prendre connaissance de ces données, ni *a fortiori* les modifier. Pour autant, les données masquées ne sont pas effacées.

Supprimer un champ d'un formulaire

Si vous supprimez un champ d'un formulaire, vous ne faites qu'empêcher ce formulaire d'afficher le champ concerné. Par exemple, comme le salaire de chaque employé est une information confidentielle de la table Employés, le champ Salaire sera supprimé du formulaire de cette table.

N'OUBLIEZ PAS !

Naturellement, le champ supprimé dans un formulaire n'est pas supprimé de la table correspondante.

Pour supprimer un champ dans un formulaire, suivez ces étapes :

1. **Dans le volet Tous les objets Access, double-cliquez sur le formulaire que vous voulez utiliser.**

   Access affiche le formulaire sélectionné.

2. **Cliquez sur l'onglet Accueil.**

3. **Dans le groupe Affichages de cet onglet, cliquez sur la flèche pointant vers le bas du bouton Affichage.**

4. **Dans le menu qui apparaît, sélectionnez Mode création.**

   Access affiche le formulaire en mode Création, avec une grille qui vous permettra de positionner les champs sur celui-ci, comme le montre la Figure 16.8.

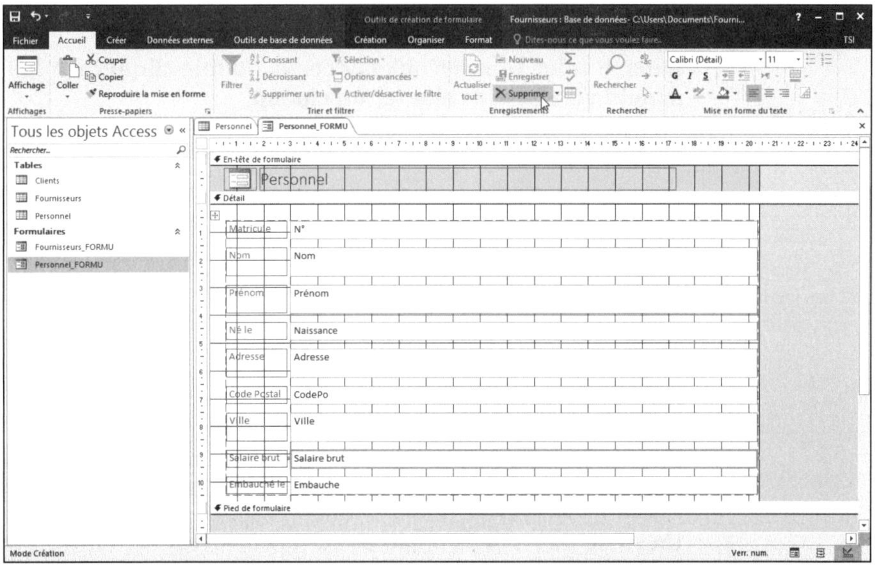

Figure 16.8 : En mode Création, plusieurs champs d'un seul enregistrement sont affichés.

5. **Pour supprimer plusieurs champs, maintenez la touche Ctrl enfoncée, et cliquez sur chacun des champs à effacer.**

   Access met en surbrillance le champ sélectionné.

6. **Cliquez sur l'onglet Accueil, puis sur le bouton Supprimer du groupe Enregistrement.**

   Access supprime le champ sélectionné.

Si vous appuyez immédiatement sur Ctrl + Z, la commande Supprimer est annulée, et le champ réapparaît.

7. **Dans le groupe Affichages, cliquez sur la flèche pointant vers le bas du bouton Affichage.**

8. **Dans le menu local qui apparaît, sélectionnez Mode Formulaire.**

   Access affiche votre formulaire, dont le champ que vous avez supprimé a disparu.

Ajouter un champ dans un formulaire

Avant d'ajouter un champ dans un formulaire, vous devez vous assurer que celui-ci existe bien dans la table correspondante. S'il n'existe pas encore, vous devez commencer par le créer dans cette table.

Pour créer un nouveau champ dans une table, suivez ces étapes :

1. **Dans le volet Tous les objets Access, double-cliquez sur le formulaire auquel vous voulez ajouter un champ.**

   Access affiche la table sélectionnée en mode Formulaire.

2. **Cliquez sur l'onglet Accueil.**

3. **Dans le groupe Affichages, cliquez sur la flèche du bouton Affichage.**

4. **Un menu local s'affiche.**

5. **Choisissez Mode Création.**

6. **Cliquez sur l'onglet Création.**

7. **Dans le groupe Outils, cliquez sur l'icône Ajouter des champs existants.**

8. **Une liste de champs apparaît sur le côté droit de l'interface, comme à la Figure 16.9.**

9. **Faites glisser le champ que vous voulez ajouter au formulaire de la liste de droite vers le fond de formulaire.**

   Le champ apparaît dans le formulaire, sous forme de deux rectangles distincts : l'étiquette, et un champ d'affichage et de saisie de données. L'étiquette (appelée aussi légende) est personnalisable sans que cela perturbe le nom technique du champ tel que géré par le moteur de la base.

10. **Si vous voulez déplacer l'étiquette du champ que vous venez d'ajouter, placez le pointeur de la souris sur la poignée qui se trouve sur le coin supérieur gauche du rectangle correspondant (le pointeur prend la forme d'une flèche à quatre pointes), et faites-la glisser (en maintenant enfoncé le bouton gauche de la souris) jusqu'à l'endroit voulu.**

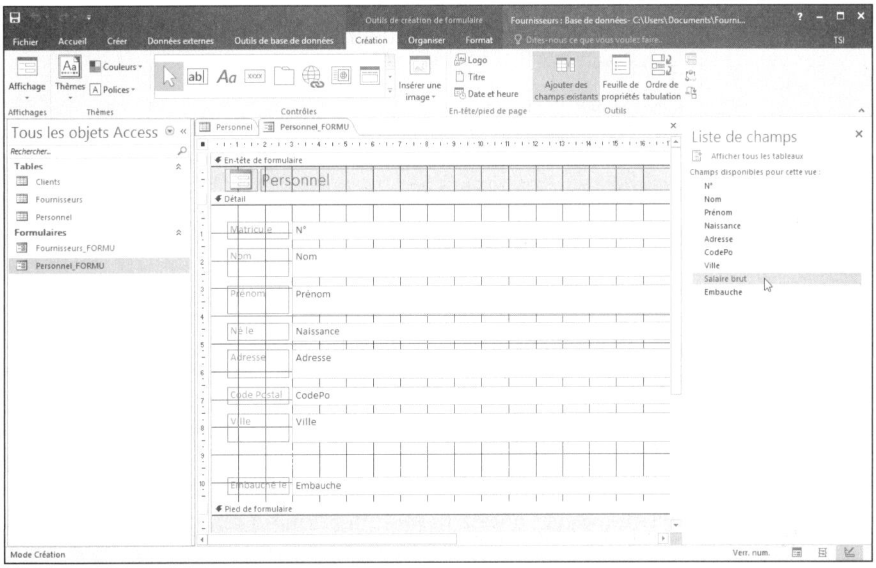

Figure 16.9 : Le panneau Liste de champs affiche tous les champs stockés dans la table de votre base de données. Vous pouvez donc le placer dans le formulaire.

11. **Dans le groupe Affichages, cliquez sur la flèche pointant vers le bas du bouton Affichage, et sélectionnez Mode Formulaire dans le menu qui apparaît.**

    Access affiche le formulaire en mode Formulaire. Remarquez que votre nouveau champ y apparaît, ainsi que les données qu'il contient pour l'enregistrement affiché.

Fermer et enregistrer une base de données

Une fois que vous en avez terminé avec votre table de base de données, vous pouvez fermer le fichier, ou même quitter Access. Pour fermer une table d'une base de données, Access vous donne le choix entre deux possibilités :

- Fermer uniquement la table concernée.
- Fermer le fichier de la base de données elle-même.

Fermer une base de données

Fermer simplement une table d'une base de données ne fait que la faire disparaître de l'affichage ; Access, aussi bien que le fichier de la base de données correspondante, restent ouverts.

Pour fermer une table d'une base de données, suivez ces étapes :

1. **Cliquez sur l'onglet Fichier.**
2. **Choisissez Fermer.**

   Si vous n'avez pas enregistré vos dernières modifications, Access vous propose d'y procéder.

3. **Cliquez sur Oui ou sur Non.**

   Access ferme la table de cette base de données.

N'OUBLIEZ PAS !

Lorsque vous enregistrez une base de données Access, vous n'enregistrez que les modifications que vous avez apportées à une table ou un formulaire de cette base de données. Access enregistre automatiquement dans le fichier de la base de données toutes les modifications apportées aux données elles-mêmes au fur et à mesure que vous les effectuez (lorsque vous modifiez des données ou en entrez de nouvelles, elles sont automatiquement enregistrées aussitôt que vous validez la modification en cliquant dans un autre champ).

Quitter Access

Lorsque votre travail dans Access est terminé, vous pouvez fermer le programme et par la même occasion toutes ses bases de données ouvertes. Voici comment procéder :

1. **Exécutez une des actions suivantes :**
   - Appuyez sur Alt + F4.
   - Cliquez sur le bouton Fermer situé dans le coin supérieur droit de la fenêtre d'Access.

   Si vous aviez apporté des modifications à la structure de votre base de données, une boîte de dialogue vous invite à enregistrer vos modifications.

2. **Cliquez sur Oui ou Non.**

Chapitre 17

Recherchez, trier et faire des requêtes

Dans ce chapitre :

- Rechercher et filtrer des données dans une base de données.
- Trier des données dans une base de données.
- Créer et utiliser des requêtes.

Si vous recherchez un nom dans votre base de données, il est possible, mais fastidieux, de passer en revue vos enregistrements par ordre alphabétique pour le trouver. En revanche, si vous avez besoin de produire la liste de tous vos clients qui ont commandé pour plus de 50 000 € au cours des trois derniers mois, ce sera extrêmement fastidieux et ça vous prendra un temps considérable. C'est le genre d'information qu'Access peut trouver pour vous en un clin d'œil.

Si vous recherchez régulièrement des informations d'un type particulier, vous n'avez sans doute pas envie de reformuler à chaque fois de la même manière votre demande à Access. Pour cela, il vous suffit de créer une *requête*. Une requête (*query*) vous permet de définir par des critères ce que vous recherchez, et d'enregistrer les paramètres correspondants afin de pouvoir réutiliser cette requête par la suite.

En dehors de faire des recherches sur vos données, Access peut aussi les trier. Une opération de tri peut être aussi simple que le tri d'une liste de noms par ordre alphabétique, mais aussi compliquée que le tri par code postal, salaire annuel ou autre. Le tri réorganise vos données d'une manière qui en met en évidence tel ou tel aspect.

En recherchant, en triant et en faisant des requêtes sur vos données, vous pouvez en tirer des informations nouvelles extrêmement utiles.

Rechercher des données

Une base de données sur papier permet de stocker des informations, mais elle est loin d'être pratique pour les retrouver par la suite. Si vous avez des milliers de cartes de visite dans un fichier rotatif, combien de temps vous faut-il pour retrouver le numéro de téléphone d'une personne ?

Comme la possibilité de retrouver rapidement des données dans une base de données est un aspect crucial de son utilité, Access vous offre deux manières différentes de rechercher des données :

- Rechercher un enregistrement particulier.
- Utiliser un filtre pour identifier les enregistrements qui satisfont un certain critère.

Rechercher un enregistrement particulier

Le type de recherche le plus simple consiste à rechercher un enregistrement particulier. Pour rechercher un enregistrement, il vous faut connaître au moins une partie du contenu de l'un de ses champs, par exemple un numéro de téléphone ou une adresse de messagerie.

Plus vous avez d'informations sur l'élément recherché, plus Access le trouvera facilement. Si vous recherchez tous les enregistrements contenant le prénom Frédéric, Access pourra en trouver un certain nombre. Mais si vous savez que le nom de famille de ce Frédéric est Marchand et qu'il habite à Marseille, il y a de fortes chances qu'Access trouve exactement l'enregistrement que vous voulez.

Pour rechercher un enregistrement particulier dans une base de données, suivez ces étapes :

1. **Dans le volet Tous les objets Access, double-cliquez sur le nom de la table dans laquelle se trouve l'enregistrement que vous recherchez.**

   Access affiche la tablc sélectionnée en mode Feuille de données.

2. **Cliquez sur l'onglet Accueil.**

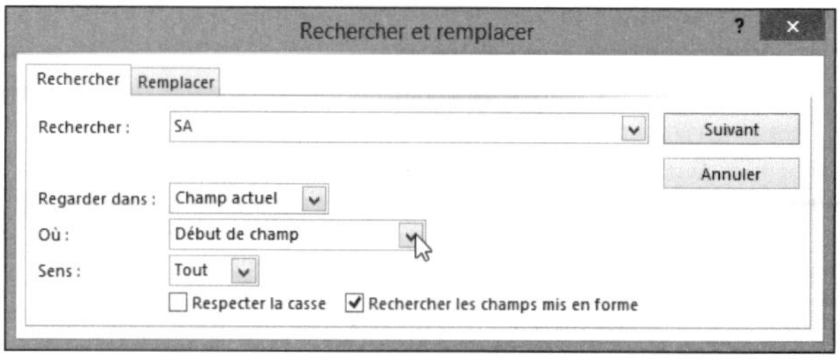

Figure 17.1 : Rechercher un enregistrement dans une table.

3. **Dans le groupe Rechercher de cet onglet, cliquez sur le bouton Rechercher.**

   La boîte de dialogue Rechercher et remplacer apparaît (Figure 17.1).

4. **Cliquez dans le champ Rechercher et entrez le contenu d'un champ que vous connaissez dans l'enregistrement que vous recherchez.**

   Par exemple, si vous cherchez le numéro de téléphone d'une personne dont vous connaissez le nom, entrez ce nom dans le champ Rechercher.

5. **Cliquez sur la flèche pointant vers le bas dans le champ Regarder dans, et sélectionnez Champ actuel ou Document actif.**

6. **(Facultatif) Ouvrez le menu local Où, et sélectionnez l'une des options qui vous sont proposées :**

   - *N'importe où dans le champ :* Access trouvera les enregistrements comportant les caractères que vous avez entrés dans le champ Rechercher, quel que soit leur emplacement dans le champ.
   - *Champ entier :* Access trouvera les enregistrements dont un champ entier correspond aux caractères que vous avez entrés dans le champ Rechercher.
   - *Début de champ :* Access trouvera les enregistrements dont le début d'un champ correspond aux caractères que vous avez entrés dans le champ Rechercher.

7. **(Facultatif) Ouvrez le menu local Sens, et sélectionnez l'une des options qui vous sont proposées :**

   - *Bas :* La recherche se fait vers le bas à partir de l'emplacement du curseur, jusqu'à la fin de la table.
   - *Haut :* La recherche se fait vers le haut à partir de l'emplacement du curseur, jusqu'au début de la table.
   - *Tout :* La recherche se fait sur la totalité de la table.

8. **Cliquez sur Suivant.**

   Access met en surbrillance le premier champ qu'il trouve selon les critères que vous avez spécifié.

9. **Répétez l'Étape 8 pour trouver les autres enregistrements correspondant à ces critères.**

10. **Cliquez sur Annuler ou sur le bouton de fermeture de la boîte de dialogue Rechercher et remplacer.**

Filtrer une base de données

Il est facile de faire une recherche dans une base de données avec la méthode que nous venons de voir, mais il ne s'agit que de trouver un enregistrement particulier. Si vous voulez trouver plusieurs enregistrements, vous pouvez utiliser un filtre.

Un filtre vous permet de demander à Access de n'afficher que les enregistrements qui satisfont certains critères, par exemple les enregistrements des personnes dont le salaire est supérieur à 200 000 € par an, qui sont mariées, habitent à Las Vegas, et possèdent plus de deux voitures. Vous allez sûrement trouver de cette façon un certain nombre d'enregistrements.

Pour filtrer une table d'une base de données, vous devez dire à Access quel champ utiliser comme filtre, puis définir le critère pour ce filtre. Si vous voulez filtrer votre table pour ne voir que les enregistrements des personnes de 65 ans ou plus, vous allez filtrer sur le champ Âge, et définir le critère comme : *supérieur ou égal à 65.*

Le filtrage a simplement pour effet de masquer les enregistrements de la table qui ne satisfont pas aux critères de filtrage. Naturellement, il n'efface aucun enregistrement.

Utiliser un filtre à correspondance exacte

Le critère de filtrage le plus simple recherche une correspondance exacte. Lorsque vous filtrez sur la base d'un champ avec une correspondance exacte, vous dites à Access : « Je ne veux voir que les enregistrements qui contiennent exactement ces données dans ce champ. » Vous pouvez ainsi par exemple n'afficher que les enregistrements dont le code postal commence par 75.

Pour filtrer une table d'une base de données, suivez ces étapes :

1. **Dans le volet Tous les objets Windows, double-cliquez sur le nom de la table que vous voulez filtrer.**

   Access affiche la table sélectionnée en mode Feuille de données.

2. **Cliquez sur l'onglet Accueil.**

3. **Cliquez sur le champ (l'en-tête de colonne) dont vous voulez filtrer le contenu.**

4. **Dans le groupe Trier et filtrer de l'onglet Accueil, cliquez sur le bouton Filtrer.**

   Un menu apparaît au-dessous du champ sélectionné, comme le montre la Figure 17.2.

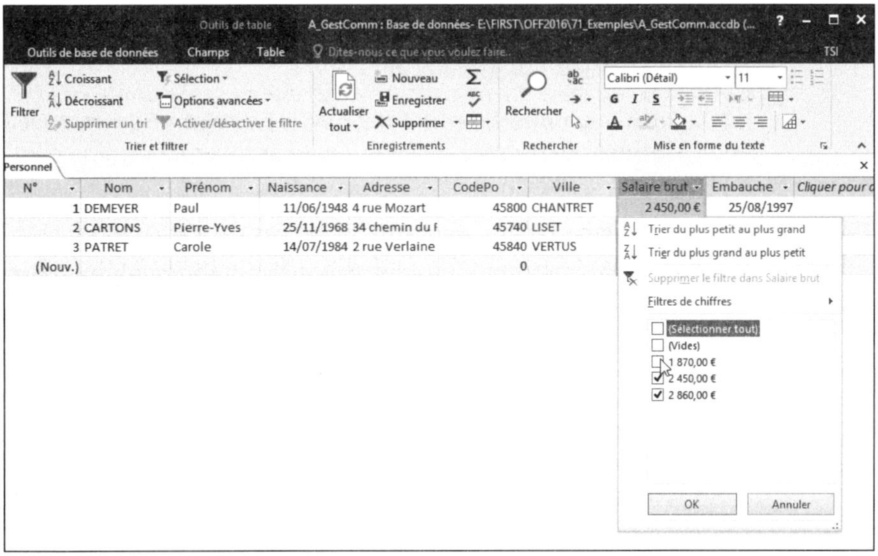

Figure 17.2 : Le menu Filtrer vous permet de spécifier les critères de filtrage pour le champ sélectionné.

5. **(Facultatif) Décochez une ou plusieurs des cases qui apparaissent dans la liste des données de ce menu.**
6. **Cliquez sur OK.**
7. **Access affiche une table filtrée ne contenant que les éléments cochés à l'Étape 5.**
8. **Répétez les Étapes 4 à 6 pour chaque champ supplémentaire que vous désirez filtrer.**

N'OUBLIEZ PAS !

Cliquez sur le bouton Activer/désactiver le filtre du groupe Trier et filtrer pour afficher de nouveau toutes les données de cette table de votre base de données.

Filtrer par formulaire

L'inconvénient du filtrage en mode Feuille de données est que tous les enregistrements sont affichés à la fois. Pour éviter cela, Access vous permet de définir un filtre en utilisant un *formulaire*, ce qui consiste essentiellement à afficher un enregistrement vide vous permettant de cliquer dans les champs que vous voulez utiliser pour filtrer votre table.

Pour filtrer par formulaire, suivez ces étapes :

1. **Dans le volet Tous les objets Access, double-cliquez sur le nom de la table que vous voulez filtrer.**

Access affiche la table sélectionnée en mode Feuille de données.

2. **Cliquez sur l'onglet Accueil.**

3. **Dans le groupe Trier et filtrer de cet onglet, cliquez sur le bouton Options avancées.**

4. **Dans le menu qui apparaît (Figure 17.3), sélectionnez Filtrer par formulaire.**

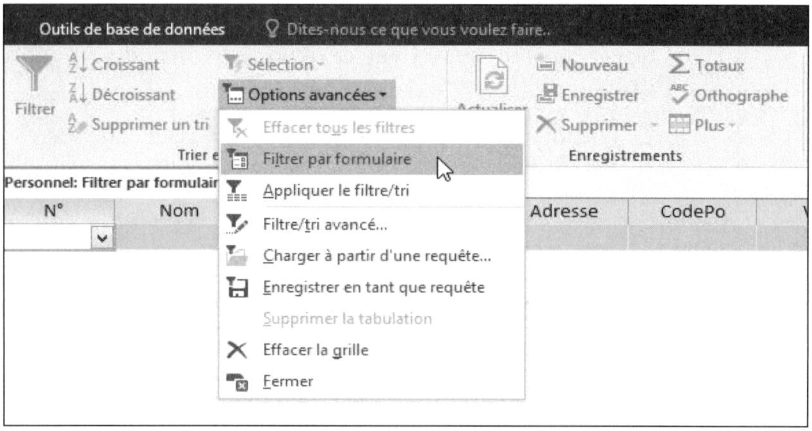

Figure 17.3 : Les options de filtre avancées.

Access affiche un enregistrement vide.

5. **Cliquez dans un champ par lequel vous voulez filtrer.**

Une flèche pointant vers le bas apparaît dans le champ.

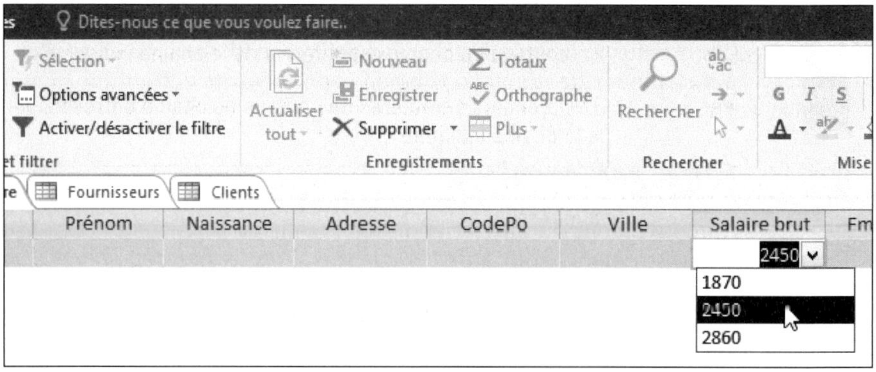

Figure 17.4 : Le tri par formulaire vous permet de sélectionner pour chaque champ les données des enregistrements que vous voulez afficher.

6. **Cliquez sur cette flèche.**

   La liste des données que contient ce champ dans la table correspondante apparaît, comme le montre la Figure 17.4.

7. **Sélectionnez la donnée avec laquelle vous voulez filtrer pour ce champ.**

   Naturellement, vous ne pouvez sélectionner qu'une seule donnée pour chaque champ.

8. **Cliquez sur l'icône Activer/désactiver le filtre du groupe Trier et filtrer.**

   Access affiche les enregistrements de la table correspondant aux critères de filtrage que vous venez de spécifier.

Cliquez de nouveau sur l'icône Activer/désactiver le filtre pour afficher toutes les données de votre table.

Utiliser des critères de filtrage

Il peut être utile de rechercher une correspondance exacte dans un champ, mais vous aurez parfois besoin d'afficher les enregistrements qui satisfont certains critères, par exemple tous les employés dont le salaire est supérieur à une certaine valeur et qui ont été embauchés après une certaine date. Au lieu d'une correspondance exacte, vous devez définir des critères de filtrage.

Tableau 17.1 : Critères de filtrage des données textuelles.

Critère de filtrage	*Description*
Est égal à	Le contenu du champ correspond exactement à la chaîne indiquée.
Est différent de	Le contenu du champ est différent de la chaîne indiquée.
Commence par	Les premiers caractères du contenu du champ correspondent exactement à la chaîne indiquée.
Ne commence pas par	Les premiers caractères contenus du champ sont différents de la chaîne indiquée.
Contient	La chaîne indiquée est une partie ou la totalité du contenu du champ.
Ne contient pas	La chaîne indiquée ne se trouve dans aucune partie du contenu du champ.
Se termine par	Les derniers caractères du contenu du champ correspondent exactement à la chaîne indiquée.
Ne se termine pas par	Les derniers caractères du contenu du champ sont différents de la chaîne indiquée.

Les critères que vous pouvez définir sont déterminés par le type des données stockées dans chaque champ. Les trois types les plus utilisés sont Texte, Numérique et Date/Heure, qui vous permettent de définir différents critères de filtrage, comme le montrent les Tableaux 17.1, 17.2 et 17.3.

Tableau 17.2 : Critères de filtrage des données numériques.

Critère de filtrage	*Description*
Est égal à	Le contenu du champ correspond exactement à la valeur indiquée.
Est différent de	Le contenu du champ est différent de la valeur indiquée.
Plus petit que	Le contenu du champ est plus petit que la valeur indiquée.
Plus grand que	Le contenu du champ est plus grand que la valeur indiquée.
Entre	Le contenu du champ est compris entre les deux valeurs indiquées.

Tableau 17.3 : Critères de filtrage des champs Date.

Critère de filtrage	*Description*
Est égal à	Le contenu du champ correspond exactement à la valeur indiquée.
Est différent de	Le contenu du champ est différent de la valeur indiquée.
Avant	Le contenu du champ correspond à un moment antérieur à la valeur indiquée.
Après	Le contenu du champ correspond à un moment postérieur à la valeur indiquée.

Pour définir des critères de filtrage, suivez ces étapes :

1. **Dans le volet Tous les objets Access, double-cliquez sur le nom de la table que vous voulez filtrer.**

   La table sélectionnée apparaît en mode Feuille de données.

2. **Cliquez sur l'onglet Accueil.**

3. **Cliquez sur le champ (l'en-tête de colonne) pour lequel vous voulez définir un critère de filtrage.**

4. **Dans le groupe Trier et filtrer, cliquez sur le bouton Filtrer.**

   Un menu apparaît au-dessous du champ sélectionné (reportez-vous à la Figure 17.2).

5. **Dans ce menu, cliquez sur Filtre de [type de données] (le libellé de cette option dépend du type de données du champ sélectionné).**

6. **Il pourra par exemple s'agir de Filtre de chiffres, comme à la Figure 17.5.**

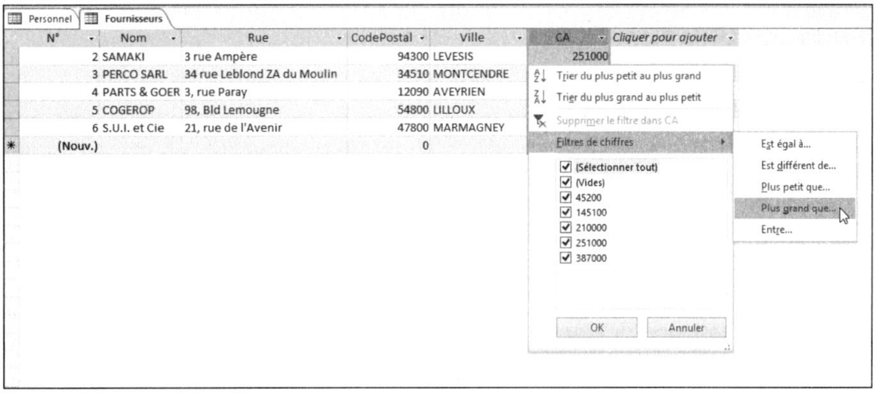

Figure 17.5 : Le sous-menu Filtre de *[type de données]* vous permet de spécifier le critère de filtrage pour le champ sélectionné.

7. **Choisissez une option de filtrage comme Entre ou Plus grand que.**

   Une boîte de dialogue de personnalisation du filtre apparaît. (Figure 17.6). Elle contient l'énoncé du critère de filtrage, comme Entre les chiffres et des champs permettant d'affiner le critère de recherche.

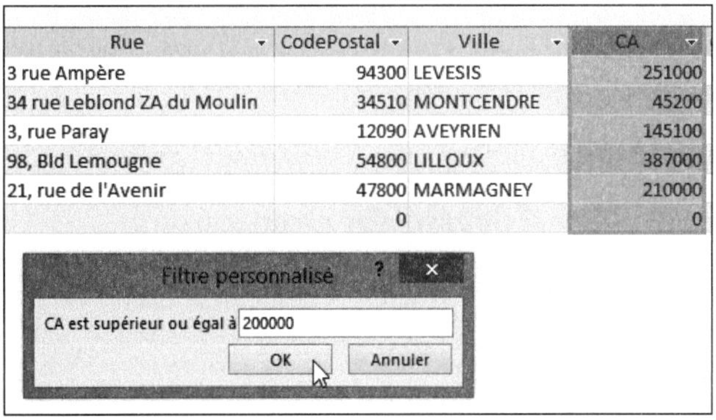

Figure 17.6 : Saisissez la valeur qui définit votre critère de filtrage.

8. **Dans cette boîte de dialogue, saisissez-la ou les valeurs demandées dans les champs qui vous sont proposés, et cliquez sur OK.**

   Access affiche la table filtrée selon le critère que vous venez de spécifier.

9. **Répétez les Étapes 5 à 7 pour tous les champs pour lesquels vous voulez définir un critère de filtrage.**

Cliquez de nouveau sur l'icône Activer/désactiver le filtre pour afficher toutes les données de votre table.

Désactiver un filtre

Lorsque vous avez appliqué un filtre à une table, seuls les enregistrements filtrés répondant aux critères de filtrage sont affichés. Access montre l'indication Filtré dans le coin inférieur droit de la barre d'état, ainsi qu'un bouton Filtré dans la partie inférieure de la zone d'affichage de la table.

Pour désactiver un filtre afin d'afficher à nouveau tous les enregistrements de la table, vous pouvez procéder de l'une des deux manières suivantes :

- Cliquer sur le bouton Activer/désactiver le filtre dans le groupe Trier et filtrer de l'onglet Accueil.
- Cliquer sur le bouton Filtré situé du côté gauche de la partie inférieure de la zone d'affichage de la table. Il bascule en Non filtré.

Access désactive le filtre et affiche à nouveau tous les enregistrements de la table.

Lorsque vous utilisez la commande Enregistrer (Ctrl + S) pour enregistrer une table d'une base de données, Access enregistre avec elle le dernier filtre que vous avez défini. La prochaine fois que vous ouvrirez cette table, vous pourrez à nouveau utiliser ce filtre. Si vous voulez enregistrer plusieurs filtres, vous devez les enregistrer en tant que requêtes (pour en savoir plus, reportez-vous à la section « Émettre des requêtes dans une base de données », plus loin dans ce chapitre).

Trier une base de données

Le tri ne fait rien d'autre que réorganiser la manière dont Access affiche vos informations. Il peut être très pratique pour classer vos enregistrements par ordre alphabétique selon le nom de chaque personne, du département, ou du pays. Vous pouvez aussi trier sur la base d'une valeur numérique, par exemple selon le montant total des commandes de chaque client l'année dernière.

Pour trier une table d'une base de données, suivez ces étapes :

1. **Dans le volet Tous les objets Access, double-cliquez sur le nom de la table que vous voulez trier.**

Access affiche la table sélectionnée en mode Feuille de données.

2. **Cliquez sur l'onglet Accueil.**

3. **Cliquez sur le nom de champ (l'en-tête de colonne) selon lequel vous voulez trier cette table.**

4. **Dans le groupe Trier et filtrer de l'onglet Accueil, cliquez sur le bouton Croissant ou sur le bouton Décroissant (ces deux icônes sont situées dans le coin supérieur gauche de ce groupe).**

   Access affiche la table triée dans l'ordre demandé, avec une petite flèche pointant vers le haut ou vers le bas à l'extrémité droite de l'en-tête de colonne du champ par lequel vous avez trié, comme le montre la Figure 17.7.

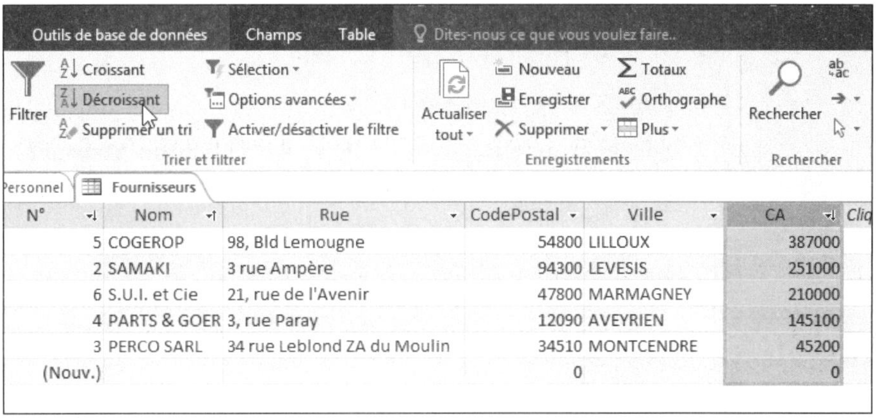

Figure 17.7 : Les boutons de tri Croissant et Décroissant permettent de trier une table par ordre alphabétique selon le champ sélectionné.

5. **Si vous voulez voir à nouveau votre table sans le tri (dans l'ordre où les enregistrements ont été saisis), cliquez sur le bouton Supprimer un tri du groupe Trier et filtrer de l'onglet Accueil.**

Émettre des requêtes dans une base de données

L'un des inconvénients du tri et du filtrage est que vous devez constamment définir comment vous voulez filtrer ou trier votre table. Si vous utilisez régulièrement une certaine manière de trier ou de filtrer une table, vous pouvez créer pour cela une requête que vous réutiliserez par la suite.

Une *requête* n'est rien d'autre qu'une version enregistrée d'un ensemble de critères de tri ou de filtrage. En enregistrant cet ensemble de critères en tant que requête, vous pourrez par la suite sélectionner cette requête par son nom.

Créer une requête simple

Si votre table comporte des dizaines de champs, vous aurez peut-être du mal à mettre en évidence le sens des informations qu'elle contient. Une requête simple vous permet de masquer les champs qui ne vous sont pas nécessaires, de manière à n'afficher que ceux dont vous avez besoin (par exemple, le nom et le numéro de téléphone de chaque employé, mais pas la date d'embauche, le numéro de Sécurité sociale ou d'autres informations inutiles pour ce que vous êtes en train de faire).

Pour créer une requête, suivez ces étapes :

1. **Cliquez sur l'onglet Créer.**
2. **Dans le groupe Requêtes, cliquez sur le bouton Assistant Requête.**

   La boîte de dialogue Nouvelle requête apparaît (Figure 17.8).

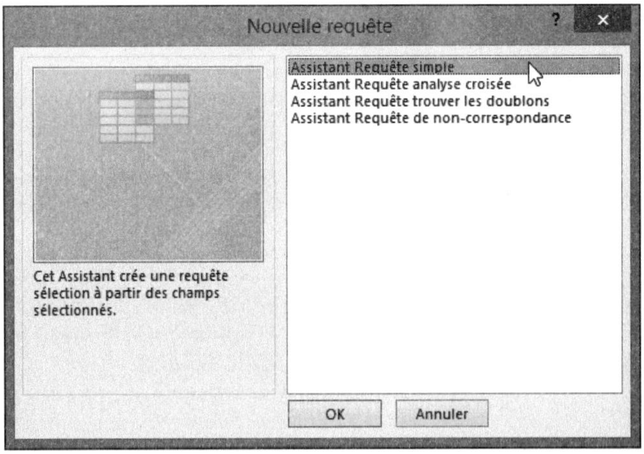

Figure 17.8 : Cette boîte de dialogue vous permet de choisir l'Assistant Requête que vous allez utiliser.

3. **Cliquez sur Assistant Requête simple, puis sur OK.**

   La boîte de dialogue Assistant Requête simple apparaît (Figure 17.9).

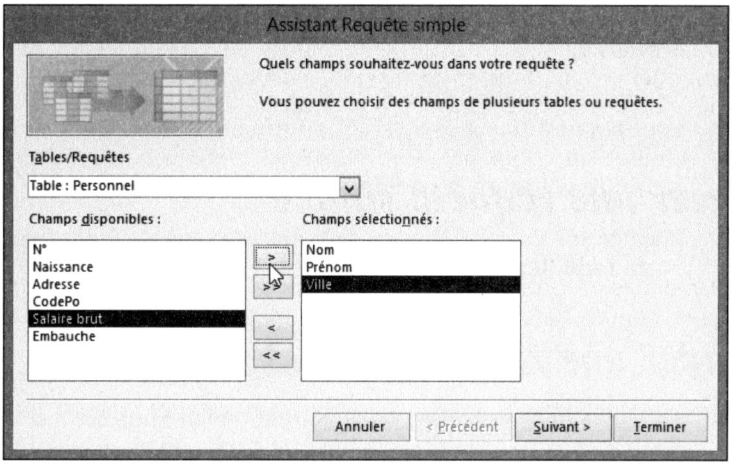

Figure 17.9 : L'Assistant Requête simple vous permet de sélectionner les champs à utiliser pour votre requête.

4. **Dans la liste Champs disponibles, cliquez sur le nom d'un champ que vous voulez afficher avec votre requête, et cliquez sur le bouton >.**

   Le champ sélectionné apparaît dans la liste Champs sélectionnés.

5. **Répétez l'Étape 4 pour tous les champs que vous voulez afficher avec votre requête.**

6. **Cliquez sur Suivant.**

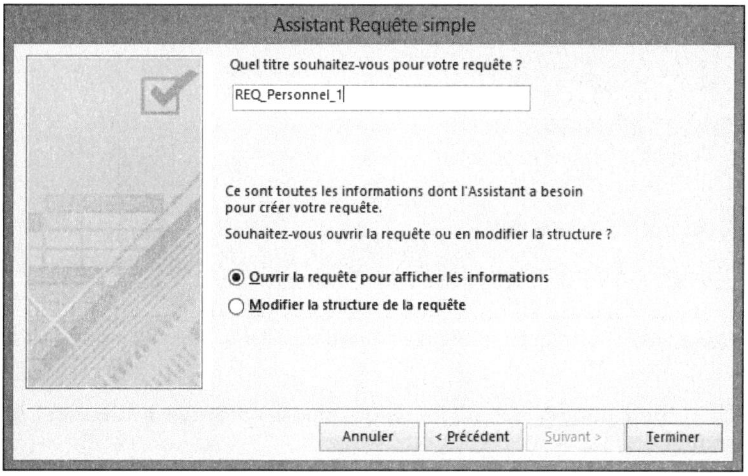

Figure 17.10 : Donnez à la requête un nom suggestif.

7. **Donnez un nom descriptif à votre requête et cliquez sur le bouton Terminer.**

   Access affiche le résultat de votre requête dans un nouvel onglet. Si vous ajoutez ou supprimez des informations de votre base de données, cliquez sur cet onglet pour afficher les nouveaux résultats de la requête sans être obligé de la redéfinir.

8. **Cliquez sur l'onglet Fichier, puis sur Enregistrer pour enregistrer votre requête.**

Créer une requête d'analyse croisée

Une requête d'analyse croisée vous permet de faire un calcul sur la base de plusieurs champs pour afficher le résultat dans une nouvelle présentation. Par exemple, si chaque enregistrement d'une table correspond à une commande d'une certaine quantité d'un certain produit avec un champ contenant le nom du commercial, un champ contenant le nom du produit et un champ contenant le montant de la commande, vous pouvez utiliser tous ces champs pour produire une analyse croisée montrant le résultat global de chaque commercial par produit, comme le montre la Figure 17.11.

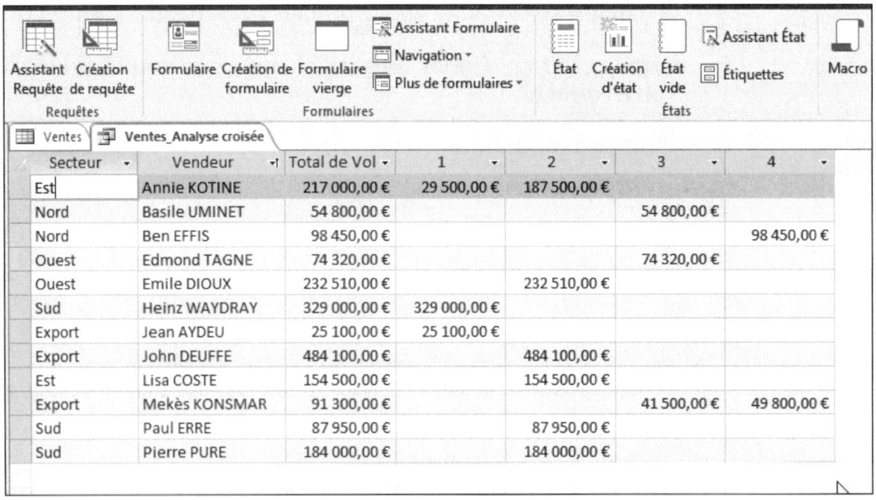

Secteur	Vendeur	Total de Vol	1	2	3	4
Est	Annie KOTINE	217 000,00 €	29 500,00 €	187 500,00 €		
Nord	Basile UMINET	54 800,00 €			54 800,00 €	
Nord	Ben EFFIS	98 450,00 €				98 450,00 €
Ouest	Edmond TAGNE	74 320,00 €			74 320,00 €	
Ouest	Emile DIOUX	232 510,00 €		232 510,00 €		
Sud	Heinz WAYDRAY	329 000,00 €	329 000,00 €			
Export	Jean AYDEU	25 100,00 €	25 100,00 €			
Export	John DEUFFE	484 100,00 €		484 100,00 €		
Est	Lisa COSTE	154 500,00 €		154 500,00 €		
Export	Mekès KONSMAR	91 300,00 €			41 500,00 €	49 800,00 €
Sud	Paul ERRE	87 950,00 €		87 950,00 €		
Sud	Pierre PURE	184 000,00 €		184 000,00 €		

Figure 17.11 : Une requête d'analyse croisée extrait des informations de plusieurs champs.

Pour créer une requête d'analyse croisée, vous devez identifier trois types de champs :

- De un à trois champs pour identifier chaque enregistrement (dans notre exemple, le nom et le prénom du commercial). Ces champs seront utilisés comme en-têtes de lignes dans le résultat de l'analyse croisée.

- Un seul champ indiquant à quoi se rapporte la valeur qui sera utilisée pour le calcul (dans notre exemple, le champ Produit, qui contient le nom du produit vendu). Chaque produit correspondra à un en-tête de colonne dans le résultat de l'analyse croisée.
- Un champ d'analyse croisée contenant la valeur qui sera utilisée pour le calcul (dans notre exemple, Montant).

Pour créer une requête d'analyse croisée, suivez ces étapes :

1. **Cliquez sur l'onglet Créer.**
2. **Dans le groupe Requêtes, cliquez sur le bouton Assistant Requête.**

   La boîte de dialogue Nouvelle requête apparaît (reportez-vous à la Figure 17.8).
3. **Cliquez sur Assistant Requête analyse croisée, puis sur OK.**

   L'Assistant Requête analyse croisée apparaît (Figure 17.12).

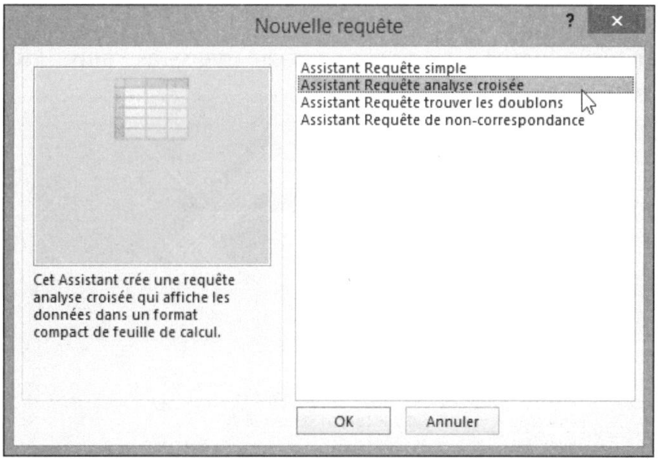

Figure 17.12 : L'Assistant Requête analyse croisée vous demande d'abord de choisir la table à utiliser.

4. **Cliquez sur la table à utiliser, puis sur Suivant.**

   La deuxième boîte de dialogue de l'Assistant apparaît, vous demandant de sélectionner les champs que vous voulez utiliser comme en-tête de ligne (trois au maximum), comme le montre la Figure 17.13.
5. **Dans la liste Champs disponibles, cliquez sur un champ dont vous voulez que le contenu définisse les en-têtes de lignes dans le résultat de votre requête, et cliquez sur le bouton > pour le faire passer dans la liste Champs sélectionnés.**

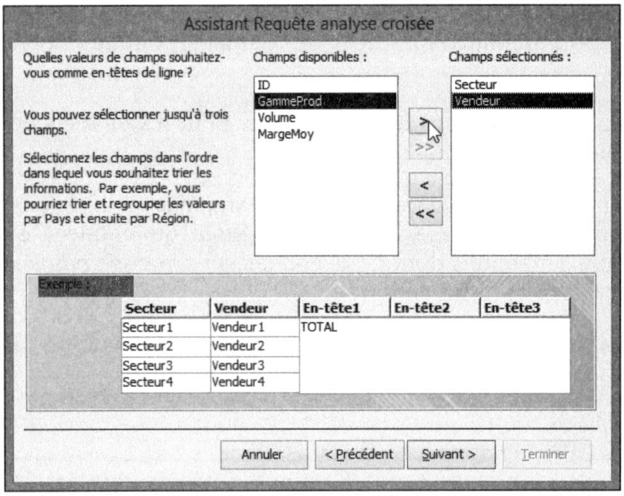

Figure 17.13 : Commencez par sélectionner les champs qui vont fournir les en-têtes des lignes dans le résultat de la requête.

6. **Répétez l'Étape 5 pour chaque champ que vous voulez utiliser pour définir les en-têtes de lignes.**

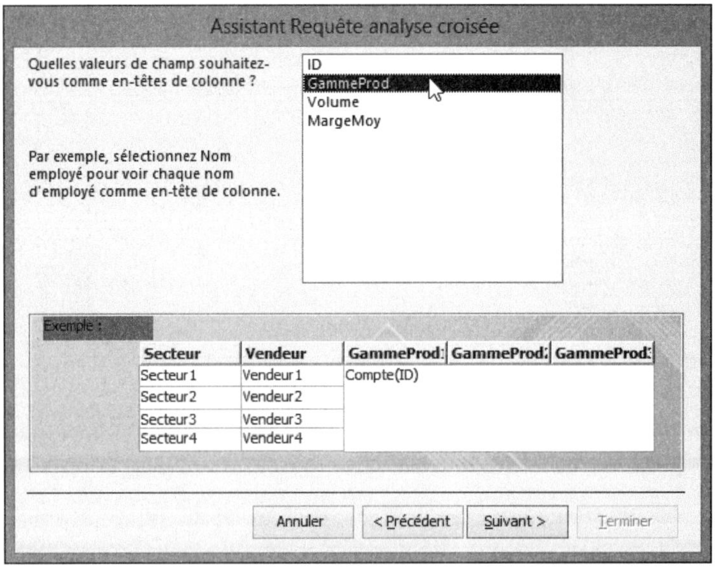

Figure 17.14 : Sélectionnez le champ qui va fournir les en-têtes des colonnes.

7. **Cliquez sur Suivant.**

La fenêtre suivante de l'Assistant apparaît, vous demandant quel champ utiliser pour définir les en-têtes de colonnes, comme le montre la Figure 17.14.

8. **Cliquez sur le nom du champ à utiliser pour les en-têtes des colonnes, et cliquez sur Suivant.**

   Ce champ est généralement de type Texte, mais ce n'est pas obligatoire. Dans notre exemple, c'est le champ Prénom, qui contient le prénom de toutes les personnes dont nous connaissons le code postal. Cliquez sur Suivant, pour accéder à la prochaine étape de l'Assistant.

9. **Dans la liste Champs, cliquez sur le champ contenant la valeur que vous voulez utiliser pour le calcul.**

10. **Dans la liste Fonctions (Figure 17.15), cliquez sur la fonction à utiliser pour le calcul (dans notre exemple, c'est la fonction Somme, qui va permettre de calculer le total des montants vendus pour chaque produit par chaque commercial), et cliquez sur Suivant.**

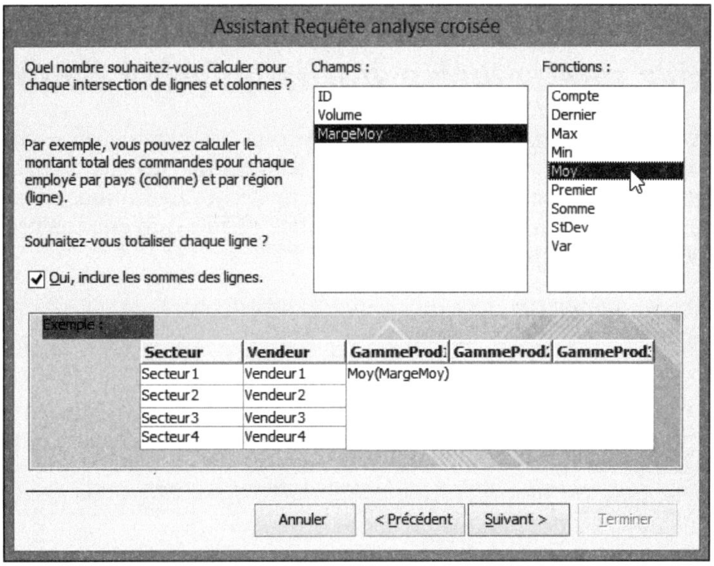

Figure 17.15 : Sélectionnez maintenant le champ contenant la valeur à utiliser pour le calcul.

11. **Entrez un nom descriptif pour votre requête dans le champ qui vous est proposé, et cliquez sur le bouton Terminer.**

    Access affiche le résultat de votre requête d'analyse croisée (Figure 17.16).

12. **Cliquez sur l'onglet Filtre, et sélectionnez Enregistrer pour enregistrer votre requête.**

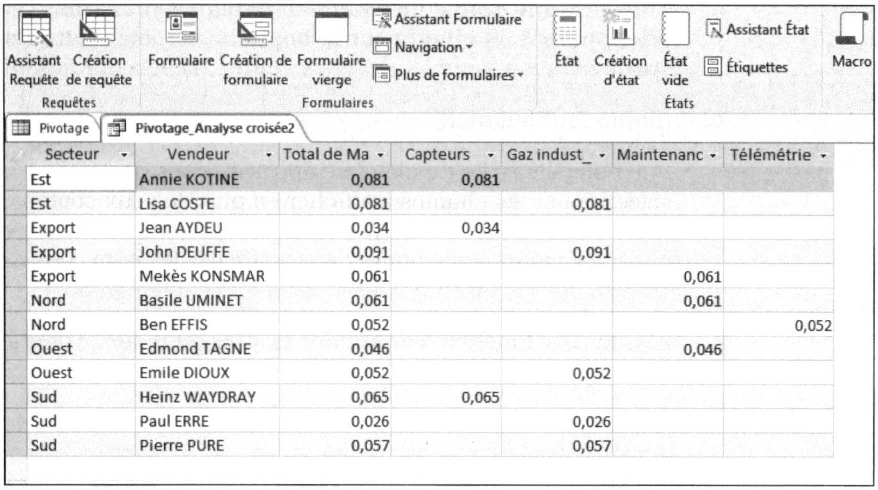

Secteur	Vendeur	Total de Ma	Capteurs	Gaz indust_	Maintenanc	Télémétrie
Est	Annie KOTINE	0,081	0,081			
Est	Lisa COSTE	0,081		0,081		
Export	Jean AYDEU	0,034	0,034			
Export	John DEUFFE	0,091		0,091		
Export	Mekès KONSMAR	0,061			0,061	
Nord	Basile UMINET	0,061			0,061	
Nord	Ben EFFIS	0,052				0,052
Ouest	Edmond TAGNE	0,046			0,046	
Ouest	Emile DIOUX	0,052		0,052		
Sud	Heinz WAYDRAY	0,065	0,065			
Sud	Paul ERRE	0,026		0,026		
Sud	Pierre PURE	0,057		0,057		

Figure 17.16 : L'analyse croisée affiche les résultats de la requête.

Créer une requête qui trouve les doublons

Imaginez que votre catalogue contienne une centaine de produits. Comment savoir quels sont les produits les plus achetés par les clients ? Naturellement, vous pouvez passer en revue manuellement la table Commandes de votre base de données pour compter le nombre de fois que chaque produit apparaît dans le champ Produit.

Il est plus simple de créer une requête qui effectuera la même opération pour vous. Pour cela, suivez ces étapes :

1. **Cliquez sur l'onglet Créer.**
2. **Dans le groupe Requêtes, cliquez sur le bouton Assistant Requête.**

   La boîte de dialogue Nouvelle requête apparaît (reportez-vous à la Figure 17.8).

3. **Cliquez sur Assistant Requête trouver les doublons, et cliquez sur OK.**

   L'Assistant Requête trouver les doublons apparaît, vous demandant de sélectionner la table à utiliser.

4. **Cliquez sur la table à utiliser, puis sur Suivant.**

   Une boîte de dialogue apparaît, vous demandant de sélectionner les champs dans lesquels rechercher des doublons.

5. **Cliquez sur le nom d'un champ dans lequel vous voulez rechercher des doublons, et cliquez sur le bouton >. Répétez cette étape pour chaque champ pour lequel vous voulez rechercher des doublons.**

6. **Cliquez sur Suivant.**

   Une nouvelle boîte de dialogue apparaît, vous demandant de sélectionner les champs à afficher en plus de ceux contenant des doublons. Si vous voulez savoir quelle quantité vous avez vendu de chaque produit, vous pouvez aussi afficher les noms des commerciaux, de manière à savoir également qui en a vendu le plus.

7. **Cliquez sur un champ à afficher en plus, puis sur le bouton >. Répétez cette étape pour chaque champ que vous voulez afficher en plus.**

8. **Cliquez sur Suivant.**

   La dernière boîte de dialogue de l'Assistant apparaît, vous proposant de donner le nom que vous voulez à votre requête.

9. **Entrez un nom descriptif pour votre requête dans le champ qui vous est proposé, et cliquez sur le bouton Terminer.**

   Access affiche le résultat de votre requête dans un nouvel onglet.

10. **Cliquez sur l'onglet Filtre, et sélectionnez Enregistrer pour enregistrer votre requête.**

Créer une requête de non-correspondance

Access peut stocker d'énormes quantités de données, mais plus vous en accumulez, plus elles sont difficiles à visualiser. Pour les organiser plus commodément, vous pouvez les diviser en tables. Par exemple, vous pouvez avoir une table contenant la liste de vos clients, et une autre contenant la liste de vos commerciaux.

Lorsque vous stockez vos données dans des tables distinctes, celles-ci peuvent avoir des champs en commun. Par exemple, la table qui contient la liste de vos clients comporte un champ contenant la liste de ses commandes. Réciproquement, la table de la liste de vos commandes comporte un champ contenant le nom du client qui a émis la commande.

Une requête de non-correspondance compare deux tables d'une base de données à la recherche d'informations manquantes. Par exemple, vous pouvez utiliser une telle requête pour identifier les clients qui n'ont rien commandé depuis six mois, ou bien une région commerciale pour laquelle aucune commande d'un certain produit n'a été reçue le mois dernier. Une requête de non-correspondance peut vous permettre d'identifier ce genre de choses.

Pour créer une requête de non-correspondance, suivez ces étapes :

1. **Cliquez sur l'onglet Créer.**
2. **Dans le groupe Requêtes, cliquez sur le bouton Assistant Requête.**

   La boîte de dialogue Nouvelle requête apparaît (Figure 17.8).
3. **Cliquez sur Assistant Requête de non-correspondance, puis sur OK.**

   L'Assistant Requête de non-correspondance apparaît, vous demandant de sélectionner la première table à utiliser.
4. **Cliquez sur la première des deux tables que vous voulez comparer, et cliquez sur Suivant.**

   Une boîte de dialogue apparaît, vous demandant de sélectionner la table à comparer avec celle que vous avez sélectionnée à l'étape précédente (cette table doit donc avoir au moins un champ en commun avec la précédente pour que la comparaison puisse avoir un sens).
5. **Cliquez sur la deuxième des tables que vous voulez comparer, puis sur Suivant.**

   Une boîte de dialogue apparaît, vous demandant d'identifier le champ que ces deux tables ont en commun.
6. **Cliquez sur le nom du champ que ces deux tables ont en commun (le nom du champ peut très bien ne pas être le même dans chaque table).**
7. **Cliquez sur <=> entre ces deux listes, puis sur Suivant.**

   Une boîte de dialogue apparaît, vous demandant de sélectionner ceux des champs de la première table sélectionnée (à l'Étape 4) que vous voulez voir apparaître dans les résultats de la requête.
8. **Cliquez sur un champ que vous voulez voir dans les résultats de la requête, et cliquez sur le bouton >. Répétez cette étape pour chaque champ que vous voulez voir dans les résultats de la requête.**
9. **Cliquez sur Suivant.**

   La dernière boîte de dialogue de l'Assistant apparaît, vous proposant de donner un nom descriptif à votre requête.
10. **Entrez un nom descriptif dans le champ qui vous est proposé, et cliquez sur le bouton Terminer.**

    Access affiche les résultats de votre requête, ne montrant que les champs que vous avez sélectionnés à l'Étape 8.
11. **Cliquez sur l'onglet Filtre, et sélectionnez Enregistrer pour enregistrer votre requête.**

Afficher, renommer, et supprimer des requêtes

Chaque fois que vous créez et enregistrez une requête, Access la conserve et vous pourrez la réutiliser. Après avoir enregistré une requête, vous pouvez ajouter des données dans vos tables et en supprimer, puis appliquer à nouveau cette requête sur les données modifiées.

Pour afficher une requête, double-cliquez sur son nom dans le volet gauche. Si vous désirez renommer une requête afin de lui donner un nom plus descriptif, suivez ces étapes :

1. **Dans le volet de gauche de la fenêtre, faites un clic droit sur le nom de la requête à renommer.**

2. **Dans le menu contextuel, choisissez Renommer.**

   Access met le nom en surbrillance.

3. **Tapez un nouveau nom et appuyez sur Entrée.**

Chaque fois que vous affichez une requête, elle apparaît sous la forme d'un onglet. Vous souhaiterez parfois fermer des requêtes pour alléger le contenu de la fenêtre d'Access. Voici comment procéder :

4. **Faites un clic droit sur l'onglet de la requête à fermer.**

5. **Dans le menu contextuel, choisissez Fermer.**

   Access ferme cette requête et les onglets qui la composent.

Si vous n'avez plus besoin d'une requête, vous pouvez la supprimer. Pour cela, suivez ces étapes :

6. **Dans le volet Tous les objets Access, faites un clic droit sur le nom de la requête à supprimer.**

7. **Dans le menu contextuel qui apparaît, cliquez sur Supprimer.**

   N'OUBLIEZ PAS!

   Une requête ne peut être supprimée que si elle n'est pas en cours d'utilisation. Donc, fermez tous les onglets utilisant tout ou partie de votre requête.

   Une boîte de dialogue demande confirmation de la suppression de la requête.

8. **Cliquez sur Oui (ou Non).**

Chapitre 18

Créer un état de base de données

Dans ce chapitre :

- Créer un état avec l'Assistant État.
- Afficher des états.
- Modifier la présentation d'un état.
- Supprimer un état.

Comme les données ne servent à rien si on ne peut pas en comprendre le sens, Access vous donne la possibilité de créer des états. Un *état* est une forme imprimée de vos données, dans une présentation utile.

Un état permet par exemple d'imprimer la liste de vos dix meilleurs commerciaux, ou des dix produits qui ont fait vos meilleures ventes de l'année dernière. C'est simplement une manière d'imprimer vos données de manière que le sens en apparaisse clairement à la lecture.

Utiliser l'Assistant État

La manière la plus facile de créer un état consiste à utiliser l'Assistant État, qui vous guide pas à pas pour sélectionner et organiser les données que vous allez imprimer. Pour utiliser l'Assistant État, suivez ces étapes :

1. **Cliquez sur l'onglet Créer.**
2. **Dans le groupe États de cet onglet, cliquez sur le bouton Assistant État.**

   L'Assistant État apparaît (Figure 18.1).

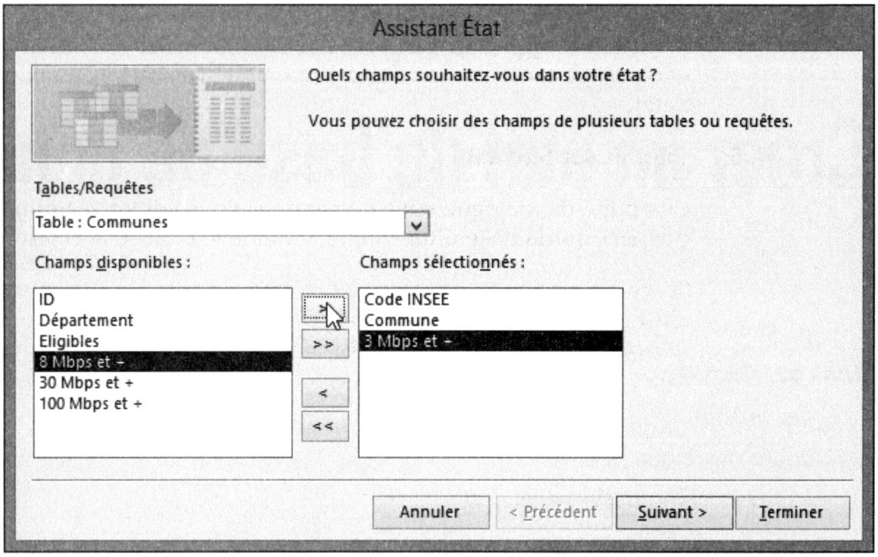

Figure 18.1 : Sélectionnez d'abord la table ou la requête dans laquelle se trouvent vos données.

3. **Ouvrez le menu local Tables/Requêtes pour sélectionner la table ou la requête contenant les données que vous voulez insérer dans l'état.**

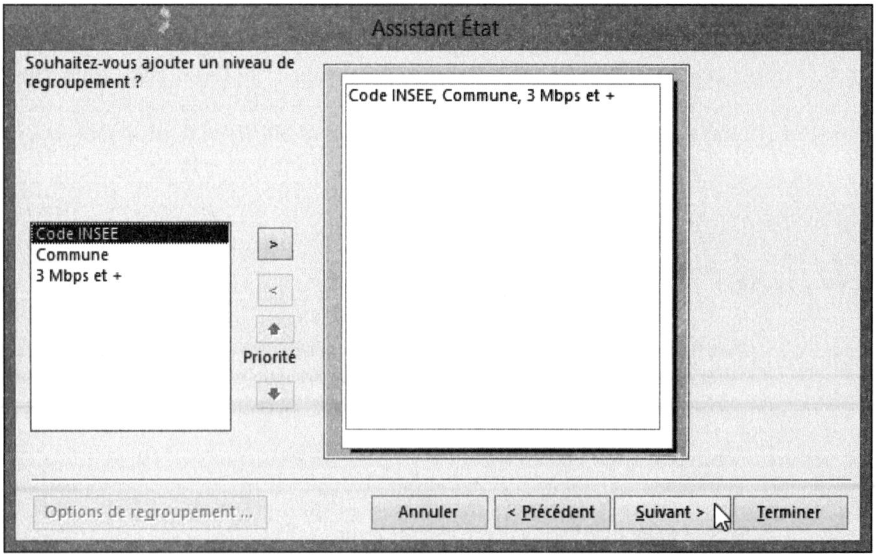

Figure 18.2 : Un état peut regrouper vos données sur la base d'un champ que vous sélectionnez.

4. **Dans la liste Champs disponibles, cliquez sur un champ que vous voulez voir apparaître dans l'état, et cliquez sur le bouton >. Répétez cette étape pour chaque champ que vous voulez voir apparaître dans l'état.**

5. **Cliquez sur Suivant.**

   Une boîte de dialogue vous demande si vous voulez regrouper vos données sur la base d'un champ, comme le montre la Figure 18.2.

6. **Si vous souhaitez regrouper les données sur la base d'un champ, cliquez sur celui-ci dans la liste proposée, et cliquez sur le bouton >. Répétez cette étape pour chaque champ pour lequel vous voulez un regroupement supplémentaire.**

7. **Cliquez sur Suivant.**

   Une boîte de dialogue vous demande quel ordre de tri vous souhaitez pour vos données, comme le montre la Figure 18.3.

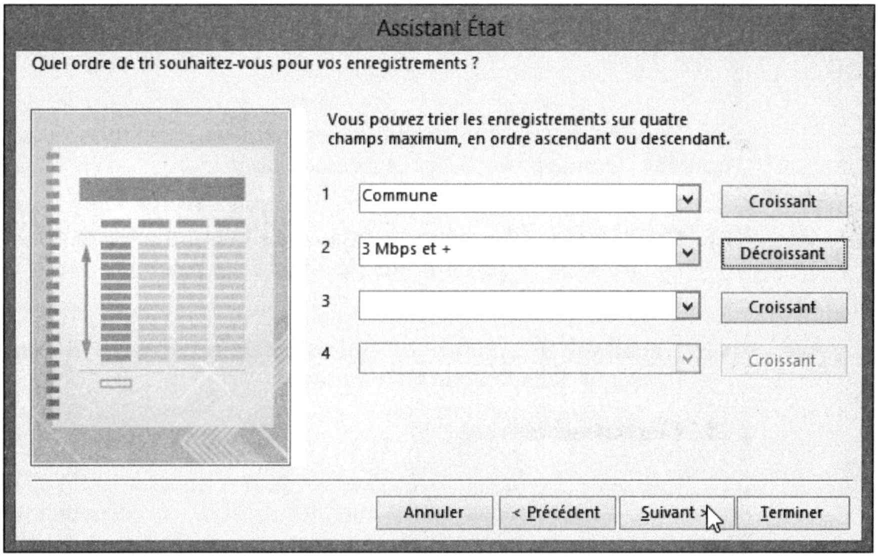

Figure 18.3 : Vous pouvez utiliser jusqu'à quatre champs pour trier vos données.

8. **Dans le premier champ de tri, sélectionnez le premier champ sur la base duquel trier vos données.**

   Les données seront triées dans l'ordre que vous aurez défini pour chaque champ de tri.

9. **(Facultatif) Inversez l'ordre de tri en cliquant sur le bouton Croissant associé à ce champ.**

10. **Cliquez sur Suivant.**

    Une boîte de dialogue vous demande comment vous souhaitez présenter votre état, comme à la Figure 18.4.

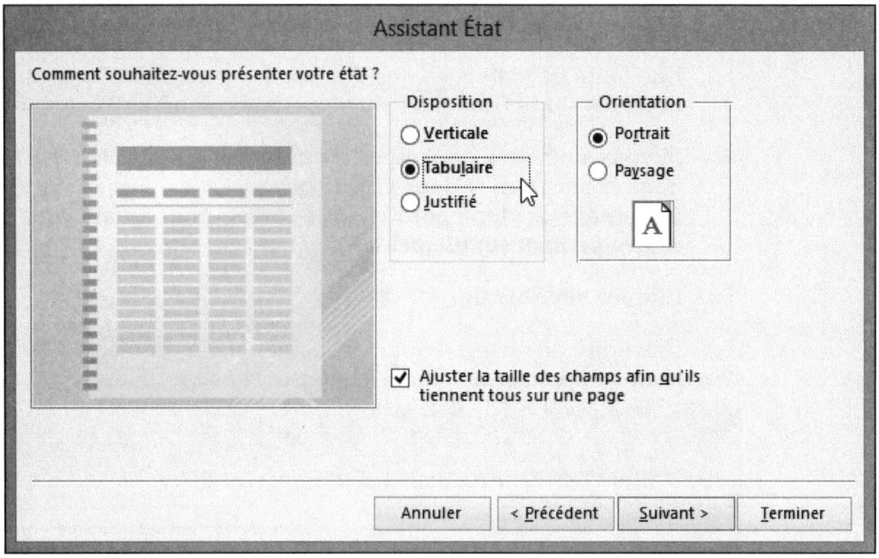

Figure 18.4 : Choisissez vos options de présentation.

11. **Dans la zone Disposition, cliquez sur le bouton radio correspondant à ce que vous voulez obtenir (la zone d'aperçu vous donne une idée du résultat obtenu).**

12. **(Facultatif) Sélectionnez l'option qui vous convient (Portrait ou Paysage) dans la zone Orientation.**

13. **Cliquez sur Suivant.**

    Une boîte de dialogue vous demande de choisir le style de votre état. La zone d'aperçu vous donne une idée du style correspondant.

14. **Tapez un nom descriptif pour votre état dans le champ qui vous est proposé, et cliquez sur le bouton Terminer.**

    Access affiche votre état, comme le montre la Figure 18.5.

N'OUBLIEZ PAS !

Pour afficher de nouveau votre état, double-cliquez sur son nom dans le panneau de gauche.

Si vous modifiez des données, mettez à jour votre état de la manière suivante :

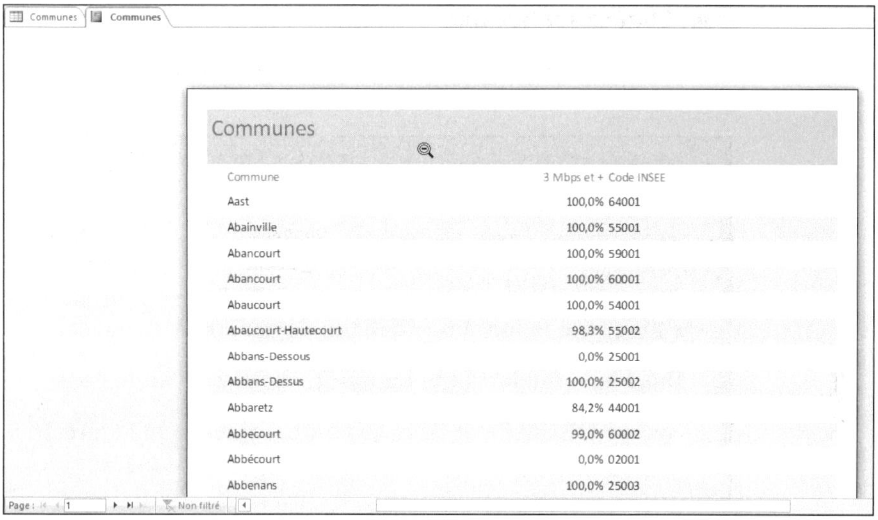

Figure 18.5 : Access affiche votre état.

15. **Cliquez du bouton droit sur l'onglet de l'état.**

16. **Dans le menu contextuel qui apparaît, cliquez sur Fermer.**

17. **Dans le panneau gauche, double-cliquez sur le nom de l'état.**

    L'état s'affiche de nouveau. Il montre les données mises à jour depuis sa dernière fermeture.

La modification des données n'entraîne jamais une mise à jour automatique de votre état par Access. Procédez-y manuellement en exécutant la procédure ci-dessus.

Manipuler les données dans un état

Après avoir créé un état, vous pouvez manipuler les données qu'il contient, par exemple pour les trier, leur appliquer un filtre, ou n'afficher que celles qui satisfont certains critères.

Un état vous permet d'obtenir différentes présentations de vos données. En manipulant les données qu'il contient, vous pouvez obtenir plusieurs présentations différentes d'un même état. Les manières les plus courantes d'extraire des informations d'un état sont *compter*, *trier*, et *filtrer*.

Passer en mode Page

Pour manipuler vos données, vous devez afficher votre état en mode Page comme ceci :

1. **Dans le volet Tous les objets Access, double-cliquez sur le nom de l'état.**
2. **Access affiche l'état choisi.**
3. **Cliquez sur l'onglet Accueil puis sur la flèche pointant vers le bas située sous le bouton Affichage du groupe Affichages.**
4. **Dans le menu local qui apparaît, choisissez Mode Page.**
5. **Access affiche l'état dans ce mode, comme à la Figure 18.6.**

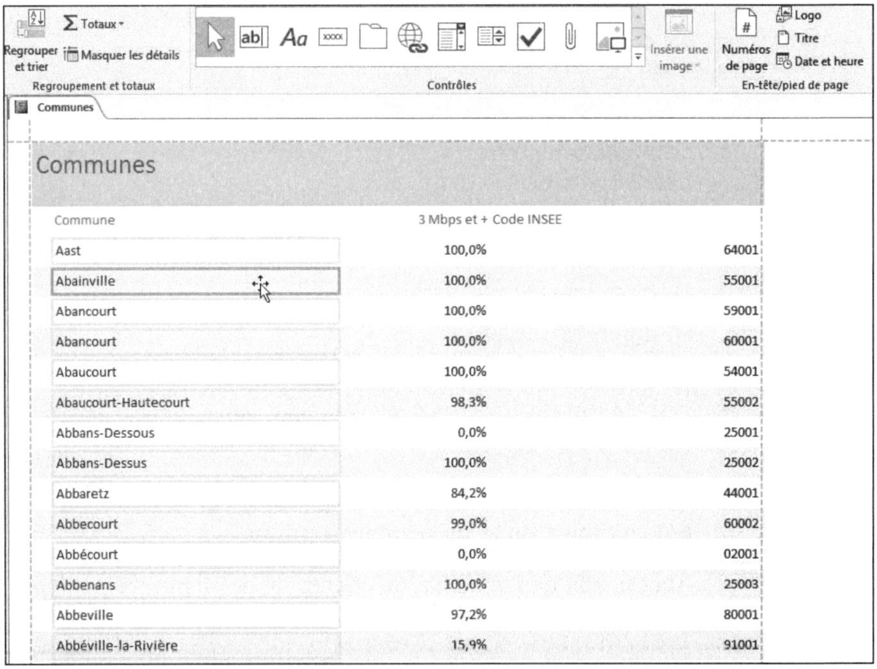

Figure 18.6 : Le mode Page permet de manipuler les données du champ sélectionné.

Compter des enregistrements ou des valeurs

Un état est encore plus utile si vous demandez à Access de calculer pour vous quels sont vos produits qui se vendent le mieux en comptant leur nombre dans la table de vos commandes. En comptant des enregistrements ou en additionnant des valeurs stockées dans des champs, Access vous permet d'interpréter plus facilement les données affichées dans un état.

Pour compter un nombre d'enregistrements ou le nombre d'apparitions d'une certaine valeur dans un état, suivez ces étapes :

1. **Affichez votre état en mode Page, en suivant les étapes de la section précédente « Manipuler les données dans un état ».**

2. **Cliquez du bouton droit dans le champ (dans la colonne) dont vous voulez compter les valeurs.**

   Access met en évidence la colonne sélectionnée, et affiche un menu contextuel (Figure 18.7).

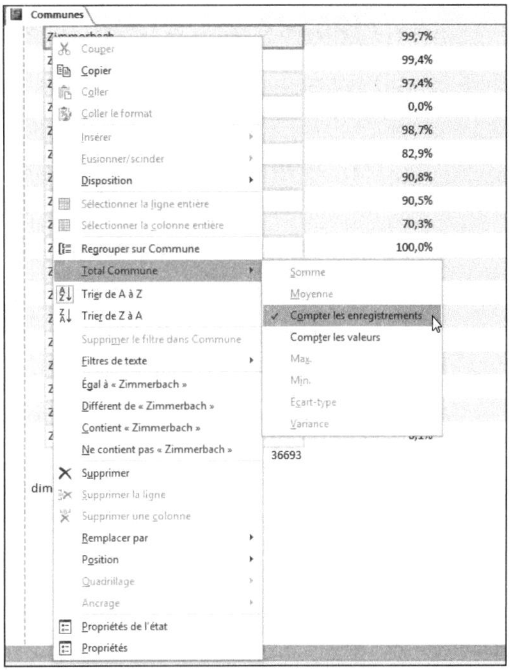

Figure 18.7 : Ce menu vous permet d'effectuer différentes opérations sur le champ sélectionné.

3. **Cliquez sur Total [nom du champ].**

   Un sous-menu apparaît, comportant notamment les options Compter les enregistrements et Compter les valeurs.

4. **Sélectionnez l'une de ces deux options.**

   Access affiche dans chaque champ de la colonne le nombre d'enregistrements pour lesquels ce champ contient la même valeur, et le nombre total d'enregistrements tout en bas de la colonne.

Le sous-menu Total [*nom du champ*] vous permet d'activer ou de désactiver ce que vous voulez afficher ou non dans votre état. Lorsque les valeurs des totaux sont affichées dans votre état, l'option correspondante est précédée d'une coche dans ce sous-menu. Si vous voulez les faire disparaître, cliquez à nouveau sur cette option dans ce sous-menu pour la décocher et désactiver l'affichage des totaux.

Trier sur la base d'un champ

Access peut trier les données de votre état sur la base de chaque champ, par ordre ascendant ou descendant. Pour cela, suivez ces étapes :

1. **Affichez votre état en mode Page, en suivant les étapes de la section « Manipuler les données dans un état », plus haut dans ce chapitre.**
2. **Cliquez du bouton droit sur le champ (l'en-tête de colonne) sur la base duquel vous voulez trier les données de l'état.**

   Access met en évidence la colonne sélectionnée, et affiche un menu contextuel (Figure 18.7).
3. **Sélectionnez l'une des options suivantes :**
   - Trier de A à Z : Trie les données par ordre ascendant.
   - Trier de Z à A : Trie les données par ordre descendant.

   Access trie les données de votre état.

Filtrer sur la base d'un champ

Le *filtrage* permet de n'afficher que les données qui satisfont certains critères, par exemple les enregistrements dans lesquels la valeur d'un champ est supérieure à une valeur spécifiée. Par exemple, dans une table Ventes, vous pouvez n'afficher que les ventes supérieures à 99 000 €.

Pour filtrer les données sur la base d'un champ, suivez ces étapes :

1. **Affichez votre état en mode Page, en suivant les étapes de la section « Manipuler les données dans un état », plus haut dans ce chapitre.**
2. **Cliquez du bouton droit sur le champ (et non pas l'en-tête de colonne) sur la base duquel vous voulez filtrer les données de l'état.**

   Access met en évidence la colonne sélectionnée, et affiche un menu contextuel (Figure 18.7).
3. **Cliquez sur Filtres de [type de données du champ].**

   Un sous-menu apparaît (Figure 18.8).
4. **Sélectionnez un critère de filtrage (par exemple Égal à ou Plus petit que).**

   La boîte de dialogue Filtre personnalisé apparaît, vous permettant de spécifier votre critère.

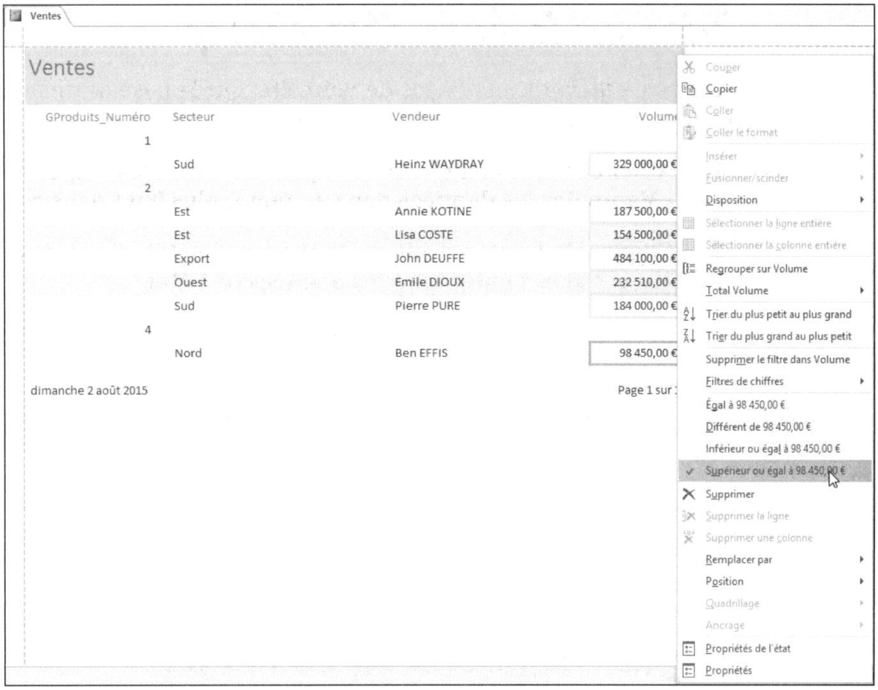

Figure 18.8 : La commande Filtres vous propose un certain nombre de critères de filtrage.

5. **Entrez la valeur définissant votre critère de filtrage dans le champ qui vous est proposé, et cliquez sur OK.**

   Access applique ce filtre à votre état.

N'OUBLIEZ PAS!

Pour désactiver le filtre, cliquez sur le bouton Supprimer le filtre dans le groupe Trier et filtrer de l'onglet Accueil du Ruban.

Modifier un état

Après avoir créé un état, vous pouvez vouloir le modifier, par exemple pour en améliorer la présentation ou en éliminer certains champs.

NOTE TECHNIQUE

Pour modifier un état, vous devez basculer en mode Création, comme cela est expliqué dans le prochain encadré.

NICE BU SCIENCES

Basculer en mode Création

Voici comment basculer en mode Création :

1. **Dans le volet Tous les objets Access, double-cliquez sur le nom de l'état.**
2. **Cliquez sur l'onglet Accueil.**
3. **Ouvrez le menu local Affichage du groupe Affichages.**
4. **Choisissez Mode Création.**

- Access affiche l'état en mode Création comme ci-dessous.

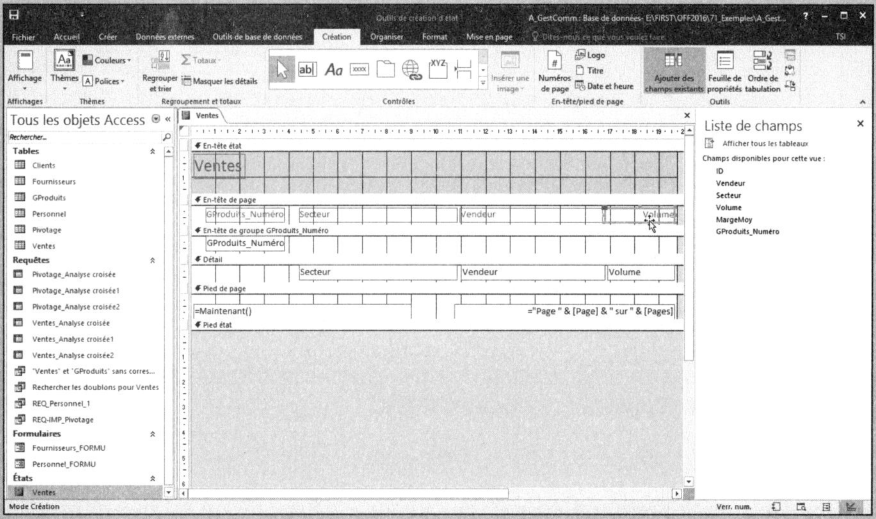

Vous pouvez alors déplacer, redimensionner, ajouter, ou supprimer des champs dans votre état :

- Le texte des étiquettes est en gras afin de mieux les identifier dans la version imprimée de l'état.
- Le texte normal identifie des champs de données.

Redimensionner des champs

Lorsque l'Assistant État crée un état, il n'accorde pas toujours suffisamment de place à chaque champ pour afficher entièrement les données qu'il contient. Quand un champ est trop petit, son contenu peut apparaître sous la forme xxxxxxxxx.

Dans ce cas, il vous suffit de redimensionner ce champ pour lui donner la taille qui convient (vous pouvez aussi bien d'ailleurs réduire un champ trop grand). Pour redimensionner un champ, suivez ces étapes :

1. **Affichez votre état en mode Création en suivant les étapes de la section précédente « Modifier un état ».**

2. **Cliquez sur le champ à redimensionner.**

   Access entoure le champ correspondant d'un cadre orange pour le mettre en évidence.

3. **Placez le pointeur de la souris sur le bord droit ou le bord gauche du champ.**

   Le pointeur prend la forme d'une flèche à double pointe, indiquant que vous pouvez maintenant redimensionner le champ.

4. **En maintenant enfoncé le bouton gauche de la souris, faites glisser le bord droit ou gauche du champ pour lui donner la taille voulue.**

Supprimer des champs

Si un état contient des données que vous ne voulez plus afficher, vous pouvez les supprimer en suivant ces étapes :

1. **Affichez votre état en mode Création en suivant les étapes de la section « Modifier un état », plus haut dans ce chapitre.**

2. **Faites un clic droit sur le champ à supprimer.**

3. **Dans le menu contextuel, cliquez sur Supprimer.**

   Access supprime le champ sélectionné.

Si vous supprimez un champ par erreur, appuyez immédiatement sur Ctrl + Z pour annuler la commande Supprimer, et le faire réapparaître.

Embellir un état

Les états ne servent qu'à afficher des données. Bien que très technique, un état peut aussi être beau. Il est facile de modifier l'aspect d'un état en utilisant des thèmes prédéfinis.

Appliquer des thèmes

Un thème donne une apparence moins austère à votre état. Voici comment en appliquer un :

1. **Affichez votre état en mode Création.**
2. **Cliquez sur l'onglet Création de l'onglet Outils de création d'état.**
3. **Dans le groupe Thèmes, cliquez sur l'icône Thèmes.**
4. **Une série de thèmes s'affiche comme à la Figure 18.9.**

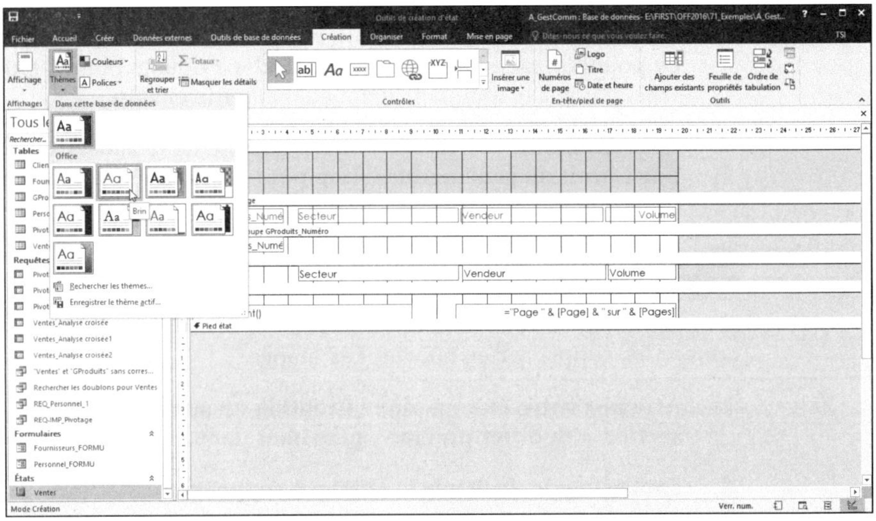

Figure 18.9 : Les thèmes modifient rapidement l'apparence des états.

5. **Placez le pointeur de la souris sur un thème.**
6. **L'aperçu instantané permet de voir à quoi ressemblera votre état si vous lui appliquez ce thème spécifique.**
7. **Cliquez sur le thème que vous désirez appliquer à votre état.**

Créer des mises en forme conditionnelles

La mise en forme d'un état peut faciliter l'identification de certaines informations. Par exemple, vous souhaiterez peut-être mettre en évidence les produits dont le prix est supérieur à 3 €.

Il est possible de définir des critères de mise en forme connus sous le nom de *mise en forme conditionnelle*. Avec ce type de mise en forme, il sera facile de mettre en évidence d'une certaine manière toutes les valeurs supérieures à 3 €, et/ou celles inférieures à 2 €.

L'utilisation d'une mise en forme conditionnelle impose la définition d'un champ à formater ainsi que d'une règle de mise en forme. Ensuite, vous spécifiez le type de mise en forme à appliquer comme le surlignage en rouge ou en jaune.

Pour appliquer une mise en forme conditionnelle :

1. **Affichez votre état en mode Création.**
2. **Sélectionnez le champ de la section Détail auquel vous désirez appliquer la mise en forme conditionnelle.**

   Appliquez-la à un champ textuel ou numérique.
3. **Cliquez sur l'onglet Format.**
4. **Dans le groupe Contrôler la mise en forme, cliquez sur Mise en forme conditionnelle.**

   Vous accédez à la boîte de dialogue Gestionnaire de règles de mise en forme conditionnelle, comme à la Figure 18.10.

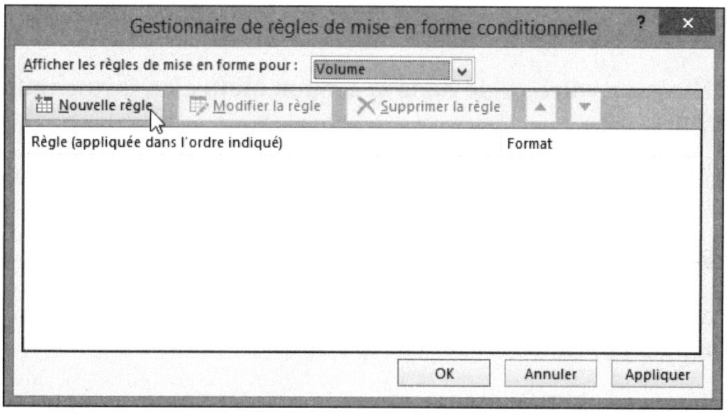

Figure 18.10 : La boîte de dialogue Gestionnaire de règles de mise en forme conditionnelle.

5. **Cliquez sur le bouton Nouvelle règle.**

   La boîte de dialogue Nouvelle règle de mise en forme apparaît, comme à la Figure 18.11.

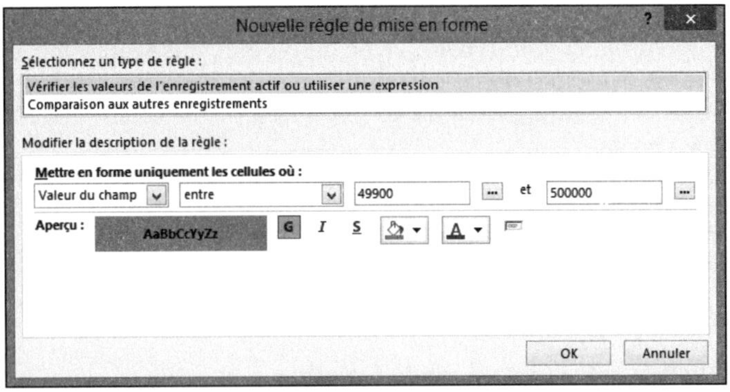

Figure 18.11 : Définissez ici vos règles de mise en forme conditionnelle.

TRUC

Pour modifier ou supprimer une règle, cliquez sur le bouton Modifier la règle ou Supprimer la règle.

6. **Choisissez un type de règle :**

   - Vérifier les valeurs de l'enregistrement sélectionné ou utiliser une expression (vous pouvez créer une règle qui ne prend en considération que la valeur d'un champ spécifique).

   - Comparaison aux autres enregistrements (créer une règle qui examine la valeur d'un même champ présent dans d'autres enregistrements).

7. **Définissez votre règle dans la section Mettre en forme uniquement les cellules où.**

   Différentes options sont présentes en fonction de ce que vous avez choisi à l'Étape 6.

8. **Cliquez sur les boutons de remplissage et de couleur des caractères pour définir le style de la mise en évidence.**

9. **Cliquez sur OK.**

10. **Dans la boîte de dialogue Gestionnaire de règles de mise en forme conditionnelle, cliquez sur OK.**

    Access affiche les données répondant à votre critère en leur appliquant la mise en forme conditionnelle.

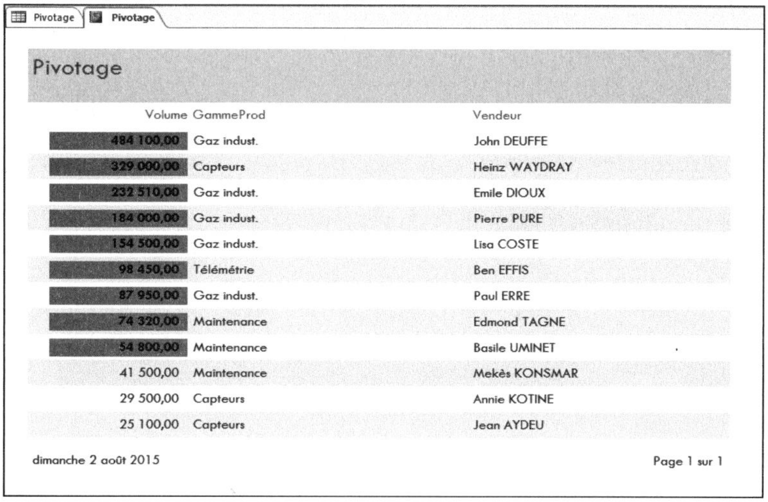

Pivotage

Volume	GammeProd	Vendeur
484 100,00	Gaz indust.	John DEUFFE
329 000,00	Capteurs	Heinz WAYDRAY
232 510,00	Gaz indust.	Emile DIOUX
184 000,00	Gaz indust.	Pierre PURE
154 500,00	Gaz indust.	Lisa COSTE
98 450,00	Télémétrie	Ben EFFIS
87 950,00	Gaz indust.	Paul ERRE
74 320,00	Maintenance	Edmond TAGNE
54 800,00	Maintenance	Basile UMINET
41 500,00	Maintenance	Mekès KONSMAR
29 500,00	Capteurs	Annie KOTINE
25 100,00	Capteurs	Jean AYDEU

dimanche 2 août 2015 — Page 1 sur 1

Figure 18.12 : Résultat de l'application d'une règle de mise en forme conditionnelle.

Supprimer un état

Si vous réalisez que vous n'avez finalement plus besoin d'un état, vous pouvez le supprimer. Pour cela, suivez ces étapes :

1. **Cliquez du bouton droit sur l'onglet de l'état que vous voulez supprimer.**

2. **Dans le menu qui apparaît, sélectionnez Fermer.**

3. **Dans le volet gauche, faites un clic droit sur l'état à supprimer.**

4. **Dans le menu contextuel, choisissez Supprimer.**

   Une boîte de dialogue de confirmation apparaît.

   Lorsque vous supprimez un état, soyez sûr de ce que vous faites, car vous ne pourrez pas le récupérer ensuite.

5. **Cliquez sur Oui (ou sur Non si vous changez d'avis).**

Imprimer un état

La dématérialisation des documents implique une diminution des besoins d'imprimer sur des supports physiques, mais de temps à autre, il sera indispensable de produire un rapport papier pour figer une situation à un instant précis. Pour ne pas consommer des rames entières de papier en faisant des essais, nous conseillons vivement d'exploiter la fonction d'aperçu. Pour cela, suivez ces étapes :

1. **Dans le volet gauche, cliquez-droit dans le nom de l'état concerné.**

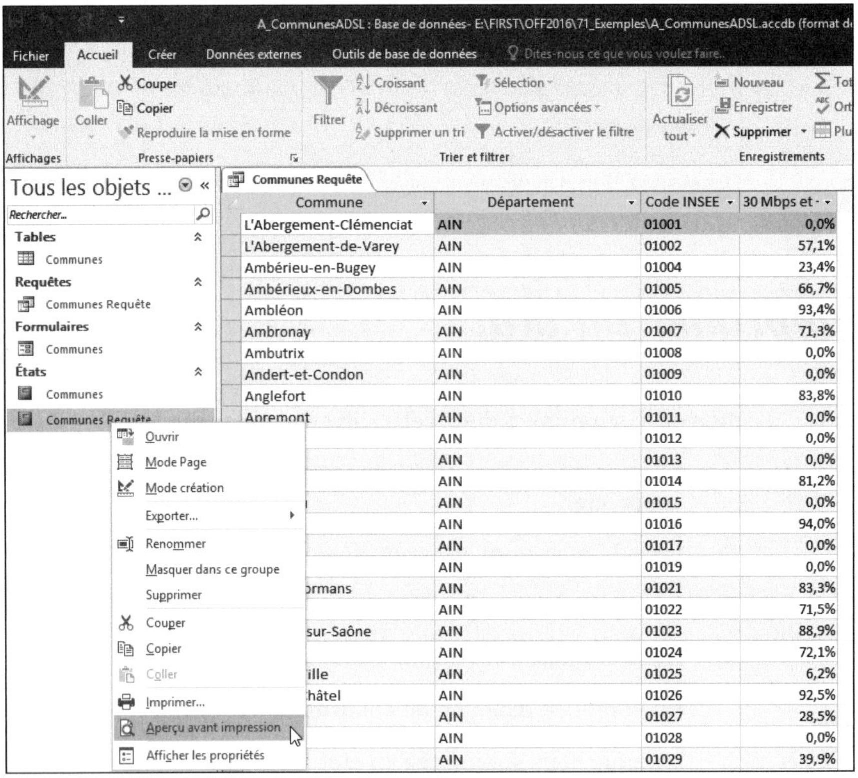

Figure 18.13 : Accès à la commande d'impression d'un état.

2. **Dans le menu local, sélectionnez Aperçu avant impression.**

   Vous voyez apparaître la première page telle qu'elle serait envoyée à l'imprimante. Observez bien en bas l'indication du nombre de pages. Un état peut aisément s'étaler sur des centaines ou des milliers de pages. Il faut donc bien vérifier qu'il contient toutes les données attendues, ni plus, ni moins.

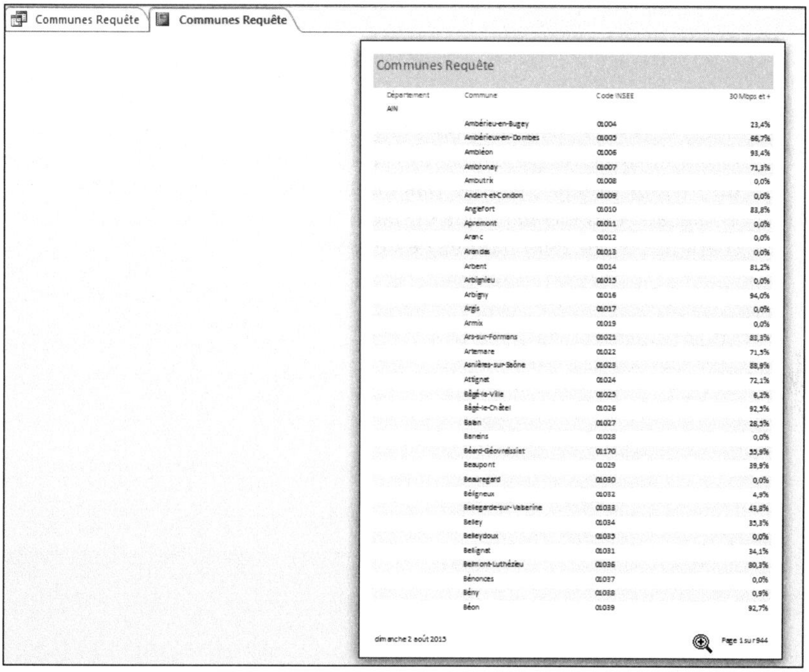

Figure 18.14 : Affichage de l'aperçu d'un état prêt à être imprimé.

3. Une fois que l'aperçu vous convient, utilisez le bouton Imprimer sur la gauche du Ruban et patientez.

Septième partie

Les dix commandements

«J'ai essayé plusieurs tableurs, et celui-ci est incomparable pour créer des motifs écossais!»

Dans cette partie...

- Dix manières d'utiliser Office 2016 avec succès.
- Les choses à faire et à ne pas faire pour enrichir votre expérience d'Office 2016.

Chapitre 19

Dix astuces pour utiliser Office 2016

Microsoft Office est célèbre pour contenir de nombreuses fonctions utiles dont la plupart des gens n'ont aucune idée. Ce chapitre a pour objet de vous en présenter quelques-unes pour que vous puissiez en tirer avantage.

Enregistrer les fichiers d'Office 2016

La plupart des gens enregistrent leurs documents dans un sous-dossier du dossier *Mes documents*. Pour accéder plus facilement à vos documents, vous pouvez personnaliser chaque application d'Office 2016 pour accéder directement au dossier voulu.

Non seulement vous pouvez spécifier un dossier par défaut pour ouvrir les fichiers, mais vous pouvez aussi spécifier un format de fichier par défaut pour les applications d'Office 2016. De plus, pour protéger vos données (autant que possible) des inévitables plantages de l'ordinateur et pannes de disque dur, les applications d'Office 2016 comportent une fonction de récupération automatique qui enregistre le document en cours à intervalles réguliers (par défaut, toutes les dix minutes). De cette façon, si vous avez une coupure d'électricité en plein travail, vous n'aurez perdu que le travail que vous aurez fait depuis le dernier enregistrement automatique.

L'application Access ne comporte pas de fonction de récupération automatique, car il enregistre automatiquement toutes les modifications que vous apportez à vos données.

Pour personnaliser l'emplacement et le format de vos fichiers, ainsi que l'intervalle entre deux enregistrements automatiques dans une application d'Office 2016, suivez ces étapes :

1. **Lancez l'application Office que vous voulez personnaliser (par exemple Word ou PowerPoint).**
2. **Ouvrez ou créez une présentation.**
3. **Cliquez sur l'onglet Fichier.**
4. **Cliquez sur Options.**

   La boîte de dialogue éponyme s'affiche comme à la Figure 19.1.

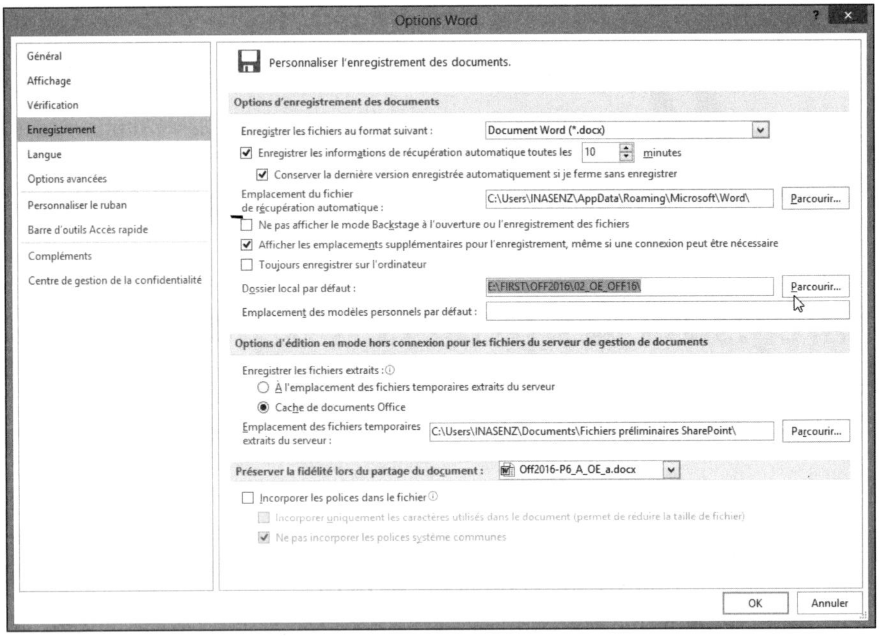

Figure 19.1 : La boîte de dialogue Options permet de définir les paramètres d'enregistrement par défaut de votre programme.

5. **Dans le volet de gauche de cette boîte de dialogue, cliquez sur Enregistrement.**

   Les options d'enregistrement apparaissent dans le volet de droite.

6. **Si vous souhaitez spécifier un format de fichier par défaut, cliquez sur la flèche pointant vers le bas dans le champ Enregistrer les fichiers au format suivant, et sélectionnez le format qui vous convient.**

7. **Si vous souhaitez spécifier un dossier d'enregistrement par défaut, spécifiez celui-ci dans le champ Dossier local par défaut.**

8. **Si vous souhaitez modifier l'intervalle entre deux enregistrements de récupération automatique, spécifiez celui-ci dans le champ Enregistrer les informations de récupération automatique toutes les (vous pouvez aussi utiliser les flèches de ce champ).**

9. **Cliquez sur OK.**

Protéger vos fichiers par un mot de passe

Si vous voulez empêcher des intrus éventuels d'aller voir le contenu de vos fichiers Word, Excel ou PowerPoint (et *a fortiori* de les modifier), vous pouvez les protéger par un mot de passe. Toute personne voulant ouvrir vos fichiers se voit alors demander le mot de passe.

On peut trouver sur Internet des programmes capables de casser la protection par mot de passe des fichiers Office 2016. Ne perdez pas de vue que ce n'est qu'une protection limitée.

Pour protéger un fichier par un mot de passe, suivez ces étapes :

1. **Lancez Word, Excel ou PowerPoint.**

2. **Ouvrez ou créez un document.**

3. **Cliquez sur l'onglet Fichier.**

4. **Choisissez Enregistrer sous.**

   Le volet Enregistrer sous apparaît.

5. **Cliquez sur le bouton Parcourir.**

6. **Ouvrez le menu local Outils de la boîte de dialogue Enregistrer sous, comme à la Figure 19.2.**

7. **Choisissez Options générales.**

   La boîte de dialogue Options générales apparaît.

8. **Si vous souhaitez protéger votre fichier pour la lecture, cliquez dans le champ Mot de passe pour la lecture, tapez votre mot de passe, et appuyez sur Entrée.**

   Une boîte de dialogue apparaît, vous demandant de retaper le mot de passe pour le confirmer.

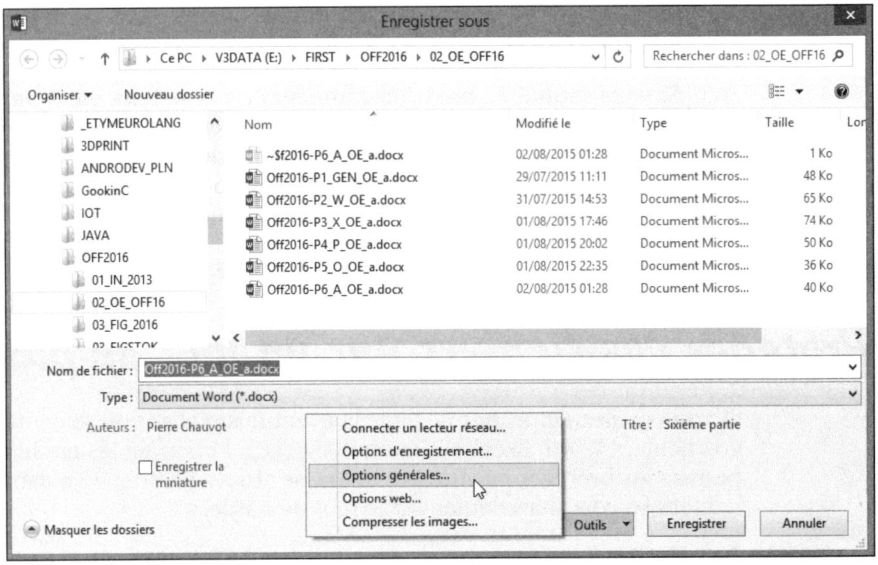

Figure 19.2 : La boîte de dialogue Enregistrer sous permet de définir un mot de passe pour l'enregistrement.

9. **Tapez une nouvelle fois votre mot de passe, et cliquez sur OK.**

10. **Cliquez dans le champ Mot de passe pour la modification, tapez votre mot de passe, et appuyez sur Entrée.**

    Ce mot de passe peut être différent de celui que vous avez défini à l'Étape 6. À nouveau, une boîte de dialogue de confirmation du mot de passe apparaît.

11. **Tapez une nouvelle fois votre mot de passe, et cliquez sur OK.**

12. **Cliquez sur le bouton Enregistrer.**

Avec les étapes ci-dessus, vous pouvez tout aussi bien créer un mot de passe que le modifier ou le supprimer.

Se protéger contre les vers et les virus de macro

Les vers et les virus de macro sont des programmes malicieux conçus pour s'attacher à des fichiers Word, Excel et PowerPoint. Quand une victime innocente ouvre un fichier infecté par un tel virus ou ver, celui-ci peut s'activer et causer des dégâts plus ou moins importants, par exemple effacer un certain nombre de vos fichiers, ou même tout votre disque dur.

Pour barrer la route à ces malfaisants, procurez-vous un programme antivirus, n'acceptez et ne téléchargez aucun fichier d'origine inconnue. En outre, activez la fonction intégrée de sécurité des macros d'Office 2016, qui peut désactiver les macros ou limiter le champ des dégâts que peut faire un virus de macro ou un ver s'il arrive effectivement à infecter votre ordinateur.

Pour activer la sécurité des macros, suivez ces étapes :

1. **Lancez Word, Excel ou PowerPoint.**
2. **Cliquez sur l'onglet Fichier.**
3. **Cliquez sur Options.**
4. **Dans la boîte de dialogue qui apparaît, cliquez sur Centre de gestion de la confidentialité.**
5. **Dans le volet droit, cliquez sur le bouton Paramètres du Centre de gestion de la confidentialité.**

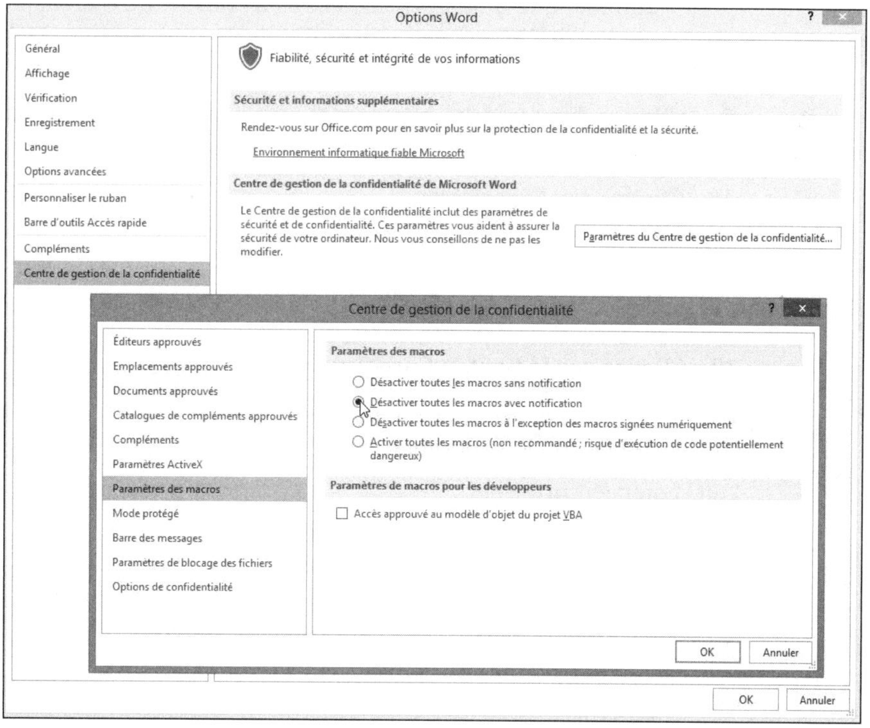

Figure 19.3 : La boîte de dialogue Centre de gestion de la confidentialité.

6. **La boîte de dialogue éponyme s'affiche, comme à la Figure 19.3.**
7. **Dans le volet gauche, cliquez sur la rubrique Paramètres des macros.**
8. **Dans le volet droit, sélectionnez l'un des boutons radio suivants :**
   - *Désactiver toutes les macros sans notification :* C'est le paramétrage le plus sûr, mais le plus restrictif. Il empêche l'exécution de toute macro lorsque vous ouvrez un fichier.
   - *Désactiver toutes les macros avec notification :* Ce paramétrage empêche également les macros de s'exécuter à l'ouverture d'un fichier, mais en affichant une boîte de dialogue qui vous demande si vous voulez activer les macros, au cas où vous seriez sûr de leur contenu.
   - *Désactiver toutes les macros à l'exception des macros signées numériquement :* Bloque toutes les macros, sauf celles qui sont authentifiées par une signature numérique.
   - *Activer toutes les macros (non recommandé ; risque d'exécution de code potentiellement dangereux) :* Ce paramétrage permet l'exécution automatique de toutes les macros à l'ouverture d'un fichier, sans restriction et sans vous demander confirmation, ce qui est évidemment le mode opératoire le plus dangereux.
9. **Cliquez deux fois de suite sur OK, pour revenir à la boîte de dialogue Enregistrer sous.**
10. **Cliquez sur Enregistrer.**

Personnaliser le Ruban

Certains utilisateurs ne jurent que par le Ruban d'Office 2016 alors que d'autres ne le supportent pas. Peu importe. En effet, chacun peut personnaliser ce Ruban pour qu'il réponde à ses besoins propres.

Voici comment procéder :

1. **Ouvrez un programme d'Office 2016 comme Word ou Access.**

   Ouvrez ou créez un fichier.
2. **Cliquez sur l'onglet Fichier.**
3. **Cliquez sur Options.**
4. **Dans la boîte de dialogue Options, choisissez Personnaliser le Ruban.**

La boîte de dialogue Options affiche alors deux colonnes. Celle de gauche contient les commandes que vous pouvez placer sur le Ruban. Celle de droite montre les outils et les commandes actuellement disponibles sur le Ruban, comme à la Figure 19.4.

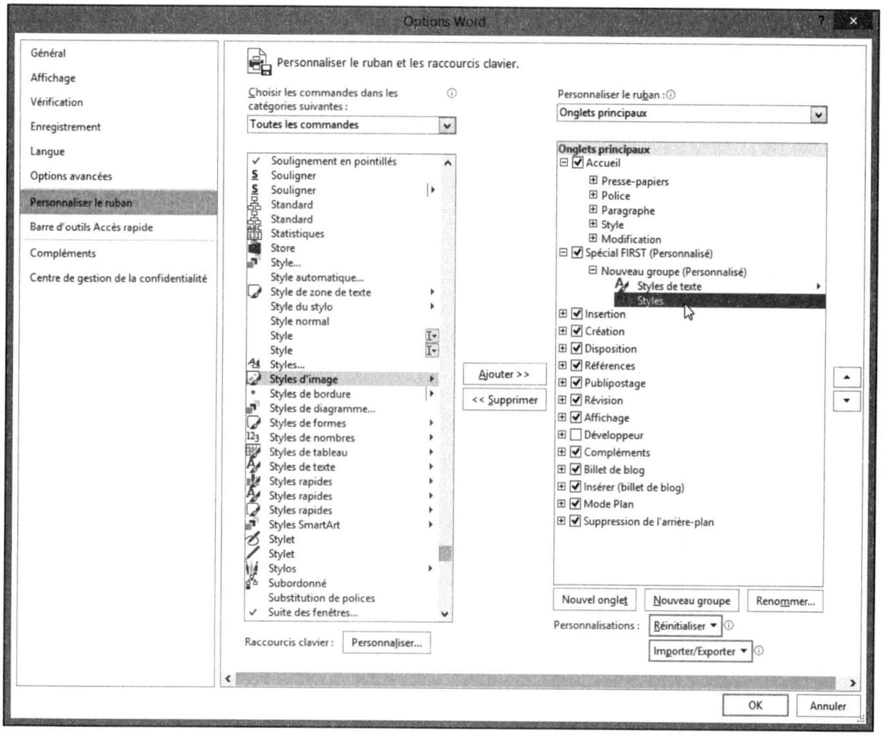

Figure 19.4 : Choisissez les commandes et les onglets du Ruban.

5. **Vous pouvez décocher des éléments de la colonne de droite afin de masquer tout un onglet.**

   Les onglets masqués permettent de se débarrasser de commandes que vous n'utilisez jamais. Cela optimise l'interface de votre application.

6. **Si nécessaire, cliquez sur le bouton Nouvel onglet pour créer un onglet personnalisé. Ensuite, ajoutez-y des commandes figurant dans le volet gauche. Il suffit de sélectionner un élément puis de cliquer sur Ajouter.**

7. **Si besoin, cliquez sur le bouton Réinitialiser puis sur Réinitialiser toutes les personnalisations.**

   Vous récupérez alors les onglets par défaut de votre programme.

8. **Cliquez sur OK.**

En personnalisant le Ruban, vous obtenez une version d'Office 2016 qui répond exactement à vos habitudes de travail. Mais, si plusieurs personnes utilisent votre ordinateur, donc votre version d'Office, elles risquent d'être profondément perturbées, surtout si elles tentent de suivre les exemples d'un livre tel que celui-ci.

Enregistrer pour OneDrive

Si vous avez besoin d'accéder à des fichiers depuis n'importe quel périphérique numérique comme un autre ordinateur, une tablette, ou encore un téléphone (smartphone), pensez à les enregistrer sur OneDrive. Il s'agit du nuage (« Cloud ») de Microsoft, c'est-à-dire d'un serveur Web qui vous permet de stocker gratuitement plusieurs Go de données. Pour disposer d'un espace de stockage plus important, vous devez payer un abonnement annuel.

OneDrive est le nouveau nom pour le service de stockage SkyDrive.

Dès que vous avez enregistré un fichier sur OneDrive, vous pouvez y accéder où que vous soyez dans le monde dès lors que vous bénéficiez d'une connexion Internet. En modifiant ce fichier particulier, sa nouvelle version sera disponible pour tous les autres périphériques numériques disposant d'un accès à votre espace OneDrive en général, et à ce fichier en particulier.

Pour ouvrir un fichier stocké sur OneDrive :

1. **Exécutez un programme de la suite Office 2016, comme Word ou Excel.**
2. **Cliquez sur l'onglet Fichier.**
3. **Cliquez sur Ouvrir.**

   Le volet Ouvrir apparaît.

4. **Si OneDrive ne fait pas partie des emplacements de stockage, cliquez sur Ajouter un lieu.**
5. **Cliquez sur OneDrive.**

   Vous devez taper votre nom d'utilisateur et votre mot de passe OneDrive pour accéder à votre espace de stockage sur le Cloud de Microsoft.

Pour enregistrer un fichier sur OneDrive :

6. **Exécutez un programme de la suite Office 2016, comme Word ou Excel.**

Vous ouvrirez ou créerez ensuite un document.

7. **Cliquez sur l'onglet Fichier.**
8. **Cliquez sur Enregistrer sous.**

   Le volet éponyme apparaît.

9. **Si OneDrive n'est pas proposé, cliquez sur Ajouter un lieu.**
10. **Choisissez OneDrive.**

    Vous devez alors saisir votre nom d'utilisateur et votre mot de passe OneDrive.

Utiliser le bouton droit de la souris

Tout d'abord, souvenez-vous toujours de cette règle générale : commencez par sélectionner l'élément auquel vous voulez appliquer une commande, puis sélectionnez la commande à lui appliquer.

En utilisant le bouton droit de la souris, cela devient : cliquez du bouton droit de la souris sur l'élément auquel vous voulez appliquer une commande, puis sélectionnez celle-ci dans le menu contextuel qui apparaît. Autrement dit, cliquer du bouton droit sur un élément a pour effet de le sélectionner tout en faisant apparaître un menu contextuel contenant les commandes applicables à cet élément, dans lequel vous n'avez plus qu'à sélectionner celle(s) que vous voulez. Pour la plupart des éléments Office, un menu contextuel permet d'utiliser cette méthode.

Figer les en-têtes de lignes et de colonnes dans Excel

L'un des inconvénients des grandes feuilles de calcul dans Excel est qu'il est difficile d'y identifier les lignes et les colonnes si vous en avez fait défiler le contenu et que les en-têtes ne se trouvent plus à l'affichage.

Pour résoudre ce problème, il vous suffit de figer la ligne ou la colonne (ou les deux) qui contient les en-têtes dont vous avez besoin. Vous pourrez ainsi faire défiler tant que vous voudrez le contenu de votre feuille de calcul, les en-têtes de lignes ou de colonnes resteront toujours affichés à l'écran.

Pour figer une ligne ou une colonne dans une feuille de calcul Excel, suivez ces étapes :

1. **Cliquez sur l'onglet Affichage.**

2. **Dans le groupe Fenêtre, cliquez sur le bouton Figer les volets.**

3. **Dans le menu local qui apparaît, sélectionnez l'une des trois options suivantes :**

   - *Figer les volets :* Divise la feuille de calcul en quatre volets, en fonction de la position du curseur de cellule.
   - *Figer la ligne supérieure :* La première ligne reste toujours affichée lorsque vous faites défiler le contenu de la feuille de calcul.
   - *Figer la première colonne :* La première colonne reste toujours affichée lorsque vous faites défiler le contenu de la feuille de calcul.

Pour libérer la ligne, la colonne ou les volets figés, c'est exactement la même chose que ci-dessus, mais les commandes deviennent « Libérer » au lieu de Figer.

Afficher la diapositive que vous voulez dans une présentation PowerPoint

Lorsque vous projetez une présentation PowerPoint, vos diapositives apparaissent dans l'ordre dans lequel vous les avez disposées, en commençant par la première. Si vous voulez afficher vos diapositives dans l'ordre que vous voulez au cours de votre présentation, procédez ainsi :

1. **Chargez votre présentation dans PowerPoint, et appuyez sur la touche F5.**

   La première diapositive de votre présentation apparaît.

2. **Tapez le numéro de la diapositive que vous voulez afficher, et appuyez sur Entrée.**

   Si vous voulez passer directement à la cinquième diapositive de votre présentation, tapez 5 et appuyez sur Entrée. Quelle que soit la diapositive affichée, un clic de souris ou une pression sur la barre d'espace affiche la diapositive suivante dans l'ordre normal de la présentation.

Vous pouvez imprimer la liste des titres de vos diapositives avec leur numéro pour ne pas vous tromper de numéro au cours de votre présentation.

ATTENTION !

Si vous utilisez l'affichage sur deux écrans : lorsque vous avez terminé d'afficher un diaporama, il est possible que Powerpoint ne restaure pas correctement l'écran externe, qui reste vide. Vous résolvez ce souci en cliquant-droit dans un espace vide du Bureau. Choisissez Options graphiques/Sortie vers (ou une option similaire) et restaurez votre mode d'affichage habituel.

Réduire les spams dans Outlook

Si vous avez un compte de messagerie, vous aurez tôt ou tard du spam, c'est-à-dire du courrier non désiré (publicités, faux messages dissimulant des virus, phishing…) tentant de vous séduire par des moyens divers et variés dans des buts diversement condamnables. À moins d'apprécier l'activité qui consiste à supprimer ces messages manuellement, vous pouvez demander à Outlook de les filtrer pour vous.

Configurer le filtre de courrier indésirable d'Outlook

Outlook peut donner une couleur particulière aux messages soupçonnés d'être des spams ou les déplacer automatiquement vers le dossier Courrier indésirable. Comme Outlook identifie les messages indésirables sur la base de mots-clés, il ne lui est pas possible de les identifier tous avec certitude, mais il peut identifier les plus flagrants et vous faire gagner pas mal de temps pour vous en débarrasser chaque jour.

Pour activer le filtre de courrier indésirable (ou antispam) d'Outlook, suivez ces étapes :

1. **Cliquez sur votre Boîte de réception.**
2. **Cliquez sur l'onglet Accueil.**
3. **Cliquez sur la flèche de l'icône Courrier indésirable.**

   Un menu local apparaît comme à Figure 19.5.

4. **Cliquez sur Options du courrier indésirable.**
5. **Vous ouvrez la boîte de dialogue illustrée à la Figure 19.6.**

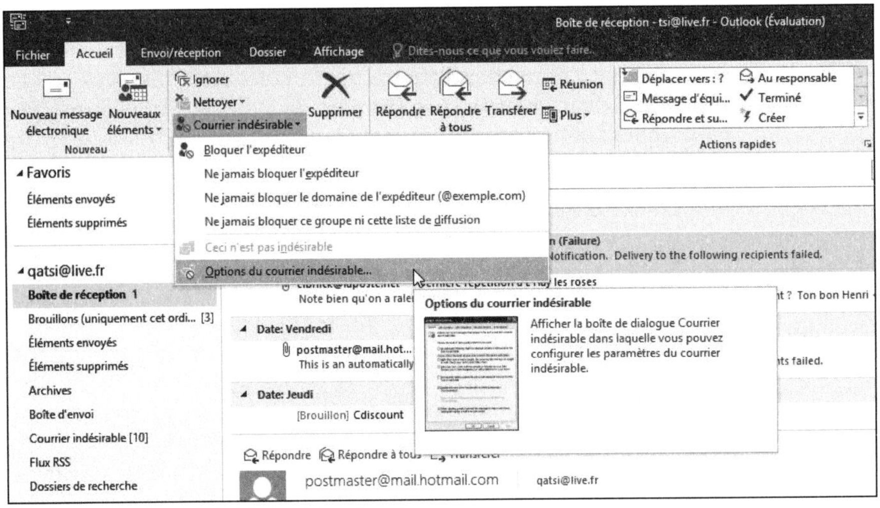

Figure 19.5 : Le menu local Courrier indésirable.

6. **Sélectionnez l'un des boutons radio suivants :**

   - *Aucun filtrage automatique :* Désactive le filtre de courrier indésirable.
   - *Faible :* Identifie et déplace vers le dossier Courrier indésirable les messages les plus manifestement indésirables.
   - *Élevé :* Identifie et déplace vers le dossier Courrier indésirable presque tous les messages indésirables. Mais comme ce traitement énergique identifie aussi comme indésirables certains messages qui ne le sont pas, prenez soin de vérifier attentivement le contenu de votre dossier Courrier indésirable avant de le vider.

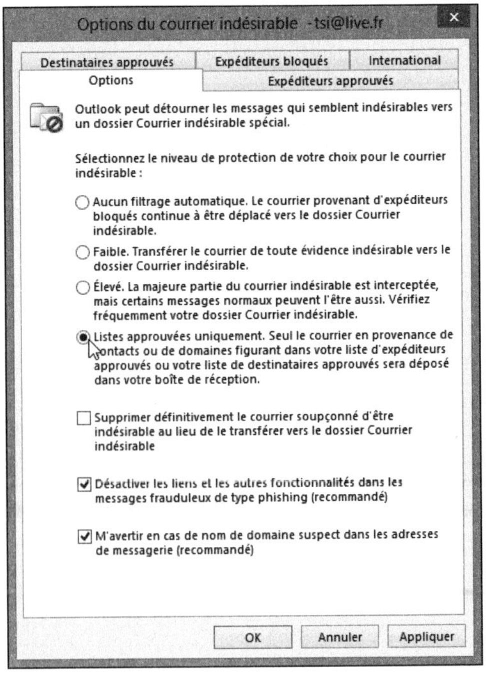

Figure 19.6 : La boîte de dialogue Options du courrier indésirable permet de définir l'attitude d'Outlook vis-à-vis des spams.

- *Listes approuvées uniquement :* Identifie et déplace les messages dans le dossier des courriers indésirables à l'exception des messages dont les expéditeurs figurent dans une liste d'expéditeurs autorisés ou de destinataires sécurisés.

7. **Cliquez sur OK.**

   La boîte de dialogue Options réapparaît.

8. **Cliquez sur OK.**

Créer une liste d'expéditeurs approuvés

Une liste d'expéditeurs approuvés est une liste d'adresses de messagerie dont vous acceptez tous les messages, qui sont donc déposés dans votre Boîte de réception. Tous les autres messages sont dérivés vers le dossier Courrier indésirable.

L'avantage d'une liste approuvée est qu'elle vous garantit que vous n'aurez jamais de spams dans votre Boîte de réception. En revanche, elle vous garantit aussi que si quelqu'un que vous ne connaissez pas encore vous envoie un message qui n'a rien à voir avec du spam, vous ne le trouverez pas dans votre Boîte de réception, mais dans le dossier Courrier indésirable.

Pour créer une liste approuvée, suivez les Étapes 1 à 4 de la section précédente pour ouvrir la boîte de dialogue Options du courrier indésirable, puis suivez ces étapes :

1. **Dans la boîte de dialogue Options du courrier indésirable (Figure 19.6), cliquez sur l'onglet Expéditeurs approuvés.**

2. **Là, vous pouvez cocher l'option Approuver également le courrier en provenance de mes contacts.**

3. **Ainsi, dès que vous ajoutez quelqu'un à vos contacts, cette personne sera considérée comme un expéditeur approuvé. Ses mails ne seront pas analysés comme spams.**

4. **Si besoin, optez pour Ajouter automatiquement les contacts auxquels j'envoie un courrier électronique à la liste des expéditeurs approuvés.**

5. **Dès que vous répondez à quelqu'un ou que vous envoyez un courriel à une personne, elle est ajoutée à la liste des expéditeurs approuvés.**

6. **Si besoin, cliquez sur le bouton Ajouter.**

   La boîte de dialogue Ajouter une adresse ou un domaine apparaît, vous permettant de spécifier l'adresse de messagerie ou le domaine à ajouter à la liste.

7. **Entrez une adresse de messagerie dont vous voulez recevoir les messages dans votre Boîte de réception. Vous pouvez aussi entrer un nom de domaine (nom_de_domaine.fr) dont vous savez que le courrier qui en provient n'est pas du spam.**

8. **Cliquez sur OK.**

9. **Répétez les Étapes 4 à 6 pour toutes les adresses de messagerie et tous les noms de domaine que vous voulez ajouter à la liste.**

10. **Cliquez sur OK successivement dans toutes les boîtes de dialogue ouvertes pour les fermer.**

En cliquant sur l'onglet Destinataires approuvés, vous pouvez répéter la procédure ci-dessus afin de déterminer les destinataires qui seront systématiquement considérés comme étant des contacts sûrs.

Créer une liste d'expéditeurs bloqués

Si vous recevez fréquemment du spam d'une adresse particulière (ou d'un domaine), vous pouvez bloquer tous les messages qui en proviennent, c'est-à-dire les identifier comme courrier indésirable et les faire envoyer automatiquement dans le dossier Courrier indésirable. Pour créer une liste d'expéditeurs bloqués, commencez par suivre les Étapes 1 à 4 de la section « Configurer le filtre de courrier indésirable d'Outlook », un peu plus haut dans ce chapitre, pour faire apparaître la boîte de dialogue Options de courrier indésirable, et suivez ces étapes :

1. **Dans la boîte de dialogue Options de courrier indésirable (Figure 19.6), cliquez sur l'onglet Expéditeurs bloqués.**

   L'onglet Expéditeurs bloqués apparaît au premier plan.

2. **Cliquez sur le bouton Ajouter.**

   La boîte de dialogue Ajouter une adresse ou un domaine apparaît, vous permettant de spécifier l'adresse de messagerie ou le domaine à ajouter à la liste.

3. **Entrez une adresse de messagerie dont vous voulez envoyer tous les messages dans le dossier Courrier indésirable. Vous pouvez aussi entrer un nom de domaine (nom_de_domaine.fr) dont vous savez que le courrier qui en provient est toujours du spam.**

4. **Cliquez sur OK.**

5. **Répétez les Étapes 3 et 4 pour toutes les adresses de messagerie et tous les noms de domaine que vous voulez ajouter à la liste.**

6. **Cliquez sur le bouton OK de toutes les boîtes de dialogue ouvertes pour les fermer.**

Utiliser Office Web

Office 2016 occupe une grande quantité d'espace disque sur votre ordinateur. Toutes les fonctionnalités sont à votre disposition, mais le gros problème est que très souvent vous n'en utilisez qu'une infime partie. Si Office 2016 est trop complexe pour vous, essayez la version gratuite Office Web.

Office Web offre des versions simplifiées de Word, Excel, et PowerPoint. Vous les utilisez depuis Internet. Dès que vous possédez une connexion Internet, un navigateur Web, et un compte gratuit Windows Live, vous pouvez utiliser Office Web pour créer, modifier, et partager des fichiers avec d'autres utilisateurs.

Le plus gros avantage d'Office Web est qu'il permet de collaborer avec plusieurs personnes sur un seul document et cela partout dans le monde. Office Web permet en effet de stocker une seule copie de votre document en ligne pour le mettre à la disposition de toute personne autorisée.

Le plus gros inconvénient d'Office Web est qu'une connexion Internet est indispensable. Toutefois, aujourd'hui, les connexions haut débit sont largement répandues dans le monde, et leur accès est souvent bon marché. Cependant, cela n'élude pas le fait que certaines personnes n'ont pas accès à Internet.

Office Web peut être utilisé par toute personne disposant d'un accès Web quelle que soit sa plateforme de travail c'est-à-dire Windows, Mac OS X, ou Linux. Sachez qu'Office Web se présente comme le concurrent direct de Google Docs. Donc, si vous avez dans l'idée d'utiliser un programme de traitement de texte, un tableur, ou un logiciel de présentation *via* Internet, envisagez Office Web.

Chapitre 20

Une dizaine de trucs pour faciliter l'utilisation d'Office 2016

Nous avons dit qu'il existait dans Office 2016 une grande quantité de fonctionnalités que vous n'utiliserez jamais si vous n'êtes pas averti de leur existence.

Certaines de ces fonctionnalités sont parfois complexes à apprendre et à maîtriser. Je vous conseille malgré tout de faire cet effort. Profitez de quelques instants d'accalmie au bureau, ou de quelques loisirs personnels, pour tirer profit de ces puissantes fonctions qui vont vous faciliter l'utilisation d'Office 2016.

Créer vos extensions à Office

La plupart des utilisateurs se contentent des programmes Office tels qu'ils sont livrés dans la suite bureautique de Microsoft. Toutefois, si vous souhaitez qu'Office 2016 accomplisse davantage de choses, pourquoi ne pas développer des applications personnelles ?

Pour créer une extension à Office 2016 ou une macro, vous devez connaître les langages de programmation Visual Basic, HTML5, JavaScript, CSS3, et XML. Cette connaissance informatique vous permettra d'augmenter les possibilités de votre suite bureautique préférée. Si vous parvenez à écrire un programme complet, vous pourrez le commercialiser afin d'en faire profiter d'autres utilisateurs.

Collaborer grâce à l'onglet Révision

Si vous êtes la seule personne à écrire, modifier, et afficher vos documents dans Office 2016, inutile de lire cette section. En revanche, dès que vous collaborez avec d'autres utilisateurs, la lecture de cette section s'impose.

Autrefois, lorsque plusieurs personnes travaillaient sur un même document imprimé sur papier, chacun écrivait ses remarques directement dessus. Avec les documents électroniques, les choses ne sont pas si différentes. En revanche, elles sont beaucoup plus souples. Avec Office, vous pouvez surligner, marquer, et modifier électroniquement des documents que vous enverrez par courriel ou *via* le réseau à d'autres collaborateurs. Chaque fois qu'une personne apporte des modifications à un document, Office 2016 les affiche dans une couleur différente et peut même identifier ce collaborateur grâce à son nom. Ainsi, vous pouvez savoir qui a écrit quoi. Ensuite, vous décidez à votre tour de corriger les modifications apportées, ou bien alors de les accepter en bloc ou de les refuser.

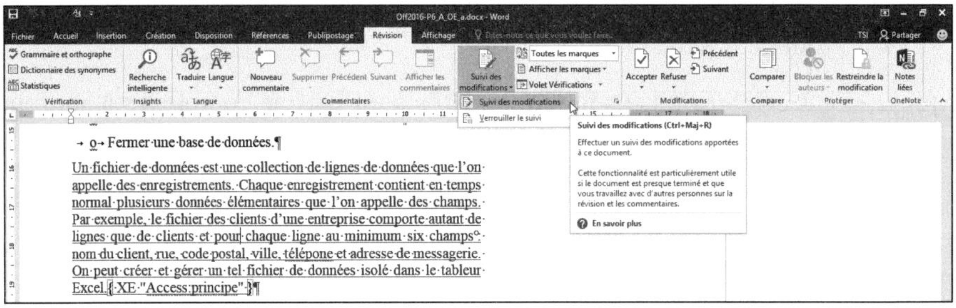

Figure 20.1 : L'onglet Révision de Word 2016.

Voici les commandes les plus utiles que vous trouverez dans l'onglet Révision :

- **Nouveau commentaire :** Permet d'insérer directement un commentaire dans un document sans affecter le texte existant.
- **Suivi des modifications :** Met en évidence tout nouveau texte ou données ajoutés au document existant.
- **Comparer :** Examine deux fichiers et met en évidence leurs différences. Cet outil est particulièrement utile lorsque vous désirez comparer deux versions d'un même document. Enfin, vous pourrez fusionner sélectivement les modifications dans un seul document.

En utilisant les fonctions de l'onglet Révision, vous pouvez envoyer plusieurs copies de vos fichiers à d'autres collaborateurs. Ceux-ci pourront apporter des modifications, faire des commentaires, marquer du texte, déplacer des données, et même fusionner des commentaires et des modifications dans un document final.

La version 2016 de Word apporte de nouvelles possibilités pour travailler à plusieurs en même temps sur un document, à condition qu'il ait été entreposé sur le web, par exemple dans votre espace OneDrive. Il suffit de déclarer que vous partagez le document puis d'autoriser vos collègues à le modifier. Vous verrez quasiment en temps réel les modifications qu'ils y apportent.

Utiliser l'onglet Références de Word

La plupart des utilisateurs emploient Word pour écrire des lettres ou de très courts rapports. Si vous souhaitez créer des documents beaucoup plus longs, vous serez très intéressé par les fonctionnalités de l'onglet Références de Word :

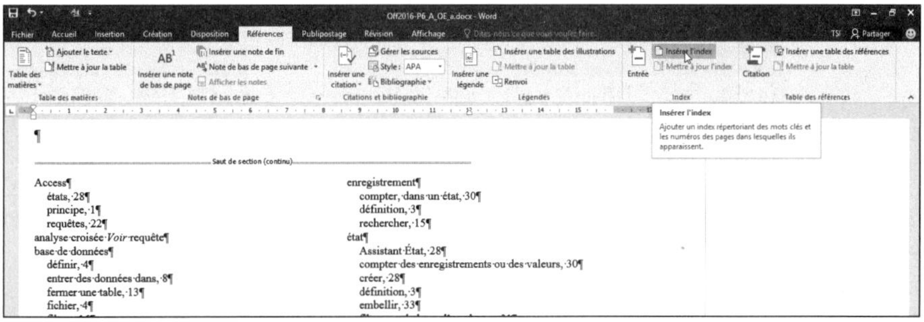

Figure 20.2 : L'onglet Références de Word 2016.

1. **Table des matières : Crée une table des matières basée sur les en-têtes mis en forme avec le style Titre.**

2. **Insérer une note de bas de page : Crée une note de bas de page en bas de la page. (Étonnant non ?)**

3. **Insérer une note de fin : Insère une liste de notes à la fin du document.**

4. **Insérer une légende : Numérote automatiquement des figures, des tableaux, ou des équations.**

5. **Insérer une table des illustrations : Crée une liste des illustrations, des tableaux, ou des équations ajoutés avec la commande Insérer une légende.**

6. **Index/Entrée : Marque un mot ou une phrase qui doit apparaître dans l'index.**

7. **Insérer l'index : Génère et insère un index produit à partir de toutes les entrées d'index trouvées dans le document.**

Utiliser l'onglet Données d'Excel

La plupart des utilisateurs entrent directement les données dans les feuilles de calcul Excel puis les manipulent avec des formules ou d'autres commandes. Toutefois, il est possible de créer une feuille de calcul dans laquelle vous allez importer des données stockées dans un autre emplacement (comme des valeurs boursières disponibles sur un site Web), à partir d'un fichier texte, depuis une base de données Access, ou bien encore d'un fichier de bases de données créé par un autre programme comme l'ancien dBase.

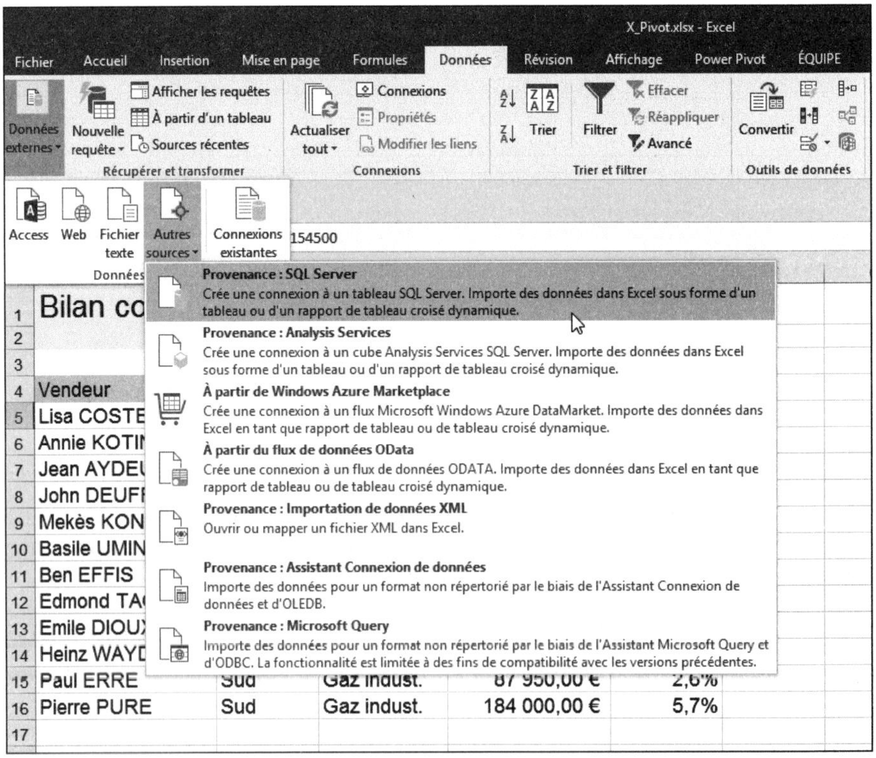

Figure 20.3 : Le bouton Données externes de l'onglet Données d'Excel 2016.

Voici quelques fonctions disponibles dans le bouton-menu Données externes d'Excel :

1. **Access : Retrouve des données stockées dans une base de données Access.**

2. **Web : Retrouve des données stockées dans une table publiée sur une page Web.**

3. **Fichier texte : Retrouve des données stockées dans un fichier texte ASCII.**

4. **Autres sources : Retrouve des données stockées sur d'autres sources, comme un serveur SQL, un fichier XML, un flux Azure ou OData, etc.**

5. **Connexions existantes : Permet d'établir une liaison dynamique avec une source de données. Cela vous évite de copier périodiquement les mêmes données lorsque celles-ci évoluent.**

Enregistrer et envoyer des fichiers

La méthode la plus traditionnelle pour envoyer un fichier à quelqu'un consiste à l'enregistrer puis à l'insérer en tant que pièce jointe dans un message électronique, ou bien de le publier directement sur Internet.

Voici une méthode encore plus rapide pour envoyer un fichier :

1. **Dans le document que vous désirez expédier, cliquez simplement sur l'onglet Fichier.**

2. **Cliquez sur Partager.**

   Les options de partage s'affichent dans le volet droit.

3. **Cliquez sur Courrier électronique, puis sur une des options suivantes :**

   - *Envoyer en tant que pièce jointe :* Joint le fichier Office 2016 à votre courrier électronique. Ses destinataires pourront le consulter et le modifier s'ils travaillent avec Office 2016.
   - *Envoyer un lien :* Envoie un lien vers ce fichier lorsque vous travaillez en réseau.
   - *Envoyer en tant que PDF :* Convertit le fichier au format PDF (*Portable Document Format*), puis le joint au message. Le destinataire pourra lire ce fichier PDF sans possibilité de le modifier.
   - *Envoyer en tant que XPS :* Convertit le fichier au format XPS (*Open XML Paper Specification*), puis le joint au message. Les destinataires devront utiliser un programme compatible avec le format XPS afin de préserver la mise en forme du document. Les fichiers XPS fonctionnent comme les fichiers PDF.

- *Envoyer en tant que Télécopie Internet :* Transfère le fichier à un service d'envoi de télécopie Web. Cela suppose que vous vous abonniez à un tel service puis installiez le logiciel client qu'il vous enverra.

Protéger un fichier par mot de passe

Après avoir créé un fichier, vous souhaiterez peut-être que les personnes qui le consultent ne puissent en aucun cas le modifier, sauf autorisation expresse. Pour cela, vous devez protéger le fichier avec un mot de passe en suivant les étapes ci-après :

1. **Cliquez sur l'onglet Fichier.**
2. **Cliquez sur Informations. Dans le volet de droite, cliquez sur le bouton Protéger <du type de fichiers créés par le programme> (il s'agira de Protéger le document dans Word, le classeur dans Excel, ou la présentation dans PowerPoint).**
3. **Dans le menu local qui apparaît, cliquez sur Chiffrer avec mot de passe.**
4. **Dans la boîte de dialogue qui apparaît, tapez le mot de passe et cliquez sur OK.**

Si vous oubliez ce mot de passe, vous ne pourrez plus accéder à votre fichier. Par conséquent, attribuez un mot de passe que vous êtes sûr de ne pas oublier.

Vérifier la compatibilité des fichiers

Toutes les personnes avec qui vous collaborez n'utilisent pas forcément Office 2016. Il y a même fort à parier que la plupart en sont restées à une ancienne version de Microsoft Office. Pour que ces personnes puissent ouvrir vos fichiers, vous devez impérativement les préparer.

Voici comment procéder :

1. **Cliquez sur l'onglet Fichier.**
2. **Cliquez sur Informations.**
3. **Dans le volet droit, choisissez Vérifier l'absence de problèmes.**
4. **Dans le menu local qui s'affiche, cliquez sur Vérifier la compatibilité.**

Un vérificateur de compatibilité apparaît. Il indique toutes les parties et fonctions du document qui ne seront pas compatibles avec d'anciennes versions de Microsoft Office.

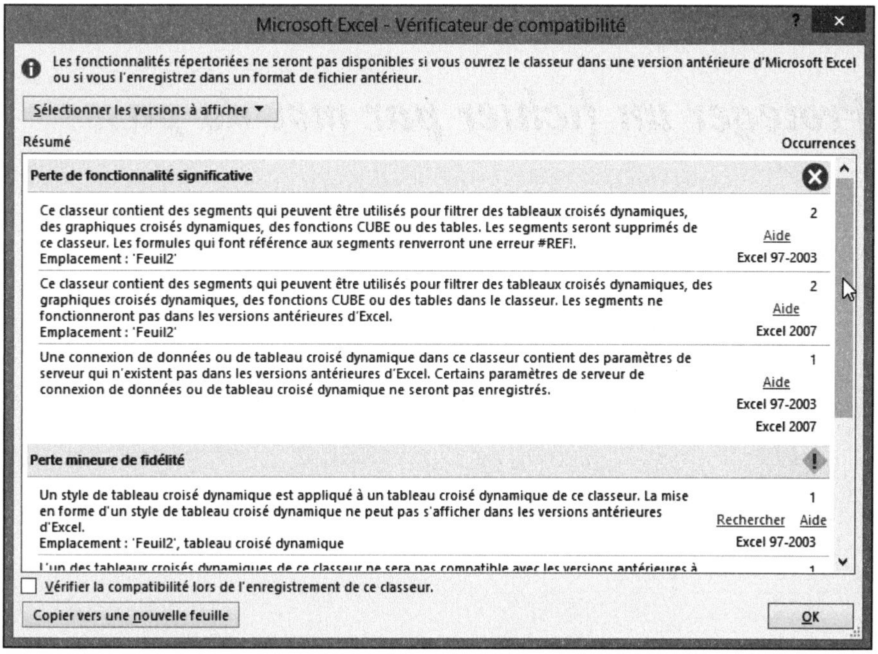

Figure 20.4 : La boîte de bilan de la vérification de compatibilité de Word 2016.

Ignorer le Ruban

Le Ruban d'Office est la nouvelle manière de mettre à la portée de l'utilisateur les commandes les plus utilisées. Le Ruban fait disparaître la sacro-sainte barre des menus. Ceux d'entre vous qui souhaitent récupérer cette barre pouvaient télécharger un module sur le site www.addintools.com.

Ce programme permet de choisir entre une interface à Ruban et une interface à menus. Ce complément sera-t-il mis à jour pour Office 2016 ? Nous ne pouvons pas l'affirmer au jour de la mise sous presse de ce livre.

L'inconvénient majeur de ce module est que si vous travaillez avec une personne qui n'utilise pas ce module dans sa version d'Office 2016, vous serez totalement perdu avec son interface à Ruban. C'est pour cette raison que je vous conseille d'apprendre à maîtriser le Ruban. C'est un peu déroutant au début, je l'avoue, mais vous constaterez qu'à l'usage, il apporte un gain de temps indéniable.

BIBLIOTHÈQUE UNIVERSITAIRE NICE SCIENCES

Index

P

Q

R

Notes

Notes

Notes

Notes